세상의 모든고전

세상의 모든 고전
서울대 선정 동서고전 200선

초판 1쇄 펴낸 날 | 2013년 4월 15일
초판 2쇄 펴낸 날 | 2020년 6월 12일

엮은이 | 반덕진
펴낸이 | 홍정우
펴낸곳 | 도서출판 가람기획

책임편집 | 이슬기
편집진행 | 양은지
디자인 | 이유정
마케팅 | 김에너벨리

주소 | (04035) 서울시 마포구 양화로 7안길 31(서교동, 1층)
전화 | (02)3275-2915~7
팩스 | (02)3275-2918
이메일 | garam815@chol.com

등록 | 2007년 3월 17일(제17-241호)

동양사상편

세상의 모든 고전

서울대 선정 동서고전 200선

반덕진 엮음

**가람
기획**

고전의 정신을 잘 살린 탁월한 지침서

박병기·한국 교원대 교수

그동안 대학에서 주로 〈사상과 윤리〉 강좌를 담당하면서 학생들의 고전에 대한 접근도가 매우 낮은 것으로 느끼고 있었다. 그런데 『세상의 모든 고전』 시리즈를 보니 고전에 대한 충실한 안내서 역할을 넘어 고전의 대중화에도 결정적인 기여를 할 것으로 생각된다.

일반적으로 고전이란 작가의 당대나 그가 살았던 지역에서만 높이 평가되어온 것이 아니고, 시간과 공간을 초월해 진가가 검증되어 왔으며 그 어떤 새로운 작품들에 의해서도 대체하기 쉽지 않은 작품을 말한다.

그러나 대부분의 고전은 일반인들이 쉽게 접근하기에는 부담스러운 것이 사실이다. 그러기에 이를 알기 쉽게 요약, 정리한 안내서가 필수적이라 할 수 있는데 동서양의 역사에서 그러한 사례는 적지 않았다. 그런데 불행히도 우리는 아직 고전에 대한 본격적인 해제집이 부재해왔다는 점에서 아쉬운 점이 없지 않았다.

그런 점에서 볼 때 이 책은 우리 사회의 고전읽기의 생활화를 촉진시켜 우리 사회의 지적 욕구 충족은 물론, 지적 호기심까지도 유발할 수 있을 것으로 기대된다. 더욱이 이 책은 유사한 성격의 책들이 갖기 쉬운 결함인 내용상의 단절과 무미건조함을 잘 극복하고 있고, 각 해제마다 주요 논점을 흥미롭게 전달하고 있어 가히 고전에 대한 탁월한 지침서라 할 수 있다.

고전을 대하는 저자의 진지한 자세가 느껴지며 행간마다 정성이 스며 있음은 물론, 고전에 담긴 정신을 잘 살리고 있어 현대를 살아가는 지성인들에게 필독서로 추천하고 싶은 책이다.

머리말

인생을 바꿀 한 권의 책을 만나자

고전(古典, classic)이란 '특정 시대와 특정 공간을 초월하여 오랫동안 가치를 인정받아 온 책'을 말하며 대체로 '객관적 불멸성(objective immortality)'을 담고 있다. 그래서 이런 고전들은 저자가 살았던 시대나 지역을 넘어 동서양의 많은 독자들에게 깊은 감동과 여운을 주어왔다. 사람들이 문자를 만들고 난 후 세상에는 수많은 책들이 나왔다. 그 중에는 출간되자마자 독자의 사랑을 받는 책도 있지만 나오자마자 독자의 무관심 속에 사라진 책도 있다. 한때 망각 속으로 사라졌던 책이 시대가 바뀌면서 새롭게 재조명되는 경우도 있고, 세상에 나온 이후 꾸준히 읽히면서 오랜 검증을 잘 이겨내고 지금까지 살아남은 책들도 있다. 이처럼 태어나자마자 요절한 책에서부터 3000년 동안 장수하고 있는 불멸의 고전들까지, 책에도 각각의 운명이 있다는 생각이 든다.

오늘날 우리가 갖고 있는 고전 목록은 다채로운 지적 스펙트럼을 담고 있다. 그 속에는 인간의 본질과 삶의 방식에 대해 우리가 지닌 선험적 전제에 의문을 던져 주는 책들도 있고, 당시 시대상황에 대해 새로운 문제의식과 시대정신을 심어준 책들도 있다. 어떤 역저力著는 학문의 세계에 특정 학문 분야를 새로 탄생시키기도 했고 어떤 명저名著들은 도도한 인류 역사의 흐름을 바꾸기도 했다. 그런데 이런 고전들은 너무 유명하다 보니 읽지 않고서도 마치 읽은 것처럼 착각하는 경우가 많다. 고전읽기에는 정해진 순서가 없다. 자신의 관심에 따라, 자신의 눈길이 가는 책부터 접하면 된다. 고전 속으로의 여행이 결코 무거운 의무여서는 안 된다. 고전읽기는 양보할 수 없는 정신의 권리이자 적극적으로 추구해야 할 지적 즐거움이기 때문이다.

동서양을 막론하고 인류 지성사와 학문 예술사에서 고전은 매우 큰 역할을 했다. 고전은 때로 역사의 전환점을 만들기도 했고 학문과 예술의 부흥을 주도하기도 했다. 서양 역사에서 가장 신명나는 르네상스 운동은 그리스·로마의 고전으로 돌아가자는 인문주의 운동이었다. 중세 천년의 종교적 도그마가 힘을 잃어가면서 새로운 인간상과 사회상에 대한 의문이 제기될 때, 서양 고대의 고전은 항상 조회의 대상이었다. 그렇다고 고전에 대한 탐구가 역사의 변화와 문예부흥만을 가져온 것은 아니다. 고전과의 만남은 개인의 정신세계에 신선한 자극제가 되기도 한다. 고전의 샘물은 독자의 지적 갈증을 풀어주고 그에게 창조적 영감을 주기도 한다. 뿐만 아니라 강렬한 독서체험은 독자의 운명을 바꿀 수도 있다. 그런 사례는 우리 주변에도 결코 드물지 않다. 필자는 20대 후반에 정신적 방황에 종지부를 찍어준 한 권의 책을 만났다. 괴테의 『파우스트』였다. 이 책은 괴테 자신의 체험을 바탕으로 인간의 방황과 구원의 문제를 다루고 있는데, 인간은 노력하는 동안은 어쩔 수 없이 방황하기 마련이지만 쉬지 않고 열심히 노력하는 인간은 구원을 얻을 수 있다는 메시지를 담고 있다. 질풍노도의 시절을 보내던 방황하는 젊음에게 이보다 더 적절한 위안이 어디 있었겠는가? 괴테의 음성은 들끓는 가슴을 진정시켜주었고 이후 지금까지 정신적 평온 상태가 유지되고 있다.

그 후 필자는 1995년에 아담한 지방대학 교수로 내려와 학생들에게 교양과목을 강의하고 있다. 강의과목 중에는 〈교양과 독서〉라는 과목도 있는데, 이 강의는 학생들과 고전의 숲을 산책하면서 고전에 대해 대화를 나누는 시간이다. 이 수업에서는 『일리아스』, 『오이디푸스 왕』, 『햄릿』, 『에밀』, 『파우스트』 등을 다루며 각 작품의 주인공들인 아킬레우스, 오이디푸스, 햄릿, 에밀, 파우스트 등 각각의 인간상을 만난다. 평소에 필자는 학생들에게 대학시절에 꼭 만났으면 좋은 세 가지를 들려주곤 한다. 하나는 '평생의 멘토'를 만나는 것이요, 다른 하나는 '평생의 친구'를 만나는 것이며, 마지막 하나는 인생을 바꿀 '평생의 책'을 만나는 것이라고.

필자가 대학에 오기 2년 전인 1993년에 우리 사회는 책의 해를 맞이하여 사회적으로 독서에 대한 관심이 일어났다. 언론에서도 독서에 관한 기획 프로그램을 선보였고, 대학에서도 지나친 전공 중심 교육에 대한 반성으로 독서와 연계된 교양교육에 관심을 갖기 시작했다. 그러던 중 우리의 독서 현실에 한 획을 긋는 사건이 일어났다. 1994년 2월에 서울대학교에서 몇 년 간의 연구를 거쳐 〈동서고전 200선〉을 선정하여 대외적으로 공표한 것이다. 서양의 대학들에서는 이미 오래 전부터 대학생들이 읽어야 할 고전의 목록을 작성해서 대학교육에 적극 활용해 왔다. 하지만 우리의 현실은 좀 달랐다. 고전의 개념에 대한 정의에서부터 고전의 반열에 드는 책이 어떤 것들인지에 대한 사회적 논의나 합의가 부족했다. 고전읽기는 개인적인 차원의 결단이 필요한 독서 행위로 간주되고 있었다. 이런 상황에서 서울대학교의 고전 선정 작업은 우리 사회에 표준적인 고전목록을 처음으로 제시한 셈이 되었다. 서울대학교에서 필독고전을 선정하기 그 이전부터 일부 대학들이 나름대로 고전목록을 작성하여 학생들에게 추천한 사례는 있었지만 사회에 목록을 공개한 것은 아마도 서울대가 처음이 아닌가 싶다. 아무튼 고전에 대한 사회적 관심과 서울대학교라는 선정 주체의 상징성이 결합되어 사회적 반향은 예상보다 컸다. 그런데 미처 생각하지 못했던 문제가 발생한 것은 시간이 얼마 지나지 않아서였다. 고전읽기에 대한 당위성은 어느 누구도 부인하지 않지만 문제는 고전읽기가 그렇게 쉬운 일이 아니라는 것이다. 단순한 호기심으로 고전을 펴봤다가 고전苦戰 끝에 결국 인내의 한계에 도달하는 경우가 많았다. 고전읽기가 이런 실존적 상황에 처하자 고전에 대한 안내서의 필요성이 제기되었다. 서울대 교수들조차 당시의 유력 신문에 고전 해제집의 필요성을 역설하는 글들을 게재하기 시작했다. 하지만 아쉽게도 우리 사회는 아직 이에 대한 준비가 되어 있지 않았다. 이런 상황에서 필자는 이전에 틈틈이 작성해 둔 독서록 등을 정리하여 『서울대 선정 동서고전 200선 해제』라는 제목으로 2004년에서 2006년 말까지 3년에 걸쳐 네 권을 완간했다. 고전에 대한 적절한 안내서가 없던 시절에 이 책은 독자들에게 조금이나마 도움을 주어온 것 같다.

2000년대에 들어오면서 고전에 대한 우리 사회의 관심은 더욱 고조되었다. 각 고전에 대한 심도 있는 연구가 진행되었고 그 성과도 나날이 축적되어 갔다. 이 책이 나올 당시만 해도 적절한 번역서가 없어 애를 태웠던 책들도 한 권 한 권 번역되기 시작했고 그럴 때마다 필자의 가슴은 뛰었다. 하지만 최신의 연구 성과들을 바로 바로 반영하지 못하는 상황이 되자 독자에 대한 미안한 마음이 필자의 마음을 무겁게 했다. 언젠가 충분한 시간을 갖고 한 권 한 권을 다시 차분히 읽으며 그 성과를 담아야겠다고 다짐하면서도 워낙 많은 시간과 정력을 요하는 작업이었기 때문에 쉽게 손을 댈 수가 없었다. 게다가 필자는 책을 완간한 후에 서양의학의 아버지인 히포크라테스의 의학 고전을 탐독하느라 많은 시간을 보내게 되었다. 이 책의 개정작업이 점차 멀어지고 있던 중에 출판사에서 개정판을 준비하자고 제안해왔다. 그래서 책의 구성을 완전히 바꾸고 내용도 대폭 수정 보완했으며 문장을 전체적으로 다듬었다. 각 고전에 대한 추천도서 목록도 새롭게 추가했고 책의 제목, 표지, 판형 등도 새로운 감각에 맞게 변화를 주었다.

각 고전에 대한 역주서나 연구서가 아닌 이런 고전 안내서는 긍정적인 측면만큼이나 부정적 측면도 있을 수 있다. 고전 안내서는 말 그대로 고전을 대하는 독자들에게 해당 고전에 대한 전체적인 모습과 핵심적인 내용을 미리 보여주는 내비게이션 역할을 하면서, 고전의 숲에 들어선 독자들이 길을 잃지 않고 무사히 고전을 완독할 수 있게 도와주기 위해 필요하다. 독자들이 고전 안내서만 읽고 원본을 읽지 않는 것은 아예 안내서조차 읽지 않는 것보다는 낫지만 원본까지 충실히 읽는 것에는 미치지 못한다. 다행히도 이제 200권 가운데 대부분은 국내에 충실한 번역본이나 연구서가 나와 있다. 하지만 이런 안내서가 고전읽기를 도와줄 수는 있어도 고전 자체가 쉬워지지는 않기 때문에 고전읽기에는 어느 정도 독자의 노력도 필요하다.

이 책은 성격상 각 분야 연구자들의 글들을 많이 참고하고 인용할 수밖에 없지만 출처를 낱낱이 밝히지는 않았다. 그 부분에 대해서는 해당 선생님들과 독자의 양해를 구한다. 언젠가 더욱 완성도 높은 책으로 보답하겠다는 약속으로 마음의 짐을 덜고 싶다. 이 책의 개정판을 기획한 가람기획 대표에게 깊은 감사를 드린다. 그리고 필자를 도와 겨울밤을 지새우며 교정작업을 도와준 정명숙, 조부건, 박지수 학생에게 고마움을 전한다.

반덕진

차례

동양사상편

세상의 모든 고전

서울대 선정 동서고전 200선

대승기신론소

대승불교철학의 명쾌한 해설서

원효 지음

서양에서 불교학 연구의 토대를 마련한 프랑스의 세계적인 불교학자 폴 드미에빌이 '대승 불교철학의 가장 명쾌한 개론서'로 평가한 『대승기신론소』는 2세기 무렵에 인도의 마명이 지은 『대승기신론大乘起信論』을 원효가 해설한 책으로, 『금강삼매경론』과 함께 원효의 대표적 저술이다. 이 책에는 당시 동아시아의 사상 방향을 제시한 원효의 '화쟁사상'과 '일 심' 사상이 잘 나타나 있다.

원효(元曉, 617~686)는 신라의 귀족 출신으로 청소년 시절에는 화랑으로 활동하기도 했으나 어머니의 죽음에 충격을 받고 삶과 죽음의 문제에 대해 고뇌하다가 출가했다. 원효는 당나라에 유학을 가던 중에 해골에 고인 물을 마시고 '모든 것은 오직 마음이 만드는 것(一切唯心造)'이라는 『화엄경華嚴經』의 핵심 사상을 깨닫고 도중에서 귀국했다는 일화가 전해오고 있다.

원효는 신라에 불교가 전래된 이후 우리나라에서 탄생한 최고의 불교 사상가이자 사회지도자였다. 그의 속성은 설씨이고 법명은 원효이며, 강수强首, 최치원崔致遠과 함께 3문장三文章의 한 사람인 설총의 아버지이기도 하다.

원효는 29살에 출가하여 황룡사에서 수도에 정진했고 34살 때인 650

년에 의상과 함께 당나라의 고승인 현장에게 불법을 배우러 가다가 요동 근처에서 고구려 순라군(국경경비대)에게 잡혀 유학길이 막혔다. 661년에 다시 의상과 함께 당나라로 유학을 가던 길에 당항성 근처의 한 무덤에서 잠이 들었는데 잠결에 갈증을 느껴 달게 마신 물이 다음날 아침에 깨어나 보니 해골에 고인 물이었음을 알고 토하다가 순간 깨달음을 얻었다고 한다. 세상의 모든 것은 '존재'의 문제가 아니라 '인식'의 문제임을 깨달은 이상, 유학은 더 이상 의미가 없었다.

그 후 원효는 분황사에 머무르며 통불교(원효종, 해동종)를 대중 속에 보급하기 위해 노력했으며, 장안 거리에서 "누가 자루 없는 도끼를 내게 주겠는가? 내가 하늘을 받칠 기둥을 깎겠다."고 노래했다. 그의 노랫말의 의미를 아는 사람은 아무도 없었으나 태종 무열왕(김춘추)이 이를 듣고서 그를 과부 상태에 있던 요석공주와 짝지어주어 둘 사이에서 설총이 태어났다는 일화도 널리 알려져 있다. 원효는 스스로 파계한 뒤에 '소성거사' 또는 '복성거사'를 자칭하며 속인 행세를 했다. 그는 화엄경의 이치를 쉽게 푼 「무애가無碍歌」라는 노래를 만들어 대중들에게 들려주기 위해 노력했다고 한다.

671년에 문무왕 비의 종기 치료를 위해 왕이 당나라에서 『금강삼매경金剛三昧經』을 들여와 설법을 듣기 위해 대법회를 준비했으나 설법을 할 사람이 없었다. 이 상황에서 당시 박식하기로 유명한 대안법사가 천거되었으나 그는 원효를 추천하고 물러났다. 왕의 부름을 받은 원효는 우선 경전에 대한 주석서를 쓰기로 하고 소를 타고 가면서 소의 두 뿔 사이에 책을 걸쳐 놓고 먹을 갈아 『금강삼매경소金剛三昧經疏』 다섯 권을 썼다. 그러나 그를 시샘하는 자들이 그것을 훔쳐가서 원효는 다시 세 권을 집필해야 했는데, 이것이 오늘날 원효의 대작으로 남아 있는 『금강삼매경론金剛三昧經論』 세 권이다. 원효는 이것을 가지고 당시 신라불교의 대표 사찰인 황룡사에서 왕과 고승대덕 1,000여 명이 참석한 가운데 이 경전의 깊고 오묘한 이치를 설파하여 모두를 놀라게 했다.

　원효는 그 후 절에서 저술과 참선으로 만년을 보냈다. 그는 불교 사상의 종합과 실천에 노력했으며 모두 100여 부 240권(또는 85종 170여 권)을 남겼으나 이 가운데 19부 22권만이 현존한다. 이 중『대승기신론소』두 권,『금강삼매경론』세 권,『십문화쟁론十門和諍論』두 권 등은 원효의 대표작이며, 이 저서들에는 원효의 화쟁사상和諍思想이 잘 나타나 있다. 원효는 한국은 물론이고 중국과 일본의 승려들에게도 많은 영향을 미쳤다는 평가를 받고 있다.

　원효사상의 키워드 – 화쟁, 일심, 정토
　원효의 사상은 크게 ① 화쟁사상和諍思想 ② 일심사상一心思想 ③ 정토사상淨土思想으로 요약할 수 있다.

　먼저 화쟁사상이란 서로 간의 다툼을 화합하려는 것이다. 원효가 살던 당시 불교계는 서로 다른 여러 가지의 이론들이 난무하여 나만 옳고 남은 그르다고 하거나, 내 학설은 옳고 남의 학설은 그르다고 하는 등 다양한 쟁론이 강과 바다를 이루고 있었다. 이 '강과 바다'를 이룬 쟁론을 화합하는 것(十門和諍論)이 원효가 해야 할 과제였다. 즉 서로 모순적이고 대립하는 것처럼 보이는 각 경전의 사상을 보다 높은 차원에서 하나의 원리로 회통시키려 했다. 원효의 화쟁은 서거정의『동문선』에 담겨 있는 것처럼 "여러 갈래의 각기 다른 쟁론을 화합하고 유有와 무無의 대립된 견해를 귀일시키는 것"이었다.

　이런 화쟁은 '일심一心'을 통해 이해할 수 있다. 원효 사상은 '일심을 통한 화쟁사상' 또는 '일심을 통한 원융회통사상'이다. 원래 불교의 모든 교설은 부처의 깨달음을 원천으로 한다. 일체의 경론經論과 교설教說은 이 '깨우침'의 영역이다. 즉 모든 경론이 한마음의 펼침이며 그것들을 모으면 그대로 '일심'으로 귀일되는 것이다. 또 여러 갈래의 종파 또한 한마음의 펼침에 불과하며, 요약하면 역시 일심일 뿐이다. 이처럼 원효의 논리는 개합開合과 종요宗要의 회통 원리이다.

마지막으로 정토사상은 인간은 모두 평등하다는 기본 원칙 위에 어려운 불교 경전을 몰라도 '나무아미타불관세음보살'이라는 염불만 외우면 누구나 서방정토에 왕생할 수 있다는 단순한 신앙으로, 현세의 고해苦海에서 벗어나 누구나 극락세계에 갈 수 있고, 누구나 성불成佛할 수 있다는 내세신앙이었다. 이는 대중들에게 크게 환영을 받았는데 그 이유는 당시 신라 사회는 원광과 자장의 교화에 큰 영향을 받았으나 불교의 수용 면에서는 왕실을 중심으로 한 귀족층과 일반 서민층 사이에는 거리가 있었기 때문이다. 이런 때에 혜숙, 혜공, 대안 등이 대중 속으로 파고들어 일반 서민들에게까지 불교를 일상화시켰다.

이들의 뒤를 이어 원효는 성내의 대사원에서 귀족 생활을 하고 있던 대부분의 승려들과는 달리 지방의 촌락 등을 두루 돌아다니며 「무애가」를 부르며 대화하는 가운데, 일반 서민들에게 불법을 널리 알리고 불교를 생활화하는 데 정성을 다했다. 그는 「무애가」로 본체와 현상이 서로 별개의 것이 아니라는 것을 가르쳐 당시의 귀족 불교에서 대중 불교로의 전환을 시도했다. 그의 포교 활동 덕분에 신라 하대에는 신라인 대부분이 불교 신자가 되었다고 한다.

모든 것은 마음 자세가 결정한다

『대승기신론』은 2세기 무렵 인도의 고승인 마명대사가 대승불교의 근본 뜻을 이론과 실천의 두 측면에서 설명한 책으로, 줄여서 보통 『기신론起信論』이라고 한다. 이 책은 6세기에 중국에서 소개되어 번역된 후, 동아시아에 널리 확산되어 동아시아 불교의 사상적 발전에 크게 기여했으나 산스크리트어로 된 원본이 남아 있지 않아 중국에서 만들어진 위작僞作이라는 주장도 나오고 있어 저자 문제가 오늘날까지 해결되지 않고 있다. 그러나 만약 이 책이 인도에서 편찬되었다고 해도 그곳에서는 널리 읽히지 않고 중국에서 커다란 반향을 불러일으킨 것이 확실한데, 이는 아마도 원효가 해설한 『기신론소』의 영향이 크게 작용한 것으로 보인다.

『기신론』 해석서 가운데 원효의 『기신론소』는 중국 남북조 시대의 혜원慧遠이 쓴 『대승의장大乘義章』과 당나라의 법장法藏이 쓴 『기신론의기起信論義記』와 함께 '기신론 삼대소起信論三大疏'로 평가되는데, 혜원의 것은 위작이라는 설과 함께 모든 면에서 원효의 주석서에 훨씬 미치지 못하며, 중국에서 『기신론』 연구의 대표적인 인물로 손꼽히는 법장도 원효의 주석과 해석을 대부분 그대로 따르고 있어 중국불교계에서도 원효의 책에 '해동소海東疏'라는 각별한 명칭을 붙여주고 있다. 원효는 "종전의 주석가들은 허심탄회하게 논지를 바로 찾지 못했으니 근간을 잊고 곁가지를 얻는 데 그쳤다."고 술회하면서, 『기신론소』 외에도 『기신론』에 대해 두 권의 주석서를 남겼다. 이처럼 마명의 『기신론』이 나온 이래 수많은 학승들이 주석서를 썼으나 원효의 『기신론소』가 최고의 해설서로 평가를 받고 있다는 점에서 원효는 『기신론』의 재발견자이자 선양자라 해도 과언이 아닐 것이다.

원효가 살았던 당시의 불교계는 인도는 물론 동아시아에서도 사상적 대립 상태에 있었는데 공空, 無)과 유有의 문제, 진(眞, 출세간의 진리)과 속(俗, 세속의 진리)의 차별 문제 등에 있어서 학파별로 서로 주장하는 내용이 달라 혼란한 상태에 있었다.

이에 원효는 많은 경과 론을 섭렵한 끝에 이 문제들을 근본적으로 해결할 수 있는 논리를 마명의 『기신론』에서 발견하여, 중관학파와 유식학파의 사상을 화합시키고 진과 속이 별개가 아니라 하나(眞俗一如)라고 주장했다.

원효의 이런 생각은 한 마디로 "서로 싸우지 말고 화목하게 지내라. 그러기 위해선 겸손하라."는 것이었다. 그는 인생의 비극은 싸움에서 일어나며, 이 싸움을 피하기 위해서는 아집과 자만심을 버리고 열린 마음으로 상대를 대하라고 설파했다.

이제 『기신론소』의 내용을 살펴보기로 한다. 마명은 『기신론』의 첫머리에서 이 글을 지은 의도를 담은 시詩를 선보인다. 이 시는 불교의 핵심인 불보(佛寶, 부처님), 법보(法寶, 부처님 말씀), 승보(僧寶, 불제자)의 삼보三寶를 찬양하는 내용이다. 삼보는 불교의 핵심인데 먼저 그 내용을 살펴보면 다음과 같다.

> 목숨을 들어 돌아가나이다. 어디에서나 어느 때나 歸命盡時方
> 가장 훌륭한 일을 하시며 두루 모르시는 바 없이 다 아시며 最勝業徧知
> 그 인간성이 자유자재하시고 色無礙自在
> 세상을 구하고자 큰 자비를 베푸시는 자이시여. 救世大悲者
> (불보를 찬양함)

> 그 지혜롭고 자비로운 자의 몸이여, 그 몸의 모습이여 及彼身體相
> 참되고 영원함이 저 바다와 같은 진리여. 法性眞如海
> (법보를 찬양함)

> 헤아릴 수 없이 많은 공덕의 씨여. 無量功德藏
> 있는 그대로 그리고 모든 것 속에서 생활하는 그 숱한 구도자들이여. 如實修行等
> (승보를 찬양함)

원효는 이 권두시에 대한 해설로 『기신론』의 사상을 요약하여 설명하고 있다. 여기서 원효는 '일심'이란 관점에서 불교의 모든 내용을 설명하고 있다. 결국 삼보에 귀의한다는 것은 외부의 객관적인 대상에 대한 귀의가 아니라 우리 안에 있는 하나의 마음속으로의 귀일歸一을 의미하며 그렇게 되면 불법의 가르침도 다 이루어진다는 것이다.

『대승기신론소』는 불교의 여러 주제들 중에서 심心과 법(法, 대상), 즉 인식과 그 대상과의 관계에 대해 일관한다. 불교는 깨달음을 얻기 위한 종교이고, 깨달음이란 세계와 존재에 대한 새로운 인식을 통해 얻어지므로 불교에서 마음은 매우 중요한 주제다. 석가모니 이래로 현상 세계와 존재의 본성에 대한 깊은 고찰, 이런 통찰을 통해 세계와 자신에 대해 새로운 시각을 가지는 것이 불교에서는 매우 중요하다. 깨달음은 마음의 전환, 곧 '인식의 전환'을 통해 얻어지기 때문이다.

우리의 마음은 원래 그 본성이 청정한데 인간의 무지 때문에 마음이 미혹하게 되어 번뇌가 생기고 현실적인 인간 존재로 살아간다는 것이다. 이처럼 참되고 영원한 마음(眞如)은 현실 속에서 오염(生滅)되어 나타나는데, 그러면 참된 마음과 현실의 마음은 어떠한 관계에 있으며 현실의 마음은 어떠한 양상을 띠는가? 마명은 이런 진여와 생멸의 마음을 포괄해 '대승(여래장)'이라 칭했는데, 대승이란 곧 중생들의 마음이다. 그런데 대승인 우리들의 마음은 하나지만 진여와 생멸의 두 방향으로 표출된다는 것이다. 이와 같이 다른 것이 아니면서도 하나인 것도 아닌 것을 '아라야식'이라 하는데, 이런 아라야식에 의해 진여의 세계(覺, 깨달음의 세계)와 현실의 세계(不覺, 타락의 세계)는 같은 것으로 될 수 있다.

현실적으로 불각不覺은 피할 수 없고, 깨닫기 위한 끝없는 몸부림이 시각始覺 단계이고, 마침내 완전한 깨달음의 단계인 본각(本覺, 구경각)은 우리의 본래 마음인 진여의 세계다. 불각 때문에 생기는 기본적인 3가지 모습을 '삼세三細'라 하고, 그로부터 파생되어 더욱 복잡해진 6가지 모습을 '육추六麤'라고 한다.

그러나 불각의 과정이 인간 세계의 전부는 아니며 각覺이라고 하든 불각不覺이라고 하든 그 둘이 별개의 것이 아니라는 것이 『기신론』의 주장이다. 한마음에 의해 진여(본체론적인 중관학파)와 생멸(현상론적인 유식학파)이 『기신론』에 이르러 비로소 종합되는 것이다. 중관, 유식은 말할 필요도 없고 세속俗, 출세간眞의 차별까지도 『기신론』에 의해 합리적으로 극복된다.

모든 것은 우리의 마음 자세가 결정짓는다. 즉 무궁무진한 여래의 진여한 마음을 가진 우리의 마음이 생각하고 지향하는 바에 따라서 그 존재 의의나 상황이 달라진다는 것이다. 이런 『기신론』의 사상은 해골 물을 마시고 얻은 그의 깨달음과 일치한다. 이 『기신론』을 보고 원효는 얼마나 기뻤을까? 원효는 『기신론』을 만나자마자 그것이 바로 자기 삶의 자세(진속일여의 자세)와도 잘 맞아떨어진 사실에 깊은 감명을 받았을 것이다. 원효는 그것을 한 마디로 규정하고 있다.

> 하나인 마음 이외에 다시 무슨 실재가 있는 것이 아니다. 다만 어리석어서 그 하나인 마음을 잘 모르고 방황하는 까닭에, 그 고요해야 할 바다에 파랑이 일고 기복이 생기며 갖가지 평화롭지 못한 인간의 한계 상황이 생겨난다.

원효는 그 유명한 바다와 바람, 파도의 비유를 들어 불각과 본각이 서로 다른 것이 아님을 보여준다. 넓은 바다에 바람이 불어 파도가 일어나는 것처럼 바닷물과 파도가 분리된 별개의 것이 아니라고 암시하고 있다. 여기서 바다는 본각의 마음이고, 바람은 무명을 뜻하며 파도는 불각의 모습을 지칭한다.

『기신론』은 이런 마음, 곧 일심에 관한 설명이며 원효는 그것을 독특한 입장에서 해설하고 있다. 『기신론』의 이런 내용은 어느 불전과도 다른 독특한 양상을 띠고 있는데 그 이유는 흔히 불전들이 어느 한 사상을 말하는 데 비해 『기신론』은 불교 교리를 전체적으로 조감하고 있기 때문이다.

불법승佛法僧의 삼보三寶에 관한 문제나 인간이 도달해야 하는 열반이나 진여의 상태, 진여의 상태에서 벗어나 있는 모습들에 대한 기술은 사실상 불교 전체의 내용을 이룬다.

원효, 한국불교의 대들보

이상으로 원효의 생애와 사상, 그리고 『대승기신론소』에 대해 살펴보았다. 원효는 한국불교의 창시자라 할 수 있으며, 한국불교는 원효를 통해 비로소 총화불교總和佛敎, 즉 화쟁불교에 이르렀다.

원효 이후 한국불교는 신라 말의 5교 9산으로부터 고려의 5교 양종, 다시 조선시대의 선교 양종이 되고 결국에는 선禪과 교敎가 만나 일종一宗이 되었다. 이것은 모두 원효의 화쟁에 의해 모든 종문宗門이 회통한 결과이다. 즉 원효의 진가를 재발견한 고려 의천의 교선일치敎禪一致, 그 뒤를 이은 지눌의 선교일치禪敎一致, 조선시대의 휴정 등으로 원효가 이룩한 한국불교의 전통적 성격이 잘 계승되어 왔다.

원효는 불교의 도덕적 논설에서도 '화쟁'을 최고의 덕목으로 삼아 그 덕목을 ① 현상문 ② 입의문 ③ 차별문 ④ 화쟁문和諍門이라 했다. 플라톤은 지혜, 용기, 절제, 정의의 '4주덕四主德', 크리스트교는 믿음信, 소망望, 사랑愛, 중국의 유교는 '인의예지신仁義禮智信'을 각각 덕목으로 강조했으나, 원효는 모든 차별의 덕목들을 일관하는 화쟁의 문을 따로 열었던 것이다. 이는 원효의 사상이 지닌 원융의 정신을 잘 나타낸다. 즉, 여러 종파들이 원효를 통해서 일관된 의미를 갖게 되고 그 속에서 각파의 의미가 다시 살아나서 '교'와 '선'이 상극성을 극복하고 공존할 수 있게 되었던 것이다.

원효는 당시 사상계의 최고 정점에 올라 왕과 대중들로부터 추앙을 받았으나 스스로를 낮추어 대중 속에 들어가 호흡을 함께한 인물이다. 중국과 일본의 문헌에서 원효는 지속적으로 인용되어 왔고, 특히 중국에서는 원효의 소疏를 '해동소海東疏'라 부르며, 이는 중국의 화엄철학을 집대성한 법장의 사상 형성에도 적지 않은 영향을 미쳤다. 원효는 특정한 스승이 없이 불교 경전을 독학하고 완전히 소화해 당시 우리나라뿐만 아니라 인도, 중국, 일본 등 동아시아의 철학적 문제를 해결한 특출한 사상가였으며, 실로 한국불교사상사에 우뚝 솟은 봉우리로 평가할 수 있을 것이다.

◈ 추천도서
『원효-하나로 만나는 길을 열다』, 박태원, 한길사, 2012
『원효의 대승철학』, 김형효, 소나무, 2006
『원효』, 고영섭 편저, 한길사, 1997
『원효의 대승기신론서·별기』, 은정희 역주, 일지사, 1991

삼국유사

단군신화가 실린 한민족의 지적 유산

일연 지음

이 책은 우리 삼국 시대의 역사, 문학, 종교, 지리, 사상, 미술 등의 유산을 담고 있는 한국 고대 문화유산의 보고이다. 정사 중심인 김부식의 『삼국사기』에서 빠진 역사들을 많이 채록하고 있고, 특히 단군신화와 14수의 신라 향가의 수록은 값진 문화유산으로 평가된다. 전체는 5권으로 구성되어 있는데 1~2권은 고조선부터 신라 말까지의 역사를, 3~5권까지는 한국불교사를 담고 있다. 이 책에는 민족의 수난기를 살았던 일연의 고뇌와 역사의식이 잘 반영되어 있다

『삼국유사』의 저자 일연(一然, 1206~1289)은 역사가가 아니라 평생 선승禪 僧의 길을 간 승려였다. 그러면 왜 선종 승려이면서 그는 『삼국유사』라는 역사서를 저술했을까?

일연의 속명은 김견명金見明이고 고향은 경상도 경산이다. 1214년 9살에 광주의 무량사에서 선학禪學을 닦다가 1219년 14살에 출가해 설악산 진전사의 고승인 대웅大雄의 제자가 되어 구족계具足戒를 받았다.

어릴 적부터 총명하고 온화했던 그는 학문에 대한 남다른 관심으로 불가의 서적은 물론 제자백가 사상에도 깊은 관심을 가졌다. 그는 특히 역사책을 즐겨 읽어 일찍부터 역사 속에서 현실을 직관하는 안목을 키웠다. 그는 1227년에 승과에 급제한 뒤 보당암 주지로 있으면서 참선에 몰두했다.

일연은 1237년 삼중대사三重大師가 되고 1246년에 선사禪師, 1259년에 대선사에 올랐으며 1261년 원종의 부름을 받고 강화도로 가서 선월사 주지가 되어 보조국사 지눌의 법을 계승했다. 그 뒤 경북 달성의 인홍사 등을 다니며 설법과 강론을 펴고 1277년 청도 운문사에서 선풍을 크게 일으켰다. 그는 1281년 몽고군의 일본 원정 때 왕을 따라 경주에 머물며 왕에게 강론했다.

그는 노모의 봉양을 위해 귀향했다가 이듬해 경북 군위의 인각사를 중건하고 당시의 선문禪門을 전체적으로 망라하는 '구산문도회九山門都會'를 두 차례 개최했다. 이런 사실은 그를 중심으로 하는 '가지산문(迦智山門, 9산 선문 중 신라 말 도의가 연 종파)'이 전 불교계의 교권을 확립했음을 보여준다. 최씨 집권기까지는 미미한 존재였던 가지산문이 원 지배기에 들어와서는 불교계의 중심 교단으로 부상했던 것이다. 일연은 1283년, 78살에 충렬왕에 의해 국사國師로 임명되어 한 나라의 스승이 되었다. 당대에 일연이 가진 존재감은 아마도 우리 시대의 법정 스님이나 김수환 추기경이 가졌던 영향력 이상이었을 것이다.

일연은 일찍이 김부식이 엮은『삼국사기』에서 삼국시대 이전의 역사를 다루지 않아 빠진 자료를 모아왔고, 인각사에서 『삼국유사』를 집필하다가 1289년에 84살, 법랍 70살을 일기로 입적했다. 일연의 열반 소식에 전국 사찰은 물론 많은 대중들이 애석해 했다고 한다. 현재 인각사에 그에 대한 탑과 비석이 남아 있고 운문사에 행적비가 있다.

고난의 시대에 탄생한 고전

일연이 살았던 당시 고려 사회는 최씨 무신정권의 전성기에서 몽고의 침입과 강화 천도, 그리고 몽고에 대한 굴복 등 국난의 시기였다. 일연은 몽고군의 침략을 피해 전국 방방곡곡을 전전했다. 그는 경주에서 몽고군에 의해 불타버린 황룡사 9층탑의 처참한 모습에 울분을 품고 경상도 지방은 물론 강화도, 설악산, 오대산 등 가는 곳마다 그곳에서 사라져가는 고문서와 설화 등을 모았다. 그는 또한 유물과 유적에 대해서도 현장에서 관찰하고 고증한 것을 기록하여 만년의 『삼국유사』 집필을 오래 전부터 준비했다.

이런 상황에서 당대의 지식인이자 국사였던 일연은 우리 민족의 자부심을 고취시켜 민족의 고난을 극복하기 위해 오랫동안 모아온 자료들을 정리하여 민족 주체성의 토대 위에서 우리의 고대사를 바라본 역사서를 탄생시켰는데 이 책이 바로 『삼국유사』이다.

일연의 비문에 의하면 그는 평생 80여 권의 저술을 남겼으나 오늘날 전하는 것은 거의 없고 비문에는 적혀 있지도 않은 『삼국유사』만이 전해지고 있다. 『삼국유사』를 지은 사람이 일연이라는 증거는 1512년에 간행된 정덕본正德本 5권에 담겨 있는데, 여기에 나타난 "가지산하인각산운운迦智山下麟角寺云云"이라는 문구가 『삼국유사』의 저자를 알 수 있게 해준 실마리가 되었다. 가지산이란 장흥 보림산의 주산이고, 신라 말 선종 계열의 도의가 선문禪門을 열고 그 유파를 '가지산문'이라 불렀다. 일연 역시 그 문하였기 때문에 '가지산하'라 했던 것이고 인각사란 그가 죽을 때까지 머물렀던 군위에 있는 절이었다. 이 기록도 일연 자신이 직접 남긴 것이 아니라 그의 제자가 적어둔 것이라고 한다.

그런데 13세기에 쓰인 『삼국유사』가 본격적으로 읽히고 연구의 대상이 된 것은 20세기에 들어와서이다. 일본인들이 임진왜란 때 가지고 간 『삼국유사』 원본을 1904년에 도쿄에서 근대식으로 인쇄하여 도쿄대학 사지총서史誌叢書에 들어가게 되었는데, 당시 도쿄에 유학중이던 조선 청년들이 이 책을 보고 자극을 받아 민족의식을 고취했다. 1904년에 『삼국유사』가 출간된 이래 우리나라에서는 인문학 거의 전 분야에서 『삼국유사』가 연구되고 인용되고 있다.

단군신화와 신라향가 14수, 그 찬란한 유산

일연은 한국의 고대신화와 민간설화를 정리하고 향가를 비롯하여 많은 불교 관계 기사를 수록한 『삼국유사』 다섯 권을 지었는데, 김부식의 『삼국사기』와 함께 한국 고대사 연구의 귀중한 자료이다.

『삼국유사』는 삼국의 역사 전반에 관한 사서가 아니라 일연이 관심을 가진 자료들을 선택적으로 수집하여 분류한 자유로운 형식의 역사서다. 『삼국사기』가 왕명에 따라 편찬된 '관찬적官撰的' 정사正史라면, 『삼국유사』는 개인이 편찬한 '사찬적私撰的'인 야사野史의 성격이 짙다. 예를 들면 김부식의 『삼국사기』에 누락된 고기古記들 중 『삼국유사』에는 원형대로 채록되어 있는 것들이 있다.

『삼국유사』는 5권 9편 144항목으로 구성되어 있는데 9편은 「왕력王曆」, 「기이紀異」, 「흥법興法」, 「탑상塔像」, 「의해義解」, 「신주紳呪」, 「감통感通」, 「피은避隱」, 「효선孝善」으로 구성되어 있고 각 편의 내용은 다음과 같다.

1. 「왕력」 : 중국, 신라, 고구려, 백제, 가락국, 후고구려, 후백제의 연표
2. 「기이」 : 고조선에서부터 후삼국까지의 단편적인 역사 57항목
3. 「흥법」 : 삼국의 불교 수용 과정과 융성, 고승들의 행적에 관한 6개 항목
4. 「탑상」 : 탑과 불상에 관한 31항목
5. 「의해」 : 신라의 고승들에 대한 전기 14항목
6. 「신주」 : 신라의 밀교적 신이승神異僧들에 대한 3항목
7. 「감통」 : 신앙의 영이감응靈異感應에 관한 10항목
8. 「피은」 : 초탈고일超脫高逸한 인물의 행적 10항목
9. 「효선」 : 부모에 대한 효도와 선행에 대한 미담 5항목

「흥법」편과 「의해」편은 『삼국유사』에서 가장 내용이 충실한 부분이며

전반적으로 불교에 관한 기록이 많은 편이다. 이 중 「왕력」과 「기이」를 제외한 각 편은 내용 그대로 삼국의 불교사라 할 만큼 불교적인 내용이 풍성하게 들어 있다. 또한 단군신화를 비롯한 고대의 설화, 전설, 민속, 사회, 고어록, 성씨록, 지명의 기원, 사상, 신앙 등을 금석金石 및 고서적古典籍의 인용과 견문으로 서술했다.

이런 것들은 대개 김부식이 『삼국사기』에서 유교적 합리주의적 정신으로 인해 버린 고기록 가운데 가장 한국적인 것으로 고대 우리 민족 생활사의 보전이다. 여기에 인용한 것들은 당시의 전적을 고증하는 데 매우 귀중한 자료가 되고 있다. 또 삼국 외에 단군조선, 기자조선, 위만조선, 삼한, 사군, 낙랑, 대방, 말갈, 발해, 졸본부여, 후백제, 가락국 등의 기록도 실려 있어 한국 고대 서사문학의 원산지가 되고 있다.

『삼국유사』에 단군신화가 최초로 기록되어 있는 점은 아무리 강조해도 지나치지 않다. 『삼국유사』 권1, 「기이」 제1에 나오는 '고조선' 조條의 내용을 인용해 본다.

옛날 환인桓因의 서자 환웅桓雄이 자주 천하에 뜻을 두고 인간 세상을 탐내어 구하였다. 아버지가 아들의 뜻을 알고는 삼위태백三危太伯을 내려다보니 인간을 널리 이롭게 할 만하여 즉시 천부인天符印 3개를 주어 내려보내 인간 세상을 다스리게 하였다.

환웅이 (다스리는 데 필요한) 무리 3,000명을 거느리고 태백산(太白山, 지금의 묘향산) 꼭대기 신단수神檀樹 아래로 내려왔다. 이곳을 신시神市라 하고, 이 분을 환웅천왕이라 한다. 풍백風伯, 우사雨師, 운사雲師를 거느리고 곡식, 생명, 질병, 형벌, 선악 등 인간 세상의 360여 가지 일을 주관하여 세상을 다스려 교화하였다.

그 당시 곰 한 마리와 호랑이 한 마리가 같은 굴 속에 살고 있었는데 항상 환웅에게 사람이 되기를 기원하였다. 이 때 환웅이 신령스런 쑥한 다발과 마늘 20개를 주면서 말했다. "너희가 이것을 먹되 100일 동안 햇빛을 보지 않으면 곧 사람의 형상을 얻으리라."

곰과 호랑이는 그것을 받아먹으면서 삼칠일三七日 동안 금기했는데 (금기를 잘 지킨) 곰은 여자의 몸이 되었지만 호랑이는 금기를 지키지 못하여 사람의 몸이 되지 못했다.

(그러나) 웅녀熊女는 혼인할 상대가 없었으므로 매일 신단수 아래에서 아이를 가질 수 있도록 해달라고 빌었다. 환웅이 잠시 사람으로 변해 그녀와 혼인하여 아들을 낳았으니 단군왕검이라고 불렀다. 단군왕검은 요堯임금이 즉위한 지 50년이 되는 경인년庚寅年에 평양성에 도읍을 정하고 비로소 조선이라고 불렀다.

단군신화의 내용은 『삼국유사』 외에도 비슷한 시기의 이승휴의 『제왕운기』, 이규보의 『동국이상국집』의 「동명왕」편과 『세종실록』의 「지리지」에도 나오지만, 일연은 단군신화를 책의 첫머리에 배치함으로써 우리 민족의 역사성과 정통성을 확립하려 했다.

『삼국유사』의 또 하나의 가치는 신라향가 14수를 수록하고 있는 점이다. 이 향가는 『균여전』에 11수가 수록되어 있을 뿐, 다른 책에 없어 국문학 연구에 귀중한 자료이다. 향가 14수는 「서동요」, 「혜성가」, 「풍요」, 「원앙생가」, 「모죽지랑가」, 「헌화가」, 「원가」, 「도솔가」, 「제망매가」, 「찬기파랑가」, 「안민가」, 「도천수대비가」, 「우적가」, 「처용가」 등이며 이밖에도 많은 향가의 제목과 그 향가에 관련된 유래가 단편적으로나마 사실적으로 서술되어 있다.

『삼국유사』에 나오는 14편의 향가 중에서도 가장 유명한 작품은 「제망매가祭亡妹歌」이다. 이 노래는 신라 경덕왕 때 월명사月明師가 지은 10구체 향가로 『삼국유사』 권5, 감통感通 7, 「월명사도솔가月明師兜率歌」 조條에 실려 있다.

제망매가

삶과 죽음의 길은 生死路隱

여기 있으니 두려워지고 此矣有阿米次肹伊遣

나는 간다는 말도 吾隱去內如辭叱都

못 다 이르고 어찌 가는가. 毛如云遣去內尼叱古

어느 가을 이른 바람에 於內秋察早隱風未

여기저기 떨어지는 나뭇잎처럼 此矣彼矣浮良落尸葉如

한 가지에 나서 一等隱枝良出古

가는 곳을 모르는구나! 去如隱處毛冬乎丁

아아! 미타찰에서 만날 나 阿也, 彌陀刹良逢乎吾

도를 닦으며 기다리련다. 道修良待是古如

이 작품의 1~4구에는 '누이의 죽음으로 인한 안타까움과 그리움', 5~8구에는 '혈육간의 사별과 인생의 무상감', 9~10구에는 '재회에 대한 다짐과 불도에의 정진 의지'가 담겨 있다.

월명사가 이 노래를 지어 죽은 누이의 명복을 빌며 제사를 지냈더니 홀연히 바람이 불어 지전(紙錢, 종이돈)이 서쪽(서방 극락세계 방향)으로 날아 가 사라졌다고 한다. 이는 신라의 향가가 하늘을 감동시키고 귀신을 감복시키는 주술성이 있음을 엿볼 수 있다. 이 작품은 형제자매를 한 가지에 난 나뭇잎에 비유하고 누이의 죽음을 가을 낙엽에 비유하고 있어 서정성과 상징성이 뛰어나다.

민족적 각성이 빚은 민족지

이상에서 살펴본 것처럼 『삼국유사』는 청장년 시기를 전란 속에서 보내야 했던 일연에게 일종의 정신적 저항이기도 했으며, 거대한 몽고군의 말발굽에 짓밟힌 고려 사회의 민족적 각성과 비원을 배경으로 이루어진 잡록적 사서雜錄的史書이다. 『삼국유사』는 중화주의中和主義나 화이사상華夷思想에 물들어 있던 당시의 사회 풍토 속에서도 우리나라가 유구한 역사를 자랑하는 민족임을 드러내 주었을 뿐 아니라, 김부식의 『삼국사기』가 유학적 관점에 의해 의도적으로 배제한 탓에 후세에 알려지지 않았을 수도 있었던 불교적, 설화적 요소들을 보완했다는 점에서 그 가치가 높다고 할 수 있다.

『삼국유사』의 가치는 그보다 150년 전에 왕명을 받아 김부식이 쓴 『삼국사기』와 비교해 보면 잘 드러난다. 『삼국사기』는 기전체 형식(본기, 세가, 열전, 지, 표의 인물 중심의 역사 서술 방법)으로 기록된 삼국시대의 정사인 반면, 『삼국유사』는 기사본말체(사건의 원인과 결과 중심으로 실증적으로 기술)에 가까운 설화 중심의 야사이며, 전자가 문화적 사대주의라는 평가를 받는 반면, 후자는 주체적이고 실증적인 사관에 입각한 사서로 간주된다.

또한 『삼국사기』가 유교적 윤리관을 바탕으로 합리성과 현실성을 중시한 반면, 『삼국유사』는 불교 중심의 비현실적 내용도 포함하고 있으며, 전자의 저자가 정치 권력자인 반면, 이 책의 저자는 순수한 승려였다는 점, 『삼국사기』는 신라, 백제, 고구려라는 삼국의 역사를 신라 중심의 반도사관으로 축소 묘사하고 있으나 『삼국유사』는 단군부터 고려시대까지 발해사를 포함해 기술하고 있다는 점에서 비교가 된다.

일연의 『삼국유사』는 좁게는 한국 역사학의 고전적 저작이고 넓게는 한국학 분야의 불멸의 금자탑이다. 비록 『삼국유사』의 내용 중에는 현대인의 과학적 안목으로는 쉽게 이해될 수 없는, 예를 들어 단군신화를 비롯해 불교적 색채가 농후한 신이적神異的 사실이 다수 포함되어 있지만 그러한 서술 태도가 오히려 『삼국유사』의 장점일 수도 있다.

단군신화에 나타나는 사회상이 그렇고 불교와의 관련을 중심으로 서술된 민중의 신앙과 생활상에 관한 구체적이며 신이神異한 기사 등도 그렇다. 그 결과 이 책은 소중한 민족지의 성격을 갖는다.

이런 맥락에서 볼 때 우리는 김부식의 『삼국사기』는 역사로 읽어야 하고 일연의 『삼국유사』는 역사보다는 설화로 읽는 것이 자연스럽다.

한 개인의 노력이 민족사의 맥을 잇는 데 얼마나 중요한 역할을 하고 있는지는 『삼국유사』가 우리 고대문화의 총체적이고 원형적인 모습을 전해주는 금광과도 같은 역할을 한다는 점에서 드러난다. 후대의 학자들이 이 책에서 고대문화의 금맥을 캐왔고 지금까지도 캐고 있다. 고대의 역사, 지리, 문학, 종교 등 문화 전반에 대해 많은 정보를 제공해 주고 있기 때문이다.

일연은 고려 사회가 이민족의 지배 하에 들어가게 되는 시점에 중앙의 후원으로 화려하게 각광을 받으면서 불승으로서는 최고 승직자의 길을 가게 된다. 그러나 민족사의 격동기에 살아가면서 이민족의 지배가 가져온 민중의 고통과 참담한 사회 상황은 일연으로 하여금 사상적 전환을 가져오게 했고, 그 결과 그가 귀착한 세계는 현세구원적 관음신앙의 표방과 민중의 삶을 역사서의 형태로 승화시킨 『삼국유사』의 찬술로 나타났다. 이것이 곧 시대 상황이 빚어낸 역사가로서의 일연과 선승으로서의 일연의 합일점이기도 하다.

『삼국유사』에 대해 현재 몇 가지가 논의되고 있다. 『삼국유사』의 역사학적 방법이 김부식 이전의 역사학적 전통을 이은 것이어서 복고적 성향이라고 해석하는 학자들에 대해 일부 학자들이 반론을 제기하고 있다. 또한 『삼국유사』의 편찬체제가 중국의 고승전 체제의 영향을 받은 것인가, 아니면 기전체 서술의 체제를 원용한 것이냐는 논란과 함께 『삼국유사』가 일연의 단독편찬인가, 아니면 훗날에 제자들이 어느 정도 보완한 것인가에 대한 논쟁도 이어지고 있다. 이상과 같은 전문적인 논쟁 외에도 『삼국유사』가 일연의 비문에 그의 업적으로 기록되지 않은 이유가 무엇이고, 조선시대에 소홀하게 여겨지던 이 책이 현대의 학문적 조명을 받

으면서 새롭게 이해되는 이유가 무엇인가에 대한 일반인의 흥미가 생겨
나고 있다.

✧ 추천도서
『원문과 함께 읽는 삼국유사』, 신태영 옮김, 한국인문고전연구소, 2012
『삼국유사』(전 2권), 이재호 옮김, 솔, 2002
『삼국유사』, 고운기 옮김, 홍익출판사, 2001
『사진과 함께 읽는 삼국유사』, 리상호 옮김, 까치글방, 1999
『삼국유사』, 김원중 옮김, 민음사, 1997

원돈성불론

"선은 부처님 마음, 교는 부처님 말씀"

지눌 지음

"선禪은 부처님 마음이요, 교教는 부처님 말씀이다."라고 하여 선과 교가 '둘이 아닌 하나'라고 주장해, 교종과 선종의 대립을 극복한 지눌. 그의 핵심사상은 '돈오점수'이고 그 실천방법은 '정혜쌍수'이다. '돈오점수'란 먼저 중생의 마음이 곧 부처임을 깨닫고, 후에 수행을 계속해야 한다는 뜻인데, 그 뜻이 『원돈성불론』에 담겨 있다. 정(定, 산란한 마음을 고요하게 함)과 혜(慧, 진리를 바로 봄)를 함께 닦아야 한다는 정혜쌍수는 『권수정혜결사문』에 담겨 있다.

대승불교의 2대 조류인 중관학파와 유식학파의 첨예한 대립이었던 공空, 유有의 대립을 불교의 탄생지인 인도에서도 해결하지 못하자, 이를 원효가 그의 독특한 화쟁사상으로 해결했음은 이 책의 앞부분에서 살펴보았다.

공, 유의 대립이란 '세계의 모든 것은 공空'이라는 부정적인 입장을 취한 중관학파와 '세상의 모든 현상은 식識'이라는 긍정적인 입장을 취한 유식학파의 대립을 말한다. 원효는 이를 화쟁사상의 입장에서 두 학파 모두가 한 측면만을 보고 전체를 보지 못했음을 지적했다. 화쟁의 논리란 '서로 다른 의견을 살리면서도 이를 잘 화합해 하나로 만드는 논리'를 말하는데 이것은 모든 대립을 서로 세워주면서도 동시에 이를 극복하는 방법을 말한다. 이 방법으로 원효는 두 학파의 주장을 인정하고 동시에 부정하여 이를 하나로 통합했던 것이다.

이런 원효의 사상은 고려의 지눌에게 연결되어, 당시 극심하게 대립하던 선종과 교종의 대립을 차원 높게 해결하게 했고, 조선시대의 휴정(서산대사)에게도 영향을 주어 통불교적인 성격이 한국불교의 특징이 되었다. 즉 불교의 발생지인 인도의 불교가 원론적原論的이었다면, 중국불교는 각론적各論的이었고 한국불교는 통합적統合的 성격이라 할 수 있을 것이다.

원효, 휴정과 함께 한국적 통불교의 주역이자 조계종의 창시자인 보조국사 지눌(知訥, 1158~1210)은 황해도 서흥에서 당시 국립대학에 해당하는 '국학'의 교수의 아들로 태어났다. 그의 성은 정씨鄭氏이고 자호는 목우자(牧牛子, 소를 키우는 사람, 불교에서는 소를 진리로 안내하는 동물로 간주한다)이며 지눌은 법명이다.

지눌의 부모는 어린 아들이 자주 아파서 항상 자식의 건강을 염려하다가 결국 최후의 수단으로 불법佛法의 힘에 의지하기로 했다. 살려만 주면 자식을 부처에게 바치겠다고 약속한 것이다. 다행히도 8살이 되자 지눌의 건강이 회복되었다. 지눌의 부모는 부처와의 약속을 지키기 위해 구산선문九山禪門의 하나인 사굴산문에 속한 종휘宗暉 선사에게 아들을 출가시켰다. 그 뒤로 지눌은 1182년 25세에 개경에서 개최한 선종 승려의 자격 시험인 승과僧科에 합격하여 장차 왕사王師나 국사國師가 될 수 있는 등용문을 일단 통과했다. 그 당시 임금의 정치 자문 역할을 하는 왕사에게는 임금도 절을 할 정도였고, 국사가 되면 온 나라의 정신적 스승으로 존경받았다.

그러나 그는 왕사나 국사가 되는 것이 불교의 본연의 길이 아니라 명예와 출세를 위한 길임을 깨닫고 보제사普濟寺의 담선법회談禪法會에 모인 승려들과 다음과 같이 맹약했다. "이것은 명리名利의 길이니 우리는 참된 수도자가 되기 위해 이 길을 버리고 산림에 은둔하여, 뒷날에 새로운 수도의 결사를 하고 정혜定慧를 쌍수雙手하자." 그리고 그들은 흩어져 각자 수도의 길을 떠났다.

『육조단경』, 『화엄론』, 『대혜어록』, 세 번의 깨달음

지눌은 남쪽으로 내려가 전라남도 나주에 있는 창평의 청원사에서 중국 선종의 6대 조사인 조계 혜능대사가 지은 『육조단경』을 읽고 "진여자성(眞如自性, 본래의 참된 성질)에서 생각이 일어나면 보고 듣고 분별해 알며 만경萬境에 물들지 않고 진성(眞性, 만물의 본체)이 언제나 나에게 있다."는 대목에 이르러 득도했다고 한다. 이것이 그의 첫 번째 깨달음이었다. 그 후 그는 평생 동안 육조혜능六祖慧能을 스승으로 모셨다.

1185년에 그는 다시 예천의 하가산下柯山 보문사普門寺로 옮겨 대장경을 열람했다. 당시는 참선을 통해 깨닫고자 하는 선종과, 독경을 통해 깨닫고자 하는 교종이 서로 대립하고 있었는데, 참선을 주로 하는 선종 승려인 그가 교종에서 중시하는 경전을 열람한 것은 교와 선이 과연 근본적으로 다른 것인가를 확인해보고 싶었기 때문이다. 그는 대장정을 열람한 결과 선교일원禪敎一元의 원리를 발견했다.

당나라 이통현 거사가 지은 『화엄론』을 읽고 두 번째 깨달음을 얻은 후, 그는 드디어 '교는 부처님 말씀이요, 선은 부처님 마음이므로 둘이 아니고 하나다'라는 결론을 내린 뒤 '선교일치'와 '정혜쌍수'의 새로운 지도 체계를 세우게 되었다. 이로 인해 중국에서 선종이 독립하면서 생긴 상호의 장벽을 일시에 제거했다. 이것은 인도적인 교敎와 중국적인 선禪을 한데 묶어 한국적 회통불교를 만든 불교 사상의 일대 혁명이었다.

일찍이 당나라의 정혜선사定慧禪師 종밀宗密이 선과 교가 본디 둘이 아니었는데 후세에 학도들의 아집과 편견에 의해 분파되었다는 지적은 했으나 그에 따른 실천 운동은 없었다. 그런데 지눌은 '선교일치, 정혜쌍수'의 실천 수행을 함으로써 중국에서 볼 수 없었던 통불교를 실현했다.

선교불이禪教不二의 이념 아래 33살의 지눌은 팔공산 거조사居祖寺에서 4~5명의 도반들을 모아 정혜사定慧社를 조직하고 『권수정혜결사문』을 발표했다.

> 명리를 버리고 산림에 은둔해 모임을 결성하고 항상 선정과 지혜를 함께 익히며, 예불과 독송으로부터 노동에 이르기까지 각자 맡은 일을 잘 구하면서 마음을 수양하며, 한평생 자유롭고 호쾌하게 지낼 것이다.

이 결사에는 왕족, 관리 등과 수백 명의 승려가 참석하기도 했다.

그 후 그는 40살에 지리산 상무주암上無住庵에서 참선에 몰두하다가 중국의 대혜선사가 지은 『대혜어록大慧語錄』을 열람하던 중 '선이란 일체 경계에 구애됨이 없이 마음 자체가 독립해 자유자재해야 한다'는 구절에 이르러 세 번째 깨달음을 얻는다. 그로서는 최고의 종교적 체험이었다고 한다.

48살에 그는 정혜사를 거조사에서 순천 송광산(지금의 조계산)의 길상사吉祥寺로 옮기고 그 깨우침을 본격적으로 실행한다. 왕명에 의해 송광산 길상사를 조계산 수선사修禪寺로 고치고, 신앙결사단체인 정혜사도 수선사修禪社로 개명했다. 이 수선사가 현재의 조계산 송광사이다. 수선사는 선종과 교종의 일치를 위해 노력했고, 이들의 수행 방식은 그 후 한국불교에 면면히 계승되고 있다. 지눌은 1210년 53살에 대중들과 함께 선법당善法堂에서 문답한 뒤, 법상에 앉아 입적하였다.

불통의 불교에서 통합의 불교로

교종과 선종의 인생관은 '욕심에서 비롯되는 괴로운 삶'이다. 이 고통을 없애려면 욕심을 버리고 이 세상의 참모습을 깨닫는 것이 중요한데, 이런 깨달음의 경지를 '열반(涅槃, nirvana)'이라고 한다.

부처님은 열반에 이르는 방법으로 명상과 깨달음을 말했다. '붓다 Buddha'라는 말도 '깨달은 사람'이란 뜻이다. 이러한 부처님의 가르침을 깨닫는 데는 2가지 방법이 있다. 하나는 부처님의 말씀을 담은 경전을 연구하는 교종敎宗이고, 다른 하나는 참선을 위주로 하는 선종禪宗이다. 선종은 9년 동안 면벽수도한 인도의 달마대사가 중국에 와서 시작한 것으로 인간 마음의 본성을 제대로 찾으면 누구나 부처가 될 수 있다는 사상이다. 이런 선종이 우리나라의 통일신라에 전수되어 9산九山을 형성하면서 교종과 대등하게 발전했다.

불교를 국시로 내세운 고려시대에 들어와서 이들의 대립은 표면화되었다. 고려불교의 특징을 '교종과 선종의 갈등'이라 할 만큼 그 대립은 심각했다. 그런데 왕권 강화와 국론 통일을 위해서도 교종(이론 체계)과 선종(실천 방법)의 화합은 시대적 요청이었다. 고려 초기의 불교는 대각국사 의천의 활약으로 교종이 그 주류를 이루어왔다.

그러나 무신란 이후에는 불교계에 새로운 움직임이 일어났는데, 그것은 '선종의 부흥'과 '신앙결사운동의 전개'로 요약할 수 있다. 당시까지 왕실의 비호를 받으면서 강력한 세력으로 성장해 있던 교종 중심의 불교계는 전통적 권위를 전면적으로 부인하는 무신정권에 반발했고, 이로 인해 최씨 정권이 수립되면서부터 가혹한 탄압을 받아 급격히 쇠퇴한다. 그 대신 대각국사 의천 이후에 침체 상태에 있던 선종 세력이 최씨 정권과 제휴함으로써 급격하게 부상했다.

최씨 정권과 선종의 결합은 신라 하대에 선종이 호족들에게 환영받았던 사실과 같은 맥락에서 이해할 수 있다. 즉, 선종은 경전을 통한 복잡한 이론적 접근을 취하는 교종과는 달리, 참선에 의한 불교 신앙을 그 중심으로 삼았기 때문에 소박한 무인들에게 친근하게 다가왔다. 특히 선종의 혁신성은 종래의 문신 귀족에 의한 기존 질서를 무너뜨리고 성립한 무신 정권의 성향에 잘 맞았다.

이처럼 지눌이 살았던 시대는 불교 외적으로도 혼란한 상황이었다. 무신란과 최씨 정권 등으로 사회 기강이 문란해지고, 정치는 혁명과 반反 혁명의 와중에 있었다. 이런 상황에서 지눌은 시대적 혼란과 불교계의 갈등을 통합하기 위해 일생 동안 노력하게 된다.

선교의 대립을 먼저 인식한 사람은 고려 초기에 천태종을 창시한 대각국사 의천이다. 그는 교종과 선종의 통합을 주장했으나 어디까지나 교종을 위주로 하는 것이었다. 즉 천태종 교단에 선종 9산의 승려를 흡수하고자 했으나 그의 저서인『신편제종교장총록新編諸宗敎藏總錄』에는 선종에 관한 서적을 하나도 넣지 않았다.

지눌은 이런 의천의 정치적인 성격의 선교 통합보다 좀 더 근원적인 화합을 모색했다. 중국에서도 종밀에 의해 선교일치 사상이 대두되었으나 별다른 발전을 보지 못했던 것과 비교한다면 지눌은 상당한 성과를 거두었다. 그는 9산 선문을 조계종으로 통일하고, 선종의 입장을 취하면서도 선과 교 모두를 포함하는 독창적인 '돈오점수 사상'을 제시하고 '정혜쌍수'라는 실천 운동을 전개했다.

이처럼 선교 양종이 대립하게 되자 선종의 처지를 밝혀 교종의 이해를 돕고자 지눌이 쓴 책이『원돈성불론』이다. 이 책의 내용은 주로 화엄경에 기초해서 성불의 도리를 밝힌 것이다. 그러나 이통현의『화엄신론』이 많이 반영되어 있어 그의 독창적인 저술이라고 보기 어려운 측면도 있다. 이 글은 지눌이 입적한 뒤에 글상자에서 발견된 것을 제자인 진각국사 혜심이 간행한 것이다. 여기서 '원圓'은 '완전하다'의 뜻이고 '돈頓'은 단번에 뛰어 오른다'는 뜻으로, 결국『원돈성불론』은 '완전하면서도 단번에 부처가 되는 논서'이다. 내용은 문답식으로 구성되어 있다.

돈오점수, 정혜쌍수, 그리고 선교 일치

그럼 먼저 돈오점수에 대해 살펴본다.

지눌의 주요 저서인 『원돈성불론』, 『권수정혜결사문』, 그리고 인간의 참다운 모습을 밝힘으로써 이 세상에서 해야 할 일이 무엇인가를 밝혀 놓은 『수심결修心訣』 등의 전체를 일관하는 사상은 '돈오점수'이다. 이는 인간의 마음이 부처라는 사실을 먼저 깨닫고(선 돈오) 이를 바탕으로 수련을 계속해야 한다(후 점수)는 뜻이다.

그에 의하면 부처가 인간의 마음 밖에 있고 인간의 본성을 떠나서 따로 진리가 있다고 생각한다면, 아무리 열심히 도를 닦아도 절대로 진리를 깨달을 수 없다. 내 마음(自心)이 참 부처(眞佛)이며, 나의 본성(自性)이 참 진리(眞法)라는 생각이 그의 일관된 사상이다.

마음이 어두워 어쩔 줄 모르는 사람은 먼저 마음을 깨우쳐야 한다. 마음을 깨우친 사람이 다름 아닌 부처다. 그러므로 진리를 깨달으려는 자는 눈을 밖으로 향하지 말고 안으로 돌려 자기의 마음을 밝혀야 한다. 역사상 존재했던 모든 성자들은 누구나 마음이 밝아진 분들이었다고 그는 역설한다.

그럼 내 마음이 참 부처이며 내 본성이 참 진리라면 왜 지금의 나는 이처럼 어리석은가? 이런 물음에 지눌은 '나는 어리석다'고 보는 그 생각에 억눌려 자기의 불성佛性을 보지 못할 뿐이므로, 먼저 그런 생각을 중단해야 한다고 말한다. 그는 항상 스스로 부처 노릇을 하면서도 부처인 줄 모르고 부처를 따로 찾고 있기 때문에 '미迷했다' 하고, 이런 사람들을 중생이라고 말한다. 그러나 알고 보면 중생이 곧 부처이지 중생을 떠나 따로 부처가 없다는 것이다.

또한 자기가 바로 부처임을 깨달으면 부처로서의 영원한 면과 무한한 능력이 나타나야 할 텐데, 왜 오늘날 깨달았다는 사람에겐 이런 면이 나타나지 않는가? 이에 대한 지눌의 답변은 두 가지로 나타난다.

우매한 중생의 눈으로 알아볼 수 있도록 부처로서의 영원하고 무한한 면을 나타내려면 그것은 신통을 부리는 것밖에 없다. 그러나 진리를 깨달은 부처의 세계에서는 신통을 부린다는 것이 지극히 지엽적일뿐만 아니라 요망스러운 짓에 속한다는 것이다. 왜냐하면 산에 가서 나무를 베고 우물에서 물 긷는 것이 모두 신통하지 않은 것이 없는데, 이것 밖에서 신통을 찾으니 이는 중생을 떠나 따로 부처를 찾는 것과 같은 어리석음이라고 한다.

또 하나의 답변은 '이치를 깨닫는 것'과 '실제로 그렇게 된다'는 것을 혼동해서는 안 된다는 것이다. 이 이론은 지눌의 사상 가운데 가장 중요한 대목이면서, 동시에 많은 논쟁을 야기하고 있는 부분이다. 부처는 분명히 모든 관념적인 제약을 벗어나 자유로운 존재이지만 우리는 그동안 너무나 오래도록 나쁜 습관에 젖어 있어 이런 악습관들이 일시에 없어지지는 않는다는 것이다. 그렇기 때문에 이제까지 몸에 밴 습기(習氣, 번뇌로 인한 버릇이나 습관)마저 완전히 제거하려면 깨달은 다음에도 꾸준히 닦아나가야 한다(漸修)고 주장한다. 이런 이론 체계를 '돈오점수'라 한다.

다음으로 정혜쌍수定慧雙修에 대해 알아본다.

수행에 있어서는 정定과 혜慧를 함께 닦아 나가야 한다는 것이다. 다시 말해 정혜쌍수란 점수의 실천적 방법을 말하는데, 여기서 '정'이란 산란한 마음을 한 곳에 집중해 고요하게 하는 것이며, '혜'란 진리를 바로 보는 것이다. 대중의 마음은 한시도 쉬지 않고 출렁거리는 물처럼 번뇌와 망상이 일어나므로 이를 다스리는 수행이 '정'이며, 만일 정만 있고 혜가 없다면 마치 바위처럼 침묵만 지킬 뿐 아무런 작용이 없을 것이다. 그러므로 사물의 진실과 인생의 바른 판단을 위해서는 지혜가 필요한 것이다. 범부는 일상 속에서 지혜가 아닌 분별심으로 생활하므로 대립과 분열을 맛보게 되며 통합과 조화를 잃게 되는 것이다. 지혜는 분별심으로 식별하는 지식이 아니라 전체를 직시하는 영지靈知 작용이다.

지눌은 정혜를 쌍수하기 위해서는 몇 가지를 조심해야 한다고 주장한다. 첫째는 자성을 제대로 보지 않으면서 박학다식만을 자랑하게 되는

데, 이것은 달을 가리키면서 달은 보지 못하고 손가락만 보는 것과 같다. 둘째로 마음을 통일하는 것은 극락정토를 바라는 바이지만, 밖의 극락 세계만을 염원하는 것은 옳지 않다. 왜냐하면 이는 마음의 바람만 있기 때문에 비록 정토에 왕생할 수는 있으나 성불成佛은 멀어진다는 것이다.

이제 선교 일치에 대해 살펴보자.

지눌의 선 사상은 이런 돈오점수에 입각한 정혜쌍수에만 그치는 것이 아니라, 당시 교종의 큰 흐름인 화엄학의 이론을 수용함으로써 교종과 선종의 화합의 길을 모색했다. 결국 중국 화엄종의 대가인 이통현의 『화엄론』의 구절에서 화합의 길을 찾고 여러 대장경을 열람한 후 '선교禪敎는 하나'라는 확신을 갖게 된 것이다.

> 선은 부처님 마음이요, 교는 부처님 말씀이다.
> 마음과 말이 분리될 수 없듯이 선과 교는 둘일 수가 없다.

이처럼 지눌은 선교 일치의 철학 체계를 완성했다. 따라서 지눌사상의 역사적 의의는 침체했던 선을 부흥시켜 교종을 포함해서 결국 양측의 대립을 넘어 선교 일치의 사상을 이끌어낸 데 있다.

선종의 부흥과 수선사, 백련사 등의 결사를 그 특징으로 하는 무신 집권기의 불교는 한국불교사에서 일대 전환점을 이루었다. 종래의 교종 중심의 불교를 선종 중심으로 옮기고 선종 자체도 새로운 혁신의 기풍을 갖게 되었으니, 종래의 교종과는 달리 정치적이고 세속적인 성격을 벗어나 왕실 귀족을 대신해 민중을 저변으로 한 종교는 그 기반을 확대할 수 있었다. 또한 지눌의 심성론은 수선사가 주로 지방의 지식인층을 대상으로 했다는 사실과 관련해, 고려 후기에 지방향리 출신의 신흥사대부들이 성리학을 수용하는 바탕을 마련하기도 했다.

지눌이 만년을 보낸 전남 순천 송광사에는 지금도 지눌을 계승한 제자들의 찬란한 업적들이 문헌으로 보존되어 있다. 그 가운데는 나라의 스승 역할을 한 고승들이 16명이나 있었다고 한다.

조선에 들어와 억불抑佛 정책으로 선종의 법맥이 한때 중단되었다가 임진왜란 전후에 서산대사에 의해 부흥되었다. 그러다가 19세기 말엽에 경허라는 스님이 홀로 참선을 하다가 크게 깨쳐 그 문하에서 만공, 혜월, 한암 등 쟁쟁한 선사들이 배출되었고 최근에는 청담, 성철 스님 등으로 이어졌다. 이렇게 해서 한국의 선종은 다시 일어났다. 이로써 우리는 지눌의 사상이 오늘날까지 면면히 전해 내려오고 있음을 볼 수 있다.

❈ 추천도서

『보조국사 지눌의 생애와 사상』, 강건기 지음, 불일출판사, 2010
『지눌의 선사상』, 길희성 지음, 소나무, 2006
『지눌』, 이덕진 편저, 예문서원, 2002

— 梅月堂集 —

매월당집

암울한 시대를 방황하며 살다간 광인의 노래

김시습 지음

세조의 왕위 찬탈에 반대하고 이방인의 삶을 살다간 김시습의 고민과 사상을 담은 책으로, 조선 초기의 문학사와 철학사를 연구하는 데 중요한 자료이다. 이 책을 통해 우리는 정치 精緻한 성리학 이론의 전개와 심도 깊은 불교사상, 그리고 도교에 관한 그의 관심을 엿볼 수 있고 암울한 시대를 만나 힘겹게 살아가는 한 천재의 고민과 삶에 대한 태도를 만날 수 있다.

사람들로부터 '생이지지(生而知之, 태어나면서부터 아는)'란 칭호를 들은 김시습(金時習, 1435~1493).

신동의 탄생을 알리는 전주곡은 그가 태어나던 전날 밤, 성균관 유생들이 꾸었다는 공자의 꿈으로 시작된다. 그는 오늘날 서울 명륜동의 성균관 부근에서 신라 김알지 왕의 42대 후예로 출생했다. 매월당이 태어날 때 성균관 사람들이 모두 공자가 반궁리 김일성(김시습의 아버지)의 집에서 태어나는 것을 꿈꾸었다. 이튿날 그들이 그 집에 가서 물어보니 매월당이 태어났다고 하였다.

역시 그는 보통 어린 아이와는 달라서 8개월에 글을 읽고, 3살 때에는 글을 지었다. 그의 조숙한 천재성이 공자처럼 '태어나면서부터 아는' 것과 같았기 때문에 사람들은 그를 공자의 환생으로 생각했다.

'시습時習'이라는 이름은 『논어』 첫머리의 '배우고 때로 익히면 기쁘지 아니한가學而時習之不亦說好'에서 따온 것이다. 5살에 『중용』과 『대학』을 배우는 등 신동으로 소문이 나자 70살의 정승 허조가 5살난 김시습을 찾아와 시험해 보았다. 그가 "애야, 늙은 나를 위해 늙을 노老 자로 시구를 지어 보거라."라고 하자 김시습은 다음과 같이 읊었다.

> 늙은 나무에 꽃이 피니, 마음은 늙지 않았네. 老木開花心不老

 허조는 무릎을 치며 감탄했다. 이렇게 정승 허조가 김시습을 인정한 뒤로 왕실에서도 서적을 주며 그가 큰 인물로 성장하도록 격려해주었다. 당시의 일을 김시습은 「답답함을 풀어 보인다叙悶」의 셋째 시에서 다음과 같이 회고하고 있다.

> 여덟 달만에 남의 말 알아들었고 八朔解他語
> 두 돌에 글을 지을 줄 알았네. 二碁能綴文
> 비와 꽃을 시구로 읊었고 雨花吟得句
> 소리와 눈물을 손으로 만져 알았네. 聲淚手摩分
> 높은 정승은 우리 집에 찾아오셨고 上相臨庭宇
> 종친들은 많은 책을 선사했네. 諸宗貺典墳
> 내가 벼슬하러 나아가 期余就仕日
> 경학으로 밝은 임금 보좌하길 기대했네. 經術佐明君

 세종대왕도 김시습에 대한 소문을 들었지만 왕이 사가私家의 아이를 친견한 전례가 없어 도승지에게 시험하도록 했고, 그 결과 도승지는 김시습의 천재성을 왕에게 보고했다. 그러자 왕은 다음과 같이 하명했다.

내가 친히 인견[引見]하고 싶지만 관례에 없던 일이어서 사람들이 듣고 놀랄까봐 두렵다. 집으로 돌려보내어 그 아이의 재주를 함부로 드러나게 하지 말고 지극히 정성스레 가르쳐서 키우도록 하라. 성장하여 학문을 성취한 뒤에 크게 쓸 것이다.

세종은 김시습에게 비단 도포를 선물했고, 이때부터 김시습은 '김오세[金五歲]'라는 별칭이 생겼다. 김시습은 이후 15살까지 『논어』, 『맹자』, 『주역』, 『예기』 등을 김반, 윤상 등 당대의 석학들에게 공부했다.

김시습은 결혼은 했으나 부부 생활은 오래 가지 않은 듯하다. 그는 15살에 과거에 응시했으나 낙방하고 서책을 싸서 삼각산 중흥사로 올라갔다. 김시습이 과거에 낙방한 1453년에 수양대군이 계유정난[癸酉靖難]을 일으켜 좌의정 김종서, 영의정 황보인 등을 죽였고 1455년에는 조카인 단종을 추방시키고 왕위에 올랐다. 이 소식을 들은 김시습은 소장하고 있던 책들을 모두 불사르고 중흥사를 박차고 나와 설악산으로 들어가 승려가 되었다가 다시 전국 각지를 유랑했다.

사람들은 훗날 그를 단종 폐위에 맞서 절의를 지킨 생육신[生六臣, 원호, 이맹전, 남효온, 조려, 성담수, 김시습]의 한 사람으로 기억한다. 또한 사육신[死六臣]의 시신을 노량진에 몰래 묻어둔 사람이 김시습이라고도 한다. 그는 전국 각 지역을 전전하면서 백성들의 삶을 직접 체험했다. 그리고 시문으로 자신의 울분을 마음껏 토로했다.

그는 31살에 경주 남산 금오산에 들어가 비분강개한 마음을 달래며 남녀 간의 사랑을 주제로 한 최초의 한문소설 『금오신화[金鰲新話]』를 저술했다. 이때 그는 금오산의 용장사에서 천년 고도의 풍물과 인생을 관조하면서 창작에 열중했다. 그러나 건강이 악화되어 당시 그의 시문엔 음울하고 처절한 심경 등이 매우 사실적으로 묘사되어 있다. 이렇게 지내던 중 김시습은 효령대군의 부름으로 원각사 낙성식에 참가해 「원각사 찬시」를 지어올리고 다시 낙향해 버렸다.

금오산실로 돌아온 그는 술에 취해 차가운 달빛 아래서 매화를 바라보기도 하고, 대나무에 부는 바람소리를 듣기도 했다. 그리고 수탈에 못이겨 유랑하는 농민의 참상과 고통을 시로 담아냈다. 금오산실에서 김시습은 병고에 시달렸으나, 동가숙서가식東家宿西家食할 때보다 고달프지는 않았기 때문에 저술에 몰두할 수 있었다. 당시 남긴 글들은『금오신화』로 엮어졌는데 이 작품에는 「만복사저포기萬福寺樗蒲記」, 「이생규장전李生窺牆傳」, 「취유부벽정기醉遊浮碧亭記」, 「남염부주지南炎浮洲志」, 「용궁부연록龍宮赴宴錄」 등 5편의 소설 작품이 수록되어 있으며 이들 작품은 우리나라 최고最古의 소설이다.

금오산에서 6~7년을 병고에 시달렸던 그는 무엇인가 새로움을 찾고자 했다. 마침 그 사이에 세조가 죽고 성종이 즉위하여 문치를 표방하고 널리 인재를 구하고 있었다. 37살 때 그는 금오산실을 하직하고 상경했으나 신숙주, 서거정, 정창손, 김수온 등이 출세한 것을 보고, 일단 근교에 폭천정사를 짓고 농사를 직접 지으며 생활했다. 거기서 남효온, 김일손 등과 어울렸고, 47살에는 머리도 기르고 일시 환속해 새로운 여자를 만나 새 생활을 기약했다. 그러나 속세와는 인연이 적었던지, 새 여자를 만난지 1년도 못 되어 부인을 사별하고 실의에 빠져 다시 심산유곡을 찾아 방랑길을 떠났다.

그는 상처喪妻한 후 승려의 신분을 유지한 채 생활하다가 충남 부여의 무량사에서 파란만장한 삶을 마감했다.

유불도를 아우르는 폭넓은 지적 스펙트럼

율곡 이이는 「김시습전」에서 그에 대해 '심유적불心儒蹟佛', 즉 '마음은 유자이나 그 행적은 불자였다'라는 표현을 썼다. 그는 '승복을 걸친 유학자'라는 것인데, 불교인들은 이에 동의하지 않는다.『매월당집梅月堂集』에 나타난 김시습은 정치적 유교사상 위에 해박한 불교 지식을 적용했고 도교에도 조예가 깊었던 인물이었다.

그는 수학기에 당대의 유학자들에게서 경서류를 배웠으며 20대 이후 승려의 신분으로 방랑 생활을 하는 가운데서도 항상 경서류를 가까이 해 유교의 본질을 탐구했다. 그의 정치 사상은 왕도정치였고, 이를 위해서는『대학』에서 말하는 격물치지格物致知를 행해야 한다고 보았다. 그의 정치 사상은 왕도王道의 고취와 패도覇道의 규탄이 핵심인데, 그는 자신의 정치사상을 바탕으로 인재 등용의 신중성과 공평성, 가렴주구의 배격과 절약, 명분의 중시 등을 강조했다. 이런 인본주의 정신은 공맹孔孟의 사상을 현실적으로 실현해보려는 유학자의 모습을 보여준다.

한편 조선 개국과 더불어 시작된 억불정책은 불교에 치명적이었다. 그러나 세종과 세조는 불교의 종교적 기능을 인정하고 비공식적으로 불교를 보호하였다. 김시습은 세종 만년의 호불好佛에 영향을 받아 출가했는데, 그 이후 세조의 호불책, 성종의 억불책을 겪으면서 20대 이후 거의 만년에 이르기까지 38년간 승려 신분을 유지했다. 그의 깊은 불교의 경지는 그가 남긴 불교 관계 저술인『화엄경석제華嚴經釋題』,『십현담요해十玄談要解』,『조동오위요해曹洞五位要解』등을 통해 나타나고 있으며, 율곡 이이도 이를 기록으로 인정하고 있다.

현실에 안주하지 못하고 건강마저 좋지 않았던 그는 불로장생의 도인도가 사상으로 관심을 확대했던 것 같다. 그의 시에는 노장 사상에 심취한 흔적이 역력하며, 그는 신선술에도 능해 장생의 도를 논했다. 도선道仙에 대한 지식이 풍부하고 몸소 선도를 닦았기 때문에 후세에 그를 마치 도술가처럼 과장한 점도 없지 않다. 조선 후기 도인들은 환인, 단군을 우리나라 도파의 시조로, 김시습을 중조로 내세울 정도로 그가 도교의 역사에서 차지하는 비중이 적지 않다.

천재의 울분, 시대의 회한

『매월당집』은 시집 15권을 포함하여 문집, 부록 등 도합 23권 6책으로 구성되어 있다. 김시습이 별세한지 18년 후에 중종의 명에 의해 유고가 수집되기 시작되었다.

맨 먼저 이자李耔가 10년에 걸쳐 김시습의 자필본 3권을 수집하였고, 그 후에 박상朴祥과 윤춘년尹春年이 김시습의 유고를 계속해서 수집하였다. 그러다가 마침내 윤춘년에 의해『매월당집』이 간행되었다. 선조 원년 본인『고사촬요攷事撮要』의 청주 조條에 매월당이라는 서목書目이 보인다. 『매월당집』은 현존하는 최고본이 갑인자본이다. 이것은 선조의 명으로 이이李珥가 제진製進한 「김시습전金時習傳」을 붙여서 1583년(선조 16)에 교서관校書館에서 다시 주조한 갑인자로 간행하였다. 그래서『매월당집』의 책머리에 이자와 이산해李山海의 서序와 윤춘년과 이이의 「김시습전」이 실려 있다.

이 책은 권1~15에 시詩, 권16, 17에 잡저, 권18에 논論, 권19에 찬贊, 권20에 전설傳說, 변辨, 서序, 의義, 권21에 명銘, 잠箴, 기記, 고誥, 편篇, 서序, 권22에 소부騷賦, 금조琴操, 사辭, 권23에 소주騷註, 잡설雜說로 구성되어 있다. 23권 가운데 15권이 시집으로 되어 있는데, 시는 세간의 풍월운우風月雲雨와 산림천석山林泉石, 궁실官室, 의식衣食, 화과花果, 조수鳥獸, 그리고 인사人事의 시비득실, 부귀빈천, 사생질병, 희로애락, 심지어 성명이기性命理氣, 음양유현陰陽幽顯에 이르기까지 다양하다. 그 가운데서도 이른바 사유록四遊錄, 즉 「유관서록」, 「유관동록」, 「유호남록」, 「유금오록」과 같은 기행시는 그가 실의와 울분을 달래기 위해 천하를 주유하던 청년 시절에 쓴 것이다.

선조의 명으로 간행된『매월당집』에 수록된 김시습의 시는 무려 2,200여 수에 달하는 데 그 중 많은 시들이 비분강개한 심정을 토로하고 세상을 조소하고 있는 것들이다.

잠실蠶室

십 년 나그네 신세, 동서로 분주하여 十年爲客走西東
내 신세 두렁길의 쑥대같이 되었구나. 身世都如陌上蓬
살아가는 세상길, 모두가 험난하여 行路世途俱嶮巇
말없이 꽃송이들 향기 맡음만 못하구나. 不如無語嗅花叢

이 시는 고단한 속세를 떠나 산중에 은거하고자 하는 자신의 심정을 나타내고 있다. 그리고 방랑 중에 농민의 참상을 목격하고 다음과 같이 부정한 관리들을 고발했다.

영산가고詠山家苦

농부는 한 해가 다 가도록 땀흘려 애쓰고 農夫揮汗勤終歲
누에치는 아낙네 봄내 쑥대머리로 고생하는데 蠶婦逢頭苦一春
취하고 배부르고 좋은 옷 입은 무리 성 안에 가득해 醉飽輕裘滿城市
만나는 사람마다 편안한 분들뿐이로구나. 相逢盡是自安人

원님이 어질어도 허덕이는 생활인데 長官仁愛猶能喘
이리 같은 벼슬아치 만났으니 백성들이 가련하다. 幸遇豺狼是可憐
이고 진 유랑민 길마다 가득하니 婦戴翁提盈道路
굶주림과 추위가 어찌 흉년 탓이리오. 豈遭飢凍不豐年

다음과 같은 시도 탐욕스런 대지주와 위정자를 질타한 시이다.

산여山畲

자갈밭에 바윗돌이 울퉁불퉁 石田多犖确
온통 가시덤불 등넝쿨 얽혀 있네. 高下半藤蘿
땅은 토박한데 잡목만 자라고 地薄多生虺
둔덕은 경사져 곡식 자라지 못하는구나. 畦危不長禾
굶주린 까마귀 나무 끝에서 울어대고 飢鳥鳴樹杪
여윈 송아지 둔덕에 누워있네. 羸犢臥陂陀
이같이 깊은 산골인데도 縱是山深處
해마다 세금을 면할 수가 없어라. 年年可免科

　　그러나 계속된 방랑과 폭음, 그리고 깊은 고독으로 그는 거의 폐인이
된 상태에서 마지막 안식처인 무량사에서 다음과 같은 시를 남긴다.

무량사와병無量寺臥病

봄비가 줄기차게 흩뿌리는 삼월에 春雨浪浪三二月
선방에서 병든 몸을 일으켜 앉는다. 扶持暴病起禪房
그대에게 달마가 서쪽에서 온 까닭을 묻고 싶지만 向生欲問西來意
다른 중들이 기리고 높일까 두렵구나. 却恐他僧作擧揚

　　그는 매사를 비웃으며 평생 동안 폭음하고, 취하면 아무데서나 잠자
고 아이들의 돌팔매를 맞으면서도 기행을 계속했다.

　　김시습은 광승狂僧 노릇을 했으므로 파계는 말할 것도 없고, 해괴망측
한 행동을 일삼았다. 그러나 스님들은 그를 은근히 존경하고 섬겼다.

하루는 스님들이 불법의 강설을 청했는데 김시습은 크게 법연法筵을 개설하고, 스님들을 모은 다음 가사와 법의를 갖추어 입고서 강설할 것처럼 했다.

그러나 강설은 하지 않고 소 한 마리를 끌고 오라고 한 후 여물을 가져다 소 뒤에 놓게 하고는 큰 소리로 웃으면서 너희들이 내 강설을 들으려 하는 것은 이와 같은 것이라고 조롱한 일도 있고, 또 김시습의 학문을 듣고 배우기를 원해 찾아오는 사람이 있으면 돌을 던지고 나무장대를 휘둘러 못 들어오게 한 일도 있었다.

"너는 구덩에 속에 처박아 두어야 마땅하다"

그는 이상과 현실의 갈등 속에서 어느 곳에도 안주하지 못한 채 기구한 일생을 보냈는데, 그의 사상과 문학은 이런 고뇌의 산물이다.

전국의 산하를 편력하며 얻은 생활 체험은 현실을 직시하는 비판력을 갖게 했고, 현실적 모순에 대한 그의 비판은 부정한 위정자들에 대한 비판으로 연결되어 애민愛民에 기초한 왕도 정치의 이상으로 나아갔다.

한편 당시의 사상적 혼란을 바로잡기 위해 김시습은 유교, 불교, 도교를 원융적 입장에서 일치시키기 위해 노력했다. 불교적 미신은 배척하면서도, 불교의 종지는 자비로 만물을 이롭게 하고 마음을 밝혀 탐욕을 없애는 길이라고 했다. 또 비합리적인 도교의 신선술을 부정하면서도 기를 다스림으로써 천명을 따르게 할 수 있다고 생각했다. 그는 주기론의 입장에서 불교와 도교를 비판하고 흡수하여 자신의 철학을 완성시키고 있는데, 이런 철학적 깨달음은 궁극적으로는 현실 생활로 나타나야 한다고 강조했다.

그는 분명히 불행한 삶을 살았다. 그는 생전에 여러 사람의 도움을 받기도 했고 능력이 워낙 출중하다 보니 주변으로부터 시샘을 받기도 했다. 그러나 죽어서는 수많은 일화로 민중의 가슴 속에 깊게 자리하고 있는 것 같다. 그는 현실 사회의 모순에 저항한 진보적 지식인이자 폭넓은 학식을 갖춘 사상가이며, 섬세한 정서를 가진 시인이었다.

무량사에서 어느 날 그는 붓을 잡고 자화상을 그렸다. 그런 다음 그 자화상 위에 이런 글귀를 써 넣었다.

> 너의 모양은 조그마하고, 너의 말은 크게 분별이 없구나. 너는 구덩이 속에 처박아 두어야 마땅하다.

그가 인생을 마감하며 남긴 말로 매우 자조적인 분위기가 느껴진다.

◈ 추천도서
『매월당집』, 세종대왕기념사업회 편집부 지음, 세종대왕기념사업회, 2011
『금오신화』, 이지하 옮김, 민음사, 2009
『김시습 평전』, 심경호 지음, 돌베개, 2003

— 花潭集 —

화담집

한국 기철학을 개척한 서경덕의 시문집

서경덕 지음

평생을 학문과 교육에 전념한 '기철학氣哲學'의 주창자 서경덕의 성리학설과 시문詩文을 그의 제자들이 편집한 책. 『화담집』은 18세기 청나라의 건륭제가 거국적인 사업으로 편찬한 『사고전서』속에 한국인의 개인 저서로서는 유일하게 소개되었을 정도로 국외에서도 인정을 받고 있는 책으로, 우리는 이 책에서 중국성리학의 단순한 수용이 아닌 한국 성리학의 독자적인 이해 과정 및 자연과 인생을 관조하며 안빈낙도하는 한 철학자의 삶의 모습을 만날 수 있다.

조선 최고의 명기였던 황진이는 "10년 동안 면벽수도한 지족선사는 나에게 하룻밤에 무너졌지만 화담선생은 내가 가까이 한 지 오래 되었지만 마음과 몸을 어지럽히지 않으셨다. 성인聖人이시로다."라고 감복했다고 한다. 물론 이 일화에는 숭유억불이라는 사회적 분위기가 채색되어 있어 사실로 받아들이기는 어렵다. 아무튼 황진이의 유혹을 사제간의 관계로 승화시킨 화담 서경덕(花潭 徐敬德, 1489~1546)은 조선 전기의 학자로 황진이, 박연폭포와 함께 송도삼절松都三絶로 불린다.

1502년 14살에 개성에서 『서경書經』을 공부하다가 기삼백(朞三百, 태음력의 수학적 계산)에 이르러 선생이 "이 대목은 나도 배우지 못했고 세상 사람 누구도 아는 이가 드물다."고 하자 서경덕은 보름동안 궁리 끝에 스스로 해득했다고 한다.

1506년 18살에 『대학』을 읽고 격물치지(格物致知, 사물의 이치를 깊이 연구하여 자기 지식을 명확히 함)의 원리를 깨닫고 감격하여 그는 "우리가 학문을 하는 데는 먼저 격물을 하지 않고서는 아무 소용이 없다."고 말했다고 한다. 그날부터 화담은 천지만물의 이름을 하나씩 써서 서재 벽 위에 붙여 놓고 날마다 궁리격물窮理格物했다고 한다.

이와 같은 학문적 방법으로 화담은 약 3년 동안 연구에 연구를 거듭해 20살이 되던 해에 "나는 20살이 되어서 비로소 한 번 저지른 과오를 두 번 범하지 않는다."고 말했다. 21살 되던 해에는 매일 서재에서 혼자 단정히 앉아 사색에 열중하다가 밥맛도 모르고 잠도 잘 자지 못했다. 화담은 이렇게 3년 동안 공부하면서 문지방도 넘지 못할 정도로 몸이 쇠약해져 잠시 사색을 중단하기도 했으나 천성적으로 탐구심이 강해 어쩔 수 없었다.

화담의 명성은 조정까지 알려져서 그가 31살이 되던 중종 14년에 조광조에 의해 현량과에 추천되었으나 이를 사양하고 개성의 화담花潭에 서재를 세우고 연구와 교육에 힘썼다. 1531년 어머니의 요청으로 생원시에 응시하여 장원으로 급제하였으나 벼슬을 단념하고 성리학 연구에 전념한다.

언젠가 화담은 제자 이지함(『토정비결』의 저자)을 데리고 지리산을 찾아가 조정의 벼슬을 거절하고 산림처사를 자처하며 살아가는 남명 조식을 만났다. 중앙에서 벼슬을 지내며 주리파와 주기파의 정통을 이은 이황과 이이에 비해 조식과 서경덕은 일종의 방계였다. 이황과 조식은 같은 경상도에 살면서 때로는 우정을 나누고 때로는 냉전 상태를 유지했으며 이이와 서경덕은 같은 경기도 출신으로 한때 이이가 서경덕의 학설을 배우기도 했지만 서경덕의 이론을 일부 반박하기도 했다.

그 후로도 몇 번 조정에서 벼슬을 권유했으나 그는 모두 고사하고 자연 속에서 안빈낙도했다. 그런 유유자적한 생활 속에서 마침내 그의 학문과 철학을 정리해야 할 시기가 왔다. 56살에 병이 깊어지자 제자들에게 "옛 성현들의 말은 선유先儒들이 다 주석해 놓았으니 더 이상 내가 덧붙여 말할 필요가 없다. 다만 그들이 미처 설파하지 못한 것만 저서로 남기겠다. 지금 내 병이 이렇게 위독하니 나의 학설을 전하지 않을 수 없다."라고 말하고「원리기原理氣」,「이기설理氣說」,「태허설太虛說」,「귀신사생설鬼神死生說」등 4편의 논문을 지었다.

종달새의 날갯짓에서 발견한 기철학

화담은 어린 시절 어느 봄날에 나물을 캐러 들에 나갔다가 새끼 종달새를 목격했다.

> 나물을 뜯다가 새끼 새가 나는 것을 보았습니다. 첫날은 땅에서 한 치 정도밖에 날지 못하다가 다음 날은 두 치, 그 다음 날은 세 치를 날다가 점차 하늘을 날아다니게 되는 것을 보았습니다. 그 얼마나 신기한 일이던지요. 날마다 새끼 새가 조금씩 더 날게 되는 것을 지켜보며 그 이치를 깊이 생각해보았지만 터득하기 어려웠습니다.

박세채가 쓴『남계집南溪集』에 나오는 서경덕의 어린 시절에 관한 일화로, 그가 어릴 때부터 생명 현상의 이치에 대한 호기심과 탐구심이 남달랐다는 것을 짐작할 수 있는 일화다. 어린 화담의 종달새 관찰은 결국 후일에 그의 이른바 기철학氣哲學을 확립하는 데 중요한 소재가 된다. 후일 화담은 종달새의 비상이 새의 가벼운 깃털을 이용해 상승하는 '지기地氣'에 힘입어 날아오른다고 이해했다. 새의 무게는 원래 하강하려는 것이 자연적 성질이나 하늘의 '양기'와 땅의 '음기'가 서로 교호작용을 하는 데에 힘입어 그 가운데의 새는 상승과 하강의 날기를 자유롭게 하게 된다는 것이다. 이렇게 탄생한 화담의 철학 사상은 점차 그 깊이를 더해가게 되는데, 화담사상의 핵심을 이루는 4편의 논문(「원리기」, 「이기설」, 「태허설」, 「귀신사생설」)을 토대로 그의 사상을 정리해 본다.

우선 화담의 '우주관'에 대해 알아보자. 화담은 우주 공간에 충만해 있는 하나의 원기原氣를 형이상학적 대상으로 삼았다. 기氣는 우리말로 '기운'이요 물리학적 용어로 에너지이다. 이런 의미에서 화담은 과학철학자였다. 그가 말하는 태허太虛는 곧 우주다. 이 '기'는 우주에 가득 차 있다. 그렇다고 이 '기'와 '태허'가 별개의 두 가지가 아니다. 기가 곧 태허요, 태허는 곧 기다. 기는 우주의 질량이므로 만일 기가 없어지면 우주는 곧 소멸된다. '이'와 '기'는 우주와 인간의 근본 원리를 규명하는 성리학의 중심 개념으로 중국의 주자朱子는 원리인 이와 그 작용인 기로 우주를 설명했는데 화담은 정반대로 다음과 같이 설명했다.

"형체가 없는 태허(太虛, 우주 생성의 이전 상태)를 '선천先天'이라 하니 그 것은 처음도 없고 끝도 없으며 쥐면 비어 있고 잡으면 없다. 이 태허에는 단 하나의 기가 있을 뿐인데 후천에는 기 속이 보이지 않는 가운데 약동이 일어나며 동시에 개벽이 일어난다. 이 같은 동작이 일어나는 것은 무엇이 그렇게 만드는 것인가? 제 스스로 그러한 것이니 이것을 이理의 기氣라 한다." 주자학의 이선후기理先後氣를 인정하지 않고 이를 기에 내재하는 법칙으로 보았다. 이것은 마치 아인슈타인이 우주 구조에 대해 우주 구면의 반경은 우주의 전 질량과 비례하기 때문에 질량이 0이 되면 반경도 따라서 0이 된다고 하는 것과 같다. 화담은 "이것은 주염계周濂溪와 장횡거張橫渠와 소강절邵康節이 한 마디 말도 못하고 한 자도 써내지 못한 경지"라고 크게 자부했다.

다음은 '현상계'에 대한 화담의 생각이다. 우주 본체에서 적연부동寂然不動하고 있던 일기一氣는 어떻게 현상계로 내려와서 만물을 움직여 생성하게 하는가? 화담은 이에 대해 말하기를 "일기一氣는 저 스스로를 포함한다. 이二는 무엇이냐? 그것은 음기와 양기요, 동動과 정靜이다."라고 했다. 일기는 우주 공간에서 적연부동하고 있다 하더라도 그것은 플라톤의 이른바 순수 형상인 이데아와 같은 존재가 아니고, 발發하려 하나 아직 발하지 않고 동動하려 하나 아직 동하지 않는 상태에 놓여 있는 순수 동작이다. 순수 동작이므로 우리는 감각할 수 없지만 느낄 수는 있다. 그러므로 화담은 『역전계사』에 있는 말을 인용해 "느끼어 마침내 통한다(感而遂通)"고 했다. 여기서 소극적인 음기와 적극적인 양기가 생겨 서로 밀고 당기는 힘으로 천하 만물을 생성 발전케 한다.

이어서 화담의 '이기설'로 나가 보자. 중국의 정주학파程朱學派나 우리나라의 퇴계학파는 이와 기를 둘로 나누어 결코 일물一物이 아니라 했다. 그러나 화담은 "기 밖에 이란 없다. 이란 것은 기의 주재다. 주재란 것은 밖에서 기를 주재하는 것이 아니고, 기의 움직임이 그러한 까닭에 정당성을 가리키어 이것을 주재라 한다. 이는 기보다 선행할 수 없다. 기는 본래 무시無始한 것이니 이도 본래 무시한 것이다."라고 말했다. 화담은 이를 기 속에 포함시켜서 둘로 보지 않았다. 즉 화담은 장횡거의 기氣와 주자의 이理를 일원적으로 본 것이다.

마지막으로 화담의 '기불멸설氣不存說'이다. 화담은 또 우주 공간에 모였다가 흩어지는 운동은 있지만 그 기氣 자체는 소멸하지 않는다고 했다. 기가 한 곳으로 모이면 하나의 물건이 이루어지고 흩어지면 물건이 소멸한다. 비유하면 물이 얼면 얼음이 되고 얼음이 녹으면 다시 물로 환원하는 것과 같다. 화담은 또 말하기를 "일편향촉一片香燭의 기氣라도 그것이 눈앞에 흩어지는 것을 보지만 그 남은 기운氣運은 끝까지 흩어지지 않는다."(물질불변설物質不變說)라고 했다. 화담이 말하는 기는 오늘날 '에너지'에 해당되고 '기가 항상 존재하되 변화한다'고 보는 것은 오늘날 '에너지 질량 보존의 법칙'으로 생각해 볼 수 있다. 따라서 화담은 자연을 객관적으로 탐구하고 그 안에서 자연의 법칙을 찾으려 했던 물리학자였다.

과학적 탐구로 우주만물의 법칙을 세우다

『화담집』은 본집 2권과 부록 2권으로 모두 4권 1책으로 구성된 시문집이다. 1권은 화담이 지은 시문이고 2권은 화담이 쓴 잡저雜著이며 3권은 화담의 연보 등을 정리한 서序, 4권은 명문銘文 등을 모은 명銘이다. 초간본은 제자 박민헌, 허엽 등이 편집했고 1605년(선조 38)에 은산현감 홍방이 간행했는데 서문이나 목록이 없이 바로 본문으로 시작하고 있다.

본문은 「원리기原理氣」, 「이기설理氣說」, 「태허설太虛說」, 「귀신사생론鬼神死生論」, 「복기견천지지심復其見天地之心」, 「온천변溫泉辨」, 「성음해聲音解」, 「발성음해미진처跋聲音解未盡處」, 「황극경세수해皇極經世數解」, 「육십사괘방원지도해六十四卦方圓之圖解」, 「괘시해卦蓍解」의 순으로 실려 있다. 이 글들은 그의 이기理氣에 관한 설과 역易의 사생론 및 음양에 대한 논술이고, 온천의 생성 원인 등을 밝힌 것이다.

다음은 소疏로서, 「의상정릉사직소擬上靖陵辭職疏」, 「의상효릉논대행대왕상제불고지실소擬上孝陵論大行大王喪制不古之失疏」인데 앞의 것은 사직소이며, 뒤의 것은 효릉(孝陵, 인종의 능)의 상제를 논한 것이나, 모두 올리지는 않은 것이다.

그 다음에는 「송심교수서送沈教授序」, 「우증삼절又贈三絶」, 「답박지화서答朴枝華書」, 「복이정첩復頤正帖」, 박민헌의 자해字解 등 6편과 「무현금명無絃琴銘」 등 4편이 실려 있다. 다음에는 79수의 시가 실려 있다. 「사김상국혜선謝金相國惠扇」을 비롯해 금강산, 지리산, 변산邊山 등에 관한 기행시가 포함되어 있고, 끝에 「추죽장부搖竹杖賦」 1편이 수록되어 있다.

권말에는 박민헌이 지은 신도비명과 어숙권의 『패관잡기稗官雜記』와 허엽의 『전언왕행록前言往行錄』 등에서 뽑은 간단한 행적을 적은 부록, 그리고 필자 미상의 발跋이 있다. 발은 전후 사정으로 보아 홍방이 쓴 것으로 보인다. 벼슬에 나아가지 않았는데도 신도비를 세운 것은 우의정으로 증직되었기 때문이다.

이상에서 볼 수 있는 것처럼 『화담집』은 문집의 일반적인 편제와는 달리 내용이 무질서하게 수록되어 있는데, 아마도 그 양이 적기 때문에 분류하지 않은 것으로 보인다. 발문에 의하면 그의 아들이 보관했던 것을 간행했다고 하며, 일부는 제자들이 암송한 것을 수집하기도 했다고 한다. 이 책은 화담의 이기철학理氣哲學을 살피는 데에 유일한 자료가 되고 있다.

청나라의 『사고전서』에 등재된 조선 사유의 독창성

화담은 한국유학에 있어서 기철학의 전통을 수립한 대표적인 자연주의 유학자이며, 조선의 청빈한 선비로도 높이 평가받고 있다.

화담은 자기의 저술이 문체는 졸렬할지 모르나 천년 이래 성현들이 미처 전하지 못한 진리만을 후학에 전하기 위해서, 또한 중국을 비롯한 먼 외국까지 전달해서 동방에 학자가 나타났음을 알리고자 쓴다는 자부심을 갖고 있었는데, 이는 청나라의 『사고전서』 안에 한국인의 개인 저서로는 유일하게 『화담집』이 소개되었다는 점에서 입증되고 있다. 그의 의도는 적중하여 200년 후에 중국에서 빛을 발한 것이다.

퇴계는 화담을 다음과 같이 평했다.

> 화담은 다른 주석한 책을 보지 않고 자기 스스로 연구하여 이런 경지에 이르렀으니 이것은 하나의 특이한 일이다.

퇴계의 이기이원론적 주리론과 화담의 이기일원론을 통일해 이기이원론적 주기론(이理와 기氣는 일一이면서 이二요, 이二이면서 일一이다)을 확립한 율곡도 화담에 대해 다음과 같이 평가했다.

> 화담의 이理와 기氣가 떠나지 않는다는 묘처에 이르러서는 일목요연하

게 다른 사람들이 책만 보고 그대로 따라가는 것과는 비교할 수 없을 정도로 훌륭하다. 그러므로 화담의 이기설은 옛 성현들이 다 전하지 못한 묘처라고 생각했다.

백사 이항복은 임금께 드리는 글에서 "신이 듣기로 서경덕은 총명한 자질을 타고나 그의 학문은 황무지를 개척했고 격물치지의 이치를 다 체득했습니다. 한 걸음에 도학道學을 성취한 사람으로서 당대 호걸의 선비라 말할 수 있습니다. 근세 유신儒臣들이 그를 이황과 서로 견줄 만하다고 합니다."라고 말했다.

서경덕의 학문하는 자세도 빼놓을 수 없다. 그는 어려서부터 권위적 학설을 맹목적으로 수용하지 않고 반드시 이해할 수 있는 경험적 실증이나 납득할 수 있는 사색을 통해 확인하고 넘어갔다. "만일 알지 못할 것이라면 선유先儒가 왜 이곳에 써서 전하려 했을까?" 하고 그 뜻을 알려고 애썼다. "또한 독서란 사색하면 터득할 수 있는 것이다."라고 해 궁리하지 않는 독서란 무용지물이라고 다짐하곤 했다.

그의 학설은 독창성 측면에서 불교의 원효, 그리고 자연 현상에 대한 그의 세심한 관찰과 실험 자세(종달새의 비상 현상에 대한 관찰과 사색 등)는 피사의 사탑에서 낙하 실험을 통해 기존의 물체 낙하운동 법칙을 수정한 갈릴레이와 비교될 수 있을 것이다.

화담은 당대에도 큰 영향을 미쳤고 그의 문하에선 석학들이 많이 배출되었다. 박순, 어엽, 박민헌 등은 명문 출신으로 벼슬을 지낸 부류들이고 이지함(명문 출신으로 잠시 벼슬을 지냄), 강문우, 정개청 등은 벼슬길에 나가지 않았다.

화담은 1544년 겨울부터 병으로 누웠다가 1546년(명종 1) 7월 7일에 병이 심해지자 주위 사람들에게 자신을 둘러싸도록 하고 연못에서 목욕한 후 돌아와 자신의 서재에서 조용히 죽음을 맞았다고 한다.

임종 시에 한 제자가 "선생님 지금 생각이 어떠십니까?"라고 묻자 "살고 죽는 이치는 이미 안 지 오래다. 생각이 편안하다."라는 마지막 말을 남겼다고 한다.

◈ 추천도서
「화담집」, 김교빈, 풀빛, 2011

— 聖學十圖 —

성학십도

소년 왕에게 바친 내성외왕의 교재

이황 지음

'동방의 주자'라 불리는 퇴계 이황이 68살에 서울 생활을 마감하면서 17살의 어린 선조를 성군聖君으로 인도하기 위해 제왕의 길을 말씀드리고, 말로 다할 수 없어 글로 올린 것이 『성학십도聖學十圖』이다. 여기서 퇴계는 수신修身이 정치의 근본임과 동시에 수신의 방법과 그 철학적 근거를 밝히고 군주의 도덕적 수양을 강조하고 있다. 퇴계는 성리학의 요체를 10개의 그림으로 나타낸 다음, 자신의 해설을 덧붙였다.

정통 성리학의 완성자인 이황(李滉, 1501~1570)의 호는 퇴계退溪다. 퇴계는 지금의 경상북도 안동시 도산면에서 좌찬성 이식李埴의 7남 1녀 중 막내아들로 태어났다. 그러나 그가 태어난 지 7개월 만에 부친은 세상을 떠났고, 그는 학식이 높지는 않았지만 현명했던 어머니의 보살핌 속에 어린 시절을 보냈다.

퇴계는 23살인 1523년(중종 18)에 성균관에 들어가 공부를 하고 24살부터 과거를 보았지만 3번 모두 낙방했다. 당장은 쓰라린 일이었으나 길게 보면 그의 인간 수련에 좋은 교훈이기도 했다. 이이가 과거를 9번 보아 모두 장원급제한 것과는 대조적으로 퇴계는 대기만성형이었다.

27살인 1527년에 경상도 향시에 응시하여 생원 2등으로 합격했고 다음해에 진사 시험에 2등으로 합격했다. 32살인 1532년 문과 초시 2등으로 합격하였고, 34살에 문과에 급제하여 승문원 부정자라는 최하위직으로 관리 생활을 시작했다. 당시 이웃에 살던 대학자 이현보가 퇴계의 과거 소식을 듣고 "요즘 시절에 기대되는 사람으로 이 사람을 뛰어넘을 이가 없으니 나라의 다행이며, 우리 고을의 경사이다."라고 했다고 한다.

하지만 퇴계의 어머니는 아들이 뜻이 높고 깨끗하여 세상에 어울리지 않는 것을 알고 그에게 일찍이 "너의 벼슬은 한 고을 현감직이 마땅하니 높은 관리가 되지 마라. 세상이 너를 용납하지 아니할까 두렵다."고 하였다. 퇴계는 어머니의 말씀을 잊지 않고 49살에 풍기군수를 끝으로 관직에서 물러나기로 결심할 때까지 중앙에서 29종의 벼슬을 지냈다. 1545년 을사사화로 일시 파면을 당하기도 했으나 곧 복직되었다.

그 후 고향에 돌아온 그는 조그만 암자를 짓고 독서와 사색에 열중했다. 그의 호인 퇴계는 '물러나 시내 위에 머무른다'는 뜻의 '퇴거계상退居溪上'에서 비롯되었는데 '계溪'는 퇴계가 물러나 머물렀던 '토계兎谿'라는 지명에서 비롯되었다고도 해석된다.

그는 49살에 은퇴해 50살 이후에는 학문과 교육에 전념하려 했으나 70살에 세상을 떠날 때까지 왕명으로 4번이나 서울로 올라가 성균관 대사성(오늘날 국립대 총장), 공조판서, 예조판서 등을 거쳐 학자 문사로서는 최고의 영예인 양관 대제학(兩館大提學, 왕의 정책 결정을 학문적으로 뒷받침하는 홍문관과 왕의 교서를 작성하는 예문관의 장長) 등에 이르기까지 원치 않는 벼슬을 억지로 했다.

퇴계는 17살의 어린 선조에게 『성학십도』를 올리고 68살에 완전히 은퇴해 『주자서절요朱子書節要』 등 저술 작업과 학문 연구, 그리고 제자 양성에 전력을 기울인다. 그는 특히 『주자대전朱子大全』에 감동해 침식을 잊고 연구한 결과 '동방의 주자'라는 칭호를 얻었다. 이이와 더불어 우리나라 유학 사상의 대표적 학자인 퇴계는 주자의 '이기이원론理氣二元論'을 발전시켰다. 그의 사상의 핵심은 '이기호발설理氣互發說'로 이理가 발해 기氣

가 이理에 따르는 것은 4단端이며 기氣가 발해 이理가 기氣를 타는 것은 7정情이라 했다. 그의 학풍은 후에 영남학파를 이루어 이이의 기호학파와 대립하여 후에 동서당쟁을 유발시켰고 그의 학설은 일본유학계와 구한말 위정척사운동에 영향을 미쳤다. 또한 그는 현실 생활과 학문 생활을 엄격히 구분해 최후까지 학자적 태도를 지켰다.

퇴계는 타고난 학자였는데 그는 벼슬에 있을 때나 초야에 묻혀 있을 때나 손에서 책을 놓는 경우가 없었다 한다. 시간 가는 줄 모르고 읽고 생각하고 새로운 경지를 개척해 저술에 몰두하는 과정에서 그는 건강을 잃게 되어 소화불량, 안질, 현기증에 시달렸다. 그러나 만년에 학문을 대성하고 성인의 경지에 들었을 때는 모든 것을 달관한 탓인지 건강도 저절로 회복되고 수척하던 몸도 원숙한 마음과 더불어 보기 좋게 살이 쪘다고 한다. 제자들은 그를 '신명神明', 즉 신처럼 존경하고 받들었다.

이가 우선인가, 기가 우선인가

성리학은 송나라의 주자에 의해 체계화된 유학사상으로 '이'와 '기'의 개념을 통해 우주와 자연의 이치(本體論)와 인간의 본성(人性論)을 규명하고자 한 유교철학으로 대체로 태극론太極論, 이기론理氣論, 심성론心性論, 성경론誠敬論으로 구분된다.

조선의 성리학은 주리론主理論과 주기론主氣論의 두 계통으로 발전했다. 주리론은 주자의 견해를 보다 충실하게 받아들인 것으로 이기이원론 입장에서 이(본질, 플라톤의 이데아, 아리스토텔레스의 형상과 유사)와 기(현상, 플라톤의 현상계, 아리스토텔레스의 질료와 유사)는 서로 다른 것이면서 서로 의지하는 관계에 있지만 어디까지나 이가 기를 움직이는 본원이라는 견해다.

따라서 인간의 심성 문제를 해석함에 있어서도 이(본연의 성)는 순선무악純善無惡한 것이고 기(기질의 성)는 가선가악可善可惡한 것이라 하여 역시 이理에 절대적인 가치를 부여하고 있다. 이 학설은 이언적에서 시작되어 퇴계에 이르러 집대성되었는데 특히 퇴계는 주자의 교리에 충실했고, 훗날 그의 문하에서는 유성룡, 김성일, 정구 등이 배출되어 영남학파를 형성했으며 일본유학에도 지대한 영향을 주었다.

한편 주기론은 서경덕이 처음으로 주자의 학설을 비판하고 이기일원론을 주장함으로써 시작되었고 이이가 완성했다. 이것은 우주 만물의 근원을 기氣에 두고 모든 현상들을 이 기의 변화와 운동으로 보는 입장이었으나 여기서 이는 기를 움직이는 법칙에 불과한 것이었다. 따라서 심성론에 있어서도 본연의 성理보다 기질의 성氣을 더욱 중시했으며 정치, 경제 등 현실 인식에 적극적인 자세를 취했다. 이 학문은 이이를 비롯해서 성혼, 송익필과 이이의 제자인 김장생 등에게 이어져 기호학파를 형성했다. 이후 영남과 기호의 두 학파는 학문적으로나 정치적으로 대립하면서 발전했다.

퇴계의 사상은 이기론에 있어서는 '이기이원론적 주리론', '이기호발설理氣互發說'과 기대승과의 '4단端7정情 논쟁', 성경론誠敬論에 있어서는 '경敬' 사상 등으로 요약된다.

퇴계에 의하면 인간을 포함한 모든 만물은 이理와 기氣로 이루어진다. 이理는 무형무질의 정신적인 형이상학적 존재이고, 기氣는 유형유질한 물질적인 형이하학적 존재라고 보았다. 이와 기는 상호의존적이나 이를 기보다 더 근원적인 존재로 파악했다. 즉 이우위론적理優位論的 이기론이 그의 본체론이다.

'이기호발설'과 '4단7정'의 해석을 놓고 그가 기대승과 벌인 4단7정 논쟁도 유명하다. 4단이란 맹자가 말한 "측은지심惻隱之心은 인지단仁之端이요, 수오지심羞惡之心은 의지단義之端이요, 사양지심辭讓之心은 예지단禮之端이요, 시비지심是非之心은 지지단知之端이다."에서 인의예지仁義禮知를 말하며 7정情은『예기』의 희노애락애오욕喜怒哀樂愛惡欲을 말한다.

퇴계는 심성의 문제를 해명함에 있어 절대적인 이理와 상대적인 기氣

로 임했으며 언제나 인간의 심리 현상은 이발기수(理發氣隨, 이가 작용해 기가 이에 따르기도 하고)와 기발이승(氣發理乘, 기가 작용해 이가 그 위에 타기도 함)의 이기호발설로서만 설명이 가능하다고 했다. 그리고 순선무악純善無惡한 4단은 반드시 이理에서 발發해야 하며 가선가악可善可惡한 7정은 기氣에서만 발發할 수 있다고 보았다. 기대승은 이에 반대하고 이기理氣의 혼륜渾淪이 정情이고 그 정은 기氣의 작용에 의해서만 발출한다고 보고 이발理發을 인정치 않았다. 또한 4단은 7정에 포함되어 있고 4단과 7정의 근원은 같다고 보아 4단7정을 상대적으로 구분하는 것은 잘못이라고 지적했다. 즉 이기理氣는 분리할 수 없고 기氣를 통해서만 이를 알 수 있다고 했다.

또한 퇴계는 평생을 '경敬'으로 일관했다. "마음을 방만하지 말고 항상 정신을 집중시켜 통일된 상태로 유지해야 하고 모든 기거동작을 가볍게 하지 말고 모든 일에 조심하고 삼가는 태도를 지녀야 한다. 따라서 말할 때에도 경敬해야 하고 움직일 때도 경해야 할 것이며 앉아 있을 때에도 모름지기 경해야 한다. 이는 일부러 조작하는 것이 아니라 저절로 심신이 숙연해지고 표리가 하나로 되는 경지가 되는 것이어야 한다."

또한 그는 선지후행先知後行이나 선행후지先行後知를 배격하고 지행병진론知行竝進論을 주장했다. 지와 행, 정과 동을 관통하는 하나의 기본이 되는 것이 성聖이며 거기에 이르기 위한 방법이 경敬이라 했다.

성군의 길을 제시한 10개의 그림, 10가지 해설

1568년에 서울 생활을 청산하면서 68살의 노대신이 이제 막 왕위에 오른 17살의 어린 선조가 성왕聖王이 되어 온 백성들에게 선정을 베풀도록 간절히 바라는 우국충정에서 저술한 글이『성학십도』이다.

『성학십도』는 서론에 해당되는「진성학십도차進聖學十圖箚」에서 시작해 10개의 도표와 그 해설로 구성되어 있다. 도표는 ① 태극도太極圖 ② 서명도西銘圖 ③ 소학도小學圖 ④ 대학도大學圖 ⑤ 백록동규도白鹿洞規圖 ⑥ 심통성정도心統性情圖 ⑦ 인설도仁說圖 ⑧ 심학도心學圖 ⑨ 경재잠도敬齋箴圖 ⑩ 숙흥야매잠도夙興夜寐箴圖이다.

10개의 도표 가운데 7개는 옛 현인들이 작성한 것 중에서 골랐고, 나머지 3개의 도표는 퇴계 자신이 작성한 것이다. 퇴계가 작성한 도표는 소학도, 백록동규도, 숙흥야매잠도 등으로 제1도에서 제10도에 이르기까지 경의 의미가 일관되어 있다. 십도의 내용은 도표와 함께 앞부분에 경서經書와 주희朱熹 및 그 밖의 여러 성현의 글 가운데 적절한 구절을 인용한 뒤 자신의 생각을 밝히는 식으로 구성되어 있다.

제1도에서 제5도까지는 "천도天道에 기본을 둔 것으로, 그 공과功課는 인륜을 밝히고 덕업을 이룩하도록 노력하는 데 있는 것이다."라고 하며 그 대의를 밝히고 있다.

제6도에서 제10도까지는 "심성에 근원을 둔 것으로, 그 요령은 일상생활에서 힘써야 할 공경하고 두려워하는 마음을 높이는 데 있는 것이다."라고 하였다.

그러므로 앞의 5개 도표는 천도天道에 근원해 성학을 설명한 것이고, 나머지 5개 도표는 심성에 근원해 성학을 설명한 것으로 분석된다.

'성학십도'라는 명칭은 본래「진성학십도차병도進聖學十圖箚幷圖」라는 제목 중에서 진進차병도箚幷圖라는 부분을 생략한 것이다. 진은『성학십도』의 글을 왕에게 올린다는 의미이고, 차는 내용이 비교적 짧은 글을 왕에게 올린다는 뜻이며 병도는 도표를 글과 함께 그려 넣는다는 의미이다.『성학십도』에서 '성학聖學'이란 성왕聖王을 만드는 학문이다.

유학의 근본 정신은 '수기안인내성외왕修己安人內聖外王'이다. 자신의 심신을 수양해서 다른 사람을 편안하게 해주고 안으로 성인이 되고 밖으로 왕이 되어 다스린다는 의미이다. 이런 맥락에서『성학십도』는 선조를 성왕으로 만들기 위해 왕의 도리를 밝힌 글이다. 이 책을 지은 퇴계 자신의 고백이 「진성학십도차」에 다음과 같이 담겨 있다.

> 판중추부사 신臣 이황은 삼가 재배再拜하고 아룁니다. …… 성학에는 큰 실마리가 있고 심법心法에는 극진한 요령이 있습니다. 이것을 드러내어 도圖로 만들고 이것을 지적하여 설說로 만들어 사람에게 '도에 들어가는 문(入道之門)'과 '덕을 쌓는 기틀(積德之基)'을 보여주는 것은 역시 후현後賢들이 부득이하여 하는 것입니다. 하물며 임금이 된 이의 한 마음(一心)은 온갖 정무가 나오게 되는 자리이며, 온갖 책임이 모이는 곳이며 욕심과 간사함이 침해하는 곳입니다. 그 마음이 조금이라도 태만하고 소홀해져서 방종하게 되면 마치 산이 무너지고 바다가 들끓는 산과 같아서 그 누구도 이것을 막아 낼 수 없습니다. …… 신이 초야에 묻힌 야인으로서 근폭芹曝을 올리는 정성으로 전하의 위엄을 모독하는 짓임을 무릅쓰고 바치나이다. 황송하옵고 송구할 뿐입니다.

왕 한 사람의 '마음 씀(用心)'이 매우 중요하다는 것을 강조하면서 마음가짐을 조심하고 두려워하며 삼가는 경敬의 내면화를 강조했다.

10도 중 ① 태극도와 ② 서명도는 태극이라는 궁극의 이理에 의한 우주 자연과 인간의 생성을 논하고 있고, ③ 소학도, ④ 대학도, ⑤ 백록동규도는 유학의 교육관에 비친 윤리와 율신律身의 문제를 가르친 것으로 천도에 입각해 성학을 설명하고 있다. 이상에서 몸의 훈련을 말하고 다음부터는 마음을 다룬다.

⑥ 심통성정도, ⑦ 인설도, ⑧ 심학도에서는 심성설心性說을 해설한다. ⑨ 경재잠도, ⑩ 숙흥야매잠도에서는 경敬에 의한 수양을 제시한다.

퇴계는 일종의 편저 형식을 통해 『성학십도』에 성리학에 비친 우주관, 인간관, 윤리관, 심성관, 수양관을 일목요연하게 정리하고 있다. 그림 자체만 보면 퇴계의 독창성이 두드러지지 않지만 당시까지의 성리학의 핵심을 10가지로 요약하고 체계화한 것은 나름의 의미가 있다. 퇴계는 주희의 입장에서 성리학의 핵심을 도설의 형식으로 정리한 셈이다.

퇴계의 철학을 대표하는 『성학십도』는 선조의 명에 의해 병풍에 쓰여 애중愛重되었고, 그 이후의 역대 임금들도 경연(經筵, 임금에게 학문을 가르치고 논하는 일)에서 자주 강의하게 했다.

중국에서는 청 말의 양계초梁啓超같은 석학으로부터 극찬을 받은 바 있고, 일본에서는 일찍이 1655년부터 이 책이 인쇄되어 유학자들의 필독서로 존중받았다.

도산서원, 영남학파, 그리고 보리밥

퇴계는 평생 가능한 한 소란한 세상과 일정한 거리를 두고 학문에 정진하고자 했다. 세속적인 입신양명보다 학문 연구와 교육 활동을 자기의 천명이라고 생각했다. 그는 안동에서 제자들과 학문을 논하며 유교적 이상사회를 꿈꾸었다.

그는 교육자로서도 탁월한 능력을 발휘해 풍기군수로 재직할 때 백운동서원을 최초로 국가 공인으로 만들었고 성균관의 대사성 자리에 있으면서 학문적 분위기를 고조시켰다. 고향에 돌아와서는 도산서원을 세워 제자 양성에 주력하여 정승 10여 명과 판서 30여 명을 배출했다. 그의 제자들은 뒷날 영남학파를 형성하여 중앙의 관계를 주름잡았고 향리의 학문 풍토를 조성했다.

그러나 그에 대한 비판이 없는 것은 아니다. 그가 성균관의 유생을 자기 세력으로 만들었고 영남학파를 당쟁에 휘말리게 했으며, 그가 너무나 큰 학자이다보니 학파의 흐름이 권위주의적 경향으로 흘러 개혁과 변화를 소홀히 하는 보수성을 띠었다는 비판이 있기도 하다.

퇴계의 인물됨을 보여주는 일화가 있다. 권율 장군의 아버지인 권철은 영의정을 지낸 인물로 도산서원으로 퇴계를 찾은 적이 있었다. 식사 때가 되자 밥상이 나왔는데 보리를 절반 이상 섞은 밥에 콩나물국, 콩자반, 귀한 손님이라고 해서 특별히 마련한 북어 한 토막이 전부였다. 퇴계는 한 그릇을 맛있게 먹었으나 권철은 체면치레로 몇 술 뜨고 수저를 놓았다. 이튿날도 같은 식사가 나오자 권철은 목에 넘어가지 않는 음식 때문에 예정을 앞당겨 떠나기로 했다. 그는 떠나면서 좋은 말씀 한 마디를 부탁했다. 이에 퇴계는 "촌부가 대감께 무슨 할 말이 있겠습니까? 또 융숭한 대접을 못 해드려 죄송합니다. 그러나 이 식사는 백성들이 먹는 식사에 비하면 진수성찬입니다. 이것을 드시지 못한다면 공직자와 백성의 생활수준에 큰 차이가 있다는 것인데 이래서야 어찌 백성이 진심으로 복종하겠습니까."라고 대답했다고 한다.

◈ 추천도서
『성학십도』, 이광호 옮김, 홍익출판사, 2012
『역주와 해설 성학십도』, 고려대민족문화연구원 한국사상연구소 옮김, 예문서원, 2009
『자성록/언행록/성학십도』, 고산 옮김, 동서문화사, 2008
『성학십도』, 최영갑 옮김, 풀빛, 2005

성학집요

조선의 제왕을 위한 '성리학 교과서'

이이 지음

이황이 주자학적 명분론을 이론적으로 완성했다면 이이는 이를 현실정치에 실현하고자 했다. 『성학집요』는 퇴계의 『성학십도』에 대응되는 율곡의 저작으로 성리학의 과제와 얼개를 밝힌 후 학문의 기초가 되는 수기修己의 방법부터 위정자의 자세까지 자세히 담겨 있다. 이 책 자체로도 성리학의 대강과 한국 성리학의 특징을 잘 볼 수 있지만 『성학십도』와 비교하면서 보면 주리파와 주기파라는 한국 성리학의 두 흐름이 지닌 미묘함까지 느낄 수 있다.

'구도장원공九度壯元公', 이 말은 과거시험에 9번 응시하여 9번 모두 장원급제한 율곡 이이(栗谷 李珥, 1536~1584)를 지칭하는 말이다. 이이(율곡은 호)는 중종 31년에 강원도 강릉에서 아버지 이원수와 어머니 사임당 신씨의 셋째 아들로 태어났다. 아명兒名을 현룡見龍이라 했는데, 이는 어머니 신씨가 그를 낳던 날 흑룡이 바다에서 집으로 날아 들어오는 꿈을 꾸었다고 해서 붙인 이름이다. 그 산실産室은 몽룡실夢龍室이라 하여 지금도 보존되고 있다.

그는 어려서부터 신동으로 소문나 13살에 과거를 보아 진사進士에 뽑혔다. 흔히 재주가 있는 사람은 덕이 부족한 경우가 많은데 율곡은 어려서부터 재덕을 겸비하여 자신의 재능을 드러내지 않고 학문에 정진했다. 1551년 그의 나이 16살에 어머니이자 스승인 신사임당을 잃어 3년 동안

산소 앞에 움막을 짓고 근신한 다음, 인생에 무상을 느끼고 금강산에 들어가 불경을 접했으나 마음의 평화를 얻지는 못했다.

그러던 중 『논어』를 읽고 크게 깨달아 1555년 20살에 하산하여 평생 동안 그의 행동규범이 되는 '자경문自驚文', 즉 좌우명 11조를 지었다. 그 1조를 '조금이라도 성현에 미치지 못하면 나의 할 일이 끝난 것이 아니다'라고 한 것을 보면 그의 학문의 궁극적 목표가 장차 성인이 되는 성학에 있었음을 짐작할 수 있다.

그는 1557년 22살에 결혼했고 다음해 23살에 안동의 도산陶山으로 이황을 방문했다. 당시 58살이었던 이황은 자신을 찾아온 율곡과 학문을 논한 후 그에 대해 깊은 인상을 받았다. 후에 이황은 제자인 조목에게 보낸 편지에서 "두뇌가 명석해 많이 보고 기억하니 후배란 두려운 것" 즉 '후생가외後生可畏'라고 술회했다고 한다.

그는 학식이 뛰어나고 과거시험에서도 탁월한 성과를 거두었음은 물론이고 평생 동안 관운官運도 함께 했던 그는 호조좌랑, 예조좌랑, 대사헌, 이조판서, 병조판서 등을 지냈다. 그는 도량이 넓고 신중한 인물이었다. 그는 성리학적 입장을 견지하면서도 단순히 성리학만을 고수하지 않고 불교와 노장철학을 비롯한 제자백가에도 이해가 깊었다. 또한 철학에만 조예가 깊었던 것은 아니고 정치, 경제, 교육, 국방 등에도 탁월한 방책을 제시했다. 현실참여에 소극적이었던 이황과 달리 적극적으로 사회개혁에 나서 동서분당을 조정하기 위해 고심했고, 보국안민을 위한 10만 양병설의 주창, 대동법과 사창제의 장려와 같은 국리민복國利民福을 위한 노력을 계속했다.

학문에 있어서는 퇴계와 조선시대 유학의 쌍벽을 이루는 학자로 기호학파를 형성했다. 주요 저서로는 『성학집요』, 『격몽요결擊蒙要訣』, 『만언봉사萬言封事』, 『경연일기經筵日記』, 『인심도심설人心道心設』, 『시무육조時務六條』 등이 있으며 1584년 49살에 서울 대사동大寺洞에서 영면하여 파주 자

운산 선영에 안장되었다. 그가 세상을 떠났을 때 그의 삶이 얼마나 청빈했던지 그의 집에는 수의壽衣를 만들 천조차 없어 친구들이 구해서 만들 정도였고 그의 영구가 서울을 떠나던 날 밤 애통해하는 백성들의 횃불 행렬이 수십 리나 이어졌다고 한다.

율곡의 사상은 이기론理氣論에 있어서는 '이기이원론적 주기론理氣二元論的 主氣論' 즉, '기발이승일도설氣發理乘一途說'과 '이통기국설理通氣局說', 성경론誠敬論에 있어서는 '성誠' 사상으로 요약할 수 있다.

율곡은 우주는 무형무위無形無爲한 이理와 유형유위한有形有爲한 기氣로 구성되어 있는데, 모든 현상의 변화와 발전을 기의 작용으로 보고 이理는 기의 작용에 내재하는 보편적 원리에 지나지 않는다고 보았다. 그는 퇴계의 이기호발설理氣互發說에 대해서도 이발理發이란 있을 수 없고 오직 기발이승氣發理乘의 한 길만이 있을 뿐이라고 했다. 기발일승일도설에 대해 "이理는 무위無爲인데 기氣는 유위有爲이다. 그러므로 기발이승氣發理乘이다. 음양은 동정動靜이요, 태극이 이것을 올라타고 발發하는 것은 기氣이며 그 기氣를 올라타는 것은 이理다. 공자는 말하기를 '사람은 도를 넓힐 수 있되 도는 사람을 넓힐 수 없다'고 했다. 무형무위이면서 유형유위의 주재主宰가 되는 것은 이理요, 유형유위하면서 무형무위의 기器가 되는 것은 기氣이다."라고 했다.

또는 독자적인 이통기국설理通氣局說을 다음과 같이 주장한다. "이통기국이라 함은 대체로 이는 형체가 없고 기는 형체가 있기 때문에 그렇게 말한 것이다. 이통이란 천지 만물이 동일함이란 것이요, 기국이란 천지 만물이 각각 일기一氣라는 것이다."

이처럼 그의 이통기국설은 서경덕의 '일기장존설一氣長存說'을 부인하고 '기발이승일도설氣發理乘一途說'을 통해 이황의 4단7정에서 7정만 인정한다. 즉 이황은 4단四端은 이발기수理發氣隨요 7정七情은 기발이승氣發理乘으로 이理의 발發과 기氣의 발發을 인정하는 호발설을 주장했다. 따라서

4단과 7정을 별개로 구분한다. 그러나 율곡은 이황의 4단인 이발理發을 부정하고 7정인 기발氣發만 인정한다.

성경론誠敬論에 있어서는 이황이 경敬을 강조한 데 반해 율곡은 성誠을 강조했다. 성리학의 모든 논리와 주장이 도덕적 인격의 완성으로 귀납했는데 이를 위해 성리학자들은 성과 경을 중요한 덕목으로 내세웠다. 그 인격수양 방법으로는 거경(居敬, 어떤 일을 함에 있어 정신을 집중시켜 다른 곳에 마음을 빼앗기지 않음)과 궁리(窮理, 사물의 이치를 깊이 연구함)를 중시한다. 율곡은 성誠을 천지실리天地實理, 심지본체心之本體, 학문의 요체, 궁행의 근본이라고 생각하여 평생을 성으로 일관했다.

유학적 군주의 길을 밝히다

이황의 『성학십도』 편에서 살펴본 것처럼 성학이란 성인이 되기 위해 배우는 학문, 즉 제왕을 성인으로 만들기 위한 제왕의 학문이라는 뜻이며 『성학집요』는 율곡이 성인이 되기 위한 학문 중에서도 핵심만을 모으고 간추린 책이다.

갑자기 승하한 명종의 뒤를 이어 아무런 준비 없이 왕이 된 젊은 선조에게 조선 성리학의 쌍벽인 퇴계와 율곡은 각각 『성학십도』와 『성학집요』를 지어 바쳐 군주가 완성해야 할 유교적 정치 이념을 밝혀주고자 했다. 『성학집요』는 선조 8년(1575)에 율곡이 39살로 홍문관 부제학으로 있을 때 선조가 성인의 학문을 공부하는 데 필요한 말을 경사經史에서 뽑아 모아 학문 및 정치에 중요한 것을 『대학』의 체계에 맞게 엮은 것이다.

이 책은 선조의 '성학'을 위해서뿐만 아니라, 이미 젊은 날에 자경문을 작성하면서까지 성학의 길을 가고자 했던 이이의 필생의 역저이자 그의 사상의 진수라 할 수 있다.

이 책은 전체가 5편으로 되어 있는데 대략적인 내용을 살펴보면 다음과 같다.

제1편 「통설」은 『중용』과 『대학』의 수장首章의 말들을 인용해 수기修己와 치인治人을 합하여 말했다. 즉 『대학』의 명명덕明明德과 신민新民과 지어지선止於至善을 개관했다.

제2편 「수기修己」는 『대학』의 명명덕明明德을 밝히는 것으로서 모두 13제목으로 되어 있다. 1장은 '총론'이요, 2장은 '입지(立志, 학문에 뜻을 세움)', 3장은 '수렴(收斂, 마음을 수습해 정돈함)'이다. 4장의 '궁리(사물의 이치를 깊이 연구하는 것)'는 곧 『대학』의 격물치지이며 5장은 '성실(誠實, 사물의 진리에 성실하는 것)'이요, 6장은 '교기질(矯氣質, 기질을 본연의 성으로 교정함)'이고 7장은 '양기(養氣, 본연의 기를 기름)'요, 8장은 '정심(마음을 바르게 하는 것)'이고 9장은 '검신(檢身, 몸을 가다듬)'이요, 10장은 '회덕량(恢德量, 덕량을 바로잡음)', 11장은 '보덕(輔德, 덕을 북돋움)' 12장은 '돈독(敦篤, 독실하고 거리낌 없이 일관함)', 13장은 '수기공효(修己功效, 자기수양의 결과와 효과)'이다.

제3편은 「정가正家」로서 제가齊家를 말하고 8장으로 나누어진다. 1장은 '총론', 2장은 '효경(어버이에게 효도하고 어른에게 공경함)', 3장은 '형내刑內(아내와 집안을 바르게 다스림)', 4장은 '교자(敎子, 자녀를 잘 가르침)', 5장은 '친친親親(친척과 서로 화목하고 우애함)', 6장은 '근엄(謹嚴, 부부, 가족, 친척과의 신분의 분별과 질서를 엄하게 함)', 7장은 '절검(節儉, 사치와 낭비를 삼가고 절약함)', 8장은 '정가정효(正家功效, 가정 다스림의 결과와 효과)'를 서술하고 있다.

제4편은 「위정爲政」으로 위정이라 하는 것은 『대학』의 이른바 신민新民인데 치국평천하治國平天下에 이르는 것을 말한다. 제4편은 10장으로 나누어진다. 1장은 '총론', 2장은 '용현(用賢, 인재를 등용함)', 3장은 '취선(取善, 정당한 여론으로 정치함)', 4장은 '식시무(識時無, 당면한 급한 일을 의식해서 실천함)', 5장은 '법선왕(法先王, 선왕의 좋은 정치를 모방함)', 6장은 '근천계(謹天戒, 하늘의 뜻을 따르고 하늘의 뜻을 어기지 않음)', 7장은 '입기강(立紀綱, 먼저 국가와 사회의 기강을 바로잡아야 함)', 8장은 '안민(安民, 사람을 편안케 함)', 9장은 '명교(明敎, 교육과 교화를 밝혀서 실시함)', 그리고 마지막 10장은 '위정공효(爲政功

效, 나라 다스림의 결과와 효과)'이다.

제5편 「성현도통聖賢道統」은 유교의 계통을 세우는 것에 대해 서술하고 있다.

이상을 내용으로 하는 『성학집요』는 유학을 공부하고 그 가르침에 따라 자기완성을 이루고 다시 가정, 사회, 국가를 다스리는 데 필요한 이념적인 것을 간결하게 엮은 것이다.

주된 내용은 유학의 입문서라 할 수 있는 『대학』을 성리학적 입장에서 풀이한 송대宋代 진서산眞西山의 『대학연의』를 골격으로 삼고 그 논리적 전개에 의해 차례를 세웠다. 또 사서삼경과 선현의 여러 저술을 참고하고 인용하고 고증과 설명을 곁들이고 있다.

율곡은 이 저술을 선조에 바치면서 학자들이 궁리, 정심, 수기, 치인의 도를 실천하지 못하고 있다고 지적하고 『대학』에서 가르치는 8덕목八德目을 성현의 가르침과 비교해 익히고 상용에 힘써 천덕天德과 왕도王道의 보람과 수기치인修己治人의 길을 찾아야 한다고 역설했다. 그리고 그는 관리는 물론이고 임금도 이 원리와 방식에 따라 나라를 다스려야 한다고 했다. 이 『성학집요』대로 실천된다면 하夏, 은殷, 주周 3대의 이상정치가 현실적으로 부활된다고 생각했다.

이 『성학집요』는 그의 실천 철학의 정수라 할 수 있는 윤리관과 정치관이 중심이 되었다. 그러나 유교나 주자학 자체가 그러하듯 율곡의 사상에서도 사변적인 형이상학과 실천적인 실용 철학은 서로 불가분의 관계로 얽혀 있다. 그래서 『성학집요』에서도 그 전개 과정에 있어 그의 독자적인 이기, 4단7정론, 심성론, 인심도심설 등이 근저에 흐르고 있다. 선조도 이 책을 받아보고 높이 평가하여 치국안민에 큰 도움이 될 것이라고 칭찬을 아끼지 않았다. 그 후 율곡의 학통을 이은 기호학파는 물론이고 학문적으로 반대 입장에 섰던 영남학파 등 대부분의 학자들이 그들의 학문과 정사를 위해 이 책을 사용했다.

고려 말에 전래된 성리학은 조선 시대의 퇴계와 율곡에 이르러 그 절정을 이룬다. 『성학십도』와 『성학집요』가 제목에서 보여주는 것처럼 그들이 얼마나 '인의 길'을 갈구했는지를 알 수 있다. 즉 학문의 궁극적인 목적을 성인이 되는 데에 두었다는 점, 또한 각자 독자적인 성리학 체계를 수립했다는 점에서 그들의 공통점을 발견할 수 있다. 그리고 일생을 검소하게 보내고 백성들의 사랑을 받았다는 점도 마찬가지다.

그러나 주리설의 입장에 선 이황은 주자학의 본질인 학문과 제자 양성에 주력했다. 이황은 현실에 환멸을 느끼고 수양과 교육을 택했다. 반면에 주기설의 입장에 선 율곡은 주자학의 이념적인 세계를 현실에 적극적으로 적용시키고자 했다. 부패하고 어지러운 사회를 바로잡고 도탄에 빠진 민생의 구제를 위해 현실정치 속으로 들어가고자 했고, 또한 주자학의 이념과 현실 사회의 실제가 들어맞는 명실상부한 유교주의 국가를 건설하고자 했다.

그는 성실사상誠實思想에 입각한 무실적 경세론務實的 經世論을 주장하고 사회 질서를 안정시키기 위해 우선 백성의 경제적인 안정이 선행되어야 한다(養民然後可施教化)고 보고 정치, 경제, 사회, 교육 등 전 분야에서의 변법(變法, 법과 제도의 개혁)을 통한 사회 개혁을 주장했다. 또한 왕도 정치와 언로 확충을 통한 민본 정치의 구현을 강조하기도 했다.

이황의 사상이 임진왜란 이후 일본유학계와 구한말의 기정진, 이진상을 거쳐 19세기 말 이항로 등의 위정척사운동의 이념적 지주가 된 반면, 율곡의 현실개혁 사상은 실학파에 영향을 주었고 한원진, 임성주, 최한기 등을 거쳐 개화사상가들과 국학자, 그리고 애국계몽사상으로 연결되었다.

1558년에 23살의 율곡이 도산서원에 이틀간 머물고 떠나면서 35살 연상인 58살의 퇴계에게 한 말씀을 청하니 퇴계는 다음과 같은 글을 써주었다.

사람의 마음가짐에 있어서 귀한 것은 속이지 않는 데 있고 持心貴在不欺

조정에 나가면 공을 세우려고 쓸데없이 일을 만들지 말라. 立朝當戒喜事

∞ 추천도서

『성학집요/격몽요결』, 고산 옮김, 동서문화사, 2008

『성학집요』, 김태완 옮김, 청람미디어, 2007

『성학집요』, 최영갑 옮김, 풀빛, 2006

— 懲毖錄 —

징비록

임진왜란, 참혹한 7년 전쟁에 대한 기록

유성룡 지음

서책으로는 드물게 국보 제132호로 지정된 『징비록』은 임진왜란으로 초토화된 조국 앞에 당시 국정 책임자의 한 사람이었던 유성룡이 바친 만년의 참회록으로, 임진왜란 당시 병조 판서와 영의정이었던 저자가 임진왜란 과정의 수기手記와 왕에게 올린 글 및 각종 문서를 모아 전란 전의 대일관계, 전쟁의 진행상황, 향후의 대비책 등을 포괄적으로 서술하고 있어 그의 문집인 『서애집』과 함께 임진왜란사 연구에 필수적인 자주국방의 바이블이다.

임진왜란을 극복한 조정의 사령탑 서애 유성룡(西厓 柳成龍, 1542~1607)은 경북 의성에서 양반집 가문에서 태어났다. 어려서부터 천부적인 재질을 보여 7살에 『대학』, 9살에 『맹자』, 10살에 『논어』를 공부했다.

1562년 가을에, 21살의 유성룡은 형 운룡과 함께 퇴계 이황의 문하로 들어가 학업에 매진했다. 퇴계는 이들 형제의 학문적 자질에 칭찬과 격려를 아끼지 않았다. 유성룡을 본 퇴계는 그가 하늘이 내린 인재이며 장차 큰 학자가 될 것임을 직감하였다고 한다. 또한 스펀지처럼 학문을 빨아들이는 그를 보고 "마치 빠른 수레가 길에 나선 듯하니 매우 가상하다."라고 찬탄하였다. 이황의 또 다른 제자로 유성룡과 동문수학한 김성일은 "내가 퇴계 선생 밑에 오래 있었으나 한번도 제자들을 칭찬하시는 것을 본 적이 없는데 그대만이 이런 칭송을 받았다."고 놀라워했다.

유성룡이 62살의 원숙한 경지에 오른 당대의 석학을 찾은 것은 그의 일생에 큰 전기를 가져왔다. 불과 몇 달밖에 머물지 않았으나 유성룡은 퇴계의 학문과 인품에 깊은 감명을 받았고 스승인 퇴계의 학문과 인격을 흠모하여 배우기를 힘쓰고 이를 실천에 옮기는 것을 인생 최고의 목표로 삼았다. 스승을 통해 유성룡이 가장 관심을 갖고 배운 책은 주자가 쓴 『근사록近思錄』이었다. 이 책은 성리학자들의 사상과 학문을 간추린 것으로, 유성룡의 학문적 방향을 결정짓는 주요한 계기가 되었다.

22살에 생원, 진사시에 모두 합격하고 24살에는 대망의 문과에 급제하여 비교적 순조롭게 벼슬길에 나아갔다. 1569년에 성절사의 서장관으로 명나라에 갔다가 다음 해 귀국했다. 그 후 부제학, 대사간, 도승지, 경상도 관찰사, 예조판서, 대제학 등의 벼슬을 지내고 1590년 우의정으로 승진하자 임진왜란에 대비해 형조좌랑 권율을 의주목사에, 정읍현감 이순신을 전라도 좌수사에 천거했다. 당시에 조정은 동인東人과 서인西人으로 나뉘어 소용돌이치고 있었다. 이러한 정국에서 유성룡은 50살에 좌의정이 되고 이조판서를 겸임하였다.

당쟁이 격화되는 가운데 1592년 그의 나이 51살에 임진왜란이 일어났다. 그는 왕의 특명으로 병조판서를 겸임하여 군무를 총괄했다. 1593년에는 영의정이 되어 왕을 모시고 평양에 이르렀으나 반대파의 모함으로 영의정에서 물러났다. 그러나 의주에 이르러 평안도 도체찰사가 되어 이듬해 명의 이여송과 함께 평양을 수복하는 데 큰 공을 세운 이후 충청, 전라, 경상도 3도 도체찰사가 되어 파주까지 진격하고 그 해 다시 영의정에 올라 1598년까지 조정을 이끌게 되었다. 또한 의병을 모집하고 훈련도감을 설치하는 등 국난 극복에 총력을 기울였다. 그러나 반대파들의 모함으로 안동 하회마을로 낙향하게 되었다. 1600년에 영의정으로 복관되었으나 더 이상 관직에 나가지 않고 은거했다. 그가 벼슬에서 물러나 조용히 독서와 집필에 몰두할 수 있었던 것은 우리 역사를 위해서는 다행이 아닐 수 없다. 그는 1604년에 『징비록懲毖錄』을 완성했고, 1607년 66살에 병세가 악화되어 그곳에서 눈을 감았다. 유성룡이 세상을 떠나자 선조는 사흘 동안 조회를 중지하고 승지를 직접 보내 조문하도록 했고 서울 옛집이 자리했던 묵사동(오늘날 성북동)에는 1,000여 명의 백성들이 몰려와서 그의 죽음을 슬퍼했다고 한다.

환란을 교훈 삼아 우환을 경계하라

『징비록』은 임진왜란으로 초토화된 조국의 비극을 기록한 논픽션이며 국난 극복의 역사철학이다. 이 작품은 임진왜란 후 저자가 벼슬에서 물러나 임진왜란 중에 일어나 각종 사건과 역사를 기록한 것으로 임진왜란 이전의 대일외교관계 및 임진왜란의 원인과 전황, 그리고 전쟁 이후의 상황까지 체계적이며 종합적으로 구성하고 있어 임진왜란의 중요한 사료는 물론이고 조선 사회에 관한 고전적 연구자료가 되고 있다.

'징비'라는 말은 『시경』「소비편小毖篇」에 나오는 '미리 징계하여 후환을 경계한다(豫其懲而毖後患)'라는 구절에서 인용한 것이다. 즉 자신이 겪은 환란을 교훈으로 삼아 후일 닥쳐올지 모를 우환을 경계토록 하기 위해 쓴 글이다. 이러한 집필 목적을 달성하기 위해 저자는 자신의 잘못부터 조정의 분란, 임금에 대한 백성들의 원망 등 임진왜란을 둘러싸고 발생한 모든 일을 있는 그대로 기록하고 있다.

서애는 『징비록』 서문에서 『징비록』을 저술하게 된 동기와 원인을 다음과 같이 서술하고 있다.

『징비록』이란 무엇인가, 임란이 일어난 후의 일을 기록한 것인데 그 중 왜란 이전의 일까지 간혹 기록한 것은 그 발단을 밝히기 위한 것이다. 생각하면 임진의 화禍는 참혹했도다. 10여 일 만에 세 도읍이 함락되었고 온 나라가 무너졌다. 이로 인해 임금은 파천까지 했는데 그리고

도 오늘이 있음은 하늘이 도운 것이다. …… 『시경』에 '지난 일을 징계하여(懲) 후환을 경계한다(毖)' 라는 말이 있는데 이것이 『징비록』을 저술한 이유이다. 나같이 부족한 사람이 어려운 시기에 나라의 중책을 맡아 위태로운 판국을 바로잡지 못하고 기울어지는 상황을 바로잡지 못한 죄는 죽어도 용서받지 못할 것이다. 그리고도 구차스럽게 생명을 이어가고 있음은 어찌 임금님의 너그러운 은혜가 아니겠는가? 걱정과 가슴 두근거림이 조금 진정됨에 지난일을 생각할 때마다 황송하고 부끄러워 몸둘 바가 없다. 이에 그 한가로운 가운데 그 듣고 본 바 임진년에서 무술년까지의 일을 대략 서술했고 그 뒤에 장계狀啓, 소차疏箚, 문이文移 및 잡록雜錄을 붙였는데 비록 보잘것은 없으나 역시 모두 당시의 일들이므로 전원에 살며 삼가 힘써 충성하고자 하는 뜻으로 또 어리석은 신하의 나라에 보답하지 못한 죄를 나타내고자 하는 바이다.

서문에서 보는 바와 같이 『징비록』은 집필 의도가 명확하다. 서애는 임진왜란 중에 국가의 중책을 맡아 직접 보고 들은 내용과 풍부한 사료를 기초로 『징비록』을 저술하여 저술하여 후대의 사람들이 임진왜란을 생생하게 이해하는 데 결정적인 역할을 했다. 이 책은 1592년(선조 25)에서 1598년까지 7년간의 이야기를 임진왜란이 끝난 뒤에 서애가 벼슬에서 물러나 있을 때 저술한 것이다. 서애가 대략 1601년부터 쓰기 시작해서 1604년 무렵에 마무리했으나 그가 죽은 후 서재에 묻혀 그대로 사라질 수도 있었던 이 책은 1633년에 그의 아들 진에 의해 『서애집西厓集』과 함께 간행되면서 세상의 빛을 보게 되었다. 보통 『징비록』이라고 하면 현재 안동의 하회 종가宗家에 보존되어 있는 친필 『초본 징비록』을 말하는데, 이 초판을 기초로 하여 간행된 16권본과 2권본의 2가지 판본이 더 전해지고 있어 『징비록』에는 3가지 판본이 존재하고 있는 셈이다. 16권으로 된 간행본은 초본에 「근포집芹曝集」 2권, 「진사록辰巳錄」 9권, 「군문등록軍

「門牒錄」 2권이 추가되어 있으나, 2권으로 된 간행본은 초본 중에서 맨 끝에 있는 「잡록雜錄」이 빠지고 본문과 「녹후잡기錄後雜記」로 되어 있다.

1647년(인조 25)에 그의 외손 조수익이 경상도 관찰사로 있을 때 저자의 손자가 조수익에게 부탁하여 간행한 것으로 자서(自敍, 자신이 쓴 서문)가 있다.

책의 내용은 임진왜란이 일어난 뒤의 기사가 대부분을 차지하지만 임진왜란 이전의 대일 관계에 있어서 교린사정交隣事情도 일부 기록했는데, 그것은 임진왜란의 단초를 소상하게 밝히기 위함이었다.

임진왜란의 발단으로부터 시작해 난중의 여러 사건을 서술하고 있는데 서술 방법은 한 사건씩 독립되어 있으면서도 임진왜란을 전체적으로 파악할 수 있도록 했다. 또한 『징비록』은 임진왜란에 관한 저술이기 때문에 주요 내용은 전쟁의 경위에 관한 것이다. 그러나 사실은 정치, 경제 등을 포함한 종합적인 서술이라 할 수 있다. 그것을 증명하는 한 예로 난중의 식량 문제와 명군과의 정치 교섭을 상세하게 기록한 것을 들 수 있다. 난중의 군량과 식량의 부족은 심각한 문제로서 서애가 이의 해결책을 위해 백방으로 노력한 것이나 명군과의 정치 교섭이 상세히 기록되어 있다.

그리고 난중의 정치, 민정도 저자가 직접 체험하고 시찰한 것이기 때문에 생생하게 기록되어 있다. 기아에 허덕이는 백성들의 참상 역시 생생하게 기록되어 있다. 이 책의 내용 중 몇 부분을 간추려 보기로 한다.

임진란이 일어나기 전 조정에서는 일본의 동태를 걱정해 충청, 전라, 경상도에 명령해 병기를 정비하고 성을 수축케 했다. 그러나 태평이 오랫동안 계속되었으므로 안팎이 편안에 젖어서 백성들은 노역을 꺼려 원성이 거리에 자자했다. 나의 어떤 친구는 그것을 보며 '성을 쌓는 것이 좋은 계책이 아니며 고을 앞에 강이 있으니 어찌 날아서 건널 것인가?

공연히 성을 쌓느라고 백성들을 괴롭히는가?'라고 했다. 그 당시 사람들의 의견은 모두 이러했다.

임진년 봄에 신립과 이일을 보내 변방의 군비를 순시하게 했는데 점검한 것이란 겨우 활, 화살, 창뿐이었다. 도읍都邑에서는 문서의 기록만으로 법을 피했다.

17일 이른 아침에 왜군 침략의 급보가 처음으로 조정에 이르고 얼마 안되어 부산 함락의 소식이 이르렀다. 순변사 이일이 서울에 있는 정병을 거느리고 가고자 병조兵曹의 병적을 가져다 보니 거리의 훈련되지 않은 병정과 서리, 유생이 절반이었다. 임시 검열하니 유생은 관복을 갖추고 과거보는 시험지를 들고 있으며 서리들은 평정건平頂巾을 쓰고 군사로 뽑히는 것을 모면하기 위해 애쓰고 있었다.

　이상은 우리 백성들의 심리 상태나 사기 등에 관한 기록이다. 또한 전투에 관해서도 신랄하게 전략적 비판을 가하고 있다. 그는 행주대첩과 진주성 싸움에 대해서도 비판하고 있으며 신립 장군의 충주 패전은 조령의 험한 지세를 이용하지 못한 전략적 실패로서 슬픈 일이라고 평하고 옛사람이 말하기를 "장수가 군사 쓸 줄 모르면 그 나라를 적에 주는 것이다." 했는데 지금 후회한들 어찌 할까만은 후일의 경계가 되겠기에 상세히 기록해 둔다고 했다. 서애는 임진왜란의 여러 장수 가운데 이순신을 가장 훌륭한 전략가로 찬양하고 그에 대한 추천과 그의 주요 해전을 상세히 기록했다.
　백성들의 비참한 상황에 대한 기록을 살펴보자.

　임금께 군량을 제외한 나머지 곡식을 내어 굶주린 백성을 구하고자 하니 허락하다. 왜군이 서울을 점거한 지 벌써 2년. 전화를 입어 천 리가 쓸쓸하고 백성은 농사를 짓지 못해 아사하는 자가 속출했다. 성중에 남아 있던 백성은 내가 동파東坡에 있다는 소문을 듣고 서로 부축하고 이고 지고 온 자가 헤아릴 수 없었다. 어떤 명나라 장수는 길가에서 어린애가 죽은 어미의 젖을 빨고 있는 것을 보고 불쌍히 여겨 기르고 있다. …… 솔잎으로 가루를 만들어서 솔잎가루 10에 쌀 1을 섞어 물에 타서 먹였으나 사람은 많고 곡식은 적어 생명을 건진 것이 얼마 되지 못했다. …… 어느 날 밤에 큰비가 내리는데 굶주린 백성이 내 주위에서 신음하는 슬픈 소리를 차마 들을 수 없더니 아침에 깨어보니 쓰러져 죽은 자가 심히 많더라. …… 대저 서울에서 남쪽 끝까지 왜적이 가로 꿰뚫고 있었으며 때는 4월인데 백성들은 모두 산과 골짜기에 피난해 한 곳에도 보리를 심은 곳이 없었으니 왜적이 수 개월이나 더 있었더라면 우리 백성은 죽었을 것이다.

임진왜란 관계의 기록으로는 우리나라의 『조선왕조실록』을 비롯해 중국이나 일본에도 몇 가지 기록이 있으나 이 『징비록』처럼 임진왜란을 대국적으로 관찰하고 종합적으로 기술해 후손에게 전해준 책은 없다. 이 것은 무엇보다도 저자 자신이 국정의 최고 책임자로서 전쟁을 진두지휘한 입장에서 이 책을 집필했기 때문일 것이다.

또한 서애가 본서에서 기술한 인물평이나 사건에 대한 평들도 그의 당색이나 주관을 감안하지 않을 수 없지만 일차적으로 여러 전투에 대한 그의 전략적 평가는 한국전사 연구에도 도움을 준다. 그런 의미에서 『징비록』은 훌륭한 사료가 되는 동시에 또한 전쟁문학의 가치도 있어 임진왜란 관계의 문헌으로서 가장 중요한 책이다. 또한 이 책은 당시 조선 사회의 기본 사료이며 우리의 고전 문헌으로 많은 역사적 교훈을 주는 저술이다.

저자는 전란의 처음부터 끝까지 국난을 처리했으며 전쟁 후에는 낙향해 전원 속에서 지나간 날의 전쟁의 성패를 조용히 반추해 보고, 그의 명석하고 정확한 판단력을 한 자루의 사필史筆에 경주함으로써 앞일을 징계해 뒷일을 조심한다는 국가의 대계를 토로했으니 이런 그의 정치가다운 양심과 애국자다운 모습이 이 책 속에 생생하게 나타나 있다. 특히 내용에 있어서도 유창한 필치와 탁월한 식견으로 전후 7년 동안의 조선, 중국, 일본 세 나라 사이의 외교 관계와 전국戰國의 추이를 명쾌하게 묘사하고 간결하게 기술해 당시 민족의 수난상이 우리 눈앞에 생생하게 펼쳐진다.

✧ 추천도서

『국역정본 징비록』, 이재호 옮김, 역사의 아침, 2007
『징비록』, 김흥식 옮김, 서해문집, 2003

— 禪家龜鑑 —

선가귀감

불교의 핵심 사상을 요약한 선종 입문서

휴정 지음

일생동안 성속聖俗을 넘나들었던 휴정이 선종과 교종으로 대립하던 당시의 불교 상황을 타개하기 위해 저술한 선교禪教 사상의 종합개론서로 선禪은 부처님 마음禪是佛心이고, 교教는 부처님 말씀教是佛語이며, 무언無言에서 무언無言으로 이르는 것은 '선禪'이고 유언有言에서 무언無言으로 이르는 것은 '교教'라 하여 교에 대한 선의 우선성을 인정하긴 했으나, 선과 교가 보완될 수 있음을 밝혔다.

휴정(休靜, 1520~1604) 하면 우리는 임진왜란 때 의병을 이끈 스님의 이미지만 떠올리게 되지만 세속적인 공헌 못지않게 『선가귀감』을 통해 선교 양종의 융합을 시도한 종교적 측면도 점차 정당한 평가를 받아가고 있는데 이 점은 다행이라 할 수 있다.

그의 생애는 성聖과 속俗의 두 세계를 부단히 넘나든 분방한 일생이었다. 국난에 떨쳐 일어선 고승 서산대사 휴정은 1520년 평안도 안주에서 태어났다. '서산'이란 본래 묘향산의 별칭인데 만년에 그가 그곳에 오랫동안 머물렀기에 붙여진 이름이다. 법명은 휴정, 호를 서산, 청허라 했다. 그가 태어나기 1년 전에 어머니는 꿈에 한 노파가 나타나 "대장부를 잉태하였기에 와서 하례합니다."라고 절을 하는 태몽을 꾸었다고 한다. 얼마 후에 아이를 낳으니 이 아이는 살갗과 골격이 맑고 환했으며 타고난 성품과 기질이 어려서부터 남달랐다고 한다.

그는 10살이 되기도 전에 양친을 잃고 훗날 임꺽정을 진압한 안주목사 이사증의 양자로 들어가 서울로 올라와 성균관에서 3년 동안 공부한 후 과거에 응시했으나 뜻을 이루지 못했다. 그래서 친구들과 함께 지리산 화엄동, 칠불동 등을 구경하면서 여러 사찰에 기거하던 중 그곳에서 불가佛家의 책들을 만나게 되었다. 이때 능인 스님에게 머리를 깎고 출가하였다. 그 뒤 영관靈觀으로부터 인가를 받고 공부에만 전념하다가 30살에 승과에 장원급제했고 대선大選을 거쳐 선종과 교종의 일을 총괄하는 양종 판사判事가 되었다. 이어 보우대사의 후임으로 선·교 양종의 일을 총괄하는 봉은사의 주지가 되었다.

한편 이런 불교 진흥이 이루어지자 유교의 선비들은 분연히 일어나 승려들을 비난했고, 그 비난은 주로 보우에게 집중되었다. 휴정은 몇 년 동안 이 일을 한 후, 1556년 37살에 "내가 출가한 본뜻이 어찌 여기에 있겠는가?"라고 탄식하고 일체의 승직을 사퇴했다. 그는 세속적 명예는 자기 것이 아님을 확인한 후 금강산, 묘향산, 지리산 등을 두루 여행했다. 그가 금강산에 있을 때나 묘향산에 있을 때나 항상 1,000여 명의 제자들이 몰려들었고 그는 제자들에게 칼쓰기, 활쏘기 등을 가르쳤다.

임진왜란 3년 전인 1589년에 정여립 모반사건(『정감록』의 참설을 이용하여 정여립이 왕위에 오른다는 유언비어를 퍼뜨려 역모를 꾀했다고 오해받은 사건)이 일어나는데 여기에 연루되었다는 누명을 쓰고 잠시 투옥된 적도 있었으나 곧 혐의가 풀려 석방되었다.

1592년 일본군이 동래를 함락시키고 신립 장군이 충주에서 패하자 의주로 몽진한 선조는 급히 휴정을 찾았다. 선조를 만난 휴정은 "신이 비록 늙고 병들었으나 나라의 위급함을 앉아서 볼 수는 없습니다. 늙은 스님은 절에서 나라를 위해 기도하게 하고 젊은 스님들은 나라를 구하도록 하겠습니다."라고 아뢰었다. 이때 그의 나이 73살이었다. 이에 선조는 휴정을 팔도십육종도총섭으로 삼았고, 73살의 휴정은 전국에 격문을 돌려 승려 1,500명을 모으고 이들을 지휘했다. 이때 그의 제자들 중에 두각을 나타낸 사람이 유정(사명대사), 영규, 처영이다. 처영은 지리산에서 궐기하여 권율 장군과 협력해서 싸웠으며 유정은 금강산에서 1,000명의 승군을 모아 평양으로 왔다.

선조가 환도할 때 그는 700명의 승군을 거느리고 개성에 가서 선조 일행을 맞았으며 선조가 한양으로 돌아온 후에, 어느덧 80살이 가까워진 휴정은 승병의 지휘권을 유정과 처영에게 넘겨주고(영규는 금산 전투에서 조헌과 함께 전사) 1594년에 다시 묘향산으로 들어갔다.

임진왜란이 끝난 후 조정에서 논공행상을 한 결과 조정의 중론이 "비록 스님이라고는 하나 공이 있으니 상을 내리지 않을 수 없다."라고 모아져 그에게 최고의 존칭과 함께 정2품 당상관 직위를 하사했다.

휴정은 1604년에 묘향산 원적암에서 설법을 마치고 자신의 영정을 꺼내어 그 뒷면에 "80년 전에는 네가 나이더니 80년 후에는 내가 너로구나."라는 시를 적어 유정과 처영에게 전하게 하고 가부좌한 채로 입적했다. 세수 85살, 법랍 67살이었다. 입적한 뒤 21일 동안 방 안에 기이한 향기가 가득했다고 한다. 그의 대표적인 저술로는 『청허당집淸虛堂集』과 『선가귀감』이 있다.

위기의 조선불교계, 『선가귀감』을 부르다

고구려 소수림왕(372) 때 이 땅에 불교(교종)가 공인된 이래 통일신라의 원효에 의해 신라 사회에 불교 대중화가 이루어지고, 신라 말에는 선종 계열이 들어와 9산을 형성하여 교종 계열의 5교와 대립하게 된다. 5교와 9산의 사상적 대립이 고려 초에도 이어지자 교教와 선禪을 통합하려는 운동이 일어나는데, 대각국사 의천은 교선教禪의 교리를 융합해 천태종(天台宗, 교종 중심의 통합)을 창시했고, 고려 후기 무신정권 하에서는 보조국사 지눌이 선교겸수敎兼修를 주장하며 조계종(曹溪宗, 선종 중심의 통합)을 창시한다.

교종은 득도得道를 하는 데 있어 경전을 중시하여 왕실과 귀족이 주로 신봉했고 정치에 적극 개입한 반면, 선종은 불경보다 참선을 중시하고 문자를 모르는 호족이나 신분 상승에 한계를 느낀 6두품들이 믿어 초세적인 경향을 띠고 있었다. 그러나 고려 후기의 불교는 극도로 타락하여 더 이상 고려 사회의 정신적 이념 역할을 할 수 없게 되었다. 그때 마침 원나라에서 성리학(철학적 유교)이 들어와 새 시대의 지배 이념으로 자리 잡았다. 즉, 유불교체가 이루어진 것이다. 조선 왕조는 개창과 동시에 유교를 정치 이념으로 채택하고 불교는 공식적으로(비공식적으로는 명맥이 유지되었음) 국가와 인연이 끊어지게 된다. 또 승려들은 본분을 잊고 수도를 소홀히 하는 등 내부적 타락도 심했다.

이처럼 불교가 내우외환에 시달리던 상황에서 휴정은 선종의 사상과 방법을 간추린 선종 입문서로 『선가귀감』을 간행했다. 이 책의 저술 동기는 사명대사가 쓴 발문跋文에 잘 나타나 있다.

> 슬프다! 200여 년 동안 불법이 쇠잔해져 선교禪敎의 무리가 각각 다른 견해를 내게 되었다. 교敎만 주장하는 사람은 오직 찌꺼기만을 즐기며 부질 없이 모래알만 셀 뿐, 오교五敎 위에 직지인심直指人心하여 스스로 깨우쳐 들어가는 문門이 있음을 알지 못한다. 선禪만 주장하는 사람은 스스로 천진天眞을 믿고 수행하여 이치를 증득證得하려 하지 않고 돈오頓悟한 뒤에 비로소 마음을 일으켜 만행萬行을 닦고 익혀야 하는 뜻을 모른다. 이렇게 선과 교가 뒤섞여 모래와 금을 구별하지 못하게 되었다. …… 아, 안타깝구나! 도道가 전해지지 못함이 이같이 심할까, 겨우 끊어질 듯 말 듯한 한 올의 머리카락으로 천근 무게를 지탱하듯이 거의 땅에 떨어져 자취조차 없어질 것 같았다. 우리 큰스님께서 10년 동

안 묘향산에 머무르시면서 소를 먹는 틈틈이 50여 권의 경론經論과 어록語錄을 보시다가 이 중 요긴하고 간절한 것이 있으면 기록해 두셨다. …… 그러나 몇몇 제자들이 잘 알아듣지 못할 뿐 아니라 법문法門이 높고 어렵다고 탓하므로 이를 불쌍히 여겨 구절마다 주해註解를 달아 풀이하시고 차례로 엮어 놓았다.

이 발문에서도 어느 정도 느낄 수 있지만 휴정은 첫째, 당시 승려들이 불교학에 마음을 두지 않고 유생들의 문장이나 시만을 읊고 귀중히 여기는 타락된 풍조를 시정하여 승단僧團의 가풍家風을 바로잡기 위해서, 둘째, 불교 경전이 너무나 방대하여 갈피를 잡기 어려우므로 그 중 가장 중요한 사상을 뽑아서 후학들이 쉽게 불교를 이해할 수 있도록 하기 위해서, 셋째, 당시 불교 입문자를 위한 알맞은 교과서가 없었으므로 후학의 지도를 위한 지침서로 삼기 위해『선가귀감』을 집필했다.

선과 교, 따로 또 같이

휴정은 1564년 여름 무렵에 이 저술을 완료하였고 금강산 백화암에서 서문을 썼다. 그 뒤 묘향산에서 10여 년 동안 다듬고 손질하였으며 1579년(선조 12) 그의 제자 유정, 즉 사명대사가 발문을 쓰고 이를 간행하였다.『선가귀감』은 전체적으로 ① 원리론 ② 불조론佛祖論 ③ 선교론禪敎論 ④ 방법론 ⑤ 결론 등 5부분으로 구분된다.

원리론에서는 '일물一物'로써 우주의 근본 원리를 밝히고, 주해註解와 더불어 그 일물에 대한 시간적, 공간적 관찰과 선종가禪宗家, 6조 혜능慧能 및 휴정 자신의 견해를 곁들이고 있다. 불조론에서는 불조佛祖의 공덕 등 3부분으로 나뉘어 기술되어 있고, 선교론에서는 부처님의 말씀은 교敎요 부처님의 마음이 선禪이라는 전제 하에 결국 교를 버리고 선에 들어갈 것을 주장하고 있다. 방법론에서는 공부하는 방법을 지도하는 한편

화두話頭 등 12부문으로 나누어 서술했다. 결론에서는 다시 원리를 들어서 끝을 맺고 있다.『선가귀감』의 내용 중에서 몇몇 부분을 인용해보기로 한다.

세존께서 세 곳에서 마음을 전하신 것은 선지禪旨가 되었고, 평생 말씀하신 것은 교문敎門이 되었다. 그러므로 "선은 부처님의 마음이요, 교는 부처님의 말씀이다.

그러므로 만약 누구든 말에 빠지게 되면 부처께서 꽃을 드신 것이나 달마선사가 면벽참선한 것 모두가 교敎의 자취가 될 뿐이지만, 마음에서 얻으면 세간의 온갖 하찮고 자질구레한 말도 모두 교敎 밖에서 따로 전하는 선禪의 요지가 될 것이다.

내 한마디 하고자 하니, 생각을 끊고 대상에 대한 집착을 잊어라. 일없이 우두커니 앉았으니, 봄이 오니 풀이 저절로 푸르구나.

경전에, "생사生死에서 벗어나고자 한다면, 먼저 탐욕과 애욕의 목마름을 끊어야 한다."라고 하였다.

물이 맑아 구슬이 비치고 구름이 흩어져 달이 밝아지듯이, 삼업三業이 깨끗하여 온갖 복이 다 모인다.

경전을 읽되 자기 마음속으로 돌이켜 봄이 없다면 비록 팔만대장경을 다 읽었다 할지라도 아무 소용이 없을 것이다.

이 책의 내용은 선禪과 교敎의 정의, 불교승려가 지켜야 할 계율, 선종

禪宗 5가家에 관한 설명으로 이루어져 있다. 이 책을 통해서 독자들은 선교가 대립하고 있던 400년 전의 불교 상황을 엿볼 수 있다. 휴정은 자신의 선교관禪敎觀에 대해 이렇게 단적으로 말한다.

> 마음을 전하고자 하는 것은 선禪이요 말씀을 전하고자 하는 것은 교敎이다.
> 선禪은 부처의 마음이고 교敎는 부처의 말씀이다.
> 무언無言에서 무언無言으로 이르는 것은 선禪이고 유언有言에서 무언無言으로 이르는 것은 교敎이다.

원래 휴정은 선이나 교를 서로 다른 두 개의 것으로 보지 않았다. "선은 부처님의 마음이고 교는 부처님의 말씀이다.(禪是佛心 敎是佛語)"라는 것은 결코 서로 다른 것이 아니라는 것이 휴정의 선교관禪敎觀이다. 그러나 "무언에서 무언으로 이르는 것은 선이고 유언에서 무언으로 이르는 것은 교이다."라고 하여, 결국 불교의 올바른 수행의 태도는 교보다 선을 우선해야 함을 강조했다. 이와 같이 휴정의 선교관은 선禪을 우위에, 교敎를 하위에 두면서도 교를 부정하거나 비방하지 않고 교문을 통해서도 결국은 선문으로 들어갈 수 있다고 했다. 비록 교문은 얕고 선문은 깊다고 해 차별을 두고 있기는 하나 그의 선교관은 교와 선을 대립과 차별로써 인식하지 않고 하나의 조화로운 불교 세계로 원융회통圓融會通시키고 있다.

불교계, 분열에서 통일로

한국불교의 흐름에 있어서 조선 500년은 사상적 혼돈기였다. 불교에 대한 사회적 인식도 그랬고 불교 내부의 각성도 미약했다. 불교의 교단은 선교 양종으로 축소되어 근근이 명맥을 유지하고 있는 상황이었다.

고려시대 이래 교종과 선종의 대립은 거의 숙명적인 성격을 띠고 있어 양자의 화합은 거의 불가능해 보였다.

이런 때에 휴정은 "선은 부처님의 마음이요, 교는 부처님의 말씀"이라고 하여 선과 교의 두 길을 명쾌하게 규정짓고 이들이 둘이 아님을 역설하여 선을 중심으로 교를 융합하려는 통일운동을 전개했다. 이 운동의 바탕이 되는 근본 사상은 원효元曉의 통불교사상과 지눌의 선교겸수禪敎兼修에 입각한 것이다. 그러나 실질적인 영향을 발휘해 불교 통일을 가져온 것은 휴정이라 하겠다.

비록 선교 양종의 융합이 휴정의 독창적 아이디어는 아니지만 당시의 시대 상황에서 그의 주장은 설득력이 있었다. "교에서 선에 이르는 과정"이라는 휴정의 주장에는 확실히 선禪 우월적 사고가 배어 있음은 부인하기 어렵다. 그러나 선교겸수와 견성성불見性成佛이라는 그의 슬로건은 양분된 불교계를 하나로 뭉치게 하는 견인차였다.

이런 점들이야말로 휴정의 사상적 기여라 할 수 있을 것이다. 휴정 이후 우리나라 불교는 휴정에 귀일歸一하는 법류를 이루었다. 그러니 휴정이 주장한 종지宗旨와 종풍宗風은 바로 한국불교의 종지와 종풍이라 할 만하다. 그의 사상적 특징은 불교 문제에만 국한되지 않고 유가, 불가, 도가사상이 궁극적인 진리에 있어서는 다르지 않다는 '삼교통합론三敎統合論'을 주장한 데에도 있다.

불교 선사들은 흔히 "부처를 만나면 부처를 죽이고 조사를 만나면 조사를 죽이라."는 '살불살조殺佛殺組'를 말한다. 부처나 조사가 세상에 나온 것은 마치 바람 없는 바다에 물결을 일으킨(無風起浪) 것처럼 부질없는 일이었다고 한다. 선가에서는 그 어떤 인물이나 사상, 종교도 도그마에 빠지는 것에 반대하고 있기 때문이다. 그 어떤 것이 진실이라고 생각하는 그 순간을 가장 경계한다. 휴정은 선가의 이러한 활발한 기개가 잘 드러난 글들을 중심으로 한 권의 책에 선의 핵심을 잘 요약하여 담았다. 그

러나 사실 휴정이 하고 싶었던 것은 이런 말이 아닐까? "선가에 귀감이
란 없다."

◇◇ 추천도서
『선가귀감』, 배규범 옮김, 지만지, 2011
『선가귀감』, 원순 옮김, 법공양, 2007
『선가귀감』, 박재양 외 옮김, 예문서원, 2003

성호사설

18세기 실학자가 본 조선의 풍경

이익 지음

'성호'는 이익의 호이고 사설僿說은 '자질구레한 말'이라는 뜻으로 성호가 겸손한 마음에서 이런 이름을 붙인 『성호사설』은 40년 동안 생각나고 의심나는 것과 제자들의 질문에 답한 내용을 수시로 기록해 둔 백과사전이다. 그래서 중복이 많은 이 방대한 책을 제자인 안정복이 정리해서 편찬했다. 이 작품은 평생을 야인으로 지낸 성호가 재야에서 보낸 국정 전반의 개혁청사진이다.

중농주의 실학사상의 대가인 성호 이익(星湖 李翼, 1681~1763)의 본관은 경기도 여주이다. 증조부는 의정부 좌찬성, 조부는 사헌부 지평을 지냈고, 부친은 사헌부 대사헌에서 사간원 대사간으로 환임還任되었다. 그는 1680년(숙종 6) 경신대출척 때 진주목사로 좌천되었다가 다시 평안도 운산으로 유배되었다. 이처럼 대대로 조선 정계를 주무르던 가문이 몰락하기 시작한 것은 부친 대부터이다.

이익은 이하진의 유배지에서 태어난 막내아들로 그가 태어난 다음 해에 이하진은 울분을 품고 결국 유배지에서 사망하였다. 아버지의 사망 후 이익의 어머니 권씨는 어린 아들을 데리고 가문의 선영이 있는 경기도 안산의 첨성촌瞻星村으로 돌아왔고, 이익은 이곳에서 자신의 80 평생을 보내게 된다. 마을 인근에 '성호'라는 호수가 있었는데 이 호수의 이름을 이익은 자신의 호로 삼았다.

안산으로 돌아온 이익은 10살까지 글을 배울 수 없을 정도로 몸이 약했다. 그를 학문의 세계로 이끌고 지도를 한 사람은 그보다 20여 살 위인 이복형 이잠이었다. 이잠은 16살에 사마시에 합격하여 진사가 된 준재였지만 이후 집안이 정쟁政爭에 휩싸이면서 입신의 기회를 잃어버린 불운아였다.

이처럼 조선 후기의 살벌한 당쟁 속에서 노론에 밀려난 남인 가문에 태어났던 성호의 일생은 출발부터가 고난에 찬 것이었다. 그는 24살에 향시에 합격했으나 다른 사정으로 회시會試에는 나가지도 않았다. 다음 해에 형인 잠이 장희빈을 옹호하다가 당쟁으로 희생되자 다시 고향으로 돌아가 낙향하여 평생을 학문에만 몰두했다.

이익의 아버지는 중국에 사신으로 다녀올 때마다 많은 서적들을 가지고 왔는데 이 책들이 나중에 이익의 학문에 든든한 기초가 되었다. 이익은 처음에는 성리학에서 출발하였으나 점차 경직된 학풍에서 벗어나 사회 실정에 맞는 실용적인 학문의 필요성을 인식하게 되면서부터 율곡 이이와 반계 유형원의 학문에 심취하게 되었다. 특히 유형원의 학풍을 계승하여 천문, 지리, 율산律算, 의학醫學에 이르기까지 다양한 분야에 능통하였다. 이러한 관심 분야는 한문으로 번역된 서학서西學書들을 접하면서 더욱 확대되고 심화되었다. 그는 투철한 주체 의식과 비판 정신을 바탕으로 주요 저서인 『성호사설』과 『곽우록藿憂錄』을 통해 당시 사회제도를 실증적으로 분석하여 비판했고, 정책적 대안을 제시하였다. 중농 사상에 입각하여 전제개혁의 방향을 개인의 토지 점유를 제한하여 전주田主의 몰락을 방지하려는 한전론限田論에서 찾았으며, 신분제도의 근간을 이루고 있는 노비를 점차적으로 해방시켜 양천합일良賤合一을 주장하였고, 정치적으로 당쟁이 발생하는 것은 이해가 상반하는 데서 오는 것이라고 분석하여 양반도 산업에 종사해야 한다는 사농합일士農合一을 주장하였다. 그의 학문은 후손인 이병휴와 『택리지』의 저자 이중환 등으로 이어졌고 문인으로는 안정복, 윤동규, 신후담, 권철신, 정약용 등으로 계승·발전되었다.

1727년에 그의 학문이 높다는 명성을 듣고 조정에서 일정한 벼슬을 내렸으나 이익은 이를 고사하고 끝까지 야인으로 남았다. 이 때문에 만년에 심한 가난에 빠져 "나의 궁핍과 기아가 날로 심해 졸지에 송곳 꽂을 만한 땅도 없다."고 탄식할 정도였다고 전해진다. 저서로는 『성호사설』이외에 『성호집星湖集』, 『곽우록』, 『성호집속록』, 『사서삼경질서四書三經疾書』 등이 있다.

학문의 혁신과 사회개혁을 추구한 성호학파

이익의 학문적 목표인 실학은 조선 후기 영·정조 때 일어난 학풍으로 사회경제적 변동에 따른 사회 모순에 직면해 현실 개혁을 통해 그 해결책을 찾으려는 사회개혁 사상이었다. 즉 조선의 건국과 함께 정책적으로 채택된 성리학의 자기반성과 그의 극복 과정에서 나타난 발전적 국면이었다.

이런 학문적 기풍은 주로 근기지방近畿地方 학자들에 의해 주로 일어났는데 청나라에서 수입된 고증학과 서학(천주교)의 영향을 받았다. 실학은 학문적 성향과 시기에 따라 몇 가지 학파로 분기되었다.

먼저 18세기 중반 이익을 중심으로 한 '경세치용經世致用 학파'가 있다. 유형원, 이익, 정약용으로 이어지는 이 학파는 중농주의적 입장에서 토지, 조세, 교육, 과거, 군사제도 등 각종 제도개혁에 치중했다. 실학파의 비조인 유형원은 저서 『반계수록磻溪隨錄』에서 토지의 균전론을 주장했고, 이익은 『곽우록』에서 토지 소유의 상한선을 정해 겸병을 막는 한전론을 주장했다. 이익은 17세기 이후에 그 폐단이 노정되기 시작한 화폐의 유통에 따른 서울의 상업적인 고리대 자본이 농촌에 침투해 농촌 경제를 파탄시키고 이농離農을 촉진하는 현실에 주목했다. 또한 당시 이앙법의 보급과 광작廣作운동에 따른 부농의 출현과 소농민의 증가 현상을 보고 문제의 심각성을 인식했다. 이런 그의 학설은 당시 성행하던 성리학의 비생산적인 관념론을 배격하고 당시의 정치경제적 현실 개혁에 주안점을 두었다는 점에서 높이 평가된다. 뒤를 이어 정약용은 실학사상을 집대성한다. 이들의 사상은 당시 정책에는 별로 반영되지 못했으나 구한말의 애국계몽사상가와 국학자들에게 영향을 주었다.

두 번째는 18세기 후반에 박지원을 중심으로 한 '이용후생利用厚生 학파'이다. 이 학파는 유수원, 홍대용, 박지원, 박제가, 이덕무 등으로 이어지는 중상주의적 입장을 견지하면서 상공업의 진흥 방안을 나름대로 제시했다.

세 번째는 19세기 초반에 김정희에 이르러 일가를 이룬 '실사구시實事求是 학파'이다. 이 학파는 경서經書, 금석金石, 고전의 고증을 위주로 하면서 학문하는 자세에 있어 실증성과 해석을 크게 강조했다.

실학자 중에서도 이익은 독특한 위치를 차지한다. 이이, 유형원에서 비롯한 실학의 물결이 '성호星湖'라는 호수로 모여 들었으며 다시 이 호수는 여러 새로운 흐름의 연원을 이루었던 것이다. 역사학파의 안정복, 지리학의 윤동규, 이중환, 경학의 이병휴, 수학의 이가환, 그리고 박지원, 박제가, 정약용의 경제학은 모두 그 연원을 성호에게 두고 있다. 이렇듯 실학은 이익에 이르러 하나의 학파를 형성하게 된다.

이익은 전술한 바와 같이 유형원의 사상을 계승했다. 불교와 선비의 무실無實한 학풍을 배격하고 수기치인修己治人의 학문을 강조했으며 자득自得을 중시했다.

경제적인 측면에서 그는 중농사상에 입각한 한전론限田論과 사농합일士農合一을 주장하여 각 농가에 영업전永業田을 지급하되 매매는 금지하고 그 밖의 토지에는 매매를 허락해 토지 소유의 평등을 이루고자 했다.

역사 인식에 있어서는 자주적 역사관과 실증성을 강조했다. 중국 중심의 화이관華夷觀에서 벗어나 삼한정통론三韓正統論을 주장하여 우리가 중국에 예속될 수 없음을 밝혔다. 또한 역사를 인식하는 데 있어서도 종래의 주관적인 태도를 벗어나 객관적이며 실증적인 태도를 강조한 점도 평가할 만하다.

정치적인 면에서는 왕도정치의 실현을 궁극적 목표로 삼고 기본적으로는 덕치를 말하면서 현실에 있어서는 제도, 형벌의 중요성을 강조했다. 당쟁에 대한 폐단도 지적해 당쟁은 양반수에 비해 관직수가 적기 때문에 일어나는 것으로 보고 과거제도 개선을 주장했다.

사회적인 측면에서 신분제도의 문제점을 지적하고 나라가 빈곤하고 농민이 피폐한 이유로 노비제도, 과거제도, 문벌제도, 게으름, 승려, 기교(사치, 미신) 등 6가지를 들고 이것을 추방해야 사회 풍속이 바로 서고 질서도 잡힌다고 보았다.

제자 안정복이 정리한 이익의 백과사전

흔히 백과사전류로 분류되는 『성호사설』은 일시에 쓴 것이 아니고, 40년 동안 생각하고 의심되는 것과 제자들의 질문에 답한 내용을 수시로 기록해둔 것으로 번잡하고 중복이 많다. 이런 방대한 책을 그의 제자 안정복이 잘 정리해 분량을 절반으로 줄여서 편찬했는데 이것이 오늘날 전해지는 『성호사설』이다.

이익은 스승의 글을 간추리는 데 있어 신중을 기하는 안정복에게 의심스러운 것은 상의하지 말고 수정하라고 하는 등 모든 것을 그에게 맡기며 신뢰했고 안정복과 같은 우수한 제자에 의해 『성호사설』의 간행을 보게 된 것을 기뻐했다.

책의 말미에 부록으로 실린 『곽우록』은 이 책의 요약이자 결론이다. '곽우록'이란 재야에 있는 평민은 국가의 문제를 논할 자격이 없지만 국가의 정책이 잘못되면 직접 그 피해를 입기 때문에 이를 좌시할 수 없어 분에 넘치는 안을 제시하는 '천민의 걱정'이란 뜻이다. 『성호사설』이 백과사전적 성격을 가진 데 비해 『곽우록』은 국정 전 분야에 걸쳐 그 폐단과 구제책을 체계적으로 논한 탁견에 가득 찬 명저이다. 내용은 경연, 전론田論, 균전론, 붕당론, 논과거지폐論科擧之幣 등 19개 항목으로 시급히 해결해야 할 국가적 현안에 대한 자신의 견해를 피력하고 있다.

『성호사설』은 10권 5편(「천지문天地門」, 「만물문萬物門」, 「인사문人事門」, 「경사문經史門」, 「시문문詩文門」)으로 총 3,007항목으로 구성되어 있다.

「천지문」은 천문과 지리에 관한 서술로서 해와 달, 별들, 바람과 비, 이슬과 서리, 조수, 역법과 산맥 및 옛 국가의 강역에 관한 글 등 223항목에 걸쳐 기술되어 있다.

「만물문」은 생활에 직간접으로 관련이 있는 368항목에 대한 서술로 복식, 음식, 농상·가축, 화초, 화폐와 도량형, 병기와 서양 기기 등에 관한 것들이 실려 있다.

「인사문」에는 정치와 제도, 사회와 경제, 학문과 사상, 인물과 사건 등을 서술한 990항목의 글이 실려 있다. 예를 들면, 비변사를 폐지하고 정무를 의정부로 돌려야 한다는 혁신적인 주장, 서얼 차별의 폐지, 과거제도의 문제점과 개선안, 지방 통치 제도의 개혁안, 토지 소유의 제한, 고리대의 근원인 화폐제도의 폐지, 환곡제도의 폐지와 상평창제도의 부활, 노비제도 개혁안, 불교, 도교, 귀신 사상에 대한 견해, 음악에 대한 논의 등이다.

「경사문」에는 6경4서六經四書와 중국과 우리나라의 역사서를 읽으면서 잘못 해석된 구체적인 내용과 그에 대한 자신의 견해를 실은 논설, 그리고 역사 사실에 대한 자신의 해석을 붙인 1,048항목의 글이 실려 있다. 특히 역사에서 정치적 사건에 도덕적 평가를 앞세우는 것을 비판하고 당시의 시세 파악이 중요함을 주장하였다. 또한 신화의 기술은 믿을 수 없다고 하여 역사 서술에서 이를 배제할 것을 논해 그의 역사학적 방법론과 역사관이 반영되어 있다.

마지막의 「시문문」은 시와 문장에 대한 평으로 378항목의 글이 실려 있다. 여기에서는 중국 문인과 우리나라의 역대 문인의 시문이 비평되어 있다.

『성호사설』에 나타나는 그의 전반적인 사상은 앞부분에서 살펴보았으므로 여기서는 그가 유난히 강조했던 당쟁문제에 관한 견해를 『곽우록』 「붕당론」에서 살펴본다.

당쟁에 대해서는 그 원인을 여러 가지로 말하는 경우가 많다. 인사권을 장악한 이조전랑의 권한이 너무 커서 이 요직을 둘러싼 싸움이 불씨가 된다고 하는가 하면, 주자학의 성격이 명분과 실리를 내세워 남의 부정을 가려내는 데 준엄해 융합의 기氣가 없기 때문이라고 하는 등 다채롭다. 심지어 일인日人 어용학자들은 우리의 고유한 민족성으로 치부하기도 한다. 성호는 이 문제에 대해 다음과 같이 생각하고 있다.

당파는 싸움에서 생기고 그 싸움은 이해에서 생기니 이해가 절실할수록 당파는 심해진다. 예를 들어 열 사람이 모두 굶고 있는데 한 상의 밥을 같이 먹게 되었다고 하자. 밥도 다 먹기 전에 반드시 싸움이 일어날 것이며 왜 싸우느냐고 하면 건방졌다거나 손을 쳤다거나, 말이 불손했다거나 할 것이다.

그래서 모르는 사람은 싸움이 말이나 손짓에서 비롯했다고 생각하나 실상 문제는 밥에 있는 것이다. 가령 그럴 때 여러 사람에게 각기 한 상씩 차려주면 의좋게 먹을 것이 아닌가. 요는 배고픈 사람은 많고 밥은 한 그릇밖에 없는 데에 문제가 있는 것이며 싸움은 가지각색의 구실과 더불어 그칠 줄 모르는 것이다.

당쟁의 시초는 한 사람의 선악, 한 가지 일의 처리를 가지고 논하는 데서 비롯해 당파가 대치해 혈전을 벌이게 된다. 지금 정부에서 백관을 모아 인물이나 일의 시비를 묻는다면 각자 옳다고 생각하는 의견과 그르다고 생각하는 의견이 백출할 것이다.

그러면 당파는 왜 생기는가? 그 원인은 ① 과거를 너무 자주 보아 많은 사람을 급제시키고 ② 벼슬에 오른 다음 인사 처리에 있어 일정한 원칙이 없이 정실에 좌우되어 함부로 진퇴를 결정짓기 때문이다. 과거라는 것은 나라가 선비를 찾는 것이 아니고 선비가 벼슬을 하기 위한 것이다. 과거 이외에도 조상의 덕으로 관직에 오르는 사람도 있어 벼슬하고자 하는 사람은 한없이 많은데 벼슬자리가 적고 보니 여기에 문제가 있는 것이다. 이에 궁여지책으로 사람을 자주 바꾸어 번갈아 벼슬하게 했고 그 결과 좋은 자리에서 좌천되거나 또는 관직에서 파직되면 여기에 불만과 원망이 싹트기 마련이다.

중국에도 당쟁은 있었다. 그러나 우리나라처럼 200여 년에 걸쳐 갈수록 격화된 나라는 없다. 선조 이래 당파가 둘로 갈리더니 둘이 넷이 되고 넷이 다시 여덟이 되어 서로 역적으로 모함하는 혈전을 벌인 끝에 원한이 누적, 세습되고 한 조정에서 벼슬하고 한 동리에서 살아도 죽을 때까지 서로 왕래도, 결혼도 하지 않는다.

당파가 이렇게 심각한 양상을 띠게 된 것은 너무 많은 급제자를 뽑았기 때문이다. 그런데 정해진 관직은 정승 셋에 판서가 여섯이요, 기타 벼슬도 한정되어 있으니 벼슬자리는 모자라게 될 것이며 그 결과 당파는 새로운 내분이 생긴다. 일단 당파가 갈리면 당인黨人의 눈에는 자파의 이익만 있고 국리민복은 생각할 여유가 없으며 당파를 위해 용감히 싸우다 죽는 자를 명절名節로 치고 공정한 입장을 취하는 자는 못났다고 하니 당쟁의 형세는 더욱 치열해가는 것이다.

이에 대한 대책으로 ① 과거의 횟수를 줄이고 ② 근무 성적을 참작해 무능한 자를 도태시키고 승진을 신중히 할 것, ③ 요직은 신중히 맡기고 인재를 적재적소에 배치해 오래 유임시키고 각자의 본분을 지키도록 할 것 등을 주장했다. 이상의 것이 이익이 이 책에서 주장한 당쟁관인데 그의 이런 생각이 당시에 널리 수용되지는 못했다.

실학사상의 수원水源이 된 거대한 호수

이익의 사상은 흔히 '거대한 호수'로 비유된다. 경세치용의 개혁사상을 설파한 이익의 문하로 당대 많은 진보적 학자들이 모여들었기 때문이다. 그것은 이미 변화한 세상을 담아내지 못하는 기존 학문의 한계에 갈증을 느끼던 지식인 학자들로서는 당연한 발걸음이었다. 정신문화와 물질문화의 균형 있는 발전을 통해 부국강병과 민생안정을 도모하는 이익의 사상은 그의 가문의 후손들뿐만 아니라 세상의 개혁에 뜻을 둔 많은 젊은 유학자들에게 영향을 미쳤다. 그들은 함께 모여 이익의 개혁사상을 공부했으며 이를 적극적으로 자신의 학문에 투영하였다. 이익의 영향을 받은 학자들을 통칭하여 '성호학파'라고 부른다.

그의 제자로는 『동사강목東史綱目』을 쓴 역사학자 안정복, 천문학을 연구한 황운대, 지리학을 탐구한 윤동규, 문학의 신후담, 경학을 연구한 권철신 등이 유명하며, 가문의 인물로는 경제학을 연구한 이만휴와 천문학과 문학을 연구한 이용후, 경학과 사학의 이가환, 지리학의 이중환 등이 이익의 개혁사상을 이어받아 성호학파를 이루었다.

성호학파는 이후 경전의 해석 방법과 서학을 대하는 태도에서 안정복을 중심으로 한 보수파와 권철신을 중심으로 한 진보파로 나눠지기도 하였다. 안정복은 서학을 경계하고 민족주의 입장을 고수한 데 비해 권철신은 서학을 학문으로서 뿐만 아니라 종교적으로도 적극적으로 받아들여 천주교 신자가 되기도 하였다. 이익이 일관되게 주장한 경세치용의 개혁사상은 이가환, 이승훈을 통해 정약용과 그 형제들에게 전해져 더욱 계승 발전했다.

다만 이익의 개혁 이론은 봉건 체제의 모순을 전면적으로 부정하지

않고 온건하고 점진적인 개혁을 주장했다는 점에서 한계를 지적받기도
하나 그를 둘러싼 정치적 환경을 감안한다면 이 부분은 어느 정도 이해
할 수 있을 것이다.

◈ 추천도서
『성호사설』, 한길사, 최석기 옮김, 1999

― 擇理志 ―

택리지

조선 팔도의 '살 만한 곳'을 찾아서

이중환 지음

조선 후기 실학자인 이중환이 당쟁의 희생양으로 자유의 몸이 된 후 30여 년 간 전국을 방랑하면서 만년에 각 지방의 자연환경과 인물, 풍속, 인심 등을 흥미 있게 서술한 인문지리서로 사민총론, 팔도총론, 복거총론으로 구성되어 있다. 이전에 군현별로 기록된 백과사전식 지지地誌에서 벗어나 우리나라를 인문지리적 방법을 통해 총체적으로 다룬 새로운 지리서의 효시이다.

이익의 제자인 청담 이중환(淸潭 李重煥, 1690~1752?)의 본관은 경기도 여주이다. 스승인 이익처럼 이중환도 선조들이 대대로 관직 생활을 한 명문가 출신이다. 집안의 당색은 북인에서 전향한 남인에 속했다. 이중환의 5대조 이상의는 광해군 집권기에 의정부 좌참찬을 지냈고, 조부 이영은 이조참판을, 부친 이진휴는 도승지, 안동부사, 예조참판, 충청도 관찰사 등을 역임하였다. 이진휴는 남인 집안의 함양 오씨 가문의 딸과 결혼하여 이중환을 낳았다.

청담은 조선 후기 대표적인 남인 집안으로 대사헌을 지낸 목임일의 딸과 혼인하여 아들 둘과 딸 둘을 두었고, 후처로 문화 류씨를 맞이하여 딸 하나를 두었다. 이익은 이중환에게 재종조부再從祖父가 되지만 나이는 9살 위였다.

청담은 일찍부터 이익에게 학문을 배웠으며 이익 또한 청담의 시문詩
文을 높이 평가하였다. 『택리지』의 서문과 발문, 그리고 청담의 묘갈명까
지 이익이 써 준 것을 보면 두 사람의 관계를 짐작할 수 있다. 이익 역시
남인인 목천건의 딸을 후처로 맞아 사천 목씨 집안과 혼인 관계를 맺었
다. 사천 목씨와 혼맥을 형성한 것은 훗날 청담이 당쟁에 깊이 연루되는
계기가 된다.

청담은 1713년 24살에 증광시의 병과에 급제하여 관직의 길에 들어섰
다. 그의 관직 생활은 비교적 순탄했다. 1717년 김천도 찰방金泉道 察訪이
되었고 주서注書, 전적典籍 등을 거쳐 1722년 병조좌랑에까지 올랐다. 그
러나 1722년에 일어난 목호룡睦虎龍의 고변 사건은 그의 삶에 큰 시련을
안겨 주었다.

청담이 살았던 숙종, 경종 연간은 당쟁이 가장 극렬했던 시기로 정권
이 교체되는 환국換局의 형태가 여러 차례 반복되었다. 그가 속한 남인
세력은 1680년 경신환국 때 크게 탄압을 받았다가 1689년 기사환국으로
정권을 잡았다. 그러나 1694년의 갑술환국으로 다시 정치적 숙청을 당했
다. 숙종 후반에는 서인 세력에서 분화한 소론 측과 연계하여 경종의 즉
위를 지지하는 입장에 있었다.

경종이 즉위한 후 소론과 남인들이 정계에 진출하였는데, 노론 세력
은 경종이 허약하고 후사가 없다는 이유로 연잉군(훗날 영조)을 왕세제로
책봉하도록 압력을 가하였다. 소론은 이에 강력 반발하여 1721년(경종1)
김일경이 노론을 역모죄로 공격하였고, 뒤를 이어 남인 목호룡이 고변서
를 올려 노론 측이 숙종 말년에 세자(훗날 경종)를 해치려고 했다고 주장
하였다. 이 사건으로 노론의 4대신인 김창집, 이이명, 이건명, 조태채가
처형되고 노론의 자제 170여 명이 처벌되는 임인옥사가 일어났다.

하지만 1723년(경종 4)에 목호룡의 고변이 무고였음이 판명되면서 정국
은 다시 노론의 주도 하에 들어가게 되었다. 소론에 대한 노론의 강경한

정치 보복 과정에서 청담은 목호룡의 고변 사건에 깊이 가담한 혐의를 받으면서 정치 인생에 위기를 맞았다. 다행히 이때는 혐의가 입증이 되지 않아 곧 석방되었으나 노론의 지원을 받은 영조가 즉위하면서 이중환은 다시 당쟁의 소용돌이에 빠졌다. 임인옥사의 재조사 과정에서 김일경과 목호룡은 대역죄로 처형을 당했고, 이중환은 처남인 목천임과 함께 수사망에 올랐다. 특히 집안이 남인의 핵심이었고, 노론 세력을 맹렬하게 비판하다가 처형을 당한 이잠(이익의 형)의 재종손이라는 점까지 불리하게 작용하여 1726년(영조 2)에 청담은 유배길에 올랐다.

1727년(영조 3)의 정미환국으로 소론이 집권하면서 그는 유배에서 풀려나지만 바로 그해에 사헌부의 논계論啓로 다시 절도絶島로 유배를 가게 되었다. 영조의 즉위라는 정국의 전환기에 그는 당쟁의 후폭풍을 고스란히 떠안게 되었던 것이다. 유배 후에도 정치 참여를 포기할 만큼 당쟁의 상처는 컸다.

청담은 당쟁으로 인한 정치적 좌절 속에서 전국을 방랑했다. 30여 년 동안 전국을 방랑하는 불우한 신세였지만 우리 산천의 모습을 정리하고 시대를 살아간 인물과 대화를 하며 아픔을 달랬다. 그리고 『택리지』를 세상에 내놓았다. 그는 이 책에서 8도의 지리와 그 고장에 얽힌 역사적 배경 및 지형, 생활 방식, 자원과 그 유통 과정 등 종합적인 인문지리서를 엮어 세계지리학계의 연구 대상이 되는 저서를 남겼다. 이 책의 곳곳에 당파에 관한 이야기가 은연중에 비치어 있음은 그가 당쟁 속에서 보낸 생의 결과이다.

이익과 함께 실사구시 운동의 선봉에 서다

청담이 이 책을 저술한 당시의 시대적 배경을 살펴보면 당시는 성리학 일변도의 사림 문화가 임진왜란과 병자호란을 거치면서 한계를 드러낸 상태였다. 도덕적 명분과 당쟁만을 일삼는 사림 문화는 부국강병에는 무기력했고 청으로부터는 실사구시의 고증학이 전래된 가운데 정신 문화와 물질 문화를 균형 있게 발전시켜 안으로 분열된 사회를 통합하고 밖으로 급변하는 국제 정세에 대처하는 국가적 역량을 강화하려는 새로운 문화 운동이 일어났다. 공리공론에 치우쳐 있던 종전의 유학자들과는 달리, 이들 실학자들은 다른 학문과 사상도 받아들여 그 학문 범위가 넓고 현실적인 문제에 대해 해결책을 구하려는 실증적인 학풍을 지녔다.

실학자들은 대부분 당쟁에서 패배하여 초야에 묻혀 살면서 학문 연구에 정진한 사람들이다. 주로 몰락한 남인 학자들이 현실에 대한 불만 때문에 학문 연구에 전념하게 되었고 영·정조의 학문 장려 분위기도 실학 운동에 일조했다.

주로 농촌에 살던 실학자들은 농촌의 문제점을 지적하면서 날로 피폐해져가는 농민의 삶을 개선시키기 위해 토지개혁을 주장했다. 유형원, 이익, 정약용 등이 그들인데 이들을 '경세치용 학파'라 부른다.

한편 서울에 살면서 지금까지 천시해온 상공업을 발전시켜야 하며 청나라로부터 선진 문물을 배워야 한다고 주장하고 과학과 기술에 정열을 쏟은 학자들이 있었다. 이들을 북학파, 또는 이용후생 학파라 부르는데 박지원, 박제가, 홍대용, 이덕무 등이 그들이다.

청담은 이익의 실사구시 학풍을 계승한 실학자로 인문지리학의 선구자적 역할을 했으며 실학의 학풍을 세우는 데 크게 기여했다. 그가 쓴 『택리지』는 우리나라 전역에 걸친 지형, 풍토, 풍속, 교통 및 각 지방의 고사와 인물에 이르기까지 상세히 서술한 책으로, 여기서 그는 사대부가 따로 없고 모두 민民으로 되어 있으며 민에는 사, 농, 공, 상의 구별이 있을 뿐이라는 평등론을 주장하기도 했다. 또한 지리적 환경을 이용한 생산 활동을 통해 인간 스스로 의식衣食을 해결해야 한다고 생각했다. 그는 비옥한 땅에 대해 큰 관심을 보이면서 전국에 있는 기름진 토지들을 구체적으로 거명하고 있다. 따라서 운송 수단의 개선에도 관심이 많았으며 이런 생각은 박지원, 박제가 등의 북학파 학자들에게 계승되어 배와 수레를 적극적으로 활용하자는 주장으로 연결되었다.

조선 팔도의 산천, 지리, 인물, 역사를 담다

청담은 30대 후반에 유배된 후부터 60대에 세상을 떠날 때까지 약 30년 간 전국을 방랑하면서 보고 느낀 것을 『택리지』에 담았다. 그가 『택리지』를 저술한 정확한 연대는 기록되어 있지 않으나, 저자 자신이 쓴 발문에서 "내가 황산강 가에 있으면서 여름날에 아무 할 일이 없어 팔괘정에 올라 더위를 식히면서 우연히 논술하였다."고 쓰고, 끝에 신미년(1751)이라고 기록한 것을 볼 때 1750년에 시작하여 61살 되던 무렵에 정리한 것임을 알 수 있다.

이 책은 크게 「사민총론四民總論」, 「팔도총론八道總論」, 「복거총론卜居總論」, 「총론總論」의 네 분야로 나누어져 있다. 그러나 중점은 「팔도총론」과 「복거총론」에 있다. 「사민총론」에서는 사대부의 신분이 농공상민農工商民으로 갈라지게 된 원인과 내력을 서술했고, 「팔도총론」에서는 국토의 역사와 지리를 서술한 다음, 당시의 행정 구역인 팔도八道로 나누어서 그 지역의 산맥과 물의 흐름을 말하고, 그 지역과 관계있는 인물과 사건을 설명하여 인문지리서 성격을 띠고 있다. 「복거총론」에서는 사람이 살 만한 곳을 조건을 들어서 설명하였는데 인물과 관련된 부분도 많지만 그보다 상업 경제에 대해 많이 언급하고 있다. 「팔도총론」은 지방지지地方地誌, 「복거총론」은 인문지리지에 속한다. 그러나 이 책은 일관되게 '살기 좋은 곳'을 찾는 데 목적을 둔 듯하다.

청담이 「사민총론」을 가장 앞에 배치한 것은 자신의 사대부적인 성향과 깊은 관련이 있다. 그는 "사대부는 살 만한 곳을 만든다. 그러나 시세時勢에 이로움과 불리함이 있고 지역에 좋고 나쁨이 있으며 인사人事에도 벼슬길에 나아감과 물러나는 시기의 다름이 있는 것이다."라고 하여, 본

저술의 주요 목적이 실세한 자신의 정치적 입장을 정당화하면서 사대부가 살 만한 곳을 찾아보는 것에 있음을 암시하였다.

청담은 「팔도총론」에서 우리 국토의 역사와 지리를 개관한 다음, 당시의 행정구역인 팔도의 산맥과 물의 흐름을 말하고, 관계 있는 인물과 사건을 기술하고 있다. 팔도의 서술 순서는 평안도, 함경도, 황해도, 강원도, 경상도, 전라도, 충청도, 경기도였다.

강원도에 관한 기록 중에는 "누대樓臺 정자亭子 등 훌륭한 경치가 많다. 흡곡 시중대, 통천 총석정, 고성 삼일포, 간성 청간정, 양양 청초호, 강릉 경포대, 삼척 죽서루, 울진 망양정을 사람들이 관동팔경이라 부른다."는 내용과 "지역이 또한 서울과 멀어서, 예로부터 훌륭하게 된 사람이 적다. 오직 강릉에만 과거에 오른 사람이 제법 나왔다."는 내용 등이 기록되어 있다.

경상도에 관한 항목에서는 "좌도左道는 땅이 메마르고 백성이 가난하여 비록 군색하게 살아도 문학하는 선비가 많다. 우도右道는 땅이 기름지고 백성이 부유하나 호사하기를 좋아하고 게을러서 문학을 힘쓰지 않는 까닭으로 훌륭하게 된 사람이 적다."고 하였다. 경상도는 낙동강을 기준으로 좌도와 우도를 나누었는데, 그는 경상 좌도에 우호적이었다.

충청도에 대해서는 "남쪽의 반은 차령 남쪽에 위치하여 전라도와 가깝고, 반은 차령 북편에 있어 경기도와 이웃이다. 물산은 영호남에 미치지 못하나 산천이 평평하고 예쁘며 서울 남쪽에 가까운 위치여서 사대부들이 모여 사는 곳이 되었다. 그리고 여러 대로 서울에 사는 집으로서이 도에다 전답과 주택을 마련하여서 생활의 근본이 되는 곳으로 만들지않는 집이 없다. 또 서울과 가까워서 풍속에 심한 차이가 없으므로 터를고르면 가장 살 만하다."고 하여 매우 긍정적으로 평가하였다.

경기도에 관한 기록 중에는 강화부에 대한 내용이 자세하다. 강화부의 자연적 조건을 서술한 다음, 고려시대 원나라를 피해 10년간 도읍지가 되었던 것, 조선시대 바닷길의 요충이라 하여 유수부로 삼은 내력, 병자호란과 강화도와의 관계, 숙종 대에 문수산성을 쌓은 사실 등을 기록하고 있다.

저자가 가장 관심을 두고 있는 부분이 '살기 좋은 곳'을 찾는 「복거총론」이다. 저자가 말하는 살기 좋은 곳이란 어떤 곳일까?

> 무릇 살 만한 곳을 잡는 데는 첫째, 지리地理가 좋아야 하고, 다음 생리(生利, 그 땅에서 생산되는 이익)가 좋아야 하며, 다음으로는 인심이 좋아야 하고, 또 다음은 아름다운 산수가 있어야 한다. 이 네 가지에서 하나라도 모자라면 살기 좋은 땅이 아니다.

말하자면 살 만한 곳의 조건으로 지리, 생리生利, 인심, 산수 등 네 가지를 든 것이다.

첫째 조건인 '지리'는 교통이 발달한 곳과 같은 현대적 의미의 지리가 아니라 풍수학적인 지리를 의미한다. "지리를 논하려면 먼저 수구水口, 다음에 들판의 형세, 다음에 산의 형세, 다음에 흙빛, 다음에 물이 흐르는 방향과 형세, 다음에 앞산과 앞물(朝山朝水)을 본다."라고 기록하였다. 여기서 지리라는 것은 소위 풍수적으로 말한 것에 틀림없지만, 저자 이중환은 풍수지리를 절대적으로 신봉하지는 않았다. 『택리지』 각처에서 풍수 이야기를 할 적에는 항상 '소위'라는 말을 사용했다.

지리에 이어서는 '생리'를 살 만한 곳의 조건으로 들었는데, 저자는 이 책 전편을 통해 이 부분에 가장 역점을 두고 있다. 그는 기름진 땅이 첫째이고, "배와 수레를 이용하여 물자를 교류시킬 수 있는 곳이 다음이다."라고 하였다. 기름진 땅으로는 전라도의 남원, 구례와 경상도 성주, 진주를 제일로 꼽았으며 특산물로는 진안의 담배, 전주의 생강, 임천과 한산의 모시, 안동과 예안의 왕골을 들었다.

세 번째로 '인심'을 들면서, 팔도의 인심을 서로 비교하여 기록하였다. 특히 이 부분에서는 서민과 사대부의 인심이나 풍속이 다른 점을 강조하고, 당쟁의 원인과 경과를 비교적 상세히 기록하는 한편 인심이 정상이 아님을 통탄하였다.

당대는 당파 싸움이 심했고 저자 자신도 이를 경험한 바 있어 당색을 고려했으나 나이가 이미 환갑을 지나서인지 의외로 냉정한 것 같다. 그는 팔도 서민의 인심을 대략 다음과 같이 말했다.

> 평안도 : 순박하고 인정이 두텁고 용감하다 醇厚勇悍
>
> 경상도 : 풍속이 건실하고 굳세다 風俗質實
>
> 함경도 : 백성들이 굳세고 날래다 民皆勁悍
>
> 황해도 : 백성들이 사납고 모질다 民多獰暴
>
> 강원도 : 산골 백성이어서 매우 어리석다 峽氓多蠢
>
> 전라도 : 간교함을 좋아하고 나쁜 데 쉽게 움직인다 專尙狡險
>
> 경기도 : 백성의 재물이 보잘것없다 民物凋幣
>
> 충청도 : 오직 세도와 재리財利만 쫓는다 專致勢利

청담은 '산수' 부분에서 자신은 전라도와 평안도는 가보지 못했고 나머지 지역은 많이 가보았다고 실토하고 있는데, 직접 가보지 않은 지역에 대한 평가는 이 점을 감안해야 한다.

저자는 일반적으로 살 만한 곳의 인심을 "시골에 내려가 거주를 정할 때에는 그곳 인심의 좋고 나쁨을 논할 것 없이 동색(同色, 당파가 같음)이 많은 곳을 찾아가서 서로 자유롭게 담화하고 학문을 연마함이 좋을 것이다. 그것보다 사대부가 없는 곳을 찾아가 문을 닫고 외부와의 교제를 그만두고 홀로 그 몸을 깨끗이 하면 농업, 공업, 장사에 종사하더라도 그곳에 즐거움이 있을 터이니 이렇게 보면 인심의 좋고 나쁨은 '살 만한 곳'의 조건이 되지 못할 것이다."라고 서술하고 있다.

마지막으로 저자는 산수의 경치 좋음을 들었다. 간단히 말해 살 만한 곳은 산과 물이 좋아야 한다는 것이다. 저자는 산수가 인간의 정신적 방면에 미치는 영향에 착안하여 집 근처에 유람할 만한 산수가 없으면 정서를 함양할 수 없다고 말했다. 그러므로 사람이 살 만한 곳은 반드시 산수가 아름다운 곳이 좋다고 했다.

이상 '살 만한 곳'의 입지 조건으로서 지리, 생리, 인심, 산수의 4요소를 들고 이 중 어느 하나만 결여되어도 낙토라고 할 수 없다고 했다. 가령 지리가 아무리 좋아도 생리가 넉넉하지 못하면 역시 오래 살 곳이 못되고, 지리나 생리가 다 좋아도 인심이 좋지 못하면 반드시 후회할 일이 생길 것이며 근처에 아름다운 산수가 없으면 호연지기를 기르고 마음을 너 그럽게 펼 곳이 없을 것이니 결국 이 4가지 조건이 다 구비되어야 이상적인 살 곳이라 했다.

그는 '살 만한 곳'을 '살 만한 곳可居地', '피난처避兵地', '복지(福地, 평시나 난시 모두 살 만한 곳)', '은둔지隱遁地', '일시 유람지一時可居地' 등으로 구별하기도 했다.

그러나 결론에 가서는 위에 말한 입지 조건을 갖춘 지역도 좋고 경치 좋은 곳에 별장을 짓는 것도 좋지만 당쟁이 없고 정신적으로 편안한 곳이 살 만한 곳이 되어야 한다고 맺고 있다.

실학사상에 입각하여 쓴 최초의 인문지리서

우리나라의 역대 지리서들은 『동국여지승람東國輿地勝覽』과 같이 군현 별로 연혁, 성씨, 풍속, 형승, 산천, 토산, 역원, 능묘 등으로 나누어 백과사전식으로 서술하는 것이 보통이었다. 그러나 『택리지』는 전국을 실지로 답사하면서 얻은 지식과 경험을 바탕으로 지리적 사실의 나열이 아니라 자신의 관찰을 토대로 한 설명과 서술에 힘을 기울였다. 또 단순히 지역이나 산물에 대한 서술에 그치지 않고 사대부가 살 만한 이상향을 찾는 데 초점을 맞추었다.

지역 구분 방식에서도 그는 각 지방의 개성과 특질을 중요시하여 생활권 단위로 국토를 구분했고 이 과정에서 가장 중요한 지표로서 생각한 것이 산줄기였다. 청담이 볼 때 각 지역들은 하천을 통해 동일한 생활권으로 연결되지만 산줄기들은 이 하천 유역을 구분 짓는 경계선이 되기 때문이었다.

청담은 자연 환경에 대한 인간의 적응과 이용에 대해 자세히 관찰하고 있다. 또한 실생활에 이용될 수 있는 실용적인 측면을 강조했다는 점에서 청담이 묘사한 지리지는 종전의 지리지와 뚜렷한 차이를 보인다. 또 각 지방의 토지 비옥도와 산물, 수운과 교역 등 상업과 유통의 중요성을 강조하였고, 정치, 경제, 사회에 관한 폭넓은 식견을 피력하였다. 또한 누구나 쉽고 흥미롭게 우리나라 방방곡곡의 사정을 파악할 수 있게 서술하였다.

청담은 풍속이 아름답고 인정이 넘치는 곳을 강조하면서도 당쟁의 폐해에 따른 인심의 타락상을 경고하였다. 흔히 영조 시대는 탕평책의 시행으로 당쟁이 어느 정도 종식된 것으로 이해하지만 실상은 그렇지 않았다. 특히 이중환은 전형적인 남인 학자로 영조 시대에 노론 중심의 정치 운영에서는 철저히 소외될 수밖에 없는 처지였고, 이 저술에서는 당쟁에 대해 부정적인 그의 시국관이 반영될 수밖에 없었다.

청담이 『택리지』를 완성하자 여러 학자들이 서문과 발문을 썼으며 많은 사람들이 베껴서 읽은 것으로 짐작된다. 『택리지』를 필사하면서 제목을 자신의 취향대로 붙인 것만 10여 가지가 된다. 이처럼 다양한 제목은 『택리지』가 그만큼 여러 분야의 사람들에게 활용되었음을 보여주는 근거가 된다.

『택리지』가 저술된 18세기 조선 사회는 사회경제적 성장과 함께 국학

연구 분야에도 큰 발전이 있었던 시기였다. 사대부 학자들 사이에서는 금강산 등 우리나라 산천을 여행하는 붐이 일고, 각종 기행문이 기록되었다. 『택리지』는 바로 이러한 시기에 국토를 여행하는 시대 분위기와 맞물리면서 널리 유행했다.

추천도서
『택리지』, 허경진 옮김, 서해문집, 2007
『택리지』, 이익성 옮김, 을유문화사, 2002

일득록

조선판 마르쿠스 아우렐리우스의 명상록

정조 지음

조선 후기 르네상스 시기의 호학好學 군주인 정조의 언행을 규장각 학자들이 기록하여 반
성의 자료로 삼고자 한 책이다. 문학, 정사, 인물, 훈어訓語 등 다양한 분야를 포함하는 당
시의 학문 경향과 군주와 사대부의 사명 등에 대한 정조의 생각이 담긴 이 책은 정조의 해
박함과 당시 위정자들의 주된 관심사가 무엇인지, 그리고 그들이 정치에 임하는 태도가 어
떠했는지를 잘 보여주고 있다.

우리나라의 역대 임금 중에서 세종과 함께 학문적 역량이 가장 뛰어
났던 임금으로 평가되는 정조(正祖, 1752~1800)는 뒤주에 갇혀 죽은 사도
세자와 『한중록』의 저자인 혜경궁 홍씨 사이에서 태어났다. 그의 탄생을
누구보다 기뻐한 것은 할아버지 영조였다. 아들 사도세자의 비행으로 심
기가 불편했던 영조는 손자에게 남다른 관심을 보였고 어린 손자가 학문
에 열중하고 효성이 지극하자 손자를 총애했다.

정조는 어려서부터 유교의 주요 경전을 비롯한 역사서와 조선시대의
제왕학 교과서라고 할 수 있는 『성학집요』나 『정관정요貞觀政要』 등을 학
습하였다. 이와는 별도로 할아버지 영조의 직접적인 훈육도 받았다. 영
조는 국왕이 신하에게 교육받는 수준에서 벗어나 국왕이 직접 학문을
연마하고 신하를 가르치려고 한 국왕이었다. 영조는 정계는 물론이고 학

계까지 주도하는 군주가 되려고 하였다.

1757년 6살난 어린 원손元孫을 불러『동몽선습』을 외우게 하였고, 이듬해 경연(經筵, 왕에게 경서와 사서를 교육시킴) 자리에는 원손을 불러『소학』을 외우게 함으로써 학습 진도를 점검하였다. 이후에도 영조는 수시로 정조를 데리고 경연에 참석하여 신하들과 토론하도록 하였고, 유교적 덕치와 군사로서의 국왕의 위상을 강조하기도 하였다. 후일 정조가 왕위에 올랐을 때 정조는 여러 방면에서 할아버지인 영조의 정치를 계승하고 있음을 강조하기도 하였다.

그러나 어린 왕손에게 어둠의 그림자가 닥쳐오고 있었다. 자유분방했던 그의 아버지 사도세자는 몰래 궁중을 빠져나가 평양에 가서 기생이나 비구니와 어울려 놀기도 했다. 그는 큰아버지인 경종의 억울한 죽음에 대해 복수하겠다고 노론 세력을 위협하기도 했다. 이에 사도세자에 대한 정치적 모략이 영조의 마음을 움직여, 끝내 사도세자를 한여름에 뒤주에 가두어 생죽음을 시켰던 것이다.

어린 정조는 이런 참혹한 광경을 11살에 목격했다. 어린 정조는 매사에 조심스럽게 처신해야 했고 어머니 혜경궁 홍씨는 눈물로 밤을 지새우며 아들에게 근신을 당부했다.

드디어 영조가 죽고 정조가 왕위에 오르자 가장 먼저 시작한 일은 아버지를 사도세자에서 장헌세자로 추존한 일이었고 반대파들을 척결하고 과감한 개혁 정치를 단행한 일이었다.

먼저 개혁 정치의 산실인 규장각을 설치하여 참신한 소장학자들을 대거 등용하여 정치 이념과 정책을 개발하도록 했다. 정조는 규장각을 이용해 당시 지배 세력이던 노론에 대해 왕권의 강화를 시도했다.

정조 자신이 학문을 좋아했기 때문에 규장각에서 밤새워 신진학자들과 직접 토론을 즐겼다. 정조는 글재주와 활쏘기, 도장파기에 능했다고 한다. 5살에 이미 병풍을 만들었고 활쏘기는 명궁의 경지에 올랐으며 그가 판 도장은 규장각의 책들에 찍혀 오늘날에도 그 모습을 전해준다.

또 수원에 있는 아버지의 능을 철따라 참배하여 지극한 효성을 보였다. 정조가 수원에 행차할 때 한강의 도강渡江을 위해 정약용이 설치했던 배다리舟橋는 지금도 서울대학교 규장각에 그림으로 남아 있다.

정조 정치의 새로운 모습으로는 국왕 스스로 궁성과 도성 밖으로 나와 백성들을 직접 만난 일이다. 생생한 민의를 직접 듣기 위해 왕이 성밖을 나오는 일은 흔치 않은 일이었다. 이는 '백성의 소리'는 곧 '하늘의 소리'라는 유교의 위민 정치를 몸소 실천한 것이다.

그러나 당시 가축처럼 매매되고 토지처럼 세습되던 노비제도 혁파의 구상은 한계에 직면했다. 뒤이어 명재상 채제공이 세상을 떠나고 재목으로 키우던 정약용마저 천주교 사건으로 귀양을 떠나자 그는 허전함을 느꼈다. 그는 14년 동안 심혈을 기울였던 혁신 정치가 꽃을 피우기도 전에 살갗을 파고드는 부스럼이 악화되어 49살로 일생을 마쳤다.

그는 생전의 희망대로 아버지 사도세자의 무덤 곁에 잠들었다. 생전에 못다 한 효도를 죽어서라도 하겠다는 정조의 소망이 이루어진 셈이다.

신하들의 눈에 비친 정조의 언행

『일득록日得錄』은 조선 왕조 27명의 임금 중에 유일하게 문집을 남긴 정조의 일상적인 언행을 그의 '싱크탱크'였던 규장각 학자들이 기록한 '명상록'이다. 이 책에는 한 인간으로서, 학자로서, 정치가로서 정조의 면모가 고스란히 담겨 있다. 이 책은 1814년에 규장각에서 간행된 정조의 문집인 『홍재전서』(180권 100책)의 일부로 권161~178에 수록되어 있다.

정조는 평소 자신을 반성적으로 성찰하는 데도 매우 적극적이었다. 그래서 세손 시절부터 매일 일기를 쓰며 하루를 되돌아보는 시간을 가졌는데 이것이 『존현각일기尊賢閣日記』이다. 이 일기는 훗날 즉위한 뒤 『일성록日省錄』으로 발전하였다.

일기가 자기 스스로의 눈으로 자기를 살피는 것이라면, 신하들로 하여금 자기의 언행을 기록하게 한 『일득록』은 자기의 눈으로 미처 살피지 못한 것을 신하들의 눈으로 살펴서 반성하기 위한 것이었다. 이런 철저한 자기반성은 치열한 학문 자세와 함께 정조를 위대한 정조로 만든 기초가 되었다. 『일득록』은 정조 7년(1783)에 규장각 직제학인 정지검의 건의로 처음 시작되었는데, 규장각 신하들이 평소 보고 들은 것을 그때그때 기록해 두고 연말에 그 기록들을 모으고 편집하여 규장각에 보관하였다가 나중에 책으로 엮은 것이다. 정조는 이 책을 편집하게 한 의도를 다음과 같이 말하고 있다.

> 이것(『일득록』)은 반성의 자료로 삼기 위한 것이며, 또한 그 기록을 통해 신료들의 문장과 논의도 살펴볼 수 있으리라는 생각에서였다. 지금 만약 지나치게 좋은 점만 강조하여 포장하려 한다면, 그저 덕을 칭송하는 하나의 글이 될 뿐이니, 어찌 내가 이 책을 편집하게 한 본뜻을 어긴 정도일 뿐이겠으며, 뒷날 이 책을 보는 이들이 지금 이 시대를 어떻다 할 것이며, 규장각 신료들을 또 어떻다 하겠는가? 이러한 의미를 규장각 신하들은 반드시 알아야 할 것이다.

이 책은 「문학」편 5권, 「정사」편 5권, 「인물」편 3권, 「훈어訓語」편 5권으로 이루어져 있으며, 각 편은 대체로 시대 순으로 서술되어 있다.

「문학」편에는 정조의 문장론과 시론이 실려 있고 우리나라와 중국의 문필가에 대한 논평이 들어 있다. 여기서 정조는 고문古文을 본받아 학문의 도를 익혀야 한다고 말하고 있다. 그리고 그는 경서와 사서뿐 아니라 양명학, 불교, 도교, 서학 같은 이단 학문도 풍속 교화에 다소 공로가 있다면서 폭넓게 검토하였다.

「정사」편에는 군사제도, 교육제도, 과거제도, 관료제도 등 국가제도 전반과 향약, 의례, 당쟁과 탕평책, 산림, 외척문제 등 정치 분야에 대한 내용들이 실려 있다. 각종 제도의 연혁과 효용을 검토하고 있고 이에 대한 비판도 들어 있다. 대체로 정조는 5군영, 외척정치, 탕평책에 대해 비판적 평가를 내리는 등 개혁 정책에 대한 그의 생각을 드러내고 있다.

「인물」편에는 조선 시대의 여러 인물들과 중국의 여러 인물에 대한 평가가 담겨 있다. 특히 양성지, 조광조, 송시열, 박문수, 유형원 등에 대한 호평이 인상적이다.

「훈어」편에서는 임금의 직책과 사대부의 의리, 문풍文風의 혁신, 심신 수련법 등에 관한 정조의 어록을 교훈체로 실어 놓고 있다. 그는 당시 유학자들과는 달리 정도전, 유형원 등을 호평하고 있다. 이 부분은 정조의 정치, 사회, 사상과 당시 개혁 논의의 구도와 본질을 파악하는 데 중요한 자료가 된다.

이 책은 조선 후기 사회 연구의 일차적 사료로써의 가치뿐만 아니라 문화 정치, 혁신 정치를 폈던 정조의 사상과 학문적 깊이를 알아볼 수 있는 고전이다.

우리는 이 책에서 한 나라를 이끌어가는 지도자가 갖추어야 할 자질과 품성을 엿볼 수 있다. 특히 조선시대 임금이라는 존재가 우리가 흔히 생각하듯 단순히 세습되는 것이 아니라, 깊은 학문적 수련과 도덕적 교육을 받은 후에야 가능하다는 점을 확인하게 한다.

이것은 수기修己의 과정 없이 백성을 편안케 할 수 없다는 수기안인도修己安人道와, 안으로 성인의 경지에 들어서서 왕의 역할을 해야 성군이 될 수 있다는 내성외왕內聖外王의 도를 실현해야 함을 보여주고 있다.

"세상의 아름답고 귀한 것 중에 독서하고 궁리하는 것 말고 또 있는가?"

정조에게는 다양한 수식어가 따라붙는데, 호학好學군주, 계몽군주, 개혁군주, 천재군주, 실용군주, 애민군주, 문화군주, 심지어 무인武人군주 등이 그것이다. 그만큼 정조는 다방면에 걸쳐서 뛰어난 재능을 발휘하였다. 그 가운데 정조를 가장 잘 대변하는 말은 '호학'이다.

정조는 당시 그 어떤 학자들보다 학문과 독서에 힘을 쏟았으며 그것을 말과 행동으로 적극 실천하였기 때문이다. 『일득록』에 기록된 정조의 언행도 그 근본을 따져보면 모두 치열한 학문과 독서에 기반을 두고 있는 것들이다.

정조의 『일득록』을 읽다보면 마르쿠스 아우렐리우스의 『명상록』이 떠오른다. 로마의 최고 전성기인 '팍스 로마나(Pax Romana, BC 27~AD 180년의 로마에 의한 국제적인 평화)'를 구현했던 로마의 5현제五賢帝의 마지막 군주이자 스토아 철학자이기도 했던 마르쿠스 아우렐리우스가 정무에 종사하거나 전쟁에 참가했을 때 틈틈이 직접 쓴 책이 『명상록』이다.

그는 학문에 대한 열정도 높아 늘 책을 손에서 놓지 않았다고 한다. 변화와 두려움 속에서도 순수하고 자유로운 영혼을 원했던 그의 진실과 삶에 대한 명상이 이 책에 잘 담겨 있다. 고대에 쓰인 철학서임에도 불구하고 현대를 살아가는 우리에게 소중한 가르침이 될 수 있는 것은, 숭고한 영혼의 소유자이자 위대한 정치가였던 아우렐리우스의 깨달음을 통해, 우리가 그동안 끊임없이 알고자 했던, 그러나 미처 깨닫지 못했던 올바른 삶의 방향과 마음의 자세를 제시해 주기 때문이다. 이는 현실의 삶에 고통받거나 만족하지 못한 채 다가올 미래에 대한 두려움으로 오늘을 방황하는 모든 사람들에게 좋은 인생 지침서가 된다.

우리의 역사에도 평범한 통치자가 아니라 선비를 뛰어넘는 인문주의적 소양과 인품으로 백성과 신하를 설득한 '군사君師'가 있었음을 보여주는 책이 『일득록』이다. 이 책에 실린 정조의 언행은 역사, 정치, 사회, 학문적인 측면뿐만 아니라, 한 개인의 삶에 이르기까지, 200여 년이 지난 지금 이 시대에도 여전히 중요한 가르침을 전하고 있다. 따라서 독자들은 이 책을 읽음으로써, 자신의 내면을 성찰하여 더욱 풍요로운 삶의 토대를 마련할 수도 있을 것이며, 더 나아가 우리 시대를 반성하고 비판할 수 있는 안목을 기르는 데도 큰 도움이 될 것이다.

정조는 읽고 싶은 책도 많았을 것이고, 규장각 학자들과 토론하고 싶은 주제들도 한두 가지가 아니었을 것이다. 그러나 그에게 주어진 시간은 부족했다. 그래서 그는 항상 『사기』의 「오자서열전伍子胥列傳」에 나오는 다음과 같은 말을 인용했다고 한다.

해는 저무는데 갈 길이 멀다. 日暮途遠

❖ 추천도서
『일득록, 정조대왕 어록』, 남현희 옮김, 문자향, 2008
『정조의 수상록, 일득록 연구』, 정옥자 지음, 일지사, 2000

목민심서

"백성 돌보기를 아픈 사람 돌보듯 하라"

정약용 지음

조선 후기 실학의 집대성자인 정약용이 폭정에 시달리는 백성들을 목도하고 유배지에서 눈물로 쓴 이도吏道의 바이블. 소년시절부터 목민관인 부친을 따라 여러 지방을 전전하면서 백성을 다스리는 자세를 배우고 그 자신이 곡산부사 등을 지내며 직접 농민들의 세계를 체험한 후, 전남 강진의 유배지에서 관직의 부임, 근무, 이직까지 지방관으로서 가져야 할 기본 자세 및 실천해야 할 정책의 내용을 서술하고 있다.

　"다산 선생 한 사람에 대한 연구가 곧 한국사의 연구요, 한국 근대사상의 연구이고 조선 심혼의 연구이며 전 조선의 성쇠존멸에 관한 연구이다." 위당 정인보가 한 말이다.

　조선 후기 실학의 집대성자인 다산 정약용(茶山 丁若鏞, 1762~1836)은 경기도 광주군 마현에서 진주목사의 벼슬을 지낸 정재원의 넷째 아들로 태어났다. 다산은 어릴 적부터 영특하기로 소문났다. 4살 때 이미 천자문을 익혔고, 7살에 한시를 짓고 한시를 모아 『삼미집三眉集』을 편찬했다. 어릴 적에 천연두를 앓은 다산의 오른쪽 눈썹에 그 자국이 남아 눈썹이 셋으로 나뉘어 '삼미三眉'라 불렸기에 이런 제목이 붙었다.

　그의 생의 첫 번째 단계는 그의 출생에서 과거 준비를 하던 21살까지이다. 그는 16살인 1777년에 처음으로 이익의 유고遺稿를 보고 이가환과 이승훈으로부터 이익의 학문을 공부한다.

그의 생애에서 두 번째 단계는 1783년(22살)에 진사시에 합격한 이후부터 1801년에 발생한 신유교난辛酉敎難으로 체포되던 때까지다. 그는 진사시에 합격한 뒤 서울의 성균관 등에서 수학하며 자신의 학문적 깊이를 더했다.

이 때『대학』과『중용』등의 경전도 집중적으로 연구했다. 성균관 재학시에 이미 정조에게 인정을 받았고 27살에 마지막 과거 시험인 대과에서 2등으로 합격하여 벼슬길로 나갔다.

이후 천주교 문제가 터지기 전까지 10년 동안, 정조의 총애 속에서 그의 관료 생활은 탄탄대로였다. 특히 1789년에는 한강에 배다리舟橋를 준공시키고 1793년에는 수원성을 설계하는 등 기술적인 업적을 남기기도 하였다.

한편 이 시기에 이벽, 이승훈 등과의 접촉을 통해 천주교에 입교하게 되었다. 그는 입교 후 다른 형제들과는 달리 교회 내에서 뚜렷한 활동을 하지는 않았다. 그러나 이 천주교 입교는 다산의 정치적 진로에 커다란 장애가 된다. 당시 천주교 신앙은 성리학적 가치 체계에 대한 도전으로 인식되어 집권층으로부터 강한 비판을 받고 있었다.

그의 천주교 신앙 여부가 공식적으로 문제시된 것은 1791년의 일이다. 이후 그는 천주교 신앙과 관련된 혐의로 여러 차례 시달려야 했고, 이때마다 자신이 천주교와 무관함을 주장하였다. 그러나 그는 1801년의 천주교 교난 때 유배를 당함으로써 중앙의 정계와 결별하게 되었다.

다산의 생애에서 세 번째 단계는 유배 이후 다시 향리로 귀환하는 1818년까지의 기간이다. 그는 교난이 발발한 직후 경상도 포항 부근에 있는 장기로 유배되었다. 그러나 그는 곧 이어 발생한 '황사영 백서사건帛書事件'의 여파로 다시 문초를 받고 전라도 강진에서 유배 생활을 하게 되었다. 그는 이 강진 유배 기간 동안 학문 연구에 매진했고, 이를 자신의 실학적 학문을 완성시킬 수 있는 기회로 활용하였다.

그의 강진 유배기는 관료로서는 암흑기였지만 학자로서는 매우 알찬 수확기였다. 오직 연구와 저술에만 전념할 수 있었기 때문이다. 그는 이 기간 동안 중국 선진先秦 시대에 발생했던 원시 유학을 집중적으로 연구함으로써 이를 기반으로 해서 성리학적 사상 체계를 극복하고자 하였다.

또한, 그는 조선 왕조의 사회 현실을 반성하고 이에 대한 개혁안을 정리하였다. 그의 개혁안은 『경세유표經世遺表』, 『흠흠신서欽欽新書』, 『목민심서』의 '1표2서一表二書'를 통해 제시되었다. 이 저서들은 유학의 경전인 6경4서六經四書에 대한 연구와 사회 개혁안을 정리한 것이다. 다산 자신의 기록에 의하면 그의 저서는 232권의 경집經集과 260여 권의 문집에 이른다. 그 대부분이 유배지에서 나왔다.

다산 생애의 마지막 단계는 그가 유배에서 풀려나 고향인 마현으로 돌아온 1818년 가을, 즉 그의 나이 57살에서 1836년 75살까지로 그는 고향에서 조용히 자신의 학문을 마무리했다. 그는 500여 권의 저서를 정리하여 『여유당전서與猶堂全書』를 편찬하였다.

유배 생활의 고독을 실학의 완성으로

다산의 생애는 전반기와 후반기로 나뉘는데, 전반기는 대략 그의 나이 40살까지로 정조의 생존 기간이고 정조의 사후 그의 인생은 고난의 연속이 되었다.

당시 호학의 군주이자 조선의 르네상스를 연 정조는 다산을 항상 곁에 두고 총애했다. 정조는 규장각을 설치해 젊은 학자들을 대거 기용하고 서자, 중인들 중 재능 있는 자를 뽑아 벼슬을 주는 등 파격적인 정책을 단행했다. 이덕무, 박제가, 유득공, 이서구는 모두 서자 출신으로 규장각 검서檢書를 지냈다.

한편 다산은 이벽에게서 서학과 서양 학문을 접하고 상당한 과학 지식을 쌓는다. 정조는 억울하게 죽은 부친 사도세자의 명복을 빌기 위해 1년에 몇 차례씩 수원에 행차했는데, 이때 한강에 놓인 배다리舟橋가 그의 작품이고, 또한 그는 수원성을 쌓는 데 기중기와 활차(도르래), 고륜(바퀴 달린 달구지) 등을 발명해 정조를 감탄케 했다. 그에 대한 정조의 신임은 확고해 정조는 채제공-이가환-정약용 라인을 부각시켰다.

그러나 그에게 뜻밖의 사건이 일어난다. 천주교 신자인 윤지충이 모친 상 때 신주를 불사르고 천주교 의식을 거행했다는 이유로 신해박해(1791)가 일어나, 윤지충을 천주교로 인도했고 그와 인척 관계에 있었지만 다산은 이 사건을 계기로 천주교와 결별하고 천주교를 신앙적 측면이 아닌 학문적 측면에서 수용했다.

이 무렵 정조는 백성을 수탈하는 관리의 부정을 막기 위해 노심초사했는데, 민란이 가장 빈번했던 곡산에 다산을 부사로 보내자 그는 조세와 부역을 공평히 하고 옥사를 너그럽게 다스려 유능한 목민관으로 명성을 떨쳤다.

그러나 그에 대한 중상이 계속되자 그는 고향인 마현으로 돌아온다. 어느 여름날 정조가 보낸 사자使者가 사립문을 두드리며 한서선漢書選 10권을 내밀었다. "5권은 집안에 보관하시고 5권은 제목을 써서 올리라는 성상의 당부 이옵니다." 다산은 감격해 눈물을 흘렸으나 2주 후 정조의 승하 소식을 듣는다.

자신의 두 버팀목이었던 채제공蔡濟恭과 정조가 1799년과 1800년에 잇따라 사망하자 이제 다산은 물 떠난 고기 신세가 되었고 정조를 도와 흔들리던 왕조를 개혁하겠다는 꿈도 물거품이 되었다.

정조가 죽은 다음해인 1801년 신유박해에서 셋째형 약종은 옥사했고, 둘째형 약전도 흑산도로 유배당했으며, 그는 전라도 강진으로 18년간의 기나긴 형극의 길을 떠난다. 어디서도 유배당한 죄인을 상대해 주는 사람은 없었다. 읍내 주막집 노파만이 다산을 가련하게 여겨 방을 내주었다. 유배의 괴로운 심정을 술로 달래던 다산은 초당草堂이 있던 이 마을에서 윤규노 등 3형제를 가르치다가 그들의 아버지인 윤단의 초빙으로 1808년 다산초당으로 옮겨 여기서 저술 작업에 전념했다.

그는 여기서 관리의 부정, 조정의 부패와 무능으로 인한 지방 농민들의 참상을 목격하고 이를 시로 읊기도 하고 책으로 정리하기도 했다. 이렇게 해서 나온 책이 그의 대표작인 1표2서, 즉 국가제도의 전반적 개혁안을 담은『경세유표』, 지방수령의 부정을 막기 위해 쓴『목민심서』, 형벌을 공정하게 하기 위한 방책을 밝힌『흠흠신서』이다. 이 중에서도 특히 『목민심서』는 탐관오리들에게 수탈당하고 굶주려 죽어가는 백성들의 비참한 모습을 보고 끓어오르는 분노를 억제하며 토로한 목민관이 지켜야 할 금과옥조다. 그런데도『목민심서』에서 제시한 그의 방안을 세상은 수용하기는커녕 읽어 주지도 않았다.

"강한 자에게는 강하고 약한 자에게는 관대하라"

다산은 어릴 적에 부친이 지방관을 지냈던 경험, 자신이 과거에 급제해 중앙관리로서 겪었던 경험, 그리고 곡산 등 지방관리로서의 경험, 유배지에서의 생생한 체험을 바탕으로 지방관이 지켜야 할 준칙을『목민심서』에 12개 항목, 각 항목을 6개 조항으로 나누어 모두 72개의 조목에 담아냈다.

1. 「부임赴任」: 제배, 치장, 사조, 계행, 상관, 이사
2. 「율기律己」: 칙궁, 청심, 제가, 병객, 절용, 낙시
3. 「봉공奉公」: 첨하, 수법, 예제, 보문, 공납, 왕역
4. 「애민愛民」: 양로, 자유, 진궁, 애상, 관질, 구재
5. 「이전吏典」: 속리, 어중, 용인, 거현, 찰물, 고공
6. 「호전戶典」: 전정, 세법, 곡부, 호적, 평부, 권농

7. 「예전禮典」 : 제사, 빈객, 교민, 흥학, 변등, 과예

8. 「병전兵典」 : 첨정, 연졸, 수병, 권무, 응변, 어구

9. 「형전刑典」 : 청송, 단옥, 신형, 휼수, 금폭, 제해

10. 「공전工典」 : 산림, 천택, 선해, 수성, 도로, 장작

11. 「진황賑荒」 : 비자, 권분, 규모, 설시, 보력, 준사

12. 「해관解官」 : 체대, 귀장, 원류, 걸유, 은졸, 유애

앞 4편은 총론으로 관리들의 몸가짐과 기본 태도, 다음 6편은 각론으로 실무에 관한 사항, 마지막 2편은 물러갈 때의 태도 등에 관한 것이다.

각 조의 서두에는 지방 수령으로서 지켜야 할 원칙과 규범들을 간단하게 기술했고, 이어 설정된 규범들에 대해 상세히 설명한 다음, 그 역사적 연원에 대해 분석했다. 그리고 그 아래에 고금을 통해 유명한 사업과 공적에 대해 자신의 견해를 논평하여 첨부했다.

그는 『목민심서』에 지방 관리의 부임으로부터 해임에 이르기까지 전 기간을 통해 그들이 반드시 준수하고 집행해야 할 실무상 문제들을 조항으로 설정하고 이를 진지하게 해설해 놓았다.

그러나 『목민심서』 서문에 쓴 바와 같이 다산은 결코 『목민심서』에 제기한 모든 문제들이 다 해결되리라고는 생각하지 않았으며, 또 당시 상황에서는 실현될 수도 없었다. 그럼에도 불구하고 『목민심서』의 근저에는 지배자들을 비판하고 일반 백성들을 사랑하는 저자의 애민사상과 국가의 부강을 염원하는 마음이 전편에 흐르고 있다.

이와 같은 애민사상은 다산의 민주주의적 균민사상均民思想에 기초를 두고 있다. 다산은 원래 인간이란 모두 완전히 평등하고 신분적 차별과 빈부의 차이가 없었으며, 지배 계급도 백성 자신들이 스스로의 필요에 의해 선발한 것이기 때문에 지배자들은 마땅히 백성을 위해 일해야 한다고 주장했다. 그는 「원목」, 「탕론」, 「전론」의 논문에서는 한때 급진적 개

혁 성향을 보이기도 했다. 다산은『목민심서』에서 지방 수령들이 마땅히 "백성의 소망을 이루어줄" 결심을 굳게 가다듬고 매일 맡은 바 책임을 다해야 한다고 말한다.

> 날이 밝기 전에 일어나 의관을 단정히 하고 목민할 연구를 하며 여유 시간만 있으면 반드시 정신을 가다듬고 백성들의 생활을 편안하게 할 방도를 연구해야 한다.

다산은 또 당시 정치제도의 모순성과 그것이 봉건적 신분제도와 결부되어 있음을 밝히고, 농민에 부과된 각종의 과세제도에 반대했고, 법규에 대해서는 "백성을 계몽시키지 않고 형벌을 가한다는 것은 백성을 잡기 위해 그물질하는 것과도 같다."고 하여 백성에 대한 어떤 박해와 가렴주구도 반대했다. 그는 지방 수령이 부임하면 그 즉시로 백성들이 관청에 와서 어려움을 제소할 수 있도록 하고, 동시에 선비와 백성들의 고통을 물어 좋은 의견을 제기하도록 조처를 취해 수령 자신이 백성을 수탈하지 말며 아전, 토호들의 중간 착취를 근절할 것을 주장했다.

또한 다산은 백성을 다스리는 관리의 성품을 매우 중시했다. 전편에 걸쳐 각 조항마다 관리들의 품성을 바로잡기 위한 문제들을 상세히 언급했다. 수령은 자신을 수양하고 가정을 단속하는 것이 중요하다고 했다.

> 고을을 다스리려는 자는 먼저 자기 가정 단속으로부터 시작한다. 고을을 다스리는 것이 나라를 다스리는 것이니 가정을 단속하지 않고서야 어떻게 고을을 다스릴 것인가.

그는 지방 수령이 된 자는 사치하지 말고 검소하며 부화방탕하지 말며 명예와 재물을 탐내지 말고 뇌물을 받지 말아야 한다고 주장했다. 그는

"선물로 보낸 물건이 아무리 사소하다 할지라도 이것을 통해 은정恩情 관계가 맺어지니 사정私情이 작용하게 된다."고 하면서 뇌물 행위가 가져오는 커다란 부작용에 대해 경고했다.

또한 다산은 나라의 부강한 발전과 백성들의 유족한 생활을 염원했다. 그는 전제田制 개혁을 비롯한 일련의 사회경제적 개혁과 함께 국가의 생산력 발전에 커다란 관심을 가지고 우선 사회적인 모든 모순을 토지제도에서 발견해 당시의 문란하고 불공평한 토지제도를 개혁하고 새로운 토지제도를 설정할 것을 주장했다. 그 근저에는「전론」을 비롯한 몇몇 논문들에서 발표한 '균전제均田制' 사상이 깔려 있다.

그리고「호전」을 비롯한 여러 편들에서, 그리고 산림, 하천, 영선, 도로, 수공업 등을 전문적으로 취급한「공전」에서 경제 각 분야에 선진기술을 적극 도입하게 해 조선의 농업과 함께 임업, 광업, 수공업, 교통, 운수 및 상업 유통 등을 발전시키기 위한 구체적인 대책을 논했다.

다음으로 다산은 국가의 융성 발전을 위해 국가 차원에서 인재를 선출해야 한다면서 인재 선발의 원칙을 논했고, 세계적 추세에 따른 국방론으로 국가가 외국의 침공을 받게 되면 모든 사람들이 목숨을 걸고 나라를 지켜야 하며 백성들이 생산에서 유리되지 않은 채 훈련하여 비상시에 대비해야 한다고 역설했다.

그는 우리나라의 역사를 통해 창조된 수많은 애국적 사실과 인물을 예로 들어 백성을 계몽시키는 것이 바람직하다고 보았다. 또한 나라와 백성을 위해 용감하게 싸우다가 전사한 사람들을 널리 조사해 그들의 업적을 높이 칭송해 주는 동시에 그들의 자제들을 국가적으로 보호해 주어야 한다고 생각했다. 이와 같이 다산은 백성들에 대한 애국사상의 배양에 깊은 관심을 갖고 역대 우리나라 인물들을 평가하였다. 특히 이순신 장군의 공적을 높이 찬양하고 그의 훌륭한 인품과 애국 정신을 본받아야 한다고 강조했다. 이상의 유교사상에 기초한 내용은 목민관들이 지방의 관료 체제를 운영하는 데 필요한 사항을 간단히 제기하고 그 해답과 주석을 붙인 것이다.

다산은 『목민심서』를 엮고 나서 "한 백성이라도 그 혜택 받기를 바라는 것이 나의 마음이다."라고 밝혔다.

목민의 도를 밝힌 공직자의 바이블

『목민심서』는 다산이 강진에 유배되어 귀양살이를 하던 시절(1801~1818)에 쓴 작품이다. 『목민심서』에 나타나 있는 목민의 도道는 실로 성현의 뜻을 이어받은 군자학의 절반에 해당한다.

그가 이 책의 서문에서 말하고 있듯이, 군자가 해야 할 일의 절반은 수신修身이고 나머지 절반은 목민牧民이다. 맹자가 현인 정치를 강력히 주장했듯이, 다산은 목민지도牧民之道를 주장했다. 맹자의 현인 정치나 다산의 목민지도는 모두가 유학에 바탕을 두어 예禮를 근본으로 하고 있다. 이는 목민관은 백성을 예로써 대해야 하며, 백성을 법으로 다스리는 것은 차선책이라는 의미이다. 옛날의 성왕들은 예로써 나라를 세우고 예로써 백성을 제도했고 종교적, 윤리적 규범들을 정치적, 사회적 의식과 제도로 연결시켰다.

『목민심서』의 근저에는 도덕적인 교화가 면면히 흐르고 있다. 그러므로 예禮가 천리天理와 인정에 어긋남이 없이 정치적, 사회적 질서를 유지하게 하려는 교화주의敎化主義가 다산의 기본 정신이다. 그러나 법은 위엄으로써 천하를 다스리는 일벌백계의 계율인 것이다. 예로써 백성을 제도하면 백성들은 기쁜 마음으로 진실로 따르지만, 법으로써 다스리면 두려운 마음으로 마지못해 복종할 뿐이다. 공자도 예禮와 악樂으로써 백성을 이끌고 정치를 펴도록 했는데, 그것은 주공周公의 예에서 관념적인 면만을 취하여 존주사상尊周思想의 터전을 마련한 것이며, 맹자는 공자의 예악론禮樂論을 인의예지의 윤리적 실천 규범으로 발전시키면서 왕도론

王道論을 내세워 목민의 대도를 밝혔다.

그리고 다산의 경국제민經國濟民도 수기치인의 대도 안에서 이룩된 것이긴 하지만, 그 기본 이념은 역시 공맹의 윤리에 바탕을 두고 있는 것이다. 그러므로 공자의 예악론에서 맹자의 왕도론이 나왔고, 이를 바탕으로 하여 다산의 경세목민 사상이 이룩되었다고 할 수 있으며, 그 사상을 체계적으로 정리하여 기록한 것이 바로 『목민심서』이다.

◈ 추천도서
『목민심서』, 박일봉 옮김, 육문사, 2012
『목민심서』, 최박광 옮김, 동서문화사, 2011
『다산 정약용』, 최홍식 지음, 예문서원, 2005

북학의

"청 나 라 로 부 터 배 우 자"

박제가 지음

조선 후기의 문장가이자 개혁 사상가였던 박제가가 청나라를 다녀와서 쓴 책으로, 그는 이 책에서 조선 후기 사회의 모순을 해결하기 위해서는 성리학적 명분론과 도덕 지상주의에서 벗어나 청의 선진적인 문물제도를 과감히 받아들이고 상공업을 진흥해야 한다고 역설했다. 이런 박제가의 사상은 성호학파의 토지경제사상과는 다른 실학의 면모를 보여준다.

재물을 아끼기보다 적극적으로 쓰라고 주장한 박제가의 상업관은 '소비가 곧 미덕'이라고 말한 20세기 미국의 경제학자 케인즈의 이론보다 먼저 나온 파격적인 주장이었다.

조선 후기 실학자 초정 박제가(楚亭 朴齊家, 1750~1805)는 우부승지를 지낸 박평의 서자로 태어났다. '서자'라는 굴레는 평생 그를 따라다녔다. 조선 시대에는 본부인이 낳은 적자와 첩이 낳은 서자 사이에 차별이 있었다. 대표적인 예로 서자에게 과거 시험과 관직의 일정한 제한을 두는 '서얼금고庶孽禁錮' 규정이 있었다.

정조 때에 이례적으로 30명의 서자 출신 관료가 임용되었는데, 그중에 초정도 포함되어 있었다. 초정은 어머니의 정성으로 서자 출신의 한계를 넘어 학자로 성장할 수 있었다.

소년시절부터 시서화詩書畵에 능했던 초정은 그의 나이 10살에 아버지가 세상을 떠나자 어머니가 남의 집 삯바느질을 하며 아들을 뒷바라지했다. 그러나 초정이 25살이 되던 해에 어머니마저 세상을 떠나고 만다. 이후에는 그의 장인인 이관상이 그에게 큰 힘이 되었다. 충무공의 5대손이었던 이관상은 초정을 보자마자 사위로 삼았다.

초정은 소년시절부터 문명文名을 떨쳐 박지원, 이덕무, 유득공 등 서울에 사는 북학파들과 교유하면서 박지원을 중심으로 '백탑시파白塔詩派'라는 문학 모임을 결성했다. 1776년에 박제가, 이덕무, 유득공, 이서구가 합작하여 『건연집巾衍集』이라는 시집을 냈는데 이 책이 청나라에 소개되어 그곳에서는 이들을 조선의 '시문 4대가詩文四大家'라고 불렀다.

초정이 조선의 현실에 눈을 뜬 것은 꿈에 그리던 청을 다녀온 뒤였다. 그는 모두 4차례에 걸쳐 연행燕行했는데, 첫 연행은 1778년(29살, 정조 2)에 이덕무와 함께 갔다. 중국어를 잘 구사했던 초정은 청에서 이주원, 반정균 같은 학자들과 깊은 우정을 나누었다. 이때의 체험을 바탕으로 『북학의』를 저술했다.

첫 번째 연행에서 돌아온 초정에게 행운이 찾아왔다. 1779년에 정조는 규장각을 설치하고 검서관檢書官이란 직책을 만들어 재야에 있던 서얼 신분의 지식인들을 선발했다. 이때 초정은 이덕무, 이서구, 유득공 등과 함께 규장각에 들어갔다. 정조는 이들의 학문적 도움을 받으며 과감하게 개혁 정책을 추진해갔다. 초정은 정조의 이런 파격적인 인사에 힘입어 관리로서의 이상을 하나씩 실현해 가려 했다. 그래서 『북학의』를 요약한 『진북학의進北學議』를 상소문 형식으로 정조에게 올려 개혁의 추진을 호소했다.

초정의 개혁안은 경제 발전이라는 측면에서는 실질적인 방안이었지만, 당시 조선의 현실에서는 수용되기 어려웠다. 상업적 이익이나 물욕을 경계했던 유학적 가치관에 어긋나는 개혁안이었기 때문이다. 결국 신분과 문벌이 중요했던 조선 시대의 기득권에 강한 도전장을 내밀었던 초정은 정조라는 든든한 보호막이 사라진 1801년에 노론 벽파의 미움을 받아 유배를 갔다. 2년 7개월간 귀양살이를 마친 뒤, 1804년 고향으로 돌아와 1805년 4월 25일에 56살을 일기로 생을 마감했다.

국내 상업과 외국 무역의 활성화

조선 후기의 실학자들 중에는 농업을 중시한 '경세치용 학파'(유형원, 이익, 정약용)도 있었지만, 이와 달리 서울의 도심에서 자란 지식인들은 상공업을 발전시켜 사회를 번영해야 한다는 이용후생의 경향을 보였다. 실학의 이런 새로운 학풍을 '북학'(박제가의 『북학의』에서 유래)이라고 한다.

'이용후생 학파'를 대표하는 학자와 저서로는 유수원과 『우서迂書』, 박지원과 『열하일기熱河日記』, 홍대용과 『연기燕記』, 『의산문답醫山問答』 등이 있다.

이들과 거의 같은 시대에 활약했던 박제가와 이덕무도 각각 청의 기행문인 『북학의』와 『입연기入燕記』를 남겼는데, 특히 『북학의』는 단순한 기행문 성격을 넘어섰다.

이들은 청의 수도인 연경(燕京, 베이징)에 가서 청 문화의 우수성을 보고하고 '청으로부터 배우자'는 운동을 벌였다. 조선의 현실을 개혁하기 위해서는 청의 문화를 먼저 배워야 한다고 그들은 주장했다. 그러나 이 북학파는 청의 문화에 대한 예찬보다는 현실 개혁에 강한 의욕을 보였다. 따라서 그들의 저서에는 당시의 양반 사회에 대한 통렬한 비판이 담겨 있다.

그들은 일하지 않고 무위도식하는 양반 유학자들을 비판했고 상공업이나 농업을 높이 평가했다. 특히 상공업의 발전에 큰 관심을 가지고 기술 향상으로 생산을 촉진시키고, 수레나 배와 같은 교통 수단을 발전시켜 국내외의 상품을 원활하게 유통시켜 국가 경쟁력을 증진해야 한다고 주장했다. 상공업은 신분적 차별 없이 이에 종사할 수 있어야 하며, 균등한 교육에 의해 직업 관리를 양성하여 그들을 중심으로 한 새로운 이상적 관료제도를 만들어야 한다고 주장했다. 즉 신분제를 완전히 폐지하고 개인의 능력에 따른 분업을 실시하여 국민의 생활을 안정시킬 것을 주장했다.

"재물은 우물과 같아서 퍼 쓸수록 가득 찬다"

이 책은 1778년(정조 2)에 박제가가 그의 나이 28살에 채제공을 따라 청나라에 4개월 동안 갔다가 청의 정치, 경제, 문화에 큰 충격을 받고 돌아와서 쓴 책이다. 그가 청나라에 가서 보고 느낀 것은 가히 충격적이었다. 그가 본 청나라는 조선의 양반들이 생각하고 있던, 여진족이라는 오랑캐가 세운 야만적인 문명이 아니었다. 그는 청나라의 학문과 문물을 적극적으로 받아들이자고 이 책에서 주장했다.

『북학의』는 「내편」과 「외편」으로 구성되어 있다. 맨 앞에 3편의 서문(박제가, 박지원, 서명응)이 실려 있다. 초정은 서문에서 다음과 같이 밝혔다.

> 청의 습속 중에서 우리나라에서 시행할 만한 것과 날마다 쓰기에 편리한 것을 듣고 보는 대로 적고, 이로운 것과 폐가 되는 것을 논한 다음, 맹자가 진량陳良에 대해 말한 것을 본 따서 책의 이름을 『북학의』라고 지었다.

여기서 진량은 전국 시대에 남중국에 살았던 농본주의자로, 북중국의 공자의 학문을 배우겠다는 뜻으로 '북학'이라 했는데, 초정은 『북학의』에서 '북학'이란 『맹자』에 나온 말로 중국을 선진문명국으로 인정하고 겸손하게 배운다는 뜻을 담고 있다고 밝히고 있다. 이어서 박지원의 서문에는 다음과 같은 내용이 나온다.

내 이 책을 시험 삼아 펴보니 나의 『열하일기』와 조금도 어긋남이 없어 마치 한 작가가 쓴 것 같다. 나는 몹시 기뻐 사흘 동안이나 읽었으나 조금도 싫증이 나지 않았다. 이러한 사실을 우리 두 사람이 눈으로 직접 본 뒤에야 알게 된 것인가? 아니다. 우리는 일찍부터 비 오는 지붕, 눈 내리는 처마 아래서 연구하고, 술기운이 거나하고 등심지가 가물거릴 때까지 손바닥을 치며 이야기했던 것이다.

「내편」에서는 청의 차車, 배, 도로, 교량, 목축, 시정市井, 은銀, 돈, 철, 재목, 여복女服 등 생활 주변의 기구, 시설 등의 문제를 30개 항으로 나누어 설명하고, 우리가 빈곤에서 벗어나 부유하게 살려면 청의 문물과 제도를 배워야 한다고 밝히고 있다.

「외편」에서는 밭거름, 뽕, 농잠 총론, 과거론, 재부론, 병론 등 17항의 정책과 제도에 관한 것을 수록하여 농업 정책을 개선하고 선박을 이용해서 여러 나라와 무역을 하여 국가를 부강하게 만들어야 한다고 서술하고 있다.

「내편」의 '시정' 항에서 그동안 미덕으로 간주되던 절약과 근검을 비판한다.

재물은 우물과 같다. 퍼내면 늘 물이 가득하지만 길어내지 않으면 말라 버린다. 따라서 화려한 비단옷을 입지 않으면 나라에 비단 짜는 사람이 없고 그로 인해 여인의 기술이 피폐해진다.

이지러진 그릇을 사용하면 도공의 기술이 사라지고 상업도 형편없어진다는 것이다. 연쇄적으로 사농공상 모두가 곤궁해져 서로를 구제할 수 없다고 그는 말한다.

그는 상업이 발달하려면 차선車船과 도로를 개선하고 교통을 편리하게 한 후, 물자의 거래를 촉진시켜야 한다고 서술하고 있다. 특히 차선 항에서 그는 이 교통 수단을 과학적으로 연구해 보급시킬 것을 역설하고, 교통이 발달되면 전국적인 시장이 형성되어 상품 유통이 활발해지고 물가의 평준화가 이루어져, 화폐의 유통이 촉진된다고 보았다. 또 서양의 중상주의처럼 수입을 제한하고 수출을 장려해야 하며 금은의 축적이 국부의 기초라 하여 은의 해외 유출을 막아야 한다고 주장했다.

「외편」에서 가장 중요한 부분은 통상을 통해 개국할 것을 주장한 '통강남절강상박의通江南浙江商舶議' 항이다. 쇄국시대에 개국을 부르짖은 이 글은 청과 통상을 시작해 결국엔 해외 여러 나라와 통상해야 한다고 역설하고 있다.

> 수레 100대에 물건을 싣는 것은 배 한 척에 싣는 것에 미치지 못하고 육로로 천 리를 가는 것은 해로로 1만 리를 가는 것보다 편리하지 않다. 따라서 통상을 하려는 상인은 반드시 수로로 가는 것을 중시한다. 우리나라는 삼면이 바다로 둘러싸여 있다. 그러나 조선이 건국된 이래로 거의 400년이 흘렀지만 배 한 척 왕래한 적이 없다. …… 그것은 오로지 외국과의 통상이 없는 것에 기인한다.

또 어역語譯 항에서는 외국어의 필요성을 역설하고 통상 활동에 필요한 중국어, 일본어, 만주어, 몽고어를 사대부에게 교육시키도록 하고 중개무역의 장점도 덧붙였다.

생활의 개선과 외국 무역의 발전을 도모하기 위해서는 상업적 농업과 수공업을 통한, 질적으로 우수하고 양적으로 우수한 상품이 충분히 생산되어야 한다고 그는 생각했다. 이것을 위해 그는 강력한 국가적 후원 아래 발달된 청나라의 농업, 수공업 기술과 도구를 받아들여, 서울 주변에서 농업 시험장과 철공소를 두어 새로운 농공업 기술을 연구하고 보급해야 하며 국가의 지원 아래 상품을 대량생산해야 한다고 주장했다. 그는 몸소 생필품의 제조 기술과 영농 방법을 연구하기도 했다.

위와 같은 목적을 달성하려면 우선 백성들의 고식적인 의식 구조를 개혁하고 번거로운 습속을 간소화해야 한다고 보았다.

그는 또한 전통적인 주자학의 공리공담을 배격하고 풍수지리설의 허위성을 폭로하기도 했다.

어떻게 하면 우리가 좀 더 잘 살 수 있을까?

조선 사회는 병자호란 뒤에 북벌 운동을 벌이며 청에 대한 복수심에 불타올랐다. 전통적인 화이관華夷觀에 젖은 조선 유학자들은 '명明'을 중국의 정통으로 인정하고 청을 중화中華로 인정하지 않았다.

그러나 18세기에 들어와 중국 연행燕行을 다녀온 선각자들을 중심으로 청의 문물을 받아들여 우리 사회를 변화시켜야 한다는 주장들이 생겨나기 시작했고 그 중심에 선 인물이 박제가, 홍대용 등이다.

이런 배경에 나온『북학의』에는 어떻게 하면 우리가 좀 더 잘 살 수 있을까 하는 고민이 전편을 관통하고 있다.

이를 위해 국내의 상업과 외국 무역의 장려는 물론, 대량 생산, 제품 규격의 규제, 전국적 시장 확대, 농공상업에 대해 국가적 차원의 후원이 있어야 한다고 주장했다.

그는 조선의 가난은 무역의 부족이 그 원인이라고 보았으며 우리가 우물물을 긷지 못하고 부의 원천을 제대로 활용하지 못했다고 생각했다. 당시 누구나 중시했던 검소와 절약의 관념을 정면으로 비판한 것이다.

초정은 삼면이 바다로 둘러싸인 조선의 자연 환경을 적극적으로 이용하고 이를 해상무역으로 발전시키면 국력은 자연히 강성해질 것이고, 백성의 생업도 안정될 것으로 보았고 이 생각은 당시로서는 매우 급진적인 생각이었다.

이처럼 초정의 북학론은 현실을 개선하기 위해 청나라의 문화를 적극적으로 수용하자는 데에 중점을 두었다. 이런 그의 주장 탓에 박제가는 '당괴(唐魁, 중국병에 걸린 사람)'라는 지탄도 받았다. 그러나 그의 이용후생 정신은 박지원, 홍대용 등 백탑시파白塔時派들이 공유했던 생각이기도 했다. 박지원은 "이용을 이룬 다음에 후생할 수 있고, 후생을 이룬 다음에 정덕을 이룰 수 있다."고 하여 빈곤을 해결하지 않으면서 법도와 예의만 찾는 것은 비현실적이라고 비판했다.

그러나 『북학의』를 읽다보면 거슬리는 면도 없지 않다. 중국의 제도와 문화를 받아들이되 우리의 전통과 문화를 고려하는 지혜가 부족하고, 우리말을 버리고 중국말을 배워야만 중국문화를 빨리 배울 수 있다는 주장 등은 오늘날 국제 공용어인 영어를 모국어 수준으로 익히기 위해 우리말 대신 영어를 사용하자는 주장과 유사하게 느껴지기 때문이다.

◈ 추천도서
『북학의』, 이익성 옮김, 을유문화사, 2011
『북학의』, 안대회 옮김, 돌베개, 2003
『북학의』, 박정주 옮김, 서해문집, 2003

의산문답

조선의 유학자, 서양과학을 만나다

홍대용 지음

새롭게 수용된 서양의 과학적 세계관과 전통적인 성리학적 세계관이 어떻게 결합될 수 있는지를 보여주는 저술이다. 전통적 세계관을 고집하는 성리학자 '허자'와 서양의 실증적인 과학을 수용하는 실학자 '실용'의 대화로 전개되는 이 책은 당시의 과학사와 철학사를 연구하는 데 중요할 뿐 아니라 『호질』의 선구가 되는 작품이다.

서양에서 1543년에 코페르니쿠스와 1632년에 갈릴레오가 '지동설'을 주장했다면 1766년에 조선의 담헌 홍대용(湛軒 洪大容, 1731~1783)은 '무한우주론'을 주장했다.

담헌은 충청도 천안에서 원하기만 하면 언제든지 정치를 할 수 있는 가문에서 태어났다. 하지만 그는 순수 학문의 길을 선택했다. 이미 10살 때부터 '고학古學'에 뜻을 두어 과거 시험에는 신경쓰지 않았다. 그는 과거 시험과 같은 반복되는 암기 공부에는 흥미가 없었다.

그는 12살의 어린 나이에 당대의 학자인 김원행의 석실서원石室書院에 들어가서 35살까지 23년간 공부했다. 이 기간 동안 그는 엄격한 학풍을 익혀 철저한 도학자로서의 기반을 닦았다. 아울러 이 무렵 박지원, 박제가와 같은 북학파 학자들과 교유하였다. 부친이 나주목사를 하던 시기에는 나주의 실학자인 나경적의 집에서 천문관측기구인 혼천의渾天儀와 자명시계인 후종候鍾을 보면서 이 기구들의 원리와 제작법을 배웠다. 그가 오랜 관찰과 실험 끝에 얻어낸 결론은 '지구가 자전한다'는 것이었다.

1765년 그의 나이 35살에 작은아버지가 연행사燕行使의 서장관으로 임명되자 그는 수행원 자격으로 청에 갈 수 있었다. 평생의 소원이 하루아침에 이루어진 것이다.

그는 60여 일 동안 연경(베이징)에 머물면서 두 가지 중요한 경험을 하는데, 하나는 청에 머무는 동안 항주의 선비 엄성, 반정균, 육비와 국적을 초월한 우정을 나누게 된 것이고, 다른 하나는 서양 선교사들을 찾아가 서양 문물을 구경하고 필담을 나눈 것이다. 중국학자들과의 교유와 서양 선교사들과 만남을 통해 홍대용의 세계관은 바뀌기 시작했다.

그가 청의 과학자들에게 '지구자전설'을 설명하자 그들은 감탄했다. 청에 머물렀던 몇 달 동안 그는 청의 학자들과 어울려 밤새워 학문을 논했고, 이들 사이에는 국경을 넘는 우정이 싹텄다. 담헌이 청을 떠날 때 이들은 서로 얼싸안고 눈물을 흘렸다고 한다. 후에 박지원이 연경에 갈 적에 담헌은 박지원을 이들에게 소개하는 편지를 써 주었고, 엄성이 먼저 죽자 반정균은 조선의 담헌에게 부고했다. 담헌이 죽자 박지원은 반정균에게 부고했다.

담헌은 그들과 교환한 의견들을 『연기燕記』와 『회우록會友錄』으로 묶었고 박지원은 서문을 써서 이들의 우정을 기렸다. 담헌은 북경의 과학 기술을 탑골의 박지원 사랑채에 모인 젊은 엘리트들에게 전파했다. 즉 그는 박제가, 이덕무, 이서구, 유득공 등에게 과학 기술을 통해 조선의 발전을 꾀해야 한다고 역설했다.

담헌은 청주로 내려가 기하학의 원리를 담은 『주해수용籌解需用』을 완성했고, 현실 개혁 방안을 담은 『임하경륜林下經綸』을 지었다.

그러나 경제적으로는 매우 어려워서 어머니를 봉양하기 위해 내키지 않는 벼슬을 10년 정도 한 후, 다시 저술 작업에 착수했고 그 후 1년 만에 중풍으로 쓰러졌다. 부음을 들은 박지원은 한걸음에 달려와 빈소에서 붓을 달려 묘지명을 썼다.

> 아, 슬프다. 덕보(홍대용의 자)는 민첩하고, 겸손하고, 식견이 원대하여, 사물의 이해가 정밀하였다. 일찍이 지구가 한 번 돌면 하루가 된다고 하여, 그의 학설이 오묘하였다. …… 홍대용은 넓은 땅에서 제대로 된 선비를 만나고 싶은 소망이 있던 차에 북경 유리창에서 육비, 엄성, 반정균 등 청나라 학자들을 만났다. 이들 또한 평소 제대로 된 지기知己를 만나지 못하고 있었다. 이들은 서로의 학식에 놀라고 반기며 국경을 초월한 우정을 나누었다. '한 번 이별하면 다시는 못 만날 것이니, 황천에서 다시 만날 때 아무런 부끄러움이 없도록 살아 생전에 더욱 학문에 정진하자' 하며 약속하고 영원한 이별을 하였다.

상대주의적 세계관

동양에서는 처음으로 지전설地轉說을 주장한 담헌은 일찍이 서양과학의 본질을 이해하고, 이를 적극 도입하여 전통사상 속에 용해시키려 했다. 지구의 둘레는 9만 리, 하루는 12시간, 하루 동안 지구가 1번 돈다는 그의 지전설은 단편적인 발상이 아니라 지구와 우주의 구조에 대한 나름의 체계적 분석을 통해 얻은 결론이었다. 그렇기에 그에 대한 평가도 지전설 주창자만이 아니라 과학사상가로 이루어진다.

서양에서는 코페르니쿠스가 이미 1543년에 지동설을 내놓았고, 이어서 갈릴레이가 1632년에 지동설을 주장하여 담헌보다 크게 앞섰다. 그러나 서양과학을 동양에 전파했던 중국의 서양 선교사들조차 당시에 금기이던 지동설을 공개적으로 주장할 수 있는 입장이 아니었고, 중국과 일본의 학자들 가운데도 지구의 자전을 생각한 사람은 없었다.

호기심이 많았던 담헌은 '잘못됐다'는 논평과 함께 소개된 서양 천문학책의 지동설을 읽고 오히려 지동설이 옳다는 판단에 이르게 된다. 그는 우주 저편의 모든 별들이 지구를 하루에 한 번씩 도는 것보다 지구가 자전하는 것이 이치에 맞다고 생각했다.

그의 지전설의 근저에는 우주가 무한하고 외계인이 존재한다고 믿는 우주관이 깔려 있다. 『의산문답』에서 그는 우주 공간에는 끝이 없고 별들도 무수히 많다고 말한다. 이 무한한 우주에는 지구를 중심으로 한 세계 말고도 얼마든지 많은 다른 세계가 있을 수 있으며, 화성의 생물은 불 속에 살면서도 뜨거움을 모르고 달에 사는 생물은 얼음과 함께 살면서도 차가움을 모른다며 외계 생물의 존재를 주장했다.

그의 이런 우주관에 일관되게 흐르는 사고는 철저한 상대주의다. 그는 심지어 생명체를 구성하는 인간, 초목, 금수 가운데 어느 것이 더 귀하다고 할 수 없다고 밝혀 생태주의적 사상과도 맥을 같이 하고 있다. 인간이나 지구 중심주의를 벗어난 그의 상대주의적 세계관은 중국을 세계의 중심에 놓는 중화사상이나 양반과 상민의 차별을 넘는 평등주의적 사회사상으로 이어졌다.

전통적 세계관과 과학적 세계관의 대화록

담헌의 사상은 『담헌서湛軒書』에 집대성되어 있는데, 담헌서는 내집內集과 외집外集으로 나뉘어져 있다. 내집에는 권1의 『심성문心性問』, 『사서문변四書問辨』, 『삼경문변三經問辨』, 권2의 『사론史論』, 『계방일기桂坊日記』, 권3의 『서書』, 『시』, 권4의 『임하경륜』, 『의산문답』이 있다. 외집에는 권1의 『항전척독杭傳尺牘』, 권2~3의 『건정동필담乾淨衕筆談』, 권4~6의 『주해수용』, 권7~10의 『연기』 등이 있다.

이 중 『의산문답』은 담헌의 사상이 가장 잘 드러나는 부분으로 허자와 실옹의 대화체로 구성되어 있다.

30년간의 독서를 통하여 당시의 유학적 학문 세계를 모두 체득한 조선의 학자 허자는 "작은 지혜를 가진 자들과는 큰 것을 말할 수 없고 비속한 자들과는 도를 이야기할 수 없다."고 생각하고 60일간 연경에서 중국 학자들을 만났다. 그러나 그들에게도 인정을 받지 못하자 낙심하고 탄식한다.

> 주공周公이 쇠한 것인가, 철인哲人이 시들어버린 것인가? 나의 도리가 그른 것인가?

귀국길에 오른 허자는 남만주의 명산 의무려산醫巫閭山에서 은둔하고 있는 서양과학의 대변자인 실옹을 만나 학문을 토론한다. 이 책의 앞부분에 그 유명한 '인물균人物均' 사상이 나온다.

> 사람의 눈으로 물物을 보면 사람은 귀하고 물은 천하며, 물의 눈으로 사람을 보면 물이 귀하고 사람은 천한 것이다. 하늘에서 바라보면 사람과 물은 평등한 것이다.

유학에서는 천지 만물 가운데 사람이 가장 귀하다고 가르친다. 그러나 사람의 입장에서 만물을 보면 사람이 귀하고 만물은 천하지만, 만물의 입장에서 보면 만물이 귀하고 사람이 천하다. 한 걸음 더 나아가 하늘에서 보면 사람이나 동식물이나 자연물이 다 마찬가지이다.

그의 이런 자연철학의 원리는 우주에도 그대로 적용된다. 우주에는 무한한 별들의 세계가 있고 별들은 무한히 운동하며 결국 위와 아래도 없고 안과 밖도 없다는 '무한우주론'이 여기서 제시된다.

> 온 하늘의 별들은 모두 나름대로 세계가 아닌 것이 없다. 별들의 세계

에서 보면 지구 또한 하나의 별이다. 헤아릴 수 없이 많은 세계가 우주에 흩어져 있는데 오직 이 지구가 공교롭게도 중심에 있다고 하는 것은 이치에 맞지 않다. …… 지구가 모든 별의 중심이라고 하는 것은 우물 안 개구리와 같다.

이것은 중심의 개념을 해체한 것이다. 담헌은 여기서 한 걸음 더 나아가 스스로 선 곳이 중심이며, 중국이 천하의 중심이라는 화이론華夷論을 전면 부정한다. 그는 중국 중심의 세계관을 비판하고 새로운 문명 지도를 그린다.

무릇 지구는 우주 전체에서 작은 티끌에 불과하며 중국은 지구에서 십분의 일에 지나지 않는다.

무수한 별의 세계가 우주에 산재하고 있다는 담헌의 우주관은 세계가 화(중국)와 이(오랑캐)로 구분되어 있다는 전통적인 중화사상을 비판하고 있다. 담헌은 좀 더 구체적인 사례를 들어 중화사상을 비판한다.

『춘추』는 주나라의 역사를 기록한 책이니 내외를 엄격히 구분한 것도 당연하지 않은가? 그러나 공자가 정말로 뗏목을 타고 바다로 나가 오랑캐 땅에 살게 되었다면, 중국의 것으로 오랑캐를 변화시켜 주나라의 도를 바깥에서 흥성시키려 했을 것이니, 내외의 구분이나 존왕양이尊王攘夷의 도에 따라 마땅히 역외城外의 『춘추』가 있었을 것이다

그는 『춘추』가 중국의 역사라면 각 민족은 각 민족의 역사가 있다는 '역외춘추론城外春秋論'을 제기했다. 즉 만약 공자가 중국 밖에서 살았더라면 그곳을 중심으로 『춘추』를 썼을 것이라면서, 중국인들과 그들이 오

랑캐라고 부르는 민족들과의 구분은 무의미하다고 말한다.

> 하늘에서 바라보면 어찌 안팎의 구분이 있겠는가? 그러므로 각자 백성
> 들을 친히 여기고 자기 임금을 숭상하며, 각기 제 나라를 지키고 각자
> 제 풍속을 편안히 따르는 것은 화이華夷가 다 마찬가지인 것이다.

또한 전통적인 음양오행설을 철저하게 비판하고 주기론을 바탕으로
서양의 4원소설을 거론하기도 한다. 담헌은 기氣, 화火, 수水, 토土의 네
가지를 만물 생성의 원형으로 보았다. 이 4원소를 바탕으로 오행과 음양
을 대신 설명하고, 특히 오행이 잘못 적용되어 철학, 천문, 지리, 의학, 종
교, 정치, 도덕, 심지어 생활 감정까지도 오염시켰다고 보았다.

담헌의 사상: 인물균 사상, 무한우주론, 역외춘추론

담헌은 명문가에서 태어났지만 과거시험에 연연하지 않고 홀로 자연
과학을 탐구하다가 35살에 북경에 가서 서양의 선진 문물을 보고 충격
을 받았다. 그는 조선의 상황을 개혁하기로 결심한다. 그는 『의산문답』을
통해 무엇보다 성리학에 물들어 있는 양반층의 의식 개혁 없이는 조선의
상황 변화가 불가능하다고 역설했다. 『의산문답』에 담긴 담헌의 메시지
를 정리해보면 다음과 같다.

첫째, 30년 동안 성리학 공부를 한 허자가 세상에 나와 실옹에게 심한
꾸중을 듣게 되는데, 여기서 허자는 가식과 위선으로 가득 찬 양반 기득
권 세력을 상징한다. 둘째, 당시 성리학에서는 우주 만물에 사람이 가장
지혜로운 존재이고 사람 사이에도 서열이 있다고 가르쳤다. 그러나 담헌
은 사람과 천지 만물은 평등한 존재라는 '인물균人物均' 사상을 주장하고
신분제도를 비판했다. 셋째, 지구는 둥글고 운동한다는 지동설을 주장
하여 월식을 보고도 지구가 둥글다는 것을 모른다면 거울을 보고도 얼

굴을 모르는 것과 같다고 주장했다. 넷째, 담헌은 '무한우주론'을 주장했다. 그는 지구가 우주의 중심도 아니고 무한한 우주에 하나의 점으로도 표시할 수 없다면서 그런 지구에 사는 인간들이 부질없는 욕심에 빠져 사는 것을 비판했다. 이는 당시 양반 기득권층의 끝없는 욕심을 비판하는 것이다. 다섯째, 중국 한족의 문화를 우주의 중심으로 보는 화이관을 부정하였다. 이는 당시 기득권층들이 만주족이 세운 청의 문화를 부정하면서 명나라가 멸망한 후에도 중국의 전통유학을 조선이 이어받았다는 소중화사상小中華思想에 빠져 있음을 비판한 것이었다.

여섯째, 중국과 오랑캐의 구분이 없다는 '역외춘추론'을 주장하며 주체적인 역사의식을 강조하였는데, 이는 주체적인 역사관과 세계관을 가지고 현실적으로 다양한 문물을 받아들여야 부국강병을 이룩할 수 있다는 그의 기대를 담고 있다.

◈ 추천도서
『의산문답』, 김태준 옮김, 지만지, 2011

기학

동 양 의 정 신 , 서 양 의 지 식 을 만 나 다

최한기 지음

전통철학의 개념인 '기氣'를 중심 개념으로 하여 유학, 불교, 도교는 물론 새로 수용된 서양의 과학, 천주교까지도 포함하는 방대한 철학 체계를 구상한 최한기는 이 책에서 동양의유교 정신을 바탕으로 서양의 과학과 지식을 수용하여 이 둘을 창조적으로 결합시킴으로써 동서 학문의 가교자 역할을 했다. 동도서기론의 사상적 기초로 평가되는 최한기의 기학은 서경덕을 잇는 독창적인 패러다임으로 한국철학의 가능성을 보였다.

혜강 또는 명남루 최한기(崔漢綺, 1803~1877)는 그동안 세상에 널리 알려지지 않았으나 1970년대에 들어와서 그의 사상에 대한 세상의 사람들의 관심이 커졌다.

혜강의 15대 조상은 세조 때에 영의정을 지낸 최항으로, 사육신을 배반하고 세조를 받들었던 사람이다. 그의 아들이 이조판서를 지냈을 뿐, 그 후 가문이 거의 몰락하여 혜강의 부친인 최치현은 혜강이 10살 때인 1812년에 27살의 젊은 나이에 요절했다. 부친의 사망 당시 혜강은 큰집 종숙부인 최광현의 양자로 이미 입양된 상태였다.

양부 최광현은 1800년에 무과에 급제하여 지방 군수를 지낸 인물로 많은 책을 소장하고 거문고도 켤 줄 아는 교양인이었다. 이처럼 혜강의 학문적 바탕은 친부와 양부 모두에게 물려받은 것이었다. 혜강은 후에 양부의 재산을 물려받아 60살 이전까지는 경제적으로 크게 어렵지 않았던 것으로 전해진다.

혜강은 일찍부터 벼슬을 단념하고 학문 연구에 전념했다. 그는 중국에서 새로 나온 새로운 서적은 대부분 구입하여 놀라운 속도로 읽어갔다. 예나 지금이나 학문을 하기 위해서는 경제적인 안정이 필수적이다. 벼슬을 하지 않은 혜강이 많은 책을 사보며 연구에 전념할 수 있었던 것도 경제적으로 안정되었기 때문이다. 그의 학문을 대표하는『기학氣學』과『인정人政』이 경제적 기반이 탄탄했던 시기에 쓰인 것은 결코 우연이 아니다. 그러나 많은 책을 사서 보다 보니 경제적으로도 타격이 없을 수는 없었다. 1860년 이후 혜강은 경제적으로 기울기 시작하여 1870년 중반에 와서는 귀중한 책과 물건을 저당 잡힐 정도로 형편이 어려워졌다고 전해진다.

혜강은 주로 양반 출신보다 중인 출신과 어울려 다녔는데, 평민 출신으로 대동여지도를 만든 김정호와도 친분을 가졌다. 32살 때에 그는 김정호와 함께 세계의 지구도를 만들어 이를 판각했고 김정호가 제작한 청구도에 그 내력을 알리는 글을 썼다. 그가 남의 저술이나 문집에 덧붙이는 글을 쓴 것은 청구도가 처음이자 마지막이었는데, 이를 보면 둘이 각별한 사이였음을 알 수 있다.

혜강은 30대 중반에 자신의 경험 철학을 토대로 한 명저『기측체의氣測體義』를 완성했다. 이것은 경험을 토대로 한 철학 이론을 전개한 것으로, 종래의 관념론에서 탈피한 것이다. 어쨌든 이 책은 중국에서 출판되어 중국 인사들에게 널리 읽혔다고 한다.

그는 서양의 과학책도 널리 읽어 과학기구나 생활기구의 개량에도 힘썼다. 그는 과학의 필요성을 역설하는『심기도설』등의 저술을 내면서 역사는 발전하는 것이기에 옛것에만 집착하면 새로운 것을 얻을 수 없다고 주장했다. 당시에는 이런 말을 하는 데도 용기가 필요했다. 종래의 실학이 유교 이론에 근거를 둔 '경학의 실학'이라고 한다면, 그의 실학은 과학에 토대를 둔 '과학의 실학'이라 할 수 있다.

1860년에 그는 인사 문제에 관한 이론과 실제를 다룬 『인정人政』을 저술했다. 이 책에서 그는 사람을 옳게 써야 나라를 바로잡을 수 있다고 주장하고 용모, 행동, 말씨 등 인물 평가의 다양한 방법을 제시했다. 그가 60살 때 아들 병대가 문과에 합격하여 가문의 이름을 드높였다. 63살부터는 자신의 서재를 명남루明南樓라 부르고 그 자신의 문집을 『명남루집明南樓集』으로 이름지어 손수 편집하기 시작했다. 평생 쓴 글을 체계적으로 남기고 싶은 마음이었다.

그는 평생 스승을 만난 적이 없고, 자기의 저술을 자랑하지도 않았다. 현실 문제에 많은 관심을 갖고 동서양의 정신을 융합해 새로운 이론을 세우려 했다. 그는 실학을 계승했지만 이에 맹종하지는 않았고, 과학에 심취했지만 인문 정신도 중시했다. 그래서 그의 저술 속에는 실학과 과학과 인문 정신이 공존한다. 그는 옛 경서에만 의존하는 관념론자가 아니라 경험을 통한 실천을 강조했고, 그러기에 유학의 이기철학을 독창적으로 정립한 서경덕이 조선 전기에 있었다면, 개혁사상인 실학을 새 시대에 맞게 정리한 혜강이 조선 후기에 있었다고 할 수 있다.

동양학과 서양학의 생산적 만남

항상 어떤 사상은 그 시대를 반영하는 거울이다. 혜강이 살았던 19세기는 오랫동안 누적된 구 질서의 모순과 세도 정치의 폐해가 극에 달해 전국 도처에서 민란이 빈발하고 대외적으로는 천주교와 과학기술을 앞세운 서양 열강들이 밀고 들어오는 상황이었다. 이런 불안한 시대를 살았던 혜강은 나름대로 이 위기를 수습할 방안을 모색했다. 특히 그는 당시에 서양 과학기술 문명에 대해 가장 풍부한 지식의 소유자로서, 이것의 우수성과 필요성을 절감하고 있었기에 이것을 전폭 수용할 수 있는 철학적인 바탕을 마련해야 했다.

당시 한계 상황에 이른 구 질서를 새로운 질서로 바꾸기 위해 여러 대안이 제시되었지만 혜강은 무엇보다 새로운 학문의 정립이 필요하다고 보았다. 이것은 곧 구 질서의 이념적 토대인 '주자학적 성리학'을 대체할 수 있는 새로운 사유 체계의 마련을 의미한다. 이렇게 혜강은 동양 정신의 정수인 유교를 토대로 서양과학을 수용할 수 있는 학문 체계를 정립하기로 결심하고 오랜 준비 후에 드디어『기학』이라는 뛰어난 저술을 탄생시켰다.

『기학』은 19세기의 조선 사회가 봉착한 한계 상황을 타개하기 위해 구 질서를 점진적으로 대체함으로써 급속한 변화에 따른 혼란을 막고 세계의 개방화, 과학화의 추세에 맞추어 조선 사회를 개혁해보려는 혜강의 깊은 고뇌를 담고 있다. 전통적 학문으로는 당시의 상황을 설명할 수 없다는 한계에 직면한 혜강은 유교 정신에 바탕을 두고 서양의 과학기술을 수용해 '기철학氣哲學'이라는 새로운 패러다임을 제시했다. 그러나 이것은 단지 당대에만 유용한 것이 아니라 시공을 초월한 보편적인 철학 원리로 우리에게도 여전히 많은 시사점을 주고 있기 때문에 이 책을 읽어야 할 필요가 있다.

혜강에 있어 학문은 현실의 문제를 해결할 수 있는 실용성과 객관적으로 증명될 수 있는 과학성을 지녀야 했다. 그래서 혜강은 감각 경험에 의한 검증을 중시하는데, 경험의 보편성은 세계의 근원존재인 기氣에 의해서, 특히 인식의 보편성을 가능케 하는 신기神氣의 추측 능력에 의해서 확보된다고 보았다. 그리고 세계를 구성하고 인식하게 하는 기의 성질은 관념적이고 무형적인 것이 아니라, 물질적, 감각적인 것이므로 경험에 의해 객관적으로 파악되어야 한다고 생각하였다.

그러기에 그는 유교의 현실중시 정신을 계승하면서도 기존의 공허한 학문들을 비판하고 새로운 사유 체계를 제시했다. 이 경우 일반적으로

동원되는 방법이 사서삼경 등 유교경전에 대한 새롭고 독자적인 해석을 가하는 것인데, 윤휴, 박세당, 정약용 등이 이러한 방법을 시도했다고 볼 수 있다.

그러나 혜강은 이와는 달리 직접 이들의 학문이 가진 한계까지 비판했다. 그는 유교의 학문 정신을 공부하는 과정에서 경전에 얽매이지 않는 자유로운 사유 공간을 이미 확보하고 있었다. 이는 동양학은 물론이고 서양학에 대한 깊은 이해가 있어야 가능한 것이다.

혜강은 실제로『기학』에서 서양과학의 새로운 성과들을 그의 경학관 經學觀에 적절하게 활용하고 있다. 즉 동양의 유학정신과 서양의 과학적 지식을 결합하여 동서양 학문의 만남을 추구했으며『기학』은 그러한 사실을 잘 보여주는 책이다.

기철학, 한국철학의 독창적 패러다임

『기학』은 2권으로 되어 있다. 제1권은『기학』서문과 모두 100개의 문단으로 되어 있고, 제2권은 125문단과 그의 장남인 병대가 쓴 발문으로 이루어져 있다.『기학』의 서문과 발문은『기학』전체를 관통하는 글이라 할 수 있다.

제1권에는『기학』이라는 학문의 필요성, 동기, 그리고 그것의 효과를 강조하면서 기존의 여러 형태의 학문을 '중고지학 中古之學'으로 단정하고 이들을 비판한다. 나아가『기학』이 이들 학문들과 어떻게 다른지를 밝히는 데 많은 지면을 할애하고 있다. 여기에 혜강의 학문관이 잘 드러나고 있다.

제2권에서는 제1권에서 거론된 견해들을 더욱 압축하여『기학』의 구체적이고 본질적인 문제들을 본격적으로 다루고 있다. 즉 제1권에서『기학』의 전체 구조를 해명하는 데 필요한 핵심적인 용어들이 소개되고 있다면, 제2권에서는 이런 제1권의 내용을 기반으로 더욱 구체적이고 심오한 논의를 전개함으로써 『기학』이라는 새로운 사유 체계의 골격을 드러 낸다.

제1권과 제2권에서 모두 중요하게 다루고 있는 용어들은 기氣, 운화運 化, 기화氣化, 대기운화大氣運化, 인기운화人氣運化, 신기운화神氣運化, 천인 운화天人運化, 활동운화活動運化, 통민운화統民運化, 방령운화方令運化, 인 도人道, 천도天道 등이다.

사실 이 용어들의 대부분은 기존의 개념과 다른 새로운 의미를 갖는 것으로서 여기서 혜강 철학의 독창성을 엿볼 수 있다. 따라서 이들 용어 들의 의미를 충분히 이해하고, 이들의 상관 관계를 제대로 규명하기만 한다면 그의 철학 체계가 분명하게 해명될 것이지만 이 과정에서 적지 않 은 시간이 소요될 것으로 예상된다.

혜강은 기氣를 우주의 근본적인 존재로 파악하고 우주의 모든 존재는 기의 산물이라고 보았다. 이理는 기氣에 포함되어 있는 것으로 "기가 있 으면 반드시 이가 있고, 기가 없으면 이도 없다."라고 하여 정통 주자학자 들이나 이일원론자들이 한결같이 주장하는 이의 절대성을 부인하고 기 일원론을 주장했다.

그는 기를 '신기神氣'라고 표현했는데, 이 신기는 단순한 물질적 존재의 근본 형태가 아니라 살아 움직이는 현실적인 역동성의 개념이다. 이런 의 미에서 '운화지기運化地氣' 또는 '천지지기天地地氣'라고 했다. 기는 우주 속 에서 계속적으로 운화(운동, 변화)하면서 모든 사물을 형성하기도 하고, 소 멸시키기도 하는데 이러한 의미에서 학문적 용어로 기를 '형질지기形質地 氣'라고도 한다.

그런데 기의 운화는 막연하고 맹목적인 것이 아니라 일정한 법칙에 따 라 운행한다. 이런 기의 운동 변화의 법칙을 '운화지리運化地理' 또는 '유행 지리流行地理'라고 한다. 유행지리 가운데서도 그 객관적인 자연법칙이 인 간의 주관적 의식에 반영되는 사유의 법칙을 '추측지리推測地理'라 불렀는

데, 이 양자가 일치를 이루어 인간과 우주의 조화를 성취할 수 있다고 보았다. 이런 운화지기와 형질지기, 유행지리와 추측지리는 서로 짝을 이루어 혜강의 기철학을 이루고 있다.

한편 그는 인간은 사유기관과 감각기관을 갖추고 있어, 세계에 대한 인식이 가능하다고 보았다. 그러나 선천적인 지식이란 없으며, 외부의 물질 대상에 대한 신기의 경험을 통해서만 인식이 이루어진다. 이때 주체의 신기와 사물의 신기를 통하게 해주는 것은 인간의 감각적 지각과 견문을 통한 경험이다. 즉 감각기관을 통해 경험된 지각은 경험의 축적으로 생긴 기억과 변통을 통해서 양적 확충을 할 수 있으며, 추측을 통해 경험하지 않은 것에까지 인식의 영역을 넓힐 수 있다고 했다.

그는 모든 사물은 운동하고 변화하며 그 법칙도 변한다고 생각했다. 사회나 인간은 끊임없이 운동하고 변화해야 자연법칙을 어기지 않게 되며, 이를 어기면 폐해가 생긴다는 것이다. 따라서 사회와 인간의 자연법칙을 위반하고 전진을 방해하는 것이 있을 때는 그 장애를 인간의 힘으로 제거하고, 자연법칙에 맞추는 변통을 해야 한다고 주장했다. 이 변통의 사상은 그의 정치사회사상과 밀접한 관련이 있다.

기학의 학문적 성격에 대해 혜강은 "기학은 무형지신無形之神에 견주어 살피면 유형지신有形之神이며 또 이것은 무형지리無形之理에 비교하면 곧 유형지리有形之理이다."라고 하여 기존의 기에 관한 학설은 무형적인 것을 대상으로 하는 반면, 그의 기학은 유형적인 것을 대상으로 하고 있다고 밝혔다. 그러기에 그의 학문은 기일원론과 인식론을 바탕으로 한 학문 체계가 된다.

혜강이 기화氣化를 밝히고자 한 이유는 무엇일까? 그것은 살아가는 도리와 학술의 무궁한 실효實效가 모두 이 기화에 있다고 보았기 때문이다. 학문의 궁극적인 목표를 실용실사實用實事의 추구와 민생의 안정에 두고 있는 혜강으로서는 그것의 기반이 되는 기화氣化의 규명이 일차적인 관심사가 아닐 수 없었다.

동양의 도덕 위에 서양의 과학을 세우다

『기학』이라는 새로운 학문 체계는 유교의 현실 중시와 실용 정신의 바탕 위에 혜강이 섭취한 서양의 과학기술 문명에 대한 지식이 결합되어 정립되었다. 그는 서양의 과학 문명이 유입되는 시기에 살면서 이것의 우월성에 충격을 받고, 앞으로 이런 과학기술 문명이 주도하는 새로운 시대가 도래할 것을 예견했다. 그리고 이에 대비하기 위해 유교적인 도덕규범을 바탕으로 하여 합리적인 사회 구성과 서양의 생산력 증대 기술을 도입해야 한다는 동도서기론東道西器論의 입장을 혜강은 일관성 있게 제시하고 있다.

먼저 『기학』에 담긴 그의 철학은 인문, 사회, 자연과학을 포괄하는 학문 체계이다. 『기학』은 분명히 유학에 근거하고 있지만, 그는 이 유학의 요체를 성리학의 수기修己 중심의 인문학이 아닌 치인治人 중심의 사회과학으로 보았다. 따라서 일신운화(一身運化, 수신의 원리)보다 통민운화(統民運化, 치국의 원리)가 강조된다. 그런데 이 통민운화에 의거하여 일통一統의 대동사회를 실현시키기 위해서는 통민운화가 대기운화(大氣運化, 천지자연의 원리)에서 벗어나지 않아야 함은 물론이고 이것에 종속되어야 한다고 본다. 이것은 인문사회과학, 특히 유학으로서 사회과학을 과학화, 수학화하려는 혜강의 시도로 볼 수 있다. 즉 『기학』은 사회과학으로서의 유학을 과학화, 수학화시킨 학문이다.

그러나 진리의 발견에서 추측과 경험을 강조하는 혜강이 『기학』에서 아직 검증되지 않은 사실을 열거하고 있다는 점은 『기학』의 한계로 지적된다. 예를 들어 불교의 영혼불멸설을 부정하면서 육신이 흩어져 소멸되면 영혼도 흩어져서 천지운화天地運化 가운데로 돌아간다고 하는데, 이것이 과연 어떻게 증명되고 확인될 수 있는가 하는 점이다.

『기학』의 최대 과제는 '물리物理'의 정체가 무엇인지 명확하게 규명하는 것이다. 물리는 『기학』의 성립 근거이기 때문이다. 이밖에도 북한 학자들의 주장처럼 혜강이 유물론자이며 무신론자인지의 여부도 그의 철학적 성격을 규명하는 데 해명되어야 할 과제이다.

◈ 추천도서
『기학』, 손병욱 옮김, 통나무, 2004
『독기학설-최한기의 삶과 생각』, 도올 김용옥, 통나무, 2004

— 東經大全 —

동경대전

"사람이 곧 하늘이다"

최제우 지음

최제우가 '시천주侍天主' 사상과 외래종교사상을 결합하여 주체적인 민족종교로 창시한 동학의 경전으로 「포덕문」, 「논학문」, 「수덕문」, 「불연기연」의 4편으로 이루어져 있다. 천주교의 전래와 서세동점을 직시한 최제우는 이 책에서 인내천으로 표방되는 동양의 전통적 인도주의와 서교의 종교적 요소를 적절히 조화시켜 서학에 대비되는 동학의 교리를 서술하고 있다.

경상북도 경주의 명문가에서 태어난 수운 최제우(水雲 崔濟愚, 1824~1864)의 어릴 적 이름은 복술이고, 제우濟愚는 '어리석은 중생을 구제한다'는 뜻으로 36살에 개명한 것이다.

어릴 적부터 두뇌가 명석하고 용모가 수려했던 수운은 최치원의 28대 후손이라는 양반으로서의 자부심과 출신이 모호한 모친을 두었다는 서자로서의 열등감을 함께 가지고 있었다. 적서 차별로 출세의 길이 막히자 그는 고민을 거듭하다가 민간 신앙을 통한 입신의 길을 찾게 되었다.

부친의 삼년상을 마치고 20살 이후부터는 전국을 주유하면서 삼정문란과 외세의 침략으로 비참한 민중의 삶을 목격했다. 구세제민의 뜻을 품고 방랑을 계속한 그는 '천명'을 알기 위해 1856년(33살) 여름에 양산 통도사 뒤 천성산에서 단을 쌓고 '천주강령天主降靈'을 염원하는 49제를 올리다가 이틀 만에 숙부가 작고했음을 신통력으로 알고 고향으로 돌아와 보니 사실이었다고 한다.

다시 천성산에 들어가 지성으로 49제를 올렸으나 응답을 얻지 못하고 1859년에 처자와 함께 부친이 글을 가르치던 경주 구미산 아래의 용담정으로 이사했다. 이때 이름을 제우로 개명했다. 그가 용담정으로 들어간 지 6개월이 지난 1860년(37살) 4월 5일(음력)에 몸이 마구 떨리고 마음을 가눌 수 없는 황홀한 경지에서 한울님의 음성을 들었다고 한다. 이는 득도의 순간이자 동학이 창시되는 순간으로, 이 시점을 동학(東學, 후일의 천도교)에서는 포덕 원년이라 칭한다.

수운은 득도 이후 포교 활동을 시작하고 동학의 이론화 작업에 착수하여 동학의 경전인 『동경대전』과 『용담유사龍潭遺詞』를 만들었다. 한문체 형식으로 이루어진 『동경대전』은 지식인층을 위한 경전이고 가사체 형식으로 이루어진 『용담유사』는 글을 모르는 백성들을 위한 것이었다.

수운이 창시한 동학의 신앙 대상은 '천天' 또는 '천주天主', '한울님'인데, 이러한 천 또는 천주는 사람과 별개로 존재하는 것이 아니라 모든 사람의 마음속에 모시고 있다는 '시천주侍天主' 사상을 정립하였다. 시천주 사상에 따르면 마음속에 모시는 천주 또는 한울님은 신분이나 계급, 남녀노소에 관계없이 모두 평등하다.

수운의 시천주 사상은 제2대 교주인 최시형에 이르러 '사람을 하늘처럼 섬긴다'라는 '사인여천事人如天'의 의미로 확대되었고, 제3대 교주 손병희는 두 교주의 사상을 집약하여 '사람이 곧 하늘'이라는 '인내천人乃天' 사상으로 정리했다.

수운은 열심히 포교하여 동학의 교세를 확장시켰다. 고통받던 대중들에게 평등을 외치는 동학은 매력적인 종교였다. 교세가 확장되면서 동학 교단에서는 교도들을 보다 체계적으로 관리하기 위해 각 지역의 책임자로 접주接主를 두고 그 지역을 접소接所라고 하였다.

동학의 교세가 확장되자 조정의 탄압은 심해졌다. 수운은 탄압을 피해 1861년에 전라도 남원의 은적암에 은거하였고 1862년에 다시 경주로 돌아와 포교 활동을 했다. 같은 해 9월에 그는 세상을 어지럽히고 백성들을 현혹시킨다는 이유로 체포되었지만 제자들의 청원으로 석방되었다. 1863년에는 제자 최시형에게 해월海月이라는 도호를 내려주고 도통道通을 전수했다.

최시형이 교단을 이끌면서 동학은 교세가 더욱 확장되어 전라도, 경상도, 충청도, 강원도 등으로 번져 접포接包의 교단 조직이 생겼는데, 접주 위에 대접주大接主를 두고 여러 포를 통솔하게 하였다. 1863년 11월에 수운이 체포되어 서울로 압송되는 도중에 철종의 국상國喪이 생겨 1864년에 대구로 이송되었다가 그 해 3월에 혹세무민의 죄로 41살, 득도한 지 3년 만에 처형되었다.

그러나 교주의 죽음에도 동학의 세력은 위축되지 않았고 오히려 교조의 억울한 죽음을 풀어보려는 신원伸寃 운동이 전개되었다. 교조 신원 운동은『경국대전』에 규정된 신소申訴 제도를 통해 동학을 사학邪學이 아닌 정식 종교로 인정받기 위한 합법적인 청원 운동이었다. 그런데 이 운동 과정에서 탐관오리 척결과 일본과 서양을 배척한다는 '척왜양창의斥倭洋倡義' 주장까지 제기되면서 종교 운동을 넘어 정치 투쟁 성격을 띠게 되었다.

결국 1894년에 전라도 고부에서 일어난 농민 봉기를 계기로 확대된 동학농민전쟁에서 동학은 중요한 역할을 담당하게 된다. 1894년 반 외세와 반 봉건을 슬로건으로 내걸고 일어난 동학농민군은 우금치 전투에서 일본군의 지원을 받은 정부군에게 크게 패했다. 이로 인해 동학측은 심각한 타격을 입었다. 최시형은 이후 지하에서 교단의 재건에 착수하여 1897년에 손병희에게 제3대 교주를 물려주고 1898년에 경성 감옥에서 순교했다. 손병희는 포교 활동에 노력하다가 1905년 천도교로 개칭하였다.

손병희는 인내천 사상과 보국안민, 광제창생을 내걸고 지상에 천국을 세우기 위해 노력했다. 그 후 1919년 천도교인 15명, 그리스도교인 16명, 불교도 2명이 3·1 운동을 일으켰으나 그 후 일제의 탄압으로 천도교는 쇠퇴하게 된다.

혼란한 세상, 새로운 세상

수운이 살았던 조선 후기는 내적으로는 삼정의 문란과 세도 정치의 폐해로 민심이 흉흉했으며 외적으로는 아편전쟁의 발발로 외세의 침입에 대한 불안감에 휩싸인 시기였다. 이러한 시대 상황에서 당시 주류를 이루던 성리학은 더 이상 삶의 지표가 될 수 없다는 것과 '하나님의 뜻'이라고 말하면서 다른 나라를 침략하는 데 앞장서는 서학으로도 혼란한 세상을 극복할 수 없다고 생각한 수운은 새로운 사상을 열고자 '동학'을 창시하게 된다.

이처럼 조선 후기 사회는 '서학의 전래'로 인한 혼란과 '동학의 탄생'이라는 새로운 세상에 대한 염원이 뒤섞여 있었다. 서학, 그중에서도 천주교는 도시를 중심으로 퍼져갔고, 동학은 농촌에서 확산되었다. 동학은 매우 강렬한 민족주의적 성격을 가진 종교로서 당시 서양 제국주의의 위협과 천주교의 유포 등 대외적 위기감이 고조되는 가운데, 수운이 양반 사회의 유교사상을 극복하고 서양 열강의 정신적 배경인 천주교에 대항하고자 유, 불, 선 3교를 융합하여 새롭게 창시한 것이다. 동학이란 명칭도 서학西學에 대항한다는 의미에서 붙었다.

동학의 교리는 당시의 민심을 반영하여 '인심人心이 곧 천심天心'이라는 '인내천人乃天' 사상을 기본으로 했다. 이는 동양의 전통적인 경천사상敬天思想과 관련되어 있고, 특히 '운수관運數觀'으로 표현되는 천운순환론天運循環論과 인도人道가 천도天道에 합치해야 한다는 도덕론이 핵심을 이루었다. 따라서 천운天運에 대한 순종과 천도天道의 합치를 통해서 모든 인간은 군자가 될 수 있으며, 이런 점에서 모든 신분과 계급을 떠난 평등 사상을 주창했다. 동학이 주로 농민 등 억압받는 피지배층 사이에서 열렬히 신봉된 것은 이 때문이다.

그러나 일반 농민들은 종교로부터 이런 윤리적 측면보다는 현실구복적인 이익을 갈구하고 있었다. 이에 부응하여 동학은 질병의 치료, 길흉에 대한 예언 등 당시 유행하던 민간 신앙의 요소를 흡수했다. 이와 같이 동학은 인내천의 윤리 사상과 현실구복적인 성격을 모두 갖추고 있었는데, 이 가운데 전자는 주로 잔반 등 지식층을 위한 것이었고, 후자는 일반 대중을 대상으로 한 것이었다.

동학의 창시자가 쓴 동학의 경전

『동경대전』은 「포덕문布德文」, 「논학문論學文」, 「수덕문修德文」, 「불연기연不然其然」의 4편을 중심으로 구성되어 있다. 이 책의 자매 격인 『용담유사』는 순 한글 가사집이다. 이 책은 최제우가 지은 것이지만 그의 언행을 그의 제자들이 모은 부분도 있다. 이 책의 중심사상은 「포덕문」과 「논학문」이다.

「포덕문」에 나타난 최제우의 역사관은 ① 자연에 대한 감사도 알지 못하던 우부우민愚夫愚民의 상고시대를 설명하고 ② 하늘을 공경하고 천리에 순응하던 요순堯舜의 중고시대를 흠모하며 ③ 천명에 순종치 않고 각자의 의지대로 움직이는 근대의 시대에 나타나 있다.

수운은 이 시대를 '불순도덕 미지시운不順道德 未知時運'의 시대로 보고, 동학의 출현을 역사적 필연으로 보았다. 이것은 자기의 의지가 아니라 상제上帝의 명령에 의해 자기가 태어나서 천명을 전하는 것이라고 했다. 더구나 서양의 세력이 승승장구하니, 보국안민할 계책은 이 「포덕문」에서 찾아야 한다고 했다.

「논학문」은 글자 그대로 학문을 논한 글이다. 다음은 여기에 나오는 수운이 체험한 득도의 순간인데 널리 알려진 장면이다.

> 이 해 사월 …… 몸이 마구 떨리면서 밖으로는 신령과 서로 맞닿는 기운이 몸을 감싸고, 안으로는 신기한 말씀에 의한 가르침이 있었다. 그러나 애써 보려고 해도 보이지 않고, 들으려고 해도 들리지 않는 신비한 지경에 들게 되었다. 마음에 괴이하고 의아한 생각이 들어 혼란스런 마음을 가다듬고 기운을 바르게 하여(守心正氣) 물어 말하기를 "어찌하여 이런 일이 일어납니까?"라고 하니 한울님께서 대답하시기를 "내 마음이 곧 네 마음이니라(吾心卽汝心). 만유의 모든 것이 그 근원적으로 모두 나에게 나왔다는 것을 세상의 사람들이 어찌 알겠느냐. ……"

한울님으로부터 도를 받는 순간의 신비 체험을 기술한 것이다. 여기서 '오심즉여심吾心卽汝心'과 '수심정기守心正氣'가 중심을 이루고 있다.

「수덕문」은 덕을 닦는 것으로, 수도의 방법과 절차를 설명한 것이다. 이 글은 수운의 덕행과 제자들이 도를 이루고 덕을 쌓는 것을 찬미한 내용들로 이루어져 있다. 또 수운의 가문과 용담 성지를 예찬한 것이 많다. "아름답다, 우리 도道의 보람이여, 붓을 들어 글을 쓰면 사람들은 왕희지 필적인가 의심하고, 입을 열어 시구를 읊으니 누가 초부인줄 알랴, 허물을 뉘우친 이 사람은 재벌의 부력을 탐내지 않는다.", "공경과 정성을 다해 가르치는 말이니 어기지 말라."는 문구가 들어 있다.

「불연기연」에는 우주 만유는 그 생성 과정에서 2가지 상반된 원리를 가지고 있다고 말한다. 동시에 만물은 분산 고립된 것이 아니라 서로 연결된 일체의 것이며, 고정 불변한 것이 아니라 부단히 성장 발전하는 것으로서 한울님에 의해서 기연의 통일 원리를 찾아내야 한다고 강조하고 있다.

19세기에 탄생한 우리 학문, 우리 종교

동학은 우리의 고유 사상인 풍류도風流道를 바탕으로 성립되었다. 풍류도는 '포함삼교 접화군생包含三敎 接化群生'을 지향하며 모든 사상과 두루 소통하면서 뭇 생명을 다 살려내는 것을 특징으로 하는 사상이다. 동학은 이 같은 풍류도를 후천시대의 개벽 상황에 맞게 재정립한 것이다. 동학의 두 번째 사상적 원천은 신라 천년의 역사를 지탱해 온 대승불교이다. 원효의 화쟁사상 및 실천적 불교 운동은 수운의 사상적 고뇌 및 실천과 상통하고 있다.

동학이 탄생하게 된 또 다른 배경에는 수운의 부친 최옥까지 이어져 내려온 퇴계학의 학문적 전통도 작용하고 있다. 수운은 어릴 때 부친을 스승 삼아 유학을 깊이 공부했는데, 부친은 경주 일대 선비 400여 명과 교류하던 유명한 학자이자 퇴계학을 정통으로 계승한 선비였다. 동학은 서학에 대한 반작용적인 성격도 띠고 있다. 흔히 서학을 천주교, 즉 종교로만 이해하는 경향이 있는데, 사실 당시의 서학은 서양 학문 또는 서양 문명 전체를 가리키는 개념이었다. 서양의 종교인 천주교를 비롯해 서양 학문과 과학기술 등을 총칭하는 개념이 바로 서학이었다. 이 같은 서학이 동학을 태동시키는 데 큰 영향을 미쳤다.

하지만 동학은 서학과 공통점도 많다. 하늘 아래 양반과 상민의 차별이 있을 수 없다는 것과 '천주天主'라는 말을 사용하고 주문을 외운다는 점 등이 그것이다. 그러나 동학과 서학 사이에는 근본적인 차이점이 있다. 기독교에서의 천주는 '야훼'를 의미하지만 동학에서의 천주는 자연의 이치에 순응하는 방법 곧 '자신의 양심'을 의미한다. 따라서 기독교에서의 평등은 상민도 천당에 갈 수 있다는 평등이지만 동학에서의 평등은 신분 차별이 없는 개벽 세상, 즉 평등 세상을 의미한다.

동학은 또한 민간을 중심으로 널리 유행하던 샤머니즘(무속)은 물론 조선 후기 민중 사상을 대표한다고 할 수 있는 『정감록鄭鑑錄』같은 비기도참秘記圖讖 사상도 수용했다.

이처럼 동학은 우리 민족 특유의 민중적인 생명 사상을 중심으로 하여 그 위에 유교, 불교, 노장 사상과 도교, 기독교 등 외래 사상의 핵심적인 생명 사상을 통합하여 만든 우리 학문, 우리 종교였다.

◈ 추천도서

『동경대전』, 박맹수 옮김, 지만지, 2012
『동경대전』, 최천식 엮음, 풀빛, 2010
『주해 동경대전』, 윤석산 옮김, 동학사, 2009

매천야록

재야 선비의 눈으로 본 조선 망국사

황현 지음

1864년 대원군의 정치에서부터 1910년 한일병합까지 숨 가쁘게 전개된 외세의 침입, 개화와 척사의 대립, 일제의 만행과 민중의 저항, 정부의 무능과 망국의 역사를 재야 지식인의 관점에서 서술했다. 47년 동안 저자가 듣고 보거나 느낀 사실들을 기록한 것이다 보니 내용의 오류도 간혹 발견되지만 격동기 사건들의 기록 속에는 당시 지식인의 고민과 좌절이 생생히 담겨 있다.

한일병합 조약이 발표되고 얼마 후인 1910년 9월에 지리산 아래 구례 월곡리에 은거하고 있던 한 선비가 「절명시絶命詩」 4수를 남기고 자결했다. 이 선비가 황희 정승의 후손인 매천 황현(梅泉 黃玹, 1855~1910)이다.

매천은 전남 광양의 몰락한 시골 양반 집안에서 태어나 어릴 적부터 매우 총명하여 주위를 놀라게 했다. 11살에 서당에서 왕석보에게 시문을 본격적으로 배워 20대부터는 많은 시를 지었다. 왕석보는 황현을 비롯하여 대종교를 창시한 나철, 대한제국 시기의 계몽운동가인 이기 등을 배출했다.

그의 부친은 아들의 출세를 위해 서울 명문가의 자손들과 교유하게 했다. 그는 20대에 서울로 올라와 이건창, 김택영 등과 만나며 시국에 대한 공동 관심을 키워나갔다.

1883년(29살)에 국가에서 널리 인재를 구하기 위해 과거 시험을 실시했다. 부친의 뜻에 따라 황현은 과거에 응시하여 1등으로 합격했으나 호남 출신이라는 이유로 2등으로 순위가 뒤바뀌었고 임금이 직접 실시하는 마지막 시험에서는 등급이 더욱 떨어졌다. 크게 실망한 매천은 결코 관직에 나가지 않겠다고 결심하고 고향으로 돌아왔다.

그는 자신의 재능을 아까워하는 주위 사람들의 만류를 모두 거부하였으나 자식의 출세를 원하는 부친의 권유로 1888년(34살)에 다시 생원시에 응시하여 장원급제했다. 34살에 성균관 생원이 된 것이다. 이러한 결과도 친구의 형이 시험관으로 들어가 "황현이 1등이 아니면 이 시험은 시험이 아니다."라고 주장하여 나온 결과였다고 한다.

그는 관직에 대한 기대를 접고 다시 구례로 다시 낙향하여 은둔형 선비로 살아갔다. 낙향해서도 서울에서 사귀었던 이건창, 김택영 등과 정신적 교유는 계속했다. 그는 3,000권이 넘는 책에 파묻혀 독서와 저술에 전념했다. 매천은 연암 박지원과 다산 정약용의 학문을 흠모하였다. 그는 "내 평소에 연암 선생의 문장을 좋아한다."고 하면서 "아! 조선의 문장은 선생에 이르러 볼 만한 것이 그쳤다."라고 하는가 하면, 다산의 작품을 우리나라의 전무후무한 작품이라고 평가하기도 했다.

그는 1894년에 동학농민운동, 갑오개혁, 청일전쟁이 잇달아 일어나자 위기감을 느끼고 후손들에게 남겨주기 위해 『매천야록』과 『오하기문梧下記聞』을 지었다.

1898년 저술 작업에 몰두하고 있던 그에게 이건창이 죽었다는 부음이 전해졌다. 이건창은 죽으면서 "황현을 한번 보고 죽는다면 죽어도 여한이 없겠다."고 했다. 이 부음을 받은 그는 600리 길을 한달음에 달려가 통곡했다. 이건창은 황현처럼 당쟁의 역사를 정리한 『당의통략黨議通略』을 완성해놓고 죽었다.

매천은 1905년에 을사늑약이 체결되자 며칠씩 식음을 전폐하며 통곡

했고 민영환, 조병세, 홍만식 등 애국지사들이 잇달아 자결하자 「오애시
五哀詩」를 지어 이들을 추모하였다. 그는 울분 속에서도 저술 작업을 계
속했다.

1910년 8월 29일 한일 강제병합이 이루어지자 그는 자결을 결심한다.
그는 9월 8일에 「절명시」와 유서를 쓰고 9월 9일에 소주에 아편을 타서
마신 후 9월 10일에 세상을 떠났다. 정부에서는 매천의 공훈을 기리어
1962년에 대한민국 건국훈장 독립장을 추서하였다.

매천의 절명시

매천이 죽고 난 뒤 그의 시문집과 저술들은 중국에 있던 김택영에게
전달되어 상해에서 간행되었다. 매천의 절명시는 칠언절구로, 1911년에
김택영이 편집한 『매천집梅泉集』 7권에 수록되어 있다.

어지러운 세상 부대끼며 흰 머리 되기까지 亂離滾到白頭年
몇 번이나 죽으려 해도 그렇게 못했구나. 幾合捐生却未然
오늘은 참으로 어쩔 수 없게 되어 今日眞成無可奈
가물거리는 촛불만이 푸른 하늘을 비추네. 輝輝風燭照蒼天

요사스런 기운에 가리어 임금별 자리를 옮기니 妖氛掩翳帝星移
구중궁궐은 침침해져 햇살도 더디 드네. 久闕沉沉晝漏遲
이제는 조칙을 받을 길이 없어 詔勅從今無復有
구슬 같은 눈물이 종이 가닥을 적시네. 琳琅一綜淚千絲

새 짐승도 슬피 울고 강산도 찡그리네. 鳥獸哀鳴海岳嚬
무궁화 이 강산이 이젠 망해 버렸어라. 槿花世界已沉淪
가을의 등불 아래 책 덮고 지난 역사 되새기니 秋鐙掩卷懷千古

인간 세상에 지식인 노릇하기 어렵구나. 難作人間識字人

일찍이 나라를 위해 한 일이 조금도 없는 내가 曾無支厦半椽功
다만 인仁을 이룰 뿐, 충은 이룰 수 없으니 只是成仁不是忠
겨우 송宋의 윤곡처럼 자결할 뿐 止意僅能追尹穀
송宋의 진동을 못 넘어선 게 부끄럽네. 當時愧不攝陣東

보고 듣고 느낀 47년의 기록

『매천야록』은 매천이 1864년(고종 1)~1910년(순종 4)까지 47년간의 역사를 편년체로 서술한 역사책(6권 7책)으로 글자 수가 30만 자에 이르는 방대한 책이다.

이 책은 1894년 갑오개혁을 기점으로 전반부와 후반부로 구분된다. 전반부는 갑오개혁 이전까지의 30년이라는 세월을 짧은 분량으로 기록했다. 여기에는 대원군 섭정 기간에 일어났던 일들, 예를 들면 경복궁 중건, 서원 철폐, 천주교 탄압, 병인양요, 민란 등이 기술되고 있다. 그리고 대원군과 민비의 알력, 민비를 중심으로 한 외척의 발호와 문란한 정치 상황, 병자수호조약과 일제 침략, 대원군 집권 시기에도 여전히 이어지는 매관매직 등 여러 가지 부패상을 적나라하게 기술하고 있다. 그러나 그가 듣고 본 대로 기록했으므로 정확한 연월일도 없으며 연대순이 바뀐 것도 있고 과장된 기록들도 있다.

1894년부터 그가 음독 자결한 1910년 9월 10일까지 후반부의 기록은 책 전체의 4분의 3을 차지하고 있으며 기록도 매우 정확하다. 그리고 그 뒤에 있는 10여 건의 기록은 그의 제자가 기록한 것이다. 후반 17년간의 기록은 주로 일제침략사에 관한 것으로 여러 지방에서 일어난 의병 활동 기록이 매우 자세히 기록되어 있다.

『매천야록』을 통해 드러나는 황현의 생각은 우선 정통 보수적 수구 세력들인 노론의 안동 김씨와 대원군과 민비 세력들에 대한 반감이다. 그는 이 지배 세력들의 정권 싸움과 부패, 그리고 무능이 일제의 침략을 자초했다고 보았다.

그렇다고 박규수, 박영효, 김옥균 등의 개화파나 동학 세력을 옹호하지도 않았다. 오히려 그는 개화파가 외세를 등에 업고 갑신정변을 일으켰고, 이들의 연장선상에 있던 친일파가 일진회 등을 조직해 나라를 망하게 했다고 생각했다.

매천이 동학농민 세력에게 보내는 시선도 곱지만은 않다. 그는 동학농민운동을 전통 사회를 근본적으로 뒤흔드는 반 체제적 반란으로 보았으며, 동학의 일부 인사들이 일진회를 세우고 일본의 앞잡이가 된 것에 분개했다.

그는 결국 이런 세력들이 일제의 침략을 초래했다고 생각하고, 이 책의 후반부는 이런 일본의 침략에 대응해 우리나라 사람들의 을사오적五賊에 대한 증오, 일본의 자본 침투에 대한 경계, 대한제국의 제도적 개혁, 의병의 궐기, 애국계몽운동에 대한 것을 자세히 기록하고 있다.

매천은 이런 투철한 역사관 위에서 우리의 주체성을 기반으로 한 서양 문화의 도입을 긍정적으로 검토했다. 그는 신학문에 대해서도 관대했다. 우리가 일본에 뒤진 것은 신학문의 도입이 늦었기 때문이라고 그는 생각했다. 그는 이 책의 많은 부분을 의병 활동에 할애하고 있다. 이는 그가 현실 개혁의 주체로 의병들과 같은 주체 의식이 강한 사람들을 염두에 두고 있었음을 의미한다. 매천은 다음과 같이 의병들의 활약상을 기록하고 있다.

'온 나라에 의병이 일어나다'

경기, 강원, 충청, 경상도에서 의병이 크게 일어났다. 강제로 보호조약을 맺은 이래 온 나라가 들끓었으며 기를 게양한 깃대를 꺾으며 모두 왜놈들을 죽이라고 소리쳤다. 관동 지방에서 처음 시작하여 곳곳에 메아리쳤는데 사람들의 마음이 차츰 분발되었다. 그러나 무기가 없고 기율도 없어서 비록 천 명이나 백 명씩 무리를 지었다 하더라도 왜군 수십 명만 만나면 달아났으며 무너지고 흩어졌다. 어쩌다 한두 번 험한 지형을 의지하고 (왜놈들의) 빈틈을 찔러 목을 베거나 사로잡은 적도 있었지만 왜놈들은 패했다는 사실을 깊이 숨겼으므로 그 소문이 멀리까지 미치지는 못하였다.

이런 점을 고려할 때 매천의 사상은 유교적 전통에 근거한 개혁 사상으로 외세의존적인 개화파나 기존 질서에 무조건 집착하는 보수 세력과는 크게 다르다.

"이 책을 다른 사람에게 보이지 말라."

『매천야록』은 서문과 결론이 없다. 책을 마무리하지 못한 채 황현이 스스로 세상을 떠났기 때문이다. 출판을 염두에 두고 쓴 것도 아니었다. 그의 원고는 그가 죽은 뒤에도 한동안 초고 상태로 있었는데, 그 이유는 황현이 순절할 때 자손들에게 책을 공개하지 말 것을 당부했기 때문이다. 얼마 후 책의 일부가 중국에 망명 중이던 김택영에게 보내져 그가 교정과 편찬을 했는데 김택영이 자신의 책 속에 『매천야록』을 인용하면서부터 책의 존재가 세상에 알려지게 되었다. 그러나 원본은 수십 년이 지난 뒤에 공개되었는데 그 이유는 일제의 조선사편수회에서 이 책을 등사하여 1955년 국사편찬위원회에서 이 등사본을 가지고 원본과 대조한 후 『한국사료총서』 1집으로 간행했기 때문이다.

매천은 조선 사회의 전통과 국가 기반이 흔들리던 격동기에 살면서 민족의 존망을 걱정하는 지식인의 안목으로 보고 듣고 느낀 바를 소상하게 기록했다. 당시 조선은 안으로는 정치적 혼란을, 밖으로는 제국주의의 침략을 극복하지 못하고 마침내 국권을 상실하는 비운을 맞이했다.

황현은 이 책에서 혼란했던 당대의 정국과 사회상, 국제 관계 등을 중심으로 사회, 민족, 문화 등 각 부분의 모든 사실을 종횡으로 취급했다. 특히 무능했던 지배 계층의 부패상과 권력의 농단, 국가 정치 기강의 해이에 대해 신랄하게 비판했고, 아울러 일본의 침략상을 절절히 담아냈다. 또한 당시 지배층들에서부터 민초에 이르는 생활상, 서울의 도시적 변화, 개화의 미명 아래 유입되던 서양 문물과 그에 대한 민초들의 반응을 담담하게 그려냈다.

대원군의 정치와 명성황후와의 반목에서 시작하여 외세의 침입과 민족의 항거, 개화와 척사, 동학의 봉기와 의병의 투쟁, 독립협회와 민권의식, 을사늑약에서 한일병합까지 숨가쁘게 전개되는 개화와 망국의 역사를 오늘 다시 한번 읽어보는 것도 값진 일이 될 것이다.

❖ 추천도서
『매천야록』(전3권) 이장희 옮김, 명문당, 2008
『매천야록』, 허경진 옮김, 명문당, 2006
『역주 매천야록』(전2권), 임형택 옮김, 문학과 지성사, 2005

— 韓國通史 —

한국통사

"국혼은 살아 있다"

박은식 지음

대한민국 임시정부 제2대 대통령을 지낸 박은식이 1863년부터 1911년 105인 사건까지, 전통적인 기전체나 편년체가 아니라 각 사건의 내용, 원인, 결과를 서술하여 인과 관계에 입각한 근대적 역사 서술 방법을 적용한 책이다. "한 나라의 혼을 담은 국교國敎와 국사國史가 없어지지 않는 한 나라도 결코 망하지 않는다."라는 신념 하에 독립운동의 한 방편으로 쓰인 이 책은 민족사관에 입각한 첫 한국 근대 역사서이다.

단재 신채호와 함께 2대 민족주의 사학자로 꼽히는 백암 박은식(白巖 朴殷植, 1859~1925)은 열렬한 독립 투사이자 한국 역사를 통해 민족혼을 일깨운 사학자였다.

백암은 황해도 황주에서 농촌 선비이자 서당 훈장의 아들로 태어나 어려서부터 동네 신동으로 소문이 났다. 10살에서 17살까지는 부친의 서당에서 4서3경과 제자백가를 공부했다. 그러나 부친의 기대와 달리 과거 시험 준비보다 어수선한 나랏일을 걱정하기 시작했고 부친이 작고한 뒤에는 관서 지방을 두루 여행하면서 여러 학자와 학문을 접했다.

백암은 24살에 서울에서 임오군란을 목격하고 시무책時務策을 지어 국왕에게 올리기도 했으나 수용되지 않자 고향으로 내려가 성리학 공부에 전념했다. 1885년(27살)에 어머니의 간절한 요청에 의해 향시에 응시하여 특선으로 합격한 후 몇 년간 공직 생활을 했다.

1894년에 동학 혁명이 일어나자 강원도 원주에 은거하며 격변하는 시대 상황에서 자신의 진로를 탐색했다.

1898년(40살)에 그는 서울로 상경해서 〈독립협회〉에 가입하여 만민공동회에서 간부로 활동했고, 9월에 〈황성신문〉 주필이 되어 교육문화 개혁운동을 펼쳐갔다. 1904년(46살)에는 그해 7월에 창간된 〈대한매일신보〉 주필이 되었다.

1905년에 장지연이 〈황성신문〉에 '시일야방성대곡是日也放聲大哭'을 실어 을사늑약의 부당성과 침략성을 맹렬하게 비판했다. 이에 일제는 이 신문을 정간시켰다. 1906년 2월에 이 신문이 복간되고 장지연이 물러나자 그는 다시 〈황성신문〉의 주필로 활동하면서 각종의 애국적 논설을 발표하여 민족의식을 고취시키고 국권회복 운동의 저변을 넓혀갔다.

1909년(51살)에 그는 '유교구신론'을 발표하여 유교의 개혁을 주장했다. 그의 유교개혁론은 제왕 중심의 철학인 유교를 공자의 대동주의와 맹자의 민본주의로 환원시켜 민중 중심 유교로 개신해야 하며 유교도 불교와 기독교처럼 민중 교화에 노력해야 하며 주자학이 아니라 양명학으로 후학들을 교육해야 한다는 내용이다.

1911년(53살)에 그는 독립운동과 역사서를 집필하고 민족혼을 진작하기 위해 중국으로 망명했다. 1915년에 『한국통사』를 출간하고, 1920년(62살)에는 『한국독립운동지혈사韓國獨立運動之血史』를 썼다. 1924년(66살)에는 임시정부 기관지인 〈독립신문〉 사장에 취임했고 그해 12월에는 국무총리 겸 대통령 대리로 추대되었다.

1925년(67살)에 그는 대한민국 임시정부 제2대 대통령으로 취임했다. 대통령 재직 시에 헌법을 개정해 대통령 책임제를 국무위원제로 바꾸었으며 이에 따라 대통령직을 사임했다.

1925년 11월에 그는 "『한국통사』와 『한국독립운동지혈사』를 썼으니 늙었더라도 건국사를 쓰고야 말겠다."라는 소원을 이루지 못하고 중국 상하이에서 한 많은 생애를 마쳤다. 그의 장례는 임시정부의 첫 국장으로 거행되어 상하이 만국공묘에 묻혔다가 서거 68년 만인 1993년 8월 5일에 고국으로 봉환되어 국립묘지에 안장되었다. 1962년 건국훈장 대통령장이 추서되었다.

'혼魂'과 '백魄'의 역사관

백암의 역사관은 '국혼론國魂論'이 핵심이다. 그의 국혼론적 역사 인식은 다음과 같이 4단계를 거치면서 발전했다.

제1단계는 1905~1910년 자강론自強論에 기초를 두고 자국 정신과 국사를 강조한 시기이며, 제2단계는 1911년 민족 정신의 표상인 민족적 영웅에 대한 연구를 수행한 시기이다. 제3단계는 1915년에 『한국통사』를 출간하여 자신의 역사관을 국혼론으로 체계화한 시기이다. 제4단계는 1920년에 『한국독립운동지혈사』를 통해 국혼론적 역사 인식을 독립운동사에 적용한 시기이다.

1905년 이전까지의 백암은 정통 주자학자로서 한국을 유교적 예교국가로 인식하는 중화주의적 역사관을 갖고 있었다. 그러나 1905년 이후 자강론을 제시하면서 애국심 함양의 중요성을 역설하는 등 민족자주 의식을 강조했다. 특히 국사 교육을 애국심 함양의 최선책으로 중시했다. 그는 종래 유학자들의 중화주의적 역사학을 노예 학문이라고 비판하고 한민족의 역사와 민족의 영웅을 중시했다. 그러나 이 기간에는 한국사에 대한 체계적인 연구를 수행하지는 않았고, 과거 인물들의 전기를 단편적으로 소개하거나 국사 교육의 중요성을 강조하는 수준이었다.

1911년에 중국에 망명한 직후 그는 만주 지역의 고적 답사와 대종교 입교를 계기로 고대사 연구에 노력했다. 이즈음 그의 많은 저술에 나타난 그의 역사관은 전통적 유교 사학의 중화주의적 역사관을 탈피하고,

민족의 자주독립을 지향한 실천적 역사학과 민족주의적 역사학의 특징을 보여주고 있다. 동시에 구국의 영웅을 대망하면서 영웅들의 행적을 중심으로 민족사를 인식하는 영웅주의적 역사관의 모습도 보이고 있다.

백암은 1915년에 간행된 『한국통사』에서 '국혼론'을 체계화했다. 그는 동양의 전통적인 혼백론을 원용하여 국가의 구성 요소를 정신적인 '국혼國魂'과 물질적인 '국백國魄'으로 구분해서 파악했다. 여기에서 국혼(정신)은 국백(국가)보다 더 근본적인 요소로 간주되었으며, 종교, 언어, 문학, 역사 등을 포함하는 민족 문화의 개념으로 정의되었다. 국혼은 정신적인 측면이 강조된 개념으로서 오늘날 민족 정신의 개념과 유사하다. 그는 국혼의 여러 요소 중에서 역사를 국혼의 소재처로 가장 중시했으며, 역사를 국혼의 전개 과정으로 파악하고자 했다. 『한국통사』의 저술 동기도 바로 여기에 있었다.

국혼을 유지해야 한다는 『한국통사』에서의 주장은 1920년 『한국독립운동지혈사』에서는 국혼이 강한 한국 민족은 반드시 독립한다는 확신으로 굳어졌다. 국가의 멸망이라는 통한의 역사를 서술하는 동안 체계화된 역사 인식은 독립을 위한 피의 투쟁사를 서술하면서 독립에 대한 확신으로 이어졌다.

역사를 통해 민족정신을 일깨우다

구한말부터 준비하여 1914년에 완성해서 1915년에 중국 상하이에서 출판한 『한국통사』는 1864년 대원군 집정에서부터 한일병합 직후인 1911년까지의 한국 근대사를 3편 114장으로 나누어 기술하고 있다.

제1편은 우리나라 지리와 역사의 대강을 2장으로 나누어 설명했고, 제2편은 51장으로 대원군의 섭정에서부터 러일전쟁과 열강의 이권 쟁탈까지의 내용을 기술했으며, 제3편은 61장으로 1897년 대한제국 성립에서부터 1911년 105인 사건에 이르기까지 일제의 한반도 강점 과정을 상세하게

서술했다. 백암은『한국통사』서언에서 책을 쓰게 된 동기를 다음과 같이 말한다.

> 옛사람이 이르기를 나라는 멸할 수가 있으나 역사는 멸할 수가 없다고 하였으니 그것은 나라는 형체이고 역사는 정신이기 때문이다. 이제 한국의 형체는 허물어졌으나 정신만을 홀로 보존하는 것이 어찌 불가능하겠는가? 이것이 통사通史를 짓는 까닭이다. 정신이 보존되어 멸하지 않으면 형체는 반드시 부활할 때가 있을 것이다.

백암은 역사를 보존하는 것이 나라를 되찾기 위한 전제조건이고 원동력이라고 생각했다. 따라서 백암에게 한국사의 연구와 저술은 곧 독립운동이었고, 이를 위한 역량 축적의 과정이었다. 풍찬노숙하는 독립운동 최전선에서 백암이 한시도 붓을 놓지 않고 역사를 저술한 이유가 바로 여기에 있다.

백암은 이 책에서 대원군의 외척 및 문벌 견제, 군포제 개혁, 서원 철폐, 풍속 교정 등 내정 개혁에 대해서는 긍정적인 평가를 내리고 있으나, 화폐 정책과 전제적 정치에 대해서는 비판적이었다. 특히 대원군은 대혁신이 가능한 내외적 조건의 유리함에도 불구하고 폐쇄 정책을 추진함으로써 국가 중흥의 기회를 놓쳤다고 애석해 했다. 이런 이유로『한국통사』는 대원군 집권기부터 시작한다고 볼 수 있다.

또한 자수자강自修自强의 실력을 구비하지 못한 상황에서 문호를 개방한 민비 정권의 개항 정책도 비판했다. 특히 한반도 주변의 정세에 대한 통찰은 예리했다. 그는 일본, 중국, 러시아 3국 사이에 세력 균형이 이루어지면서 약소민족인 한국이 자주독립할 수 있으나, 어느 한 나라가 우세를 독점하면 위험하다고 지적했다. 미국, 영국 등 서양 열강은 한반도에 적극적 이해 관계가 없기 때문에 한국을 이용해 일본의 환심을 사려는 입장이라고 보았다.

갑신정변에 대해서는 여건 미숙으로 인한 실패를 아쉬워하며 혁명의 젊은 주역들이 일본의 술책에 말려들었다고 생각했다. 나아가 타력으로는 독립이 불가능하다는 문제점을 분명히 했다. 동학 혁명에 대해서는 '갑오동학란'으로 표현하고 정치 혁명으로서의 한계를 지적했지만 신분 해방을 실현한 개혁의 선구로 평했다.

백암은 1905년 이토 히로부미가 내한한 목적이 한국인을 회유하고 민권 신장 및 의회 설립 운동을 탄압하기 위한 것이었음을 지적했다. 이어서 그는 일제의 한국 침략에 이용당한 한국인을, 왕족으로서 일본에 머문 자, 갑신정변과 갑오개혁의 주모자로서 일본에 망명한 자, 일진회의 지도적 인사 등 세 부류로 나누었다. 일본을 이용하여 독립을 도모하려는 '선의의 친일파'에 대해 약자가 강자를 이용하려고 하는 것은 큰 착오로써 오히려 국가와 민족을 망치는 결과가 된다고 경고했다.

백암은 책의 결론에서 다음과 같이 말하고 있다.

> 국교國敎, 국학國學, 국어國語, 국문國文, 국사國史는 국혼國魂에 속하는 것이요, 전곡錢穀, 군대軍隊, 성지城池, 함선艦船, 기계器械 등은 국백國魄에 속하는 것으로, 국혼은 국백에 따라서 죽고 사는 것이 아니다. 그러므로 국교와 국사가 망하지 않으면 국혼은 살아 있으므로 그 나라는 망하지 않는다.

백암은 어느 나라든지 국혼國魂을 잃지 않는다면 나라를 유지할 수 있으며 또 설령 나라를 잃을지라도 언젠가 국혼에 의해 나라를 찾을 수 있다는 점에서 역사가로서 국혼이라 할 국사를 남겨야 한다고 생각했다. 그래서 그는 역사를 통해 우리의 민족 정신을 일깨워 궁극적으로 나라를 되찾을 수 있다는 희망을 갖도록 하였고 이 책에서 백암은 한국 국망

國亡의 시기, 근대의 역사를 일목요연하게 정리하고 있다.

한국 '통사通史'는 '통사痛史'

이처럼『한국통사』는 한국이 일제의 식민지로 전락해 가는 통한의 과정에 초점을 맞추어 서술되었다. 백암은 한국 근대사를 일반 근대사, 일제침략사, 독립운동사의 세 측면에서 기술하면서도 특히 일제 침략을 중심으로 서술하였다. 아울러 일제의 침략에 대한 저항 운동에도 비중을 두어 의병 항쟁을 정신사적으로 영구 불멸할 것이라고 높이 평가했고, 애국계몽운동 단체를 '애국당'으로 지칭하면서 그 교육구국운동의 성과를 긍정적으로 평가했다. 그밖에 항일 투쟁도 상세하게 서술함으로써 한국 근대사의 주체적 전개 과정을 밝히는 작업도 소홀히 하지 않았다. 그러므로 이 책에서 이미 독립을 위한 피의 투쟁사인『한국독립운동지혈사』가 예고되고 있다.

백암은 이 책에서 일제침략사를 중심으로 근대사를 서술함으로써 ① 대외적으로 일본 제국주의 침략의 잔학성과 간교성을 폭로 규탄하고, ② 대내적으로 국민들에게 '통痛'을 가르쳐 주어 민족적 통분에 기초한 독립운동의 정신적 원동력을 공급하며, ③ '국혼'과 '국백'을 나누어 일제에게 빼앗긴 것은 '국백'뿐이요, '국혼'은 남아 있으니 '국혼'을 잘 유지하고 강화하여 완전한 독립을 쟁취하도록 교육하고, ④ 자손 만대에 일제에게 침략당한 통한의 역사를 반성하라고 촉구했다

이 책은 근대적 방식으로 서술된 최초의 한국 근대사라는 점에서도 역사적 의의가 있다. 신채호를 비롯한 대부분의 민족주의적 역사가들이 고대사 연구에 집중했던 것과는 달리, 백암은 근대사 연구에 선구적인 업적을 남겼다. 그의 근대사 연구는 질과 양면에서 독보적인 위치를 차지하고 있다. 특히 한국 근대사를 일제의 침략과 그에 대한 저항사로 파악하는 백암의 시각은 향후 한국 근대사 연구의 기본적 구도로 자리 잡게

되어 이후 역사서술에 큰 영향을 미쳤다.

또한 백암은 민족적 과제를 실현하기 위한 실천적 역사학을 수립함으로써 저항주의적이고 개혁적인 민족주의적 역사학의 전통을 수립했다. 이것은 구한말 역사학이 지닌 실천성의 결여를 극복하고, 그 이후 민족주의적 역사학의 발전의 토대를 마련한 것이었다. 특히 국혼론적 역사 인식에 나타난 정신사관적 요소는 이후 민족주의적 역사학의 기본적인 특성이 된다. 일제 하의 민족주의 역사학자인 정인보가 '조선의 얼'을 강조한 것은 박은식의 국혼론적 역사 인식의 전통을 계승한 것이다.

『한국통사』가 국권 상실 과정에 있어서의 일종의 반성을 위한 서술이었다면 그의 다른 저서인『한국독립운동지혈사』는 국권 회복 운동의 전모를 서술한 역사서다. 18세기 후반기부터의 제국주의 일본의 침략에 피로써 저항한 민족운동사인『한국독립운동지혈사』는 갑신정변의 실패에서부터 1920년대의 만주 지방에서의 독립군의 활동 상황까지를 서술했기 때문에『한국통사』와 함께 읽으면 더욱 좋다.

◈ 추천도서
『한국통사』, 김태웅 옮김, 아카넷, 2012
『조선상고사/한국통사』, 윤재영 옮김, 동서문화사, 2012
『한국통사』, 최혜주 옮김, 지만지, 2010

— 朝鮮上古史 —

조선상고사

"역사는 아我와 비아非我의 투쟁"

신채호 지음

독립운동가이자 역사학자인 신채호가 중국 중심의 역사관과 식민사관으로부터 한국사를 바로잡기 위해 중세의 역사관을 극복하고 근대적 역사관에 입각해 저술한 한국 근대사학의 이정표로, 자료의 해석, 역사 서술의 객관성, 종합성 등을 강조하여 한국사학을 근대 사학으로 발전시켰다. 새로운 민족주의 사관에 입각해 단군에서 백제부흥 운동까지의 한국 고대사를 '아我와 비아非我의 투쟁'의 관점에서 서술했다.

　일제와의 비타협적인 투쟁에 일생을 바친 독립투사 신채호(申采浩 1880~1936)는 근대적 민족주의사관을 확립한 역사가이자 민중해방을 위해 무정부주의를 주장했던 아나키스트이기도 했다.

　단재는 충남 대덕에서 신숙주의 18대손으로 태어났다. 상해 임시정부 국무총리를 지낸 신규식도 같은 집안 사람이다. 단재는 9살에 『자치통감』, 14살에 사서삼경을 독파하여 주변에서 신동 소리를 들었다.

　1898년(19살)에 〈독립협회〉에 가입하여 활동하다 동지들과 함께 투옥된다. 1901년에는 충북 청원에 문동학교를 세워 애국계몽운동을 펼쳤다.

　단재는 1905년(26살)에 성균관 박사가 되었으나 관직에 대한 꿈을 버리고 장지연과 함께 〈독립신문〉의 후신인 〈황성신문〉의 논설위원이 되어 계몽운동에 앞장섰다. 그러나 이 신문은 장지연의 '시일야방성대곡'이 문제가 되어 정간되었다. 그 후 단재는 당시 외국인(베텔)이 발행인이었기 때문에 사전 검열을 받지 않아도 되는 〈대한매일신보〉에 입사하여 애국심과 국권 회복을 고취시키는 열정적인 글을 썼다.

단재는 1907년에 중국 양계초의 『이태리 건국 3걸전』을 번역하고, 우리나라 역사상 3걸로 을지문덕, 이순신, 최영을 뽑아 그들의 전기를 써서 우리나라 청년들이 국권을 회복하는 데 영웅적으로 투쟁하도록 했다. 단재는 같은 해에 안창호 등이 만든 〈신민회〉에 창립위원으로 참가했는데 당시 단재의 모습을 우연히 본 춘원 이광수는 1936년 4월, 〈조광朝光〉에 다음과 같은 기록을 남겼다.

> 세수할 때 고개를 빳빳이 든 채로 물을 찍어다 바르는 버릇 때문에 마룻바닥, 저고리 소매와 바지가 온통 물투성이가 됐다.

한편, 단재는 1908년에 〈대한매일신보〉에 '독사신론讀史新論'을 발표하여 지식인들에게 신선한 충격을 주었는데, 이 글을 통해 그는 전통적인 유교 사관을 통렬히 비판하는 동시에 새롭게 침투해오던 일본의 식민주의 사관에 대해서도 경계했다.

그는 1910년에 국권이 상실되자 블라디보스토크로 망명하여 그곳의 독립지사들과 협력하여 민족혼을 일깨우기 위해 〈해조신문〉을 간행하지만, 재정 문제 등으로 신문이 제대로 발행되지 못했다. 이때 상하이에 먼저 가 있던 신규식, 박은식의 초청을 받고 그곳에서 신한청년단과 박달학원에서 청년들에게 우리 역사를 가르쳐 애국심을 고취시키고 우리나라 상고사 연구에 열중했다. 우리의 과거 역사가 결코 퇴영적인 것이 아니고 고조선, 고구려 등이 강대한 중국에 맞서 영토를 보존해온 역사적 사실을 통하여 민족 사관을 정립하는 데 온 정열을 쏟았다.

그는 중국에서 학문 연구와 독립운동을 병행하면서 10년을 보냈다.

그즈음 국내에서 일어난 3·1운동 소식을 베이징에서 들은 단재는 조선 민중이 직접 독립운동을 전개한 사실에 감명을 받고, 역사의 주체로서 새롭게 떠오르는 민중에 주목하게 된다. 그는 상하이 임시정부에 적극 참여했으나 망명정부의 주도권을 놓고 서로 싸우는 모습에 분개한다. 특히 주도권 잡기에만 열중하는 이승만이 임시정부 대통령이 되자 이를 인정할 수 없어 이승만과 임시정부를 맹렬히 비난했다.

1922년에 무력급진 노선의 의열단 단장인 김원봉의 부탁으로 그가 보낸 무정부주의 이론가인 유자명과 함께 의열단의 행동 강령인 '조선혁명선언'을 기초한다. '조선혁명선언'은 단재의 비타협적 민족주의 사상과 유자명의 무정부 이론이 결합된 것인데, 이로 인해 단재는 무정부주의에 관심을 갖게 되었다.

'조선혁명선언'에서 그는 강력한 일제침략 세력과 맞서려면 외교나 문화운동 같은 간접적인 방법보다 파괴, 암살 등 폭력적 방법이 효과적이라고 생각했다. 또 민족자본의 육성과 교육을 통한 민족의식의 고취로 독립을 성취해야 한다는 '준비론자'도 비판했다. 이런 혁명적 방법을 강조하는 그의 주장은 일본 침략자들의 간담을 서늘하게 했다.

임시정부 내부의 분열에 실망을 느껴 한때 절에 들어가 대승불교의 개론서인 『대승기신론』을 읽던 단재는 그의 사명이 조선사 연구에 있음을 깨닫고 하산하여 조선사 연구에 몰두한다. 그는 조선 역사의 잘못을 바로잡기 위해 평생 고심했는데, 단재 사학이 일관되게 추구한 것 중의 하나가 중국에 대한 '사대'를 극복하는 것이어서 그는 역사 이야기만 나오면 『삼국사기』의 저자 김부식을 비판하곤 했다.

한편 국내의 친지들은 그의 글을 좀 더 보급하기 위해 이미 발표된 글을 모아 간행하고 미발표 원고들을 찾아 신문에 발표했다. 즉 『임꺽정』의 저자 홍명희는 〈동아일보〉에 발표했던 단재의 조선사 관련 논문을 모아 1930년에 『조선사연구초朝鮮史研究草』를 간행했고, 안재홍은 단재가 1920

년대 초에 써놓았던 『조선상고사朝鮮上古史』를 1931년에 〈조선일보〉에 연재했으며, 1910년대 후반에 써놓은 것으로 추정되는 『조선상고문화사朝鮮上古文化史』도 1931~1932년에 〈조선일보〉에 연재했다.

감옥에서도 계속되었던 조선사 연구에 대한 그의 정열은 1936년(57살) 뤼순 감옥에서 그가 순국함으로써 멈추고 말았지만, "내가 죽으면 시체가 왜놈들의 발끝에 채이지 않도록 화장해 재를 바다에 뿌려 달라."라고 말한 기백은 그의 독립운동과 역사 서술에도 고스란히 반영되어 있다.

정부에서는 단재의 공훈을 기리어 1962년에 건국훈장 대통령장을 추서하였다.

민족사관으로 식민사관을 극복하다

단재의 역사관은 크게 세 시기로 나누어 볼 수 있다. 첫 번째 시기는 「독사신론」으로 대표되는 1905~1908년까지이고, 두 번째 시기는 『조선상고문화사』로 대표되는 1909~1920년대 초까지이며, 세 번째 시기는 『조선상고사』와 『조선사연구초』로 대표되는 1920년대 전반기인데, 이후로 그는 무정부주의자로 기울었다.

「독사신론」은 한국 근대사학의 성립 과정에서 민족주의 사관을 처음 제시한 글로 평가된다. 그는 이 글의 서문에서 "국가의 역사는 민족의 소장성쇠消長盛衰의 상태를 서술한 것"이라고 말하고, "민족을 버리면 역사가 없어지며 역사를 버리면 민족의 국가에 대한 관념이 크지 않으니, 역사가의 책임이 막중하다."라고 하여 역사 서술의 주체를 '민족'으로 상정했다. 이는 중세의 왕조 중심 사관을 극복하고 민족사관을 정립한 것으로 볼 수 있다.

또한 「독사신론」은 주자학적 정통론과 사대주의적인 존화사관을 철저히 비판했다. 그는 당시의 단군-기자-마한-신라로 이어지는 정통론은 "노예의 헛소리"라 비판하고 단군-부여-고구려의 역사를 더 강조했다.

이는 부여-고구려 주족설主族說이라 하는데 여기에는 부여나 고구려 족이 살았던 만주의 고토에 대한 수복 의지를 담고 있다.

또한 「독사신론」은 당시 일본인들이 주장하던 임나일본부설(任那日本府說, 일본이 가야에 임나일본부를 설치하여 4세기 후반부터 6세기 중반까지 한반도 남부 지역을 지배했다는 설)을 "한국을 옛날부터 자기 소유물같이 생각하고 한국을 침략하기 위해 만들어낸 근거 없는 소리"라고 비판하여 한국 근대 역사학의 또 하나의 과제였던 식민주의 사관을 비판했다.

『조선상고문화사』는 단군조선 2,000년의 역사를 서술한 것이다. 이 글의 근저에 흐르는 그의 사상은 '국수보전론國粹保全論'이다. 여기서 '국수'란 그 나라에 역사적으로 전래하는 풍속, 습관, 법률, 제도 등의 정신을 가리키는 것으로, 단재는 국민 정신의 유지와 애국심의 환기는 이 국수에 근거를 두어야 한다고 주장했다. 이 이론은 당시 지식인들 사이에 크게 확산되면서 '국수'의 상징으로 '단군 숭배' 분위기가 일어나 1909년에 대종교가 창건되기도 했다. 그리고 1910년대에 들어서는 만주에서 무장 투쟁을 준비하고 있던 독립운동가 대다수가 대종교에 입교하는 현상이 일어났다고 한다.

『조선상고사』와 『조선사연구초』는 단재 사학의 대표적인 글이다. 『조선상고사』 서문에서 단재는 역사의 정의에 대해 "아我와 비아非我의 투쟁"이라고 밝히고 있다. 단재의 사상에서 주목할 것은 단순히 아와 비아의 투쟁을 역사로 보는 것이 아니라, 그 저변에 깔린 투쟁의 정신사를 역사로 보고 있다는 점이다. 이것이 단재 역사관의 특징이다. 즉, 단재는 「조선역사상 일천년래 제일사건」에서 한국사를 "선교仙敎, 불교, 독립사상, 진보사상 대 유교, 사대주의, 보수사상"의 대립축으로 보면서 양자가 대결하여 후자의 승리로 귀결된 결정적인 사건이 '묘청의 난'이었다고 주장한다.

단군 시대부터 백제의 멸망까지

『조선상고사』는 단군 시대부터 백제의 멸망과 부흥 운동까지를 총 12편으로 나누어 기술하고 있다. 1편 총론, 2편 수두(단군신앙) 시대, 3편 삼조선 분립시대, 4편 열국쟁웅시대列國爭雄時代, 5편 고구려 전성시대, 6편 고구려의 쇠퇴 징조와 북부여의 멸망, 7편 고구려와 백제의 충돌, 8편 남방 여러 나라의 대 고구려 공수동맹, 9편 3국 혈전의 시작, 10편 고구려와 수의 전쟁, 11편 고구려와 당의 전쟁, 12편 백제의 강성과 신라의 음모로 구성되어 있다.

단재의 역사관은 이 책의 첫 장에 그 유명한 선언으로 시작된다.

> 역사란 무엇인가? 인류 사회의 '아我'와 '비아非我'의 투쟁이 시간으로 발전하고 공간으로 확대되는 마음의 활동 상태의 기록이다. 세계사는 세계 인류가 그렇게 되어 온 상태의 기록이요, 조선사는 조선 민족이 그렇게 되어 온 상태의 기록이다.

이처럼 단재의 역사관과 역사 이론이 제1편의 총론에 명쾌하게 제시되고 있다. 그는 역사를 아와 비아의 투쟁의 정신사로 보고 역사 발전의 원동력을 사물의 모순 및 상극 관계에서 파악하고 있는데, 이는 헤겔의 변증법의 영향인 것 같다. 총론에는 역사의 정의와 조선사의 범위, 역사의 3대 원소 등이 나타나 있는데, 오늘날의 시각에서 보면 비판의 여지가 없지 않지만 당시로서는 혁신적이었다.

또한 단재는 역사를 객관적으로 서술하기 위해서는 사료의 수집과 비판이 선행되어야 한다는 실증주의적 역사 방법론을 강조하고 "역사는 역사를 위해서 짓는 것이지, 역사 이외에 다른 목적을 위해 짓는 것이 아니다. 좀 더 자세히 말하자면 객관적으로 사회적 유동 상태와 거기서 발생한 사실을 그대로 적은 것이 역사요, 저작자의 목적에 따라 그 사실을 좌우하거나 더하거나 또는 고치는 것이 아니다."라고 하여 역사학의 학문적 독립성을 역설했다. 이는 결국 우리의 역사학을 근대적인 역사학으로 성립시키려는 이론적 작업이었다. 또한 단재는 총론에서 사대주의나 유교사상에 물든 기존 역사가들을 비판하고 있다.

그는 단군, 부여, 고구려 중심으로 상고사를 체계화했고 상고사의 무대를 한반도 중심의 기존 학설에서 벗어나 만주와 중국 동북 지역과 요서 지방까지 확대하고 있다. 이는 일제 하에 전개된 우리 민족의 고토수복운동이나 독립운동의 기지화 운동과 연결되고 있다. 김부식 등 사대주의 역사가와 한국사의 타율성론을 강조했던 식민사관론자들은 한국사의 본격적인 전개 시기를 삼국시대 이후로 보고, 그 역사 무대도 한반도가 중심이라고 애써 강조했던 것과 크게 비교된다.

또 대외 식민 활동을 강조하는 단군관은 구한말의 사대주의 청산 작업과 자강독립운동 및 일제 하의 국권회복운동의 기반 구축을 단군과 관련시키려는 의지의 표현이다. 단재가 『삼국유사』를 통해 단군 문제를 이해한 것은 단군 문제가 구한말 일제하의 민족주체성 문제와 연결되고 있었기 때문이다. 단재의 단군, 부여, 고구려 중심설은 만주를 중심으로 한 고구려의 웅혼한 기상과 대외항쟁성을 강조하는 것으로, 단군, 부여, 고구려 중심의 주체적인 민족주의 사관을 볼 수 있다.

단재는 중국에 대한 문화적, 정치적 사대주의를 타파하고 이전의 역사가들이 삼국과 신라에 가려서 보지 못했던 부여, 가야, 발해사에 대한 재조명을 가능하게 했으며, 대외 항쟁의 주체였던 고구려와 해외경략에 앞섰던 백제를 멸망시켜 한국사의 무대를 반도 내로 축소시킨 신라의 삼국 통일을 "김유신의 음모"로까지 부정적으로 평가했다.

근대 민족주의 사관의 출발점

단재의 『조선상고사』는 과거의 가치관이나 역사관을 부정하고 새로운 역사관 위에서 우리의 역사를 재평가하고 있는데 여기에는 단재의 강한 민족 의식이 작용하고 있다.

단재의 사학은 박은식의 사학과 함께 한국사학을 근대적인 학문으로 성립시켰다. 단재는 한국사학에서 전통사학과 근대사학, 식민주의 사학과 민족주의 사학, 영웅 사관과 민중 사관이 교차되는 접점에 서 있다.

일반적으로 단재의 사학은 '아와 비아의 투쟁의 정신사'라고 해서 독립운동의 한 방편으로만 이해되어 왔으나, 근래에 와서는 그의 역사학이 지닌 중세성의 극복과 근대성을 강조하는 경향이 나타나고 있다. 그는 역사를 편협한 의리론, 정통론적인 이데올로기성에서 해방시켜 역사적 사실을 객관적으로 밝히는 '역사과학'의 위치로 끌어올려 유교적 중세사학을 청산하고 근대사학을 성립시켰다.

이어서 단재의 민중 사관은 역사의 주체와 관련된다. 그는 역사 연구의 초기에는 역사의 주체를 '영웅'으로 보았다. 그러다가 1908년을 전후하여 그는 기존의 '영웅 사관'에서 '민중 사관'으로 역사관의 변화를 보이기 시작하였다. 후에 3·1운동이 일어나면서 1920년대에 평등 사상이 고양되고 독립운동에서도 민중 지도자가 나오자 『조선혁명선언』에서 '민중'을 역사의 주체로 보는 사상적 용단을 내리게 된다.

따라서 그의 역사 주체 인식은 영웅-국민-민중의 순서로 변화되어 가는데, 그가 『조선상고사』를 저술하는 시기에 이르면 민중을 역사의 주체로 인식하는 근대적인 사관의 단계에 이른다.

이렇듯 단재에 이르러 한국의 근대 민족주의 사학이 시작되었다. 그의 사학은 당시 일본 관학자官學者들이 조선사 연구 자세에서 보이는 식민주의적 사학을 극복했으며, 민족주의적 사학으로서의 성격이 강하게 나타난다. 그러나 단재의 사학에 우리 민족의 전통성과 주체성이 담겨 있다 해도, 그 역시 시대적 한계를 넘어서지 못한 면이 있다. 그의 치열한 삶과 투철한 민족애, 그리고 자주 정신은 오늘날까지 칭송되고 그의 역사학은 우리나라의 근대사학 및 민족주의 사학의 출발로 평가되지만 역사 연구에 민족주의 사상을 지나치게 반영하여 그의 역사이론 및 한국 고대사 인식에 교조적이고 독단적인 면이 있다는 비판도 있는 것이 사실이다.

❖ 추천도서

『조선상고사/한국통사』, 윤재영 역해, 동서문화사, 2012

『조선상고사』, 박기봉 옮김, 비봉출판사, 2006

주역

점과 철학의 두 얼굴

지은이 모름

점술서인 『역경』과 철학서인 『역전』으로 구성된 『주역』은 중국 민족의 풍부한 생활 경험과 철학적 지혜를 담고 있으며, 상호 모순과 대립의 통합이라는 변증법 사상과 변화 및 발전 개념, 그리고 천지인天地人을 하나로 파악하는 유기체적 사고 등이 나타나 있다. 인간의 운명은 고정된 것이 아니라 인간의 주체적인 노력에 의해 변화될 수 있고, 도덕적 정당성 확보를 위한 '마음공부'의 필요성이 있음을 강조하고 있다.

『주역』은 6경六經의 첫머리로 모든 경전의 으뜸이며 동양사상의 영원한 원천이다. 사마천의 『사기』에 의하면 공자가 만년에 『주역』을 좋아하여 가죽 끈이 세 번이나 떨어질 정도로 『주역』을 읽었다고 한다.

『논어』, 『맹자』 등은 주로 사회적인 문제 의식에서 출발하여 인간의 심성에서 그 해결 방안을 모색했으나, 『주역』의 기본 구성 요소인 8괘가 하늘, 땅, 물, 불 등 자연을 상징하는 사실에서 알 수 있듯이, 『주역』은 자연의 본질적 존재 양상과 그 관계성을 밝히고 그것을 인간 사회에 적용하는 유기체적 세계관을 담고 있다. 베이컨과 데카르트가 시작하여 뉴턴이 완성한 서양의 기계론적 세계관을 대체할 수 있는 새로운 패러다임으로 주목받는 이유가 여기에 있다.

자연을 정복과 지배의 대상으로 삼는 서양의 자연관과는 달리 『주역』

에서는 인간을 자연을 구성하는 한 요소로 본다. 이에는 인간이 주변 요소들과 분리할 수 없는 한 생명체에 불과하다는 겸손한 인간관이 담겨 있다. 음양론에 기초한 유기체적 세계관은 현재의 생태학적 위기를 극복할 수 있는 하나의 대안으로 떠오르고 있다.

모든 것은 변화한다

『주역』은 선진先秦 시대 유가의 경전 중의 하나이자 중국 고대 문화의 토양에서 형성된 경전으로 동양적 세계관에 깊은 영향을 미쳤다. 중국 문화와 사상의 바탕이 되는『주역』은 자연의 운행 원리를 인간의 삶과 사회의 존재 양식, 그리고 역사 발전 법칙에 적용한 내용들을 고도의 상징적 기법으로 표현하고 있어 그 내용이 심오하면서도 난해하다.

'주역周易'에서 '주周'는 주나라를 의미하고 '역易'은 도마뱀과 같은 파충류의 모양을 그린 상형문자이다. 몸의 색깔이 주위 환경에 따라 변하므로 '역'은 '변화'를 의미한다고 한다. 또는 '역易'을 해日와 달月의 회의會意 문자로 보기도 하는데, 이는 변화의 모습을 가장 잘 드러내는 것이 바로 해와 달이라는 생각에서인 것 같다.

이를 통해 '역易'의 핵심이 '변화'라는 점을 알 수 있다. 그래서『주역』을 영문으로 표기할 때『변화의 책(The Book of Change)』이라고 한다. 자연계와 인간계를 포함하는 모든 존재는 끊임없이 변화하고 발전해간다는 주역의 근본 전제를 '역'이라는 한 글자가 웅변적으로 표현해 주고 있다.

주나라 때 만들어진 점술서,『역경』

『주역』의 앞부분은『역경易經』이고 뒷부분은『역전易傳』이다.『역경』에서『역전』에 이르는 길고 긴 과정은 중국인의 사유 수준과 인식 능력이 향상되는 과정을 반영한다.

『역경』은 주周나라 때 만들어진 점술서이다. 점이란 미래의 발생 사태를 예측하고 그에 적합한 행동 양식을 찾는 것이다. 그래서 이 책은 진시황의 분서갱유 때도 불온한 사상서가 아니라 '유용한 점서'라는 점 때문에 화를 면할 수 있었다.

『역경』은 64괘卦로 이루어져 있고, 모든 괘는 괘획卦劃, 표제標題, 괘사卦辭, 효사爻辭의 네 부분으로 되어 있다. 삼라만상의 복잡하고 다양한 현상을 64괘와 384효로 간단하고 평이하게 설명하여 사람들에게 올바르게 살아가는 방법을 말해주고 있다.

『역경』의 기본 부호는 이어진 선인 '─'와 단절된 선인 '--'이며 이를 '효爻'라 부른다. '─'은 '양효陽爻'이고 '--'는 '음효陰爻'이다. 이런 2가지 기본 부호가 조합 배열되어 매 3개의 효가 하나의 '괘卦'를 구성함으로써 '팔괘八卦'가 형성된다. 즉, '건乾 ☰', '곤坤 ☷', '진震 ☳', '손巽 ☴', '감坎 ☵', '이離 ☲', '간艮 ☶', '태兌 ☱'이다.

팔괘는 다시 2개가 한 조가 되어 서로 뒤섞여 배합되면서 64괘를 구성한다. 64괘의 모든 괘는 괘획 뒤에 모두 표제가 붙어 있는데, 그것이 괘명卦名이다. 그 뒤에 다시 간단한 괘사가 있어 괘의 의미를 설명하며, 또한 효사爻辭가 있어 각 효의 내용에 대해 해석한다.

문자로 이루어진 대부분의 책들과 달리 『주역』은 문자보다 '괘'라고 하는 상징 체계가 많이 나온다. 그러면 왜 주역의 저자들은 자신의 생각을 표현하는 수단으로 문자보다 괘상卦象을 택했을까?

그 이유는 『주역』의 「계사전繫辭傳」에 나와 있다. 즉 "글로써는 말이 나타내고자 하는 내용을 다 표현할 수 없고, 말로써는 뜻을 다 표현할 수 없다. 그렇다면 성인의 뜻은 볼 수 없는 것일까? 선생님께서 말씀하셨다. '성인이 상징 체계를 만들어서 뜻을 완전하게 표현하셨다.'"

생각을 전달하는 매개인 말과 글은 생각의 일부밖에 표현하지 못하는 불완전한 것이며, 그중에서도 글은 말에 비해 더욱 불완전한 표현 수단이다. 이런 언어와 문자의 한계성에 대한 인식은 『주역』뿐만 아니라 중국

철학의 일반적인 경향이다. 노자가 지은 『도덕경道德經』 첫 줄에 "도가도 비상도道可道 非常道 명가명 비상명名可名 非常名"라는 말이 있다. 이는 "도라고 말할 수 있는 것은 이미 참된 도가 아니며, 도라고 이름 붙일 수 있는 것은 도의 참된 이름이 아니다."라는 뜻이다.

이것은 진리를 설명하기 위해서는 언어와 문자에 의존할 수밖에 없지만 언어와 문자라는 매우 불완전한 매개로 표현된 것을 진리로 알면 도리어 진리의 본질을 못 볼 수가 있음을 경고한 것이다.

이 같은 언어의 한계성과 불완전성을 극복할 수 있는 매개로 『주역』에서는 '괘卦'라는 상징 체계를 선택한 것이다. 『주역』의 '괘'는 만물을 상징하는 것으로 이것은 자연과 인간과 사회, 즉 모든 존재의 근본 양상과 변화 체계를 나타내는 상징 체계이다. 조선 후기 유교 경전에 대해 주자와 다른 해석을 한 사람이 '사문난적斯文亂賊'으로 몰릴 때에도 『주역』만은 다양한 해석이 허용되었는데, 이는 이 책이 지니는 고도의 상징성 때문이었다.

『역경』의 저자에 대해서는 복희伏羲가 괘를 그렸고 주周 나라 문왕이 괘사와 효사를 지었다는 설 등이 있으나, 현대의 연구자들에 의하면 『역경』은 고대 점복占卜의 기록과 현실 생활의 경험, 인간의 지적 경험이 축적되는 과정에서 점차 보완했을 것으로 보고 있다. 즉 『역경』은 은나라 말기와 주나라 초기에 완성된 것으로 보고 있다.

『역경』은 점술서로서 분명히 신비주의적 틀을 가지고 있다. 그러나 그 내용은 오히려 당시의 생산 활동과 사회 투쟁의 경험을 포함하며 자연과 사회의 모순 및 운동을 분석하고 예측하는 방법을 종합하여 소박한 변증법적 요소를 많이 포함하고 있다.

『역경』은 '모순과 대립의 통일'이라는 관념을 제시하였다. 『역경』에서는 '――'와 '—'를 기본 부호로 하여 음양의 대립적 관념을 표시하고 있다. 이런 두 가지 기본부호를 계속 조합시켜 8괘와 64괘로 된 하나의 시스템을 구성하고 있다. 이는 모순의 대립과 통일이 전체 세계의 원리임을 보여준다.

송나라의 철학자인 장횡거張橫渠는 "형상이 있으면 이에 대립이 있고 대립은 반드시 상반적인 관계를 낳고, 상반적인 관계가 있으면 반드시 화해하여 갈등이 해소된다."라고 주장했다. 그리고 명, 청 교체기의 진보적인 학자인 왕부지王夫之는 "강유剛柔, 한온寒溫, 생살生殺은 서로 반대 관계로서 반드시 원수가 되지만, 마침내 서로를 이루어(相成) 적대적인 관계가 해소되고 마침내 태허太虛로 돌아간다."고 말하며 적대 관계를 화해시키는 상반상성相反相成의 논리를 제시했다. 이는 현대물리학의 거장인 닐스 보어가 주장한 "반대되는 것은 서로 보완적이다."라는 '상보성相補性원리'와 유사한 사유 구조라 할 수 있다.

또한 『역경』에는 '발전과 변화'의 개념이 나타나 있다. 『주역』 맨 처음에 나오는 건乾괘는 곧 용이 올라가는 변화에 의해 사물이 발전하고 변화하는 법칙을 설명하는 것인데 그 내용은 다음과 같다.

> 초구初九 : (물에) 잠겨 있는 용이니 활동하지 말라.
>
> 구이九二 : 용이 밭에 나타났으니, 대인을 만나면 이롭다.
>
> 구삼九三 : 군자가 하루 종일 노력하고 저녁에도 근신하면 위태해도 큰
> 　　　　　화는 없다.
>
> 구사九四 : 솟아올랐다가 다시 연못에 있으니 허물은 없다.
>
> 구오九五 : 나는 용이 하늘에 이르렀으니 대인을 만나면 이롭다.
>
> 상구上九 : 절정에 오른 용이니 후회도 있다.
>
> 용구用九 : 뭇 용을 보되 우두머리가 없으면 길하리라.

이것은 사물의 변화가 모두 잠겨 있다가(潛) 나타나게 되고(見, 現), 도약해(躍) 마침내 비상(飛)에 이르는 발전 과정을 거친다고 설명하고 있다. 그

러나 사물의 발전이 극단에 이르렀을 때는 '후회가 있는' 상태로 바뀌게 되어 거꾸로 가기 시작한다.

초구初九는 착실하게 미래를 준비하는 기간이므로 이 시기에 절대로 자신의 부족한 능력을 발휘해서는 안 된다. "언젠가 많은 것을 말해야 하는 사람은 가슴속에 말없이 쌓아야 한다."는 니체의 말처럼 이 시절은 부족한 능력을 조용히 키우는 시기다.

구이九二는 물속에 잠겨 있던 용이 밭에 나온 형국이니 인생으로 보면 20살 전후의 대학생 시절이다. 이 시기에 중요한 것은 자신의 잠재적인 능력을 도와줄 수 있는 귀인을 만나는 것이다. 예를 들어 농맹아자 헬렌 켈러는 설리번이라는 좋은 선생님을 만나 새로운 삶을 살 수 있었다.

구삼九三은 인생으로 볼 때 30살 전후로 배움의 기간을 지나 홀로 서는 시기이다. 이 시절에 자립의 바탕을 튼튼히 마련해야 한다.

구사九四는 인생으로 보면 40살 전후이다. 그동안 이루어온 업적으로 신분이나 지위의 상승이 있지만, 아직은 과거의 흔적이 남아 있는 시기이다. 그러나 이는 시간이 경과하면 자연스럽게 해소된다.

구오九五는 50살 전후의 인생의 절정기로 자신의 능력이 최대한 발휘되는 시기이다. 이때에는 조직의 우두머리 역할을 맡게 되며 자신의 철학을 구현할 유능한 사람들을 만나야 큰 힘을 발휘하게 된다.

상구上九의 내용인 '항룡유회亢龍有悔'에서 '항룡'이란 '더 이상 높이 날 수 없는 용'이란 뜻으로, 더 움직이면 추락만 있을 뿐이다. 즉 부귀영달을 다 누리고 나면 쇠퇴할 일밖에 없다는 의미로 성공한 자의 노욕老慾을 경계한 말이다. '차면 곧 기운다'는 말처럼 절정기에 쇠퇴기를 예견하고 대비해야 한다.

용구用九는 무리를 이룬 용이 구름 속에 그 머리를 감추고 자신을 내세우지 않는다는 말이다.

이처럼 『역경』에서는 지세의 평평함(平)과 기울어짐(陂), 평안함(泰)과 그렇지 못함(否)은 모두 오고 가며 바뀌는 것이라고 말하고 있다. 이로써 인간들은 자신의 운명이나 천명이 영구불변한 것이 아니라 인간의 도덕적 수양에 의해 바뀔 수 있다는 사실을 알게 된다.

『역경』은 점치는 사람의 도덕적 정당성을 전제로 한다. 이 말은 아무리 길한 괘나 효를 얻었다 할지라도, 점친 자의 윤리적 정당성이 결여된 경우는 도리어 흉이 될 수도 있다는 뜻이다. 건乾괘에서 말하는 '군자가 하루종일 노력하고 저녁에도 근신하면 위태해도 큰 화는 없다'는 말은 아무리 어려운 상황에 처해도 최선을 다하면 위기가 와도 큰 화는 면할 수 있다는 뜻이다.

그러므로 『주역』에는 절대적인 길吉이나 흉凶은 없다. 그러나 자신의 인격 수양을 위해서는 과욕은 버려야 한다. 꾸준히 자기 마음을 갈고 닦는 '마음공부'의 과정이 필요하다. 이런 의미에서 『역경』을 '세심경洗心經', 즉 마음을 씻는 경전이라고도 한다. 점은 매일 향을 피워 공경을 다하고 목욕재계한 후에, 의식을 정지시키고 무의식을 활성화시켜 신비적 직관을 가능케 하는 장치이며, 이 과정을 통해 사사로운 욕심을 제거하여 도덕적 정당성을 확보하는 수양이 된다.

『역경』의 64괘를 이용하여 점을 칠 때 유의해야 할 점은 첫째, 그 묻는 바에 대해 정성된 마음으로 한 번만 점쳐야 한다. 즉 나쁜 괘가 나왔다고 해서 같은 물음을 반복하는 것은 좋지 않다. 둘째, 정당한 것을 물어야 하며 사악한 것은 묻지 말아야 한다. 셋째, 맨 처음 뽑은 일책一策은 태극을 상징하므로, 한 괘를 얻을 때까지 나머지 49개의 책과 섞지 말아야 한다. 넷째, 점을 통해 얻은 괘에 대한 해석은 다양할 수 있기 때문에 획일적인 해석은 바람직하지 않다.

천지인天地人의 유기적 통일을 밝힌 철학서, 『역전』

『역전』은 『역경』의 해설서이자 수양서이며 철학서이다. 『역』은 너무 간결하고 잠언적인 내용이어서 이해하기가 쉽지 않다. 이 난해한 괘사와 효사를 이해하기 쉽게 풀이하고 그 이론적 토대를 마련해 놓은 것이 『역전』이다. 즉 『역경』을 풀이한 것이 『역전』이다.

『역전』은 모두 10편으로 '십익十翼'이라고도 부르는데, 이는 주역의 원형인 괘사와 효사를 이해시키기 위한 10개의 '보조문헌'이라는 뜻이다. '십익'은 크게 괘사와 효사를 직접 풀이한 '단전彖傳', '상전象傳', '문언文言'과 주역의 전반적인 문제에 대해 체계적으로 설명한 '계사繫辭', '설괘說卦', '서괘序卦', '잡괘雜卦'로 구분된다.

『역전』은 공자가 쓴 것으로 전해지고 있으나, 내용을 보면 이 책은 결코 일인일시一人一時에 쓴 책이 아니라 전국시대부터 한나라 초기에 복수의 유학자들이 쓴 것으로 보인다.

『역전』은 비록 64괘를 해석하고 그 속의 철학과 사상을 설명하는 형식이지만 실제적으로는 『역경』 이후의 철학적 발전을 수용한 것이다. 특히 선진先秦 시대의 변증법적 사유의 발전을 종합하여 보다 높은 사유 수준과 이성적 자각을 통해 새로운 철학 체계를 정립했다. 이렇게 하여 『역경』의 신비주의적 성격을 완화시켰다.

『역전』은 자연계와 인류 사회를 하나의 통일된 전체로 생각하여 하늘天, 땅地, 사람人의 유기적 통일을 중시했다. 천지인 사상은 인간과 세계의 유기적 통일을 중시하는 고대철학의 세계관이다. 또한 통일로 향하는 전국시대 후기의 분위기가 철학에 반영된 면도 있다. 하늘, 땅, 사람이 서로 통일되어 있다는 전제 하에 『역전』은 자연과 인간을 포괄하는 우주의 생성을 도식으로 제시한다. 예를 들면 『역전』의 '서괘전序卦傳'에는 다음과 같은 내용이 나온다.

> 하늘과 땅이 있은 다음에 만물이 있고, 만물이 있은 다음에 남녀가 있고, 남녀가 있은 다음에 부부가 있고, 부부가 있은 다음에 부자가 있고,

> 부자가 있은 다음에 군신이 있고, 군신이 있은 다음에 상하가 있고, 상
> 하가 있은 다음에 예의가 있게 된다.

『역전』에서 보면 물질적인 천지는 만물의 근본이며, 천지의 교감에 따라 세계의 만물이 생겨났고, 그 가운데 인간이 태어났다. 인류가 발전하면서 점차로 부부, 부자, 군신, 상하 등 온갖 사회 관계가 생겨나고 예의 등이 형성된 것이다. 이런 우주 생성의 도식은 비록 단순하고 유치하지만 일종의 소박한 유물주의와 변증법적 사상을 지닌 우주관으로 천명天命이나 신권神權 사상을 배제하고 자연과 사회를 하나의 통일된 자연적인 발전 과정으로 보았다.

『역전』은 우선 '변화와 발전의 사상'을 강조한다. 『역전』에서 보면 자연계는 부단히 변화하며 운동한다.

> 해가 지면 달이 뜨고 달이 지면 해가 뜨니, 해와 달이 서로 밀어 밝음이
> 생겨난다. 추위가 가면 더위가 오고 더위가 가면 추위가 오니, 추위와
> 더위가 서로 밀어 일 년이 된다.

이처럼 해와 달의 운동, 추위와 더위의 교체로 낮과 밤, 사계절 등 자연 현상이 생긴다. 마찬가지로 인류 사회도 고정불변의 것이 아니다. 탕湯왕과 무武왕의 혁명은 하늘에 순응하고 사람에 호응한 일이었다. 따라서 폭군을 밀어내고 새로운 정치를 시도하는 것은 합리적인 것이다. 그렇기 때문에 '끊임없이 생겨나 그치지 않는 것(生生不息)'과 '날마다 새롭게 변화하는 것(變化日新)'은 사물의 근본적인 속성이다. 사람들은 당연히 발전과 변화의 관점에서 세계를 봐야 하며, 그 변화에 순응해야 한다.

또한 『역전』은 '변화의 원인'에 대해 관심을 보였다. 『역전』은 사물의 발전과 변화에서 주요한 것은 외부적인 힘보다 사물 내부의 음과 양, 강함

과 부드러움 등과 같은 대립적인 면의 상호작용에 있다고 보았다.『역전』
은 "한 번은 음이 되고 한 번은 양이 되는 것을 도道라 하고, 강함과 부드
러움이 서로 밀어 변화가 생긴다."는 전통적 이원론의 명제를 개발하여
발전은 대립적인 면의 통일임을 말했다.

여기서 출발하여『역전』은 우주 만물에 고유한 대립과 통일이라는 양
면을 개괄하여 음양陰陽, 남녀男女, 강유剛柔, 순역順逆, 동정動靜 등에서
'건'과 '곤'을 찾았다. '건'과 '곤'은 성질이 상반되어 서로 배척하면서도 서
로 의존해 분리될 수가 없다. 따라서 여기서 운동과 변화가 생기고 만물
이 생성하고 변화한다.

8괘에서 '건'과 '곤' 두 괘의 대립과 통일이라는 요소가 나머지 6괘를
관통하며, 이 6괘는 모두 건과 곤의 기본적 모순을 그 속에 포함하고 있
다. 따라서 건, 곤의 두 괘는 하늘과 땅을 대표하고, 이는 부모와 같으며,
그 밖의 6괘는 하늘과 땅에서 파생된 천둥, 바람, 물, 불, 산, 호수를 상
징하는데 이는 마치 자녀와 같다.

그리고 8괘에서 변화되어 나온 64괘와 여기서 전개되어 나타나는 여
러 사물이나 현상은 모두 서로 반대되면서도 서로 어울리는 '건'과 '곤'의
성질을 포함하고 있다. 이처럼 '건'과 '곤'의 대립과 통일은 모든 사물이 변
화하는 원천이 된다. '건'과 '곤'이 나열되면 '역'의 원리가 그 속에 성립된
다. '건'과 '곤'이 훼손되면 '역'의 원리를 찾아볼 수 없다. 사물의 변화는
곧 '건'과 '곤'의 상호 작용에 있으며 '건'과 '곤'의 상호 작용을 떠나서는 변
화를 말할 수가 없다.

『역전』은 '사물의 전화轉化'에 대해서도 말하고 있다.『역전』은 '한계에
이르면 변화가 일어나며(窮則變)', '극도에 달하면 반대로 된다(極則反)'는 변
화의 원칙을 제시하여 모든 사물은 그 변화 과정 중에서 그 양의 축적에
따라 일정한 한계에 도달하면 상반된 방향으로 전화한다고 보았다. 이런
양적인 축적은 점진적인 과정이다.

『역전』은 춘추전국시대의 사회 변혁이라는 역사적 경험을 종합하여, 사람들에게 사회적인 운동 가운데 '축적(積)'과 '점진(漸)'에 주의하도록 깨우쳐 주었다. "선善을 쌓은 집은 반드시 경사가 있고, 악을 쌓은 집은 반드시 재앙이 있게 된다. 신하가 군주를 살해하고 자식이 부모를 죽이는 것은 하루아침에 이루어진 것이 아니다. 그런 일의 유래는 점진적인 것이다." 이것은 선과 악이 모두 점진적인 축적을 통해 작은 것에서 큰 것으로 변화하며, 사회 모순의 격화에는 점진적인 발전의 과정이 있음을 설명하고 있다. 따라서 『역전』은 "군자는 편안하더라도 위기를 잊지 않고 존재하더라도 멸망을 잊지 않으며 질서가 있더라도 혼란을 잊지 않는다. 이 때문에 자신은 안전하고 국가와 집안을 보존할 수 있다."고 말한다.

『역전』의 변증법 사상은 신흥 귀족 계급의 생기발랄한 진취적 정신을 구현하고 있으며, 몰락 계급의 불안한 심리를 반영했던 노자의 소극적 변증법 사상과는 선명하게 대비된다. 『역전』은 "건과 곤이 나열되고", "날마다 새롭게 변화한다."는 원칙에 근거하여 "하늘의 운행은 강건하니, 군자는 이를 본받아 스스로 노력하여 쉬지 않는다."라든가, "땅의 형세가 곤坤이니 군자는 이를 본받아 두터운 덕으로 만물을 포용한다."는 내용을 제시하여 사람들에게 시대와 함께 전진하고 분발하여 발전할 것을 요구했다.

동양인의 원초적 사유 체계

『역경』에서 『역전』에 이르는 장구한 변천 과정을 거치면서 『주역』에는 중국 민족의 풍부한 경험과 지혜가 담겼다. 『주역』은 선진 시대 이후 중국철학의 발전에 중요한 발원지 역할을 했다. 『역전』에서 설명하는 천지인 사상은 진한秦漢의 교체기를 거치면서 철학자들에 의해 반복적으로 가공되어 마침내 서한 시대에 지배적 지위를 차지하는 사유모델이 되었다. 한漢 대의 철학과 자연과학은 모두 이런 소박한 정체관整體觀을 운용하여 대상 세계를 파악하는 것을 강조했다.

　동시에 한나라의 동중서董仲舒를 비롯한 일군의 관변철학자들은 다시 "하늘은 귀하고 땅은 천하니, 건과 곤은 각각 자리가 있다."는 『역전』의 형이상학적 경향을 강화했으며, 아울러 그것을 신비주의화해서 "임금과 신하, 부모와 자식, 남편과 아내는 모두 그 의리를 음양의 원리(道)에서 취한다. 임금은 양陽이요, 신하는 음陰이며, 아버지는 양이요, 아내는 음이다."라고 주장했다. '양'에 해당되는 군주, 아버지, 남편은 결국 주도적인 지위에 있으며, '음'인 신하, 자식, 부인은 결국 복종하는 지위에 있고 모순의 쌍방은 정해진 위치를 바꾸지 않는데, 이는 곧 하늘의 뜻에 의해 결정된 것이라고 보았다.

　그러나 위진魏晉의 현학자들은 한대 경학자들의 이런 신비주의적 경향을 버리고 철학적 의미에 중점을 두어 『주역』을 설명하고자 노력했다. 그들은 『노자』, 『장자』, 『주역』을 '삼현(三玄, 3권의 현묘한 책)'으로 불렀으며, 도가사상으로 유가의 경전을 해석하여 그들의 현학玄學 이론을 설명했다. 젊은 현학자 왕필王弼은 『주역주周易註』와 『주역약례周易略例』를 저술하여 의리와 사변을 제창하고 새로운 역학의 학풍을 열었다. 동진東晉 때 이 『주역주』는 학관(學官, 오늘날 국립대학의 강좌)에 들어가게 되었다. 당나라 시대의 공영달은 『오경정의五經正義』를 펴냈는데 이때 『주역』은 왕필의 주석을 원용했다. 이것은 송나라의 철학 발전에 커다란 영향을 주었다.

　송대의 각 학파의 철학자들, 예컨대 주돈이(주염계), 소옹(소강절), 왕안석, 장재(장횡거), 정이(정이천), 주희(주자) 등은 모두 『주역』에 담긴 사상을 깊이 연구했다. 장재의 『역설易說』, 정이의 『이천역전伊川易傳』, 주희의 『주역본의周易本義』 등은 모두 송대의 『주역』 연구들이다. 명과 청의 교체기에 활동한 왕부지王夫之는 고대의 역학 연구를 집대성한 인물로 『주역외전周易外傳』, 『주역내전周易內傳』, 『주역내전발례周易內傳發例』 등과 같은 일련의 역학 논저들을 지었다.

『주역』은 현대 중국철학계에도 여전히 존중받고 있었다. 량수민梁漱溟과 함께 중국의 현대 신유학을 창시한 철학자 슝스리(熊十力, 1884~1968)는 『주역』의 변증법적 사유를 수용하고 왕부지의 역학적 우주관과 인생관에서 적극적이고 진취적인 정신을 폭넓게 수용하여 자신의 철학 체계를 구축했다.

『주역』은 중국의 고대 종교, 사상, 문학, 역사에도 중요한 영향을 끼쳤다. 『역전』에 나오는 "날마다 새롭게 변화하고(變化日新)", "끊임없이 스스로 강해져야 한다(自强不息)"는 적극적이고 진취적인 정신은 중국의 많은 사상가, 과학자, 예술가들의 정신적 원동력이 되었다.

◈ 추천도서
『하늘의 뜻을 묻다-쉽게 풀어 쓴 주역』, 이기동 옮김, 열림원, 2005
『주역 왕필주』, 임채우 옮김, 길, 2001
『역주 주역본의』, 백은기 역주, 여강, 1999
『현토완역 주역전의』(전 2권), 성백효 역주, 전통문화연구회, 1998

논어

동아시아의 영원한 고전

공자의 제자들 지음

서양사상을 이해하기 위해 기본적으로 그리스 고전과 성서를 읽듯이 동양사상을 이해하기 위해 읽어야 할 책의 하나가 『논어』이다. 『논어』는 공자와 제자들의 문답집으로 '하늘의 소리'로 사람의 도리를 말한 책이다. 송의 주희가 과거 문인들의 필독서로 4서(『논어』, 『맹자』, 『중용』, 『대학』)를 펴내고 그것이 원대元代 이래 과거시험의 기본 교재로 채택되면서 『논어』는 노자의 『도덕경』과 함께 동양의 정신 형성에 깊은 영향을 미쳤다.

인도의 시성 타고르는 방황하는 청년들에게 주저 없이 『논어』를 권했고, 동양역사학의 아버지 사마천은 『사기』에서 노자, 맹자, 순자, 한비자 등 다른 제자백가들은 「열전列傳」편에 기록하면서 공자(孔子, BC 551~BC 479)는 제후가 아니었음에도 「세가世家」편에 기록하고 있다.

춘추시대의 사상가이자 유가의 원조인 공자의 이름은 구丘, 공자孔子라고 할 때의 '자子'는 존칭이다. 공자는 노魯 나라 창평향 추읍(오늘날 산둥성 곡부)에서 70대의 숙량흘叔梁紇과 16살 안징재顔徵在가 야합野合하여 태어났다. 숙량흘은 첫째 부인과의 사이에서 딸만 아홉을 두었고, 둘째 부인과의 사이에는 지체장애 아들이 있었다. 건강한 아들을 원했던 그가 안씨의 딸과 혼인을 원하자 그녀는 아버지의 뜻에 따라 혼인을 했다.

공자는 3살에 부친을, 17살에 모친을 잃고 19살에 결혼했다. 그는 어려서부터 창고 관리와 가축 관리 등을 하며 생계를 유지해 갔다. 또한 틈틈이 주周나라 관제와 예법을 꾸준히 공부하면서 예禮 전문가로 유명해지기 시작했다.

공자가 살았던 세상은 하극상이 만연하여 제후들은 중국의 중심 국가인 주나라의 권위를 인정하지 않았다. 노나라의 통치자인 소공은 3환의 횡포에 분노하여 무력으로 이들을 진압하려 했으나 실패하고 제나라로 망명했다. 35살의 공자도 이 때 노나라를 떠나 제, 송, 위, 진 등 여러 나라를 전전했다. 이 때 제나라의 경공이 공자에게 정치에 대해 묻자 공자는 "임금은 임금다워야 하고, 신하는 신하다워야 하며, 아비는 아비다워야 하고, 자식은 자식다워야 한다(君君, 臣臣, 父父, 子子)."라고 대답했다.

공자는 여러 곳을 떠도는 동안 죽을 고비도 여러 번 넘겼다. 그는 다시 노나라로 돌아와 예禮를 탐구했다. 공자는 51살에 처음으로 노나라의 중도재中都宰라는 벼슬에 올랐고, 52살에 사공司空과 대사구大司寇가 되었다. 공자를 등용한 이후 노나라는 질서가 잡히고 이웃 나라에서 점차 그의 제자들이 모여들었으나 임금의 마음은 다른 곳에 있었다.

공자는 55살(BC 497)에 노나라를 떠나 자신의 이상 정치를 실현해보려 했으나 어떤 왕도 그를 받아주지 않았다. 그의 눈에 비친 제후들의 모습은 무력에 의한 영토 확장과 권모술수에 의한 권력 쟁탈 뿐이었다. 그는 68살(BC 484)에 노나라 왕의 부름을 받고 다시 돌아왔다. 고국을 떠난 지 14년 만이었다.

공자는 이때부터 정치에 대한 꿈을 버리고 제자 교육에 전념했다. 제자는 3,000명에 이르렀고 그중 6예(禮, 樂, 射, 御, 書, 數)에 통달한 제자가 72명이었다. 공자의 가장 뛰어난 10대 제자를 공문4과10철(孔門四科十哲, 덕행: 안연, 민자건, 염백우, 염중궁; 언어: 재아, 자공; 정사: 염유, 계로; 문학: 자유, 자하)이라고 부른다.

71살 때에 공자가 가장 아끼던 제자였던 안회(顔回, 안연晏然)가 죽자 공자는 "이 사람을 위해서는 울고 싶은 만큼 울게 내버려 달라."며 "하늘이 나를 버리는구나."라고 통곡했다고 한다. 애제자를 떠나보낸 슬픔 속에서도 공자는 그해에 『춘추春秋』를 완성했다. 72살 때는 역시 아끼던 제자인 자로子路가 위나라에서 일어난 정변에 휘말려 피살되었다. 이번에도 공자는 제자를 위해 통곡했다. 그리고 기원전 479년에 73살의 나이로 공자도 세상을 떠났다.

춘추시대에 유가사상을 말하다

그럼 공자가 살았던 기원전 6세기에서 5세기의 중국 대륙은 어떤 상황이었을까?

이민족인 견융이 중국 본토에 침입하여 주나라는 낙양으로 동천東遷했고, 각 지방의 제후들에 대한 주의 통제권이 약화되면서 '춘추시대(春秋時代, BC 770~BC 403, 오패五覇: 제齊, 진晋, 초楚, 오吳, 월越)'와 '전국시대(戰國時代, BC 403~221, 칠웅七雄: 진秦, 초楚, 연燕, 제齊, 한韓, 위魏, 조趙)'가 시작되었다.

그러나 춘추전국시대는 정치적으로는 '혼란기'였으나 사상적으로는 '황금기'였다는 사실에 주목해야 한다. 난세를 극복하고 민생을 안정시키기 위해 공자를 비롯한 제자백가들은 자신의 이상을 실현하기 위해 현군을 찾아서 천하를 주유했다. 이들의 사상은 주로 정치 문제와 윤리 문제 등 현실 문제에 중심을 두었다.

이후의 중국사상은 제자백가 사상의 재해석에 불과하다. 당대의 사상가들은 인도나 오리엔트 사회에서 볼 수 있는 신神이나 내세來世에 대한 관심보다 인간적이고 현실적인 문제에 집중했다.

제자백가의 사상 가운데 동아시아 문화에 가장 큰 영향을 준 것은 유가와 도가였다. 그중 유가는 춘추시대의 공자가 창시했고 전국시대의 맹자와 순자가 사상적 체계를 정립했다. 진시황에 의해 한때 탄압을 받기도 했으나 한무제 때 국교가 되면서 동양사상의 주류로 발전했다.

공자 사상의 중심은 '인仁'이며 인의 가장 순수한 상태가 '효孝(부모 자식 간의 사랑)'와 '제悌(형제간의 사랑)'이다. 따라서 그는 효제를 인간 행위의 가장 중요한 덕목으로 삼고 있다. 그래서 공자는 효를 바탕으로 '수신제가修身齊家'를 이룬 후에 '치국평천하治國平天下'를 완성하는 것이 군자의 도리라고 했다.

『논어』에 담긴 공자의 이상은 군자를 키우는 데 있다. 즉, 유교의 정치와 목적은 소인小人을 군자로 키우는 일이다. 군자란 교양 있는 인격자인데 군자가 갖추어야 할 덕목으로 정직성, 정의감, 충성심, 그리고 무엇보다도 어진 마음(仁)이 있다. 따라서 군자는 이와 같은 도덕적인 덕목과 함께 현실 생활에서 예의를 갖추어야 했다.

공자는 군자의 교육으로 '예악禮樂'을 강조하고 있다. 한나라 시대에 유교가 관학이 되면서 의식과 예법이 특히 중시되었고, 이로 인해 동아시아의 유교 문화권에서는 의식과 예절이 강조되고 예악이 인간 교육의 중심이 되었다. 인간의 내면적인 덕과 외적인 예절을 균형 있게 갖추는 중용이 유가의 행동 원리가 되었고, 중용을 추구하는 타협의 정신은 이후 중국문화의 사상적 기반이 되었다. 공자의 유가사상은 맹자와 순자에 의해 계승되면서 '유가학파'로 발전했다.

유가사상가들은 자신들의 사상을 경전으로 만들었는데, 그 대표적인 것이 4서5경四書五經이다. 4서는『논어』, 『맹자』, 『대학』, 『중용』을 말하고, 5경은『시경詩經』, 『서경書經』, 『역경易經』, 『예기禮記』, 『춘추』를 말한다. 당나라 때까지는 4서5경에서 5경이 중요시되었으나 송대 이후로는 주자학의 발달로 4서를 더 중요시했다.

『논어』는 공자와 제자가 나눈 문답을 모은 것으로 제자의 질문에 공자가 대답한 것을 공자가 죽은 후에 제자들이 의논해서 정리한 것으로 공자의 사상이 가장 정확하게 담겨 있다. 『맹자』는 맹자의 어록을 정리한 것으로 맹자의 웅혼한 기상이 잘 담겨있다. 『대학』과『중용』은『예기』의 내용에서「대학」편과「중용」편을 독립시킨 것이다.

『시경』은 기원전 12세기에서 6세기까지 만들어진 300여 편의 시로 이루어져 있고, 『서경(상서)』은 주초 이래의 왕의 담화 내용과 역사적 문서를 담고 있으며, 『역경(주역)』은 주나라 이후에 만들어진 점술서이다. 『예기』는 의식과 의례에 관한 주나라 자료들을 모아서 한대에 편찬한 것이며, 『춘추』는 노나라 역사를 편년체로 서술한 것이다.

하늘의 소리로 인간의 도를 말하다

『논어』는「학이學而」편부터「요왈堯曰」편까지 20편으로 되어 있고, 전반 10편을 상편, 후반 10편을 하편이라고도 한다. 각 편의 이름은 요즘과는 달리 각 편의 첫 문장의 두세 글자를 따서 편명을 붙였다. 예를 들어 제1편의「학이」편은 "학이시습지學而時習之 불역열호不亦說乎"의 첫 두 글자를 딴 것이다.

『논어』에는 공자의 '인仁' 사상이 전편에 흐른다. 『논어』의 표현은 부드럽고 쉽지만 뜻은 깊고 오묘해서 구절 하나를 해석하는 데도 논란이 있는 구절들이 많다. 20편 중에 별다른 내용이 없는 18편과 19편을 제외하고 『논어』의 각 편에서 중요하다고 생각되는 구절을 인용해 본다.

1. 「학이學而」편 : 남이 나를 알아주지 않는 것을 걱정하지 말고 내가 남을 알지 못하는 것을 걱정하라. 不患人之不己知 患不之人也

2. 「위정爲政」편 : 안다는 것을 안다고 하고 모르는 것을 모른다고 하는 것이 곧 아는 것이다. 知之爲知之 不知爲不知 是知也

3. 「팔일八佾」편 : 윗자리에 있으면서 너그럽지 않고 예의를 지키는 데 공경스럽지 못하며 상사喪事를 당해 슬퍼하지 않는

다면 내가 무엇으로 그를 보겠는가. 居上不寬 爲禮不
敬 臨喪不哀 吾何以觀之哉

4. 「이인里仁」 편 : 옛날에는 말을 앞세우지 않았는데 이것은 실천이 따르지 못할까 봐 두려워서였다. 古者言之不出 恥躬之不逮也

5. 「공야장公冶長」 편 : 약삭빠른 말을 교묘하게 꾸미고 얼굴빛을 부드럽게 하여 웃음 짓는 태도로 지나치게 공손한 척하면서 사람을 대하는 것을 좌구명은 매우 부끄러워했는데 나도 부끄러워한다. 巧言令色足恭 左丘明恥之 丘亦恥之 匿怨而友其人 左丘明恥之 丘亦恥之

6. 「옹야雍也」 편 : 아는 것은 좋아하는 것만 못하고 좋아하는 것은 즐거워하는 것만 못하다. 知之者 不如好之者 好之者 不如樂之者

7. 「술이術而」 편 : 군자는 마음이 편안하고 너그러우며 소인은 항상 근심에 차 있다. 君子坦蕩蕩 小人長戚戚

8. 「태백泰伯」 편 : 나라에 도가 있을 때는 가난하고 천하게 사는 것이 부끄러운 일이고, 나라에 도가 없을 때는 부하고 귀한 것이 부끄러운 일이다. 邦有道 貧且賤焉 恥也 邦無道 富且貴焉 恥也

9. 「자한子罕」 편 : 후배란 가히 두려운 법이다. 後生可畏

10. 「향당鄕黨」 편 : 마구간에 불이 났는데, 공자께서 퇴근하셔서 '사람이 다쳤느냐?'하고 물으시고 말은 묻지 않았다. 廐焚 子退朝 曰 傷人乎 不問馬

11. 「선진先進」 편 : 계로가 귀신을 섬기는 일에 대해 물었다. 공자께서 말했다. '사람도 제대로 섬기지 못하는데 어찌 귀신

을 섬길 수 있겠느냐.' '감히 죽음에 대해서도 묻고
자 합니다' 하자, 공자께서 말했다. '삶에 대해서도
잘 모르는데 어찌 죽음에 대해 알겠느냐.' 季路問事
鬼神 子曰 未能事人 焉能事鬼 敢問死 曰 未知生 焉知死)

12. 「안연顔淵」 편 : 자기를 극복하고 '예'로 돌아가는 것이 인仁이다. 克
己復禮

13. 「자로子路」 편 : 자신이 바르면 명령하지 않아도 행해지고 자신이
바르지 않으면 명령해도 복종하지 않는다. 其身正 不
令而行 其身不正 雖令不從

14. 「헌문憲問」 편 : 이익을 보면 의리를 생각하라. 見利思義

15. 「위영공衛靈公」 편 : 군자는 원래 궁한 법이다. 소인은 궁하면 어지
러워진다. 君子 固窮 小人 窮斯濫矣

16. 「계씨季氏」 편 : 나면서부터 아는 사람은 상등上等이다. 배워서 아
는 사람이 그 다음이고, 필요해서 배우는 사람은
또 그 다음이다. 필요해도 배우지 않는 사람은 하등
下等이다. 生而知之者 上也 學而知之者 次也 困而學之
又其次也 困而不學 民斯爲下矣

17. 「양화陽貨」 편 : 나이가 마흔이 되어서도 미움을 받으면 그야말로
마지막이다. 年四十而見惡焉 其終也已

20. 「요왈堯曰」 편 : 천명을 모르면 군자 노릇을 할 길이 없고, 예禮를
모르면 남 앞에 나설 길이 없으며 말을 모르면 남을
알 길이 없다. 不知命 無以爲君子也 不知禮 無以立也
不知言 無以知人也

38자 회고록

공자는 당시 사회가 혼란하게 된 원인은 중국문화의 출발점인 주周의

예악禮樂이 무너져 사람들이 도덕성을 상실했기 때문이라고 진단하고 무엇보다 도덕성 회복이 중요하다고 생각했다. 그는 사람들이 도덕성을 회복해서 군자가 되어야 한다고 보았다. 공자에게 군자란 자기수양을 통해 남을 편안하게 해주는 도덕적 완성자이다. 그래서 정치와 교육의 목적을 소인을 군자로 만드는 것에 두었고, 궁극적으로 주의 문화를 복원하고자 했다. 공자는 꿈속에서도 주의 문화를 그리워했다고 한다.

공자는 주의 문화를 당대에 재현하는 것을 자신의 사명으로 생각했다. 그가 50대에 세상을 한창 주유할 때 어느 나라에서 적군으로 오인되어 며칠간 포위된 적이 있었다. 두려움에 떠는 제자들에게 공자는 "하늘의 뜻이 주의 문화를 보호하는 것이라면 저들이 우리를 함부로 어떻게 하겠는가?"라고 확신에 찬 사명감을 토로했다고 한다.

공자는 평생 정치와 교육의 두 분야를 추구했지만 정치가보다는 교육자로 성공했다. 그는 다른 어떤 사상가보다도 철저한 현실주의자로 인간의 문제에 깊은 관심을 기울였다. 실천을 전제로 한 개인의 도덕적 규범인 '인'과 공동의 규범인 '예'를 강조하여 궁극적으로는 도덕적 이상 국가를 수립하려고 했다.

공자는 만년에 자신의 일생을 차분하게 성찰한 후 38자로 회고했는데, 아마도 이는 역사상 가장 짧은 회고록일 것이다.

> 15살에 학문에 뜻을 두었고 吾十有五而志于學
> 30살에 학문의 기초를 세웠으며 三十而立
> 40살에 판단에 혼란이 없었고 四十而不惑
> 50살에 천명을 알았으며 五十而知天命
> 60살은 듣기만 해도 그 뜻을 알았고 六十而耳順
> 70살은 마음대로 행해도 법도에 어긋나지 않았다. 七十而從心所欲不踰矩

공자의 회고록을 보면 그는 평생 동안 자기발전한 사람이었다. 그는 평생 자신의 학문과 인격의 완성을 위해 쉼 없이 노력했던 사람이었다. 그는 '아니 될 줄 알면서도 애써 행하려는 자'였다. 그는 평생의 과업이었던 주 문화의 부활이 정치로는 불가능하다고 보고 만년에 교육의 방향으로 선회했다.

비록 그는 주의 문화를 기대만큼 재건하지는 못했지만 이후 중국의 정치, 학문, 윤리, 도덕, 역사, 교육 등 거의 전 부분에 걸쳐 유교적 합리주의의 길을 열었다.

그러나 20세기에 들어와서 그에 대한 비판적인 평가가 이루어지기도 했다. 비판자들은 공자를 복고주의적 인물로 보고 새로운 변혁과 진보의 걸림돌이 된다고 비판했다. 1912년 신해혁명 뒤에 천두슈陳獨秀, 후스胡適, 루쉰魯迅 등에 의해 전통적인 유교에 대한 비판이 시작되었고 1973년에는 '비림비공批林批孔' 운동에서 그 정점에 이르렀으나 1980년대 이후 공자에 대한 평가는 다시 긍정적으로 바뀌고 있다.

❖ 추천도서
『논어집주』, 성백효 옮김, 전통문화연구원, 2010
『논어한글역주』(전 3권), 도올 김용옥 옮김, 통나무, 2009
『논어』, 김형찬 옮김, 홍익출판사, 2005

맹자

"백성이 악덕 군주를 추방하는 것은 정당하다"

맹자 지음

권력과 부귀를 위해서는 수단과 방법을 가리지 않던 전국시대에 '인의'에 바탕을 둔 왕도정치를 담은 맹자의 책. 맹자는 극심한 사회 변화 속에서 절대군주 중심의 강력한 국가 공리주의를 배격하고 성선설에 기초해 지식인들의 자율적인 도덕 원리에 입각한 '인정仁政'과 '왕도사상'을 피력했다. 『맹자』에는 이와 같은 맹자 사상의 전모가 그의 제자, 또는 당시 군주들과의 대화 속에 생생한 필치로 전개되고 있다.

'맹모삼천지교孟母三遷之敎'와 '단기지훈斷機之訓' 고사로도 널리 알려진 맹자(孟子, BC 372~289?)는 중국 전국시대의 유가 사상가로 공자가 죽은 후 100년 정도 지나서 태어났다. 그러나 그에 대해 정확히 알려진 것은 거의 없다.

맹자는 오늘날 산둥성의 추현 지방인 추鄒나라 사람이며 노나라 귀족인 맹손孟孫씨 집안의 자손이라 전해지고 있다. 공자와 마찬가지로 맹자도 아버지를 일찍 잃었다.

맹자는 어머니의 헌신적인 배려와 지도 속에서 자랐다. 맹자와 그의 모친은 처음에 공동묘지 근처에 살았으나 맹자가 시체를 매장하고 장례식을 올리는 놀이를 하자 그의 어머니는 시장 근처로 이사를 했다. 그러자 이번에는 장사를 하는 놀이를 하므로 다시 학교 근처로 이사를 갔다.

학교 근처로 이사를 가게 되자 비로소 맹자가 공부하는 흉내를 내었다. 아들을 키우기에 좋은 환경을 찾아 세 번이나 이사를 했다는 '맹모삼천지교'는 교육에 있어 환경의 중요성을 보여주는 사례로 지금까지 전해오고 있다.

맹자는 젊었을 때 노나라로 유학하여 공자의 손자인 자사子思의 문인에게서 공부하며 공자의 사상을 세상에 전하고자 하였다. 후에 제자들과 양나라 혜왕, 제나라 선왕, 추나라 목공, 진나라 문공 등에게 이상 정치를 설득하고 다녔으나 만년에는 향리에서 후진들을 지도하며 그가 제후들이나 제자들과 나눈 대화 내용을 『맹자』에 담았다. 『맹자』는 오랫동안 읽히지 않다가 당나라 때 한유가 이 책을 세상에 알렸고 그것이 북송에 계승되어 점차 중시되다가 남송의 주희(주자)가 4서의 하나로 삼았다고 한다.

내성적이고 신중한 공자와는 달리 맹자는 외향적이고 재치가 있었다. 공자는 어려운 질문을 받으면 머뭇거리기도 했으나 맹자는 상대방에게 공세적으로 대답했다고 한다.

성선설과 혁명론

공자의 유가사상은 맹자와 순자에 의해 계승되어 유가학파로 발전했다. 그런데 맹자와 순자는 공자 사상의 영향을 함께 받았으나 그들의 사상에는 차이가 있고 후세의 학문에 미친 영향도 다르다. '인의仁義'를 강조한 맹자는 공자의 손자인 자사子思의 계통이고, 순자는 특히 '예禮'를 강조한 자하子夏의 계열이다.

맹자가 살았던 전국시대(戰國時代, BC 403~BC 221)에는 강력한 제후가 왕을 자칭하고 무력으로 천하의 패권을 장악하려고 했다. 그들의 목표는 제나라의 환공이나 진나라 문공과 같은 패자覇者가 되는 것이었다. 이런 상황에서 맹자는 제후들에게 패도정치覇道政治 대신 왕도정치王道政治를 펴도록 주장하고 다녔다. 그러나 그의 주장은 제후들에게 널리 수용되지는 못하였다.

맹자는 평생 윤리사상으로서의 성선설性善說과 정치사상으로서의 혁명론을 설파하고 다녔다.

우선 맹자는 인성론人性論에 있어 인간의 본성은 선하다는 성선설을 주장하고 사람의 마음속에는 태어날 때부터 인의예지仁義禮智라는 4덕과 그 싹이 되는 4가지 마음이 있다고 하였는데, 측은지심惻隱之心, 수오지심羞惡之心, 사양지심辭讓之心, 시비지심是非之心이 그것들이다. 이를 '사단설四端說'이라 한다.

그는 사단설을 바탕으로 5륜五倫을 설명했다. 즉, 부자父子 간에는 친親, 군신君臣 간에는 의義, 부부夫婦 간에는 별別, 장유長幼 간에는 서序, 붕우朋友 간에는 신信이 가장 중요하다고 했다.

맹자는 정치론에 있어 덕치주의를 바탕으로 한 '왕도정치'를 제창했다. 무력으로 다스리는 '패도정치'로는 인심을 얻을 수 없으며 인애仁愛에 의한 왕도로만 민심을 얻어 천하를 다스릴 수 있다는 정치 철학이다. 즉, 왕의 덕의 유무에 따라 천명天命이 따른다고 보았다. 그래서 덕이 없는 악덕 군주를 신하들이 몰아내는 것을 정당화했다. 이것을 혁명이라하는데 이는 민심이 천심이라는 말에 따라 행한 정당한 일이라고 보았다. 이는 후세의 왕조 교체에 있어서 선양(禪讓, 왕이 자리를 다른 사람에게 넘겨 줌)의 이론적 근거가 되었다. 맹자의 민심에 대한 강조는 이른바 '역성혁명易姓革命'의 긍정이라는 과격한 형태로 나타나기도 했다. 즉 임금도 임금답지 못하면 교체할 수 있다는 것이다.

호방하고 담대한 필치로 쓴 왕도사상서

『맹자』는 「양혜왕梁惠王」편, 「공손추公孫丑」편, 「등문공藤文公」편, 「이루離婁」편, 「만장萬章」편, 「고자告子」편, 「진심盡心」편 등 7편으로 이루어져 있다. 각 편은 다시 상하로 구분되어 있어 모두 14권이 현재에 전한다. 이 중 「양혜왕」편, 「공손추」편, 「등문공」편 등 3편은 맹자가 제후들을 만나 민본사상에 기초한 정치를 강조하며 그들과 대화한 내용을 담은 것이고 「이루」편 등 4편은 고향에 돌아와서 제자들과 정치에 관해 토론을 벌인 내용이다.

1. 「양혜왕」편은 모두 23장으로 되어 있다. 그는 전란으로 시달리는 백성들을 구하기 위해서는 유력한 군주가 천하를 통일하여 평화를 이룩해야 한다고 생각하고 각국 제후들의 초청에 응했다. 그는 제齊의 선왕宣王에게 가장 기대를 걸고 그가 민생을 안정시키고 교육을 보급시켜 민중의 지지를 얻는다면 천하를 통일할 수 있다면서, 무력에 의한 패도정치를 피하고 천명에 따라 민의를 존중하는 왕도정치를 제안했다. 그의 의견이 한때 수용되는 듯했으나 제齊와 연燕이 무력 전쟁을 하게 되자 맹자는 선왕을 포기하고 다른 제후들을 설득했다. 그러나 이번에도 실패했다. 그는 천명에 기초한 백성의 저항권을 인정했고 이는 『서경』과 함께 역성혁명 이론을 제공했다.

2. 「공손추」편은 모두 23장으로 되어 있다. 제나라에 머무는 동안 맹자가 강설했던 내용을 담고 있는데 그중에서도 왕도, 양기養氣, 사단四端에 관한 논설은 유명하다. 왕도론은 전편과 거의 같고 양기론은 마음을 주재主宰하는 '지志' 이외에 육체를 지배하는 '기氣'의 존재를 말하고 이를 높이 키워서 도의道義에 합치시키는 것을 '호연지기(浩然之氣, 인격의 이상적 기상)'를 기른다고 했다.

3. 「등문공」편은 15장으로 구성되어 있는데 왕도정치의 일환으로 그가 제창한 유명한 '정전법井田法'이 설명된다. 정전법이란 토지를 우물 정井자 모양으로 나누어 중앙은 조세용 공전公田으로 하고, 그 주위 토지를 균등하게 분배한다는 개념인데, 후대의 정전제井田制, 균전제均田制 등의

토지제도에 영향을 주었다. 이어 당시의 지식인을 매혹시킨 농가農家나 묵가墨家의 사상이 지닌 논리적 모순을 비판했다. 특히 자급자족 생활을 제창하는 농가가 실제적으로는 교역 경제에 의존하는 맹점을 공박했다. 여기서 맹자는 그 유명한 '대장부론'을 토해내는데 대장부의 기개가 한껏 표출되고 있다.

> 천하에서 가장 넓은 집(仁)에 살면서, 천하에서 가장 바른 자리(禮)에 서고, 천하에서 가장 큰 길(義)을 따라 걸어가며, 뜻을 펼 수 있게 되었을 때는 백성들과 함께 그 길을 걸어가고, 뜻을 펼 수 없을 때에는 혼자서 그 길을 걸어가야 한다. 부귀도 그 마음을 어지럽히지 못하고 빈천도 그의 지조를 바꾸지 못하며, 위무威武도 그 뜻을 굴복시킬 수 없는 자라야 비로소 진정한 대장부라고 할 수 있다.

4. 「이루」편은 정치, 윤리, 교육, 경전, 인물 평론 등에 관한 어록으로 61장으로 되어 있다. 이 부분은 모두가 짤막한 구절로 되어 있으며 배열과 순서의 통일이 결여되어 있어 제자들의 편집으로 보인다. "하늘에 순응하는 자는 존립할 수가 있으나 거역하는 자는 망한다."라는 문장이 들어 있다.

5. 「만장」편은 18장으로 상편은 제자인 만장의 물음에 대답하고 요堯, 순舜, 우禹 등의 전설을 비판했다. 하편 역시 만장과의 대화를 통해 왕도 강설자의 생활신조를 보다 상세하게 말했다.

6. 「고자」편은 36장인데 상편에는 주로 인성론人性論이 들어 있고 그중 '고자와의 논쟁'은 유명하다. 논쟁은 두 사람이 모두 비유를 들어가며 팽팽하게 맞섰다. 하편에는 '하늘이 장차 대임大任을 맡기려 할 때'라는 글이 나오는데 매우 감동적이다.

하늘이 장차 어떤 사람에게 대임을 맡기려 할 때는 반드시 먼저 그 마음을 고뇌하게 하고, 그 살과 뼈를 고달프게 하며, 그의 배를 굶주리게 하고, 그의 몸을 곤궁하게 하며 또한 하는 일마다 어긋나고 뒤틀어지게 하는데, 그렇게 함으로써 그의 마음을 분발시키고 타고난 성정을 강인하게 만들어 그의 부족한 능력을 키워주는 것이다.

7. 「진심」편은 84장의 짧막한 글들로 구성되어 있다. 여기서 맹자는 요堯, 순舜 이래 500년마다 1시기로 보는 성현聖賢의 계보를 말한 뒤, 자기 자신을 공자 다음가는 왕도 제창자로 규정한다. 널리 알려진 '인생삼락人生三樂'도 여기에 나오고, 오랫동안 많은 독자에게 감동을 준 '궁즉독선기신 달즉겸제천하(窮則獨善其身 達則兼濟天下, 궁할 때는 홀로 몸을 선하게 하고 세상에 나가면 세상을 선하게 하라)'도 여기에 나온다.

또한 "가는 자는 쫓아가지 않고 오는 자는 거부하지 않는다. 나에게서 떠나는 자는 그대로 두고 가르침을 받고자 오는 자는 그 사람의 과거에 구애됨이 없이 맞이한다."고 말하는 내용도 있다.

맹자의 인생삼락

맹자가 살았던 전국시대는 제자백가의 시대였다. 대혼란의 시대에 어떻게 살아갈 것이며, 어떻게 세상을 구제할 것인가에 관해 다양한 사상이 나타났지만, 사상을 통제할 권력이 존재하지 않았으므로 중국사상사에서 가장 다채로운 논쟁이 전개되었다. 법가, 도가, 농가, 종횡가, 명가, 음양가, 잡가 등을 표방한 수많은 학자들이 왕성한 사상 활동을 펼치고 있었으며 맹자도 그중 한 사람이었다. 맹자는 한번도 만난 적이 없는 공자의 제자를 자처하면서 다른 학파들을 비판하고 때로는 그들과 논쟁하면서 유학의 사상을 완성해갔다

이런 이유로 맹자는 공자 다음 가는 유교의 제2대 성현으로 추앙받고

있다. 그는 인의仁義의 도를 확립하고 인정仁政을 왕도의 기초로 하여 왕도와 패도의 변을 명확히 밝혔다. 맹자는 공자의 가르침을 보완하고 확대했다. 공자의 인仁에 의義를 덧붙여 인의를 강조했고, 왕도정치를 말했으며, 민의에 의한 정치적 혁명을 긍정하기도 하였다. 이러한 그의 작업에는 인간에 대한 강한 신뢰가 깔려 있다. 그는 사람의 천성은 선하며, 이 착한 본성을 지키고 가다듬는 것이 사람의 도덕적 책무라는 성선설을 주장하였다.

수미일관首尾一貫한 논조, 설득력 있는 논리, 박력 있는 문장으로 맹자는 공자의 가르침을 대중화했다. 맹자는 원래 기백이 강하고 언변에 능해서 호연지기를 설하는 곳, 대장부론을 설하는 곳, 출처진퇴를 설하는 곳 등은 가히 감동적이다. 『맹자』를 읽다 보면 마치 플라톤의 『대화편』에서 소크라테스가 소피스트들의 궤변을 문답으로 몰고가서 물리치는 장면을 연상케 하는데, 그의 웅변과 적절한 인용, 교묘한 비유는 탁월한 면이 있다. 특히 그의 대통을 쪼개는 듯한 직절直截한 문세文勢는 모든 사람을 감싸서 따뜻하게 안아주는 『논어』와는 달리, 시원한 청량감을 준다. 그래서 『맹자』는 추운 겨울보다 무더운 여름에 읽는 것이 좋다.

『맹자』는 오랫동안 수많은 제자백가들의 사상서 중 하나로 여겨졌다가 당나라 한유가 이 책을 옛글 중에 최고라고 격찬하면서 주목을 받기 시작했고 남송의 주자(주희)가 『대학』, 『중용』, 『논어』와 함께 사서의 하나로 삼은 이후 초학필독初學必讀의 고전 대우를 받았다.

마지막으로 맹자의 어록 중 오늘날 우리에게까지 가장 널리 알려진 '인생삼락'을 옮겨본다.

군자에게는 세 가지 즐거움이 있으니 천하에 왕 노릇 하는 일도 이 가운데 들지 못한다. 부모님께서 모두 건강하시고, 형제들에게 아무 탈이 없는 것, 이것이 첫 번째 즐거움이다. 위로는 하늘을 우러러 부끄러움이 없고 아래로는 사람들에게 부끄러움이 없는 것, 이것이 두 번째 즐거움이다. 천하의 뛰어난 인재들을 얻어 그들을 교육하는 것, 이것이 세 번째 즐거움이다.

◇◇ 추천도서

『맹자 사람의 길』(전 2권), 도올 김용옥 옮김. 통나무. 2012
『맹자』, 박경환 옮김. 홍익출판사. 2005
『신완역 한글판 맹자』, 차주환 옮김. 명문당 . 2002

— 大學 —

대학

유가사상의 핵심을 정리한 정치학 개론서

지은이 모름

『대학』은 유교사상의 핵심을 밝힌 '정치학' 개론서로 원래 『중용』과 함께 『예기』의 한 편이던 것을 주자朱子가 사서四書(『논어』, 『맹자』, 『중용』, 『대학』)의 하나로 편찬했다. 『대학』의 핵심은 '수기치인도', 즉 '내성외왕의 도'인데, 교육의 목적과 과제를 논리적으로 설명하고 있다. '천인합일天人合一의 도'를 밝힌 『중용』과 서로 보완적이다.

『대학』은 『중용』, 『논어』, 『맹자』와 함께 '4서四書'라 하여, 『시경(詩經, 모시毛詩)』, 『서경(書經, 상서尙書)』, 『역경(易經, 주역周易)』의 3경三經과 더불어 유가의 기본 경전으로 꼽는다. 3경은 옛날부터 있어온 명칭이었으나 4서는 송나라 주자가 붙인 명칭이다. 삼경은 대체로 공자 이전부터 시작해서 공자 시대에 성립된 경전이고 사서는 공자 이후에 성립된 경전이어서 성서에 비유하면 삼경이 『구약』이라면 사서는 『신약』에 해당된다. 3경에 『예기』와 『춘추』를 더해 5경五經이라 한다. 유가의 경전을 총칭하여 13경十三經이라고 하는데, 13경은 삼경과 『예기禮記』의 3례(『주례周禮』, 『의례儀禮』, 『예기禮記』), 『춘추春秋』의 삼전(『춘추좌씨전春秋左氏傳』, 『춘추공양전春秋公羊傳』, 『춘추곡량전春秋穀梁傳』), 『논어論語』, 『맹자孟子』, 『효경孝經』, 『이아爾雅』를 말한다.

'대학大學'은 '소학小學'에 반대되는 개념이다. '소학'이 어린이들이 배우는 학문이라는 뜻에서 붙여진 이름이라면, '대학'은 성인이 되어서 배우는 학문이라는 뜻에서 붙여진 이름이다. 그래서 『소학』에는 예의범절에 관한 내용이 많고 『대학』에는 철학과 정치에 관한 내용이 많다.

『대학』의 핵심 사상은 '수기치인도修己治人道'이다. 먼저 자기 자신을 닦고 나아가 남을 다스리는 도리를 말하고 있는 『대학』은 바로 '대인지학大人之學'이자 '치자지학治者之學'인 동시에 '인간지학人間之學'이다.

원래 『대학』은 지금처럼 단행본으로 출판되었던 것이 아니라 5경 중의 하나인 『예기』의 49편 중 42편 「대학」편을 당나라 한유가 독립시킨 것이다. 이후 송의 사마광이 『대학강의』를 저술하고, 주자는 『대학』을 더욱 존중하여 『대학』의 순서를 경1장經一章과 전10장傳十章(제5장은 주자의 보전)으로 재구성하여 『대학신본大學新本』의 원전原典을 정하고 여기에 주석을 달아 『대학장구大學章句』라 하여 임종 때까지 계속 수정했다. 주자는 『대학』의 경經은 공자의 말을 제자인 증자曾子가 기술한 것이고, 전傳은 증자의 뜻을 제자들(공자의 손자인 자사 등)이 찬술한 것이라고 했다. 『대학』은 송대의 정주학(程朱學, 송宋의 정호, 정이 형제 및 주희의 유학, 곧 성리학)이 유행함에 따라 더욱 널리 읽혔다. 이렇게 해서 공자의 가르침은 증자-자사-맹자-정자程子-주자로 이어졌다.

3강령과 8조목

현존하는 『대학』은 『예기』에 수록되었던 『대학고본大學古本』이 아니라 주자가 새로 정리한 『대학』이다. 주자는 『예기』의 『대학』이 착간錯簡이 되어 그 순서가 뒤바뀌었다고 생각했다. 착간이란 글씨를 써둔 대쪽이 바뀌었다는 것으로, 옛날에는 대쪽에 글씨를 썼는데 그 대쪽의 앞뒤가 바뀌기도 했다. 그러나 왕양명은 『대학고본』은 완본으로 탈락과 착간이 없었다고 주장했다.

주자는 『대학』 내용을 지금의 순서로 정리하여 이를 『대학신본』이라고 명명했다. 주자는 『대학』을 3강령三綱領과 8조목八條目에 관한 내용으로 파악하고 본문에 해당하는 경經과, 그 해설에 해당하는 전傳으로 장구章句를 정했다. 그래서 『대학』은 2편으로 구성되어 있는데 제1편은 경문經文으로 『대학』의 총론에 해당하며, 제1장에는 3강령, 제2장에는 8조목이 서술되어 있다. 제2편 전문傳文은 경문에 대한 해설로 3강령 8조목에 대한 해설이다. 따라서 3강령에서는 『대학』의 근본 사상인 수기치인修己治人의 내용을 기술하고 있고, 8조목에서는 구체적인 실천 방법을 제시하고 있다.

3강령의 내용은 '명명덕明明德', '신민新民(친민親民)', '지어지선至於至善'이다. 명명덕은 자기의 인격을 완성하는 것이고 신민은 남의 인격을 완성하는 것이며, 지어지선은 자기와 남이 모두 완성되어 낙원으로 바뀐 세상에서 다함께 사는 것이다.

8조목은 '격물格物', '치지致知', '성의誠意', '정심正心', '수신修身', '제가齊家', '치국治國', '평천하平天下'이다. 이 중에서 격물, 치지, 성의, 정심, 수신은 명명덕에 해당하고 제가, 치국은 신민에 해당하며 평천하는 지어지선에 해당한다.

『대학』을 읽으면 유가사상 전체를 개관할 수 있지만 세밀하게 다 파악할 수 있는 것은 아니다. 그러므로 『대학』을 읽어 유가사상 전체의 내용을 개관한 뒤, 『논어』, 『맹자』, 『중용』의 순서로 읽는 것이 좋다. 『대학』은 유교 경전의 핵심 내용을 정리한 입문서이고 『중용』은 유교의 심오한 진리를 집중적으로 파고든 고급 철학서이다. 그러므로 사서의 독서 순서는 『대학』, 『논어』, 『맹자』, 『중용』이 된다.

큰 사람으로 인도하는 책

지금까지 살펴본 것처럼 『대학』은 자기 수양의 근거와 방법을 체계화한 유학 입문서다. 군자 만들기와 지도자 양성을 위한 치밀한 설계도를 보는 느낌을 준다. 『대학』은 군자와 지도자가 되기 위한 강령을 밝히고 그 강령을 실천하는 단계별 조목을 제시하였다. 그 강령과 조목을 한 마디로 말하면 수기치인修己治人이다. 나의 덕성과 소양을 먼저 가꾼 뒤, 남도 나와 같이 되도록 하는 것이 지도자의 길이다. 『대학』이 제시하고 있는 지도자의 임무를 완수하고 나면 세계는 도덕적 각성과 실천으로 충만한 사회가 된다. 이러한 사회는 현실적으로 실현 가능성이 많지 않지만 적어도 지도자는 이러한 이상을 향해 노력해야 한다는 유가의 신념을 보여주고 있다.

『대학』은 고대의 최고 교육기관인 태학太學에서 학생들을 가르치던 내용을 서술한 책으로 알려져 있다. 주희에 의하면 고대의 학교는 소학小學과 태학으로 구분되며 소학은 신분과 관계없이 학령기의 모든 아동들이 입학하여 실천 위주의 교육을 받았다. 소학의 졸업생 가운데 장래 국가의 지도자가 될 사람들은 다시 태학에 입학하여 국가를 경영할 소양을 쌓게 되는데, 그 교육 내용을 천명한 글이 『대학』이라는 것이다. 그래서 『대학』은 이상적인 지도자가 되기 위한 3가지 목표(3강령)와 이 목표를 이루기 위한 8단계의 과정(8조목)을 체계적으로 가르치고 있는 것이다.

🔷 추천도서
『대학』, 김학주 옮김, 서울대학교 출판문화원, 2012
『대학』, 박완식 옮김, 여강, 2010
『대학·학기한글역주』, 도올 김용옥 옮김, 통나무, 2009
『대학·중용 강설』, 이기동 옮김, 성균관대학교출판부, 2006

— 中庸 —

중용

유가사상의 철학 개론서

자사 지음

'천인합일의 도'를 제시한 유교의 철학 개론서로 윤리와 정치를 중시하는 유가사상이 생사生死의 문제를 밝히는 불교나 무위자연을 추구하는 도가에 비해 철학성이 부족하다는 지적과 간결함을 추구하는 당시의 분위기에 부응하여 주자가 유가의 13경을 4서四書로 압축했다. 『중용』은 우주와 인간의 근본 원리를 '성誠'으로 하여 송명宋明 이래 성리학의 철학적 기초를 마련했다.

　『중용』은 공자의 손자인 자사(子思, BC 492~BC 432?)가 쓴 것으로 전해진다. 사마천이 지은 『사기』의 「공자세가孔子世家」편에 "공자가 이를 낳으니 자를 백어라 했다. 이는 나이 50에 공자보다 먼저 죽었다. 백어가 가假를 낳았는데 그의 자가 자사子思이다. 불과 12살에 송에서 곤경을 당한 일이 있고, 『중용』은 그의 저술이다."라고 했다. 이에 대해 학자들은 대체로 긍정하고 있다.

　우리가 만약 『중용』의 저자를 자사로 보게 되면 『논어』, 『대학』, 『중용』, 『맹자』의 저자가 공자, 증자, 자사, 맹자로 이어지는 유교의 학통이 체계화된다.

　'중용'이란 이름은 『중용』의 내용 중에 있는 '중용'이란 말에서 따온 것이다. 『중용』은 유교철학의 심오한 형이상학을 집중적으로 다루고 있는 책이기 때문에 초심자가 읽기에는 난해하게 느껴질 수 있다. 그러므로 『중용』은 『대학』, 『논어』, 『맹자』를 차분히 읽어 철학적 소양을 쌓은 후에 읽으면 내용이 쉽게 이해된다. 중국 북송의 명재상 범중엄范仲淹이 당시 불교에 몰두해 있던 장재張載에게 『중용』을 주어 유교로 복귀하도록 했다는 일화는 유명하다.

『대학』과 『중용』은 한 권의 책으로 묶여 있는 경우가 많은데 그 이유는 독서의 순서를 고려한 것이 아니라 책의 부피 때문이다. 『대학』과 『중용』의 양이 모두 적어 각각 한 권의 책으로 만들기 어렵기 때문에 합본한 것이다.

『대학』의 내용이 정치적 특색이 강한 반면 『중용』은 철학적 성격이 강하다. 다시 말하면 『대학』이 유교의 실천 목표인 이상 사회의 건설을 현실 사회 속에서 구체적으로 추구하는 정치적인 방법을 서술하고 있는 것이라면, 『중용』은 개인의 내면 세계의 해석을 통한 철학적 접근법을 서술한 것이다. 그래서 4서중에서도 특별히 『대학』과 『중용』은 상호보완 관계에 있다.

송나라의 주자도 사서에 대해 『논어』는 유학자의 생활 태도를 익히게 하고 『맹자』는 유학 원리의 정치적 적용을 알게 하며, 『대학』은 학문의 지향처를 알게 하고 『중용』은 학문의 궁극처를 알게 한다고 그 의미를 부여했다.

『중용』과 『대학』은 원래 『예기』의 31편과 42편이었다. 그런데 독립적 가치가 인정되어 『중용』이 먼저 단행본으로 읽히다가 송대宋代에 와서 본격적으로 『대학』과 함께 읽혔다. 송대에 학문적 경향이 철학적으로 심화되고 유가 경전 가운데서 그러한 철학적 원리를 간명하게 밝힌 서적이 요구됨에 따라 『중용』이 크게 각광을 받게 되었다. 따라서 송대의 여러 학자들은 『중용』에 깊은 관심을 표명했고, 이정자二程子(정호, 정이 형제)가 『중용』에 주석을 붙이고 주자가 이전의 모든 주석을 총정리하여 『중용장구『中庸章句』를 지음으로써 널리 세상에 알려지게 되었다.

『중용』은 한 마디로 '천인일관天人一貫'의 이치를 설명했고 성誠의 도를 밝힌 것이라 할 수 있다. 즉 나의 성性은 우주의 본체인 성誠의 표현이고 또 하나의 소우주였다.

유가, 철학으로 무장하다.

인도에서 발생한 불교가 중국에 들어와 널리 보급되면서 유가의 전통사상에 일대 충격이 가해졌다. 그 이유는 유가 경전이 수기치인의 도를 강조하여 윤리와 정치를 중시하는 경전인 반면에 불교 경전은 생사生死 문제를 밝히는 철학적인 경전이었기 때문이다. 그리고 불교에 있어서도 중국에서는 특히 선종禪宗이 중시되어 복잡한 이론보다 마음만 밝히면 그대로 부처가 된다는 주장이 널리 퍼져 당시 대중의 마음이 불교로 쏠렸다고 말할 수 있다.

이런 상황에서 유가는 자기반성이 불가피해졌다. 간단하고 명료한 것을 추구하는 당시 교양인들의 분위기에 부응하여 13경이나 되는 경전을 간소화해야 했고, 유가사상이 경국제세經國濟世의 현실 문제만을 고집하는 것이 아니라, 그 이면에 깊은 철학적 원리가 뒷받침되어 있다는 것을 보여주어야 했다. 이런 시대적 요청에 부응해 주자에 의해 4서四書가 정리되었다고 할 수 있다. 4서 중에서도 『대학』은 유학의 지향점과 차서次序를 밝히는 책으로, 『중용』은 유학의 철학적 배경을 밝히는 책으로 채택되었던 것이다.

『중용』은 첫머리에 "하늘이 내려준 것을 '성性'이라 하고 '성'을 따르는 것을 '도道'라 하고 '도'를 닦는 것을 '교敎'라 한다."고 하여 유교철학의 출발점과 지향점을 제시하고 있다. 즉 우리의 일상적인 윤리가 단순히 일상적인 윤리에 그치지 않고 도道에 기초해 있고 도道는 우리의 본성에 바탕하고 우리의 본성은 다시 천天에서 나온 것임을 밝히고 있다.

『중용』은 33장으로 편성되어 있는데 그 내용은 전후前後의 두 부분으로 구분해서 볼 수 있다. 전반 부분은 '중용(중화)'을 설하고 후반 부분은 '성誠'을 말했다. 희로애락의 감정을 발하기 이전의 순수한 심心의 상태를 '중中'이라 하고 심心이 발하여 절도에 맞는 것을 '화和'라고 한다. '중화中和'를 시간적으로 파악할 수 있을 때 이를 '중용'이라 한다.

제1장은 전편全篇의 요체로서 천명天命, 성性, 도道, 교敎로 중용의 철학적 근거를 밝힌 뒤, 사람이 중화를 이룩할 때 천지가 제자리에 위치함을 보게 되고 만물을 자라게 할 수 있다는 중용 최고의 경지를 밝히고 있다.

제2~11장은 공자의 말을 인용하여 중용의 도를 이루는 방법을 논함으로써 1장의 뜻을 완결시켰다.

제12~20장은 공자의 말과 『시경』을 인용해 중용 지도의 원리와 작용을 밝히고 중용과 중화의 관계를 '체體'와 '용用'으로 설명했다.

제21~26장은 먼저 '5도五道'(군신, 부자, 부부, 형제, 친구의 도)와 '3덕三德'(지知, 인仁, 용勇), 그리고 '9경經'(수신修身: 임금 자신의 덕을 닦을 것, 존현尊賢: 현명한 인재를 존중할 것, 친친親親: 어버이를 어버이로 받들 것, 경대신敬大臣: 대신을 공경하는 것, 체군신體群臣: 여러 신하들의 처지를 이해해주는 것, 자서민子庶民: 백성을 친자식처럼 아껴주는 것, 내백공來百工: 여러 공인들을 모여들게 만드는 것, 유원인柔遠人: 먼 곳의 사람들을 유화시키는 것, 회제후懷諸侯: 제후들을 진심으로 따르게 만드는 것)을 설명하고 『중용』에서 가장 중요하게 다루는 성誠을 밝히고 있는데, 성誠을 우주가 우주 되는 원리라고 말한다.

성誠은 하늘의 도道요, 성誠 되려는 것은 사람의 도道이다.

성은 속임이 없음이고, 그침이 없음이다. 진실하고 영원불변하기 때문에 우주의 원리가 될 수 있다. 성 없이는 만물이 존재할 수 없다.

27~33장은 지성至誠을 체득한 성인의 도道, 덕德, 교화教化에 대해 설명했다. 사람의 도는 이 성誠의 원리를 깨닫고 이를 실천하는 데 있다. 이 성을 철저히 체험한 사람이 곧 성인聖人이다. 성을 체험한 사람만이 비로소 우주와 합일될 수 있다. 여기에 유가의 궁극적인 경지인 천인합일의 세계가 전개된다.

극단의 시대에 읽는 균형의 서書

『중용』은 세계의 본질과 삶의 자세를 깊이 있게 제시하고 있다. '중용'의 '중'은 극極이다. 적당한 중간이 아니라, 지나침도 없고 모자람도 없는 최선이다. 그러므로 중의 행위는 더 이상 완벽할 수 없는 지극한 행위이다. '용'은 상常이다. 평범하다는 말이며 평범하기 때문에 바뀌지 않는 가치라는 말이다. 그러므로 사회의 중심적 위치에 서서 지나침도 모자람도 없는 높은 안목으로 전체의 융합과 통일을 지향하는 중용사상은 지도자가 갖추어야 할 덕목이 된다.

인간은 본래 도道를 알고 성誠을 행하는 '성性'을 부여받고 태어남으로 필연적으로 도道가 행해지며 '교教'가 마련된다. 따라서 인간은 자주적으로 중용의 도를 걸음으로써 '지, 인, 용'의 덕을 갖추고 '성誠'을 실천하여 마침내 '성誠'이 '지성至誠'이 되어 우주 정신과 조화를 이루게 된다.

이를 완성한 사람이 '성인'이고 성인 가운데는 옛날부터 성인의 도를 실천한 공자가 목표가 된다. 인간은 공자를 목표로 하여 먼저 자기를 닦는 일에서 도를 걷고 지성至誠에 도달해야 한다. 이처럼 『중용』은 천도天道와 인도人道의 관계를 분명히 하고 있다.

『중용』의 유가사상적 의미가 차지하는 위상은 앞에서 말한 것처럼 실천성을 내세우는 유교사상에 심원한 철학적 근거를 부여한 점이다. 원래 유교는 실천성을 강조하는 사상으로 공자는 주로 형이하학적인 일을 대상으로 일상 생활의 인륜의 교教를 설명하고 있기 때문에 그 사상이 노

장철학에 비해 어딘가 심원하지 못한 점이 있었다. 이에 자사子思가 이를
보완하기 위해 유가에 심원한 성격을 가미한 것이다.

◈ 추천도서
『중용 인간의 맛』, 도올 김용옥 옮김, 통나무, 2011
『중용』, 김학주 옮김, 서울대학교출판부, 2009
『대학·중용 강설』, 이기동 옮김, 성균관대학교 출판부, 2006
『중용』, 박완식 옮김, 여강, 2005

도덕경

"말해질 수 있는 도道는 영원한 도가 아니다"

노자 지음

책의 저자가 노자이기 때문에 『도덕경』은 『노자』로도 불린다. 유가 및 제자백가를 비판하고 있는 도가사상의 원전인 『도덕경』에는 우주만상의 변화와 발전의 총원리로서 '도道'의 개념과 개체의 원리인 '덕德'의 개념이 선명하게 제시되어 있다. 서술 방식이 대화체나 서술체인 일반적인 중국고전과 달리 이 『도덕경』은 5,000여 자로 된 짧은 철학 시집이고 「도道」편과 「덕德」편의 2부로 구성되어 있다.

중국사상사에서 가장 신비로운 인물이 노자(老子, BC 6세기 또는 BC 4세기?)이다. 과연 노자가 실존 인물인지, 만약 실존인물이라면 언제 태어나고 언제 죽었는지, 그리고 과연 『도덕경』의 진짜 저자인지 등에 대해 확실하게 말할 수 있는 것은 아무것도 없다.

노자는 춘추시대 말의 사상가이자 도가道家의 창시자로 성명은 이이李耳이고 일명 태상노군太上老君이라고도 말한다.

노자의 삶은 확실하게 알려진 것이 없으나 그에 관한 가장 오래된 기록인 『사기』의 「노자열전」을 보면 노자는 초나라 고현苦縣 여향厲鄕 곡인리曲仁里 사람이다. 성은 이李, 이름은 이耳, 자字는 담聃인데 주나라의 장서실 관리인을 지냈다. 공자가 주나라에 갔을 때 노자에게 '예禮'에 관해 묻자 노자는 이렇게 대답했다.

그대가 말하는 성현들은 그 육신과 뼈가 이미 썩어버리고 단지 그 말만 남아 있을 뿐이오. 하물며 군자도 때를 만나면 관직에 나가지만 때를 만나지 못하면 이리저리 날려다니는 다북쑥처럼 떠돌아다니는 유랑의 신세가 될 것이오. 뛰어난 장사꾼은 물건을 깊이 숨겨두어 겉으로는 아무것도 없는 것 같아 보이고, 군자는 훌륭한 덕을 간직하고 있으나 외모는 어리석게 보인다고 들었소. 그대의 교만과 탐욕, 허세와 지나친 욕망을 버리도록 하시오. 이러한 것들 모두가 그대에게 아무런 도움이 되지 않을 것이오. 내가 그대에게 말할 것은 단지 이것뿐이오.

공자는 돌아와서 제자들에게 이렇게 말했다.

새는 잘 날 수 있고 물고기는 잘 헤엄을 치며 들짐승은 잘 달릴 수 있다는 것을 나는 알고 있다. 그러므로 달리는 들짐승은 그물로 잡을 수 있고 헤엄치는 물고기는 낚시로 낚을 수 있고 나는 새는 화살로 잡을 수가 있다. 그러나 용은 구름과 바람을 타고 하늘로 올라가니 용에 대해서는 나는 아무것도 알 수가 없구나. 오늘 내가 노자를 만나보니 그는 마치 용과 같은 사람이었다.

사마천에 따르면 노자는 도덕을 수련했으며 주나라에서 오래 살다가 주나라가 쇠하는 것을 보고 그곳을 떠났다. 관소關所에 이르자 관령關令 윤희尹喜가 "선생님께서 앞으로 은거하시려니 수고롭지만 저를 위해 저서를 남겨 주십시오."라고 하자 노자는 상, 하편의 저서를 지어 도덕의 의미를 5,000여 자로 서술하고 떠나니 그 후로는 아무도 그의 최후를 알지 못했다.

이상과 같은 『사기』의 기록에도 불구하고 노자의 실재성을 부인하는 사람들은 전국시대 말기인 기원전 3세기 전반에 도가사상가들이 자가自

家의 권위를 세워 다른 사상가들(특히 유가)에 대항하기 위해 만든 가공의 인물이 노자라고 말한다.

노자가 실존 인물이건 가공 인물이건 그의 이름으로 전하는 책과 그 속에 담긴 무위자연 사상은 그 후로 열자列子와 장자莊子에 의해 계승되었다.

도가사상의 주요 개념

중국 사상의 두 물줄기는 유가와 도가이다. 불교는 한대漢代에 멀리 인도에서 들어와 뒤늦게 중국사상으로 정착했지만, 유가와 도가사상은 중국에서 발생하여 고대부터 현재까지 도도하게 흐르고 있다.

이 두 사상은 서로 때로는 긴장 관계를, 때로는 보완 관계를 유지하면서 동아시아 사상의 중심을 이루어왔다.

노자와 공자는 당시의 혼란한 사회에 대한 진단과 처방이 서로 달랐다. 노자는 춘추시대의 어지러운 세상이 인간의 끊임없는 욕망 때문이라고 보고, 공자가 주장하는 적극적인 현실 참여가 아니라 무위자연을 내세웠다.

1. 도道

노자가 말하는 '도'란 우주 만물을 생성시키는 근원이자, 우주를 우주일 수 있도록 하는 궁극적인 원리이고 본체이다. 노자는 모든 사물과 모든 가치의 배후에 있는 참된 자연의 원리를 '도道'라고 보았다. 이 세계에 존재하는 모든 것으로 하여금 그것일 수 있도록 해주는 존재의 근원을 도道라고 보았다.

도는 형이상학形而上學의 원리이기 때문에 보고자 해도 볼 수 없고, 듣고자 해도 들을 수 없으며 잡고자 해도 잡히지 않는다. 즉 인간의 5관官으로서는 지각할 수 없다. 따라서 그것이 어떤 것이라고 명명할 수 없는 무명無名의 것이지만 설명을 위해서 편의상 붙인 이름이 '도道'다.

2. 덕德

노자에 따르면 도는 만물의 생성의 근원이고, 덕이란 보편적인 도가 개별적인 사람이나 사물에게 깃들인 각 개체의 원리를 말한다. 도를 따르고 도를 지키는 것이 덕이다. 따라서 덕은 도처럼 '무위無爲'이다. 아무리 훌륭하다고 생각되는 행위도 일단 '유위有爲'이면 그것은 이미 덕이 아니다.

3. 무위자연無爲自然

인간은 자연의 일부이다. 그의 주된 관심은 인간 중심적인 논리가 아니라 자연의 실상이다. 자연의 일부로서 자연 속에서 자기의 고유한 본성(도)에 따라 자유스럽게 지낼 때(덕) 가장 행복하며 그때 비로소 참된 질서를 이룰 수 있다고 했다. 그렇게 자연에 따라 사는 것을 노자는 무위자연이라고 했다. 즉 무리해서 무엇을 하려 하지 않고 스스로(自) 그러한 대로(然) 사는 삶이라고 보았다. 이런 삶의 태도를 도가사상에서는 무위자연이라고 한다.

4. 윤리사상

노자는 착하게 살아야 한다는 도덕적 명령을 법이나 제도로 강제하는 것은 인간의 자연적 본성에 위배된다고 본다. 노자는 인위적인 윤리 규범 자체를 사회적 혼란의 원인으로 보았다. 또한 인간의 본성은 악할 수도 있고 선할 수도 있다고 하였다. 그러나 노자에 의하면 인간의 본성은 그러한 가치 판단으로부터 독립해 있다는 것이다. 그것에 선악이라는 가치판단을 내리고 어떻게 해야만 한다고 주장한다면 인간의 자연스런 본성을 해치게 된다고 본다.

'도'와 '덕'에 관한 경전

『도덕경』은 전체가 81장으로 되어 있는데 상편(1~37장)은 '도道'에 관한 내용이고(道經), 하편(38~81장)은 '덕德'에 관한 내용(德經)이다. 그러나 이는 후세의 사람이 그렇게 편집한 것이지 처음부터 도와 덕을 나눈 것은 아니다.

『도덕경』의 총 81장 중 제1장은 『도덕경』 전체의 총론이자 결론인 셈인데 그 내용은 다음과 같다.

> 도가 말해질 수 있다면 영원한 도가 아니고, 이름이 불려질 수 있다면 영원한 이름이 아니다. 道可道非常道 名可名非常名

제1장은 '도'의 본질을 말해주고 있어 이 장의 의미를 알게 되면 『도덕경』의 전체 내용을 이해하는 것과 같다. 영원한 도는 근본적으로 형이상학적이고 우주적인 의미이다. 그러나 그것이 무엇이라고 꼭 집어 말해주지 않는다. 도란 직관과 체험의 영역이지 분석과 정의의 대상이 될 수 없다는 것이다.

노자의 사상에서 '도' 다음으로 중요한 개념은 '무위'와 '자연'이다. 노자가 산 춘추시대 말기에는 중국의 봉건 질서의 중심인 주나라가 쇠하고 지방에 할거한 제후들이 각기 패권을 다투며 침략과 전쟁을 일삼던 때였다. 그래서 백성들은 전쟁과 가난, 부역, 가혹한 세금에 시달리며 굶주리는 상태였다. 이와 같은 상황을 목격한 노자는 "백성을 다스리는 일을 농부가 밭을 가는 것처럼 자연스럽게 하면 그 나라의 명운命運이 무궁할 것"이라고 보았다.

또한 노자는 이상적인 군주의 상을 그리되 "가장 훌륭한 군주는 백성들이 오직 임금이 있다는 것만을 알 뿐"이라고 했다. 즉 최상의 군주는 무위로서 백성을 다스리기 때문에 공을 이루고 일을 성취해도 백성들은 그것이 임금의 공인지 알지 못하고 "내가 저절로 이렇게 되었다."라고 말한다는 것이다.

그 옛날 요순堯舜 시대의 농부들이 배불리 먹고 막대치기 놀이를 하며 부른 노래인 "밭을 갈아 밥을 먹고 우물 파서 물마시며, 날이 새면 들일 가고 밤이 되면 잠을 자니 임금의 공이 무엇이냐?"는 무위자연의 최고의 경지를 나타내고 있다고 노자는 말한다.

그러므로 유가에서 주장하는 인仁과 의義는 모두 천하에 무위자연의 도가 사라졌기 때문에 나타난 것이며, 충신도 국가가 혼란해져서 생기는 것이고, 자애도 육친(부자, 형제, 부부)이 화목하지 못한 데서 나온 말이라고 했다. 그러므로 사람이 지나친 재주와 지혜, 인과 의, 기교와 이익을 버리면 백성의 이로움이 배로 늘어나고 백성들은 효도하고 자애로운 사람으로 돌아가, 도둑도 자취를 감추게 될 것이라고 했다.

노자는 무無, 허虛, 정靜, 유약柔弱, 박樸을 높이 평가한다. '무無'는 천지만물의 근원으로 유有도 무無에서 나온다고 했다. '허虛'는 빈 것을 말하는데 도道는 항상 비어 있어 차는 일이 없지만 속이 깊어 거기에서 얼마든지 퍼내어 쓸 수 있다고 했다. 그는 이것을 "골짜기의 신은 죽지 않는다."라고 표현하기도 했는데 그 이유는 골짜기는 항상 비어 있어 차는 일이 없고 바닥에 위치하고 있기 때문에 모든 냇물이 모여드는데 이 골짜기의 모습이야말로 도와 같았기 때문이다. 이것은 현빈玄牝이라고도 하는데 현은 신비하고 오묘한 것을 뜻하고 빈은 암컷을 가리키니 만물을 생성케 하는 도는 곧 신비하고 오묘한 암컷이란 뜻이다.

'정靜'은 만물이 왕성하게 자라는 데 도움이 되는 상태라고 했다. 소란스럽거나 야단스러운 것은 천지를 운영하고 만물을 생성하는 데 해가 되지만 도는 언제나 고요하고 안정한 상태로 있기 때문에 만물은 그 속에서 저절로 낳고 자라는 길을 얻게 된다는 것이다. 노자는 항상 유약한 것을 우선했다.

그러기에 "최상의 선은 물과 같다. 물은 만물에 이로움을 주면서도 다투지 않고 모든 사람이 싫어하는 것에 가까이 있다. 그러므로 물은 거의 도에 가깝다."라고 물을 찬양하고 "암컷은 유약하고 조용하지만 수컷의 강함을 이긴다."라고 하며 암컷을 찬양했다.

그는 유약의 모델을 바람에 휘어지는 나무와 어린아이에게서 구하기도 했다. 22장의 "휘어지는 나무는 꺾이지 않으므로 안전하다."와 "어린이의 뼈는 약하고 살은 부드러우나 잡는 힘은 세다."라고 한 말은 다 거기서 나온 말이다. 생명이 있는 것만이 유약하며, 생명을 잃으면 경직되므로 유약은 곧 생명력의 표현이라고 보았다.

끝으로 노자는 '소박함(樸)'을 도의 순수한 원형으로 보았다. "도는 언제나 이름이 없다. 도는 박樸과 같다." 박이란 아무 가공도 하지 않은 순수한 원목이다. 그러므로 천지의 시원인 도를 상징한다. 사람이 소박한 마음을 지키면 비록 그것이 아무리 작더라도 천하의 그 누구도 그를 신하로 삼을 수 없다. 임금이 이 소박의 도를 지킬 수만 있다면 천하의 만물은 저절로 그를 찾아 저절로 모여들 것이며, 하늘과 땅은 화합하여 감로甘露를 내리고 백성들은 명령하지 않아도 저절로 따를 것이다.

도는 근본적 원리, 덕은 구체적 실천

지금까지 살펴본 것처럼 『도덕경』은 '도와 덕에 대한 경전'이다. '도'는 우주의 궁극적 실재(窮極的 實在, ultimate reality) 또는 '근본 원리principle'이고, '덕'이란 그 도가 구체적인 인간이나 사물 속에서 자연스럽게 구현될 때 얻어지는 '힘' 같은 것이다. 『도덕경』 전체에 담긴 기본적인 메시지는 우주의 기본 원리인 '도'의 흐름을 체득하고, 그 흐름에 따라 살아감으로 참다운 자유의 삶을 살아가게 되는 '덕'을 느껴보라는 것이다. 우리가 의식하든 못하든 『도덕경』에 나타난 사상은 고대부터 지금까지 중국, 한국, 일본 등 동아시아의 종교, 철학, 예술, 정치의 저변에 흐르고 있다.

기원전 2세기 한나라 초기에는 무위청정無爲淸淨의 술術이 실제 정치에 이용되어 한때 성공을 거두기도 했으나, 한 무제 이후 유교가 국교화되면서 노자의 가르침은 정치보다 수신과 처세 쪽에 영향을 주었다. 북위北魏의 구겸지는 도가의 무위자연사상에 신선사상, 음양오행설, 참위설, 그리고 민간의 잡다한 신앙들을 섞어 '도교道敎'를 민간 종교로 탄생시켰고 북위의 태무제는 유교가 이단시하는 유목민족의 중국 지배를 정당화하기 위해 444년에 도교를 국교로 삼았다. 도가사상이 도교로 종교화함에 따라 노자는 도교의 최고의 신神이 되고『도덕경』은 도교의 최고 경전이 되었다.

노자의 사상은 학문적 연구의 대상이 되기도 했지만 위진 남북조 시대와 같은 혼란기에는『역경』,『장자』와 함께 3현玄으로 존중되었고, 인간의 삶의 지혜를 밝혀주는 수양서 역할도 했으며 민간 신앙과 융합하면서 민중들의 의지처가 되었다.

한국에서도『도덕경』에 나오는 내용이『삼국사기』및『삼국유사』에서 나오는 것을 보면 삼국시대부터 이미 널리 알려졌던 것 같고, 조선시대에는 도교의 주무 관청인 소격서 폐지 문제로 조광조와 중종이 새벽까지 독대獨對했던 사실을 보면 도교가 민중 의식 속에 깊이 파고들었음을 알 수 있다.

또한 노자의 사상은 유학자들 특히 송명宋明 시대의 성리학자들에게 큰 영향을 주었다. 이들이『주역』을 해석할 때『도덕경』의 사상으로부터 많은 영향을 받았다. 정이程伊는 노자를 비판하면서도 노자의 도체道體에 대한 통찰은 높이 평가했을 정도였다. 성리학자들의 기본 개념인 '이'와 '기'도『도덕경』속에 간접적으로 나타나 있다.

근래에는 서양에서도『도덕경』을 읽는 사람이 많아졌다. 헤겔이나 하이데거 같은 철학자나 톨스토이 같은 사상가가 읽었다는 사실은 널리 알려져 있었지만 최근에는 서양에서 많이 논의되는 환경 문제나 여성 문제

등과 관련하여 『도덕경』에 나타난 세계관이나 자연관, 여성관이 많은 사람의 관심을 받고 있다. 한계 상황에 이른 서양 문명이 그 돌파구를 동양사상, 그중에서도 도가사상에서 찾으려 하는 움직임이 감지되고 있다.

◈ 추천도서
『왕필의 노자주』, 임채우 옮김, 한길사, 2005
『사유하는 도덕경』, 김형효 옮김, 소나무, 2004
『도덕경』, 오강남 옮김, 현암사, 1995

장자

장자가 보내온 절대자유로의 초대장

장자 지음

모든 관념과 속박에서 해방되어 '절대자유의 경지'를 소요했던 장자는 각 학파간의 이론적 대립을 해소하고 철학적 한계를 극복하는데 기여했고 숨 막히고 답답한 속박 속에서 벗어나 넓고 시원한 세계를 호흡하게 하는 청량제 구실을 했다. 일체의 전체주의적 권위와 이념적 독단을 부정하고 인륜 도덕이나 문명의 발전보다 무한한 우주의 변화 속에서 장자가 추구했던 개성의 해방과 자유로운 예술정신이 이 책에 잘 담겨 있다.

아내가 죽자 대야를 두드리며 노래를 불렀다는 장자(莊子, BC 369?~BC 289?)는 중국 전국시대의 사상가로 제자백가 가운데서도 노자의 철학을 발전시킨 도가의 대표자이다. 우리는 흔히 유가에서의 공자와 맹자를 도가에서의 노자와 장자와의 관계로 비유하곤 한다. 실제로 장자는 맹자와 동시대 사람이며 명가名家의 대표적 인물인 혜시는 장자의 가장 친한 친구였다.

그의 성은 장莊이고 이름은 주周이다. 전국시대에 송나라의 몽夢 출신으로 잠시 말단 관리를 지낸 후 자유롭게 생활했다. 그는 중국 남방의 학풍과 특히 달인達人 정신을 이어받아 상상력이 풍부했고 모든 일에 초월하고 달관한 개방주의 철학자였다.

장자의 말은 광대무변하고 자유분방했기 때문에 당시 제후들은 그를 기이한 사람으로 여겨 등용하지 않았다고 한다.

논리학파의 혜시와 친하게 교유했지만 다른 행적에 대해서는 알려진 것이 없다. 보통 그는 노자의 사상을 이어받아 도가사상을 발전시킨 것으로 평가된다.

장자가 살았던 전국 시대는 극단적인 분열과 대립이 깊어지던 백가쟁명의 시대였다. 이런 시대적 혼란을 잠재우기 위해 제창된 그의 개방주의는 각 학파간의 갈등과 대립을 해소하고 철학적 한계를 극복하는 데 기여했다. 그는 사람들에게 숨 막히고 답답한 속박 속에서 벗어나 넓고 시원한 세계를 호흡하며 삶을 향유하는 여유를 갖게 했다. 나아가 장자의 사상, 특히 달관적 인생관은 때로 불우한 사람들에게 위안을 주는 종교적 역할도 했고, 그의 심미적 자연관은 각박하고 단조로운 세상에 청량제 역할을 했다.

장자의 사상은 제물론齊物論이 기초를 이루고 있다. 제물론이란 현실의 모든 차별상을 평등시하는 일종의 관념철학으로서 생사, 귀천, 대소, 시비, 선악 등 모든 문제의 대립을 초월하고 그 대립에 의해 발생하는 현실적 고뇌를 해소시키는 것이다. 이런 높은 경지를 '도추(道樞, 도의 중심)', 또는 '천균(天均, 천天의 중심)'이라고 한다.

그리고 세속의 속박에서 벗어나 해방된 절대자유의 경지를 '소요유(逍遙遊, 자유롭게 노닐다)'라고 이름을 지었고 이 경지에 도달하는 방법을 '인순因循'이라고 했다. 즉 이 세상의 모든 구별과 차별, 대립은 도道의 관점에서 보면 무의미하며 선과 악, 아름다움과 추함, 나와 타인, 자연과 인간이 구별이 없다는 것이다.

장자는 우주 만물의 전체성을 토대로 모든 사물을 판단할 때 너와 나의 구별은 사라지고 자연과 내가 하나가 되는 물아일체物我一體의 경지에 있을 때 자유로울 수 있다고 했다. 즉 천균天均을 따르는 경지야말로 어느 것에도 구애받지 않는 느긋한 정신의 자유 세계가 열리는 것이다.

"인위로 자연을 파괴하지 말라."

『장자』는 「내편」 7편, 「외편」 15편, 「잡편」 11편으로, 총 33편으로 구성되어 있다. 이 중에서 장자가 직접 지었다는 「내편」(소요유逍遙遊, 제물론齊物論, 양생주養生主, 인간세人間世, 덕충부德充符, 대종사大宗師, 응제왕應帝王)에 그의 사상이 충실히 담겨 있다. 「외편」과 「잡편」은 후학들이 「내편」의 뜻을 발전시킨 것이며 여기서 노자와의 절충이나 다른 사상과의 교류가 나타난다. 「내편」 중에서도 처음에 나오는 '소요유'와 '제물론' 두 부분이 장자의 핵심 사상이다.

'소요유'는 장자의 이른바 '유遊', 즉 도를 터득한 초월자의 생활을 말한 것이고, '제물론'은 '유'의 성립 근거로서의 '도道'를 뚜렷이 한 것으로서 이 '도'와 '유'가 장자 사상의 기본 개념이자 『장자』의 핵심이다. 『장자』는 다음과 같이 시작한다.

> 북쪽 깊은 바다에 물고기 한 마리가 살았는데, 그 이름을 곤鯤이라 하였습니다. 그 크기가 몇 천 리인지 알 수가 없었습니다. 이 물고기가 변하여 새가 되었는데, 이를 붕鵬이라 하였습니다. 등의 길이가 몇 천 리인지 알 수 없었습니다. 한 번 기운을 모아 힘차게 날아오르면 날개는 하늘에 드리운 구름 같았습니다. 이 새는 바다 기운이 움직여 물결이 흉흉해지면 남쪽 깊은 바다로 가는데 그 바다를 예로부터 '하늘 못'이라 하였습니다.

여기서 붕새는 엄청난 변화의 가능성을 실현한 사람을, 그리고 그 거침없는 비상은 이런 변화와 변혁을 이룬 사람이 경험할 수 있는 초월을 상징한다. 『장자』는 이같이 인간이 생래적으로 지닌 실존적 한계를 초월할 가능성이 있다는 이야기로 시작한다. 이는 인간이 지닌 무한한 가능성에 대한 선언이다.

장자에 의하면 '도'란 일체의 존재를 변화시키면서 그 자신은 변화하지 않는 것, 모든 공간과 시간 속에 편재偏在하는 것, 언어로는 규정할 수 없는 큰 카오스, 즉 혼돈混沌이었다. 이것은 모든 시간과 공간 속에 존재하면서 모든 차별과 대립을 포용하여 거기에는 "서족西施의 미美도 문둥병의 추醜와 같고 태산의 크기도 추호(秋毫, 매우 잔털)의 작음과 같다."고 한다. 인간의 분별로 생기는 가치적 차별, 즉 현우미추賢愚美醜, 선악시비善惡是非, 성패영욕成敗榮辱도 여기서는 상대적인 편견에 지나지 않고 이 대립을 하나로 포용하여 무한한 시간과 공간 속에서 계속해서 생멸 변화하는 크나큰 변화의 흐름, 이것이 장자의 '도'다.

> 어느 날 장주(장자)가 나비가 된 꿈을 꾸었다. 훨훨 날아다니는 나비가 되어 유유자적 재미있게 지내면서도 자신이 장주임을 알지 못했다. 문득 깨어보니 다시 장주가 되었다. 장주가 나비가 되는 꿈을 꾸었는지 나비가 장주가 되는 꿈을 꾸었는지 알 수가 없다. 장주와 나비 사이에 무슨 구별이 있기는 있을 것이다. 이런 것을 일러 사물의 변화(物化)라 한다.

이 '나비 꿈' 이야기는 『장자』에서 가장 잘 알려진 이야기다. 장자가 나비가 되고 나비가 장자가 될 수 있는 세계는 만물이 서로 합일하고 상호 침투하며 만물이 상호 변화하는 세계이다.

『장자』에서 도는 일체의 존재를 변화시키면서 그 자신은 변화하지 않는 불변자이지만 그 불변자란 고정된 형이상학적 실체가 아니라 불변不變한 변화 자체이다.

『장자』의 '유'란 인간의 자유로운 삶을 속박하는 분별욕이나 가치적 편견을 버리고 모든 차별과 대립을 넘어선 곳에서 구속받지 않는 자유로운 세계에 머무는 것이다. 장자는 이런 자유인을 '지인至人' 또는 '신인神人'이라고도 하는데 그는 이것을 9만 리 상공을 나는 '대붕大鵬'에 비유한다.

자연에 순응하려면 타고난 대로 살아야 한다. 장자는 "오리 다리가 짧다고 늘리지 말고 학의 다리가 길다고 자르지 말라.", "감관感官이 없는 혼돈에게 일곱 구멍(감관기능)을 파놓고 보니 혼돈이 죽었더라."고 말한다. 없는 것을 인위로 만들거나 개조하면 자연의 생태가 파괴되고 형평이 깨진다.

> 인위로 자연을 파괴하지 말라. 고의로 천성을 망치지 말라. 無以人滅天, 無以故滅命

장자는 세상의 혼란은 피차의 시비에서 비롯되고 너와 나는 구별이 없으며, 본래 잘나고 못난 것이 없는데도 자기만 옳다 하고 남을 용납하지 않는 것은 어리석다고 말한다. 그에 의하면 하루살이가 밤낮을 알 리 없고 여름벌레가 겨울을 경험했을 리 없듯이, 편지片知는 전체를 알 수 없는데 자기 기준으로 모든 것을 규정하니 시비가 생길 수밖에 없다고 말하였다. "모든 시비는 피차의 입장을 고집하는 데서 생기므로 그 입장을 바꿔 놓고 생각해야 한다."고 강조한다.

장자 철학의 실용성은 양생養生과 처세處世에 있다. 자연과 마찰 없이 순리에 따라 사는 것이 최대의 양생법이다. 즉 자기의 자유를 잃지 않고 모든 주위와 상통하며 자기를 드러내지 않고 겸허해야 바람을 맞지 않는다. 이 세상에는 쓸모없어서 꺾이는 것도 있고 쓸모가 있어서 꺾이는 것도 있다. 그러기에 장자는 "유용有用과 무용無用 사이에 처신하라."고 말한다.

유가의 참여사상과 도가의 은둔사상

유가와 도가는 중국사상사에서 동전의 양면이다. 유가가 윤리와 실용을 강조하는 '양陽'의 가르침이라면, 신비한 내면을 강조하는 도가는 '음陰'의 가르침이다. 유가의 인仁이나 수기치인修己治人은 인간 윤리의 전형이지만, 도가의 무위자연 사상은 자연과의 조화를 강조한다. 이런 흐름에서 볼 때 유가가 지배층의 철학이라면, 도가는 피지배층의 철학이라고 말할 수 있다.

유가형 사고는 엄숙한 분위기로 윤리, 교육, 정치 등 구체적인 현실 세계를 지배했으나, 도가형의 사고는 자유분방하여 문학, 예술 등 인간의 내면 세계에 많은 영향을 주었다. 세상에 도가 행해지고 있으면 나아가 벼슬을 하고, 세상이 어지러워지면 물러나 은거한다는 군자의 몸가짐은 세상과 일정한 거리를 두고 홀로 자연 속에 은거하는 도가의 가르침과 상통한다.

그래서 중국인들은 이를 '공인으로서의 유가'와 '개인으로서의 도가'라고 말한다. 고도의 긴장을 요하는 유가와 이를 풀어주는 이완의 도가는 보완 관계에 있다.

'유가적 참여사상'과 '도가적 은둔사상'은 동아시아 지식인들에게 "궁할 때는 홀로 몸을 선하게 하고 세상에 나가면 천하도 선하게 한다(窮則獨善其身 達則兼濟天下)."는 의식을 심어주었다.

흔히 말하는 도교(道敎, Taoism)에 대해 한 가지 유의해야 할 부분이 있다. 정확히 말하면 '도가사상'과 '도교 신앙'은 구분해야 한다. 도가사상이 인간의 내면적 초월과 자유를 추구하는 것이라면 도교 신앙은 주로 육체의 불사를 우선으로 하는 것이다. 도가사상의 근간은 노자와 장자 사상이다. 후대에 와서 이것을 '노장사상'이라고도 한다. 노자의 사상은 『도덕경』에서, 장자의 사상은 『장자』에서 만날 수 있다.

장자는 모든 현실적 제약과 상식적 통념을 벗어난 절대적인 자유의 경지를 찾아나서 그 절대적인 자유의 경지에서 자신을 묶고 있는 모든 것을 상대화해 버렸다. 장자는 절대적 자유를 추구했지만 절대를 규정하지도, 절대라는 이름으로 상대를 제약하지도 않았다. 장자는 모든 관념을 상대화시키면서 자신의 말까지도 상대화시켜 버린다. 그리고 절대의 세계는 미지수의 상상력에 맡겨 놓는다.

추천도서
『장자』, 오강남 옮김, 현암사, 1999
『장자』, 안동림 옮김, 현암사, 1998

— 荀子 —

순자

"인간의 본성은 악하다"

순자 지음

소크라테스의 사상을 플라톤은 이상주의로, 아리스토텔레스는 현실주의로 계승한 깃처럼, 공자의 사상을 맹자는 이상주의로, 순자는 현실주의로 계승했다. 성악설에 입각하여 인간의 후천적인 노력을 강조한 순자는 인간을 기본적으로 사회적 동물로 보고 교육과 사회제도의 중요성을 강조하면서 제자백가의 사상을 비판하고 종합하여 진한秦漢 이후 중국의 중앙집권적 관료국가의 성립에 기여했다.

기원전 3세기 무렵의 사상가인 순자(荀子, BC 315?~BC 236?)의 이름은 황況이고 조趙나라 사람이다. 그러나 그의 출생 및 생애에 대해서는 잘 알려진 것이 없다.

그가 태어난 조나라는 문화적으로 낙후된 변방 국가였다. 그는 50살 무렵에 문화가 발달한 제나라에서 학문의 체계를 세웠다. 당시 전국시대 제후들은 침략 전쟁과 부국강병 못지않게 학문 연구와 문화 사업에도 큰 관심을 보였는데 그 대표적인 사례가 전국시대 중기 제나라의 위왕威王과 선왕宣王이 세운 '직하학사稷下學舍'이다. 위왕과 선왕은 제나라 수도인 임치臨淄의 13개 성문 가운데 서쪽 문인 직문稷門 아래에 대규모 학문 연구 시설을 갖추고 각지의 선비들을 초빙하여 연구하게 했다. 전국시대에 이름을 날린 학자치고 이곳을 거치지 않은 사람이 없었으며 이곳에 모인 사람들을 '직하학사稷下學士'라고 불렀다. 이곳은 유가, 묵가, 도가, 명가, 법가 등 여러 학파의 학자들이 자유롭게 토론하고 연구하도록 여러 가지 편의를 제공하였다. 맹자도 한때 이곳에 머무른 것으로 보아 그 학문적 명성을 짐작해 볼 수 있다.

이곳 직하학사들 중 제주祭主는 제사의 책임자일 뿐 아니라 학문에 있어서도 최고의 권위를 인정받은 존경받는 사람이었다. 순자는 직하학사에서 3번이나 제주祭主 자리에 올랐다. 그러나 간신배들의 음모로 제나라를 떠나 초나라로 가게 된다.

그는 초나라의 재상인 춘신군春信君의 도움으로 난능현의 장관 자리를 얻었으나 춘신군의 한 문객이 춘신군에게 그를 멀리하도록 간언하여 그를 파직시켰다. 여기서 물러난 순자는 고향 조나라로 돌아왔으나 춘신군은 그를 다시 불러 장관에 등용했다.

그는 진秦나라에 잠시 초빙되어 상앙商鞅의 법치주의를 채택하여 정치체제의 혁신을 통해 통일의 기틀을 마련해가는 모습을 보았다. 그곳에서 성문법에 바탕을 둔 통치와 행정의 능률화를 직접 목격하고 그는 많은 것을 느꼈을 것이다.

그 후 춘신군이 암살당하자 관직에서 물러나 오직 집필에만 힘썼다. 순자는 자기가 공자를 계승했다고 자부했으나 그의 성악설은 맹자의 성선설과 대립되어 이상론을 추구하는 유가에서 그다지 환영받지 못한 편이다.

공자의 유가사상은 맹자와 순자에 의해 유가학파로 발전했다. 그러나 맹자와 순자의 사상은 사뭇 달랐는데, 학문적 계통을 보면 맹자는 공자의 손자인 자사子思의 계통이고 순자는 특히 '예禮'를 강조한 자하子夏의 계열이다.

순자는 맹자의 성선설을 비판하고 성악설을 주장했다. 그는 인간의 본성이 악한 증거로 사람은 '욕망'을 갖고 태어나며 그 욕망을 충족시키기 위해 끝없이 갈망하고 이로 인해 사회는 혼란과 갈등으로 가득 차게 된다면서 이런 욕구 제한의 가장 좋은 방법이 '예禮'라고 했다. 특히 그는 공자와 맹자의 효제孝悌 제일주의를 비판하고 효제孝悌는 소행小行이고 '충의忠義'는 대행大行이라고 말했다. 이는 유가사상의 커다란 변화를 의미하며 순자의 성악설과 충의론은 다음에 오는 법가사상에 이론적 근거를 제공했다.

1. 천론天論

맹자의 이상주의와는 달리 순자는 철저한 현실주의자로서 초인적인 권위를 부정한다. 고대중국 전통사회는 경천사상에 바탕을 두고 천을 인간의 길흉화복을 좌우하는 인격신으로 생각했다. 공자, 맹자, 자사에 이르러 천天의 인격적 이미지는 벗겨졌지만 천은 여전히 도덕의 근거였다. 천은 인간에 앞서 있으면서 인간에 내재한다. 인간의 최고 경지인 성인聖人은 내재하는 천天을 발견하여 발현시킴으로써 천인합일天人合一의 경지에 도달한 사람이다. 순자는 「천론」편에서 전통적인 천관을 근본적으로 부정한다. 그는 천과 인간을 완전히 분리하였다. 천은 자연물이고 인간은 생물이다. 성인은 천을 알려고 하지 않는다.

2. 성론性論

대부분의 사회 이론이 그 사람의 인성론과 깊은 관계가 있듯이 순자의 성론은 그의 사상에 중대한 영향을 미친다. 순자는 「성악」편에서 인성이 악함을 다음과 같이 밝힌다.

> 인간의 본성은 원래 악한 것이니, 선이란 인위적으로 된 것이다. 인간은 나면서부터 이익을 추구하게 마련이므로 그대로 내버려두면 서로 싸우고 빼앗고 하여 양보란 있을 수 없을 것이요, 또 나면서부터 남을 미워

하고 시기하게 마련이므로 그대로 내버려두면 남을 해치고 상하게 할
줄만 알 뿐 신의나 성실성은 없을 것이다.

인간이 성性의 욕망에 따라 행동하면 악하게 된다. 선인이나 악인이
나 본성은 마찬가지다. 성인聖人은 악한 본성을 인위적인 노력에 의해서
변화시켰기 때문에 선한 것이다. 맹자가 인성이 선하다고 하는데 순자는
이것을 성性과 위爲(인위人爲, 즉 인간이 후천적인 노력에 의해 만들어 놓은 것)를
구별하지 못하기 때문이라고 비판한다. 인성이 악하기 때문에 인간에는
교육과 예가 필요하다고 보았다.

3. 사회사상

순자는 「왕제」편에서 "힘이 소만 못하고 달리는 것이 말만 못한데 소나
말이 인간의 부림을 당하는 것은 왜 그런가? 사람은 사회 생활을 할 수
있기 때문이다."라며 인간이 사회적 동물임을 밝힌다. 그리고 「비상」편에
서는 "사람이 사람된 까닭은 두 발에 털이 없기 때문이 아니라 판단력이
있기 때문이다."라고 하여 인간을 이성적 동물이라고 밝히고 있다. 인간
의 본성은 악해서 욕구 충족을 추구하지만 인간에게는 판단력이 있다.
인간은 오랜 경험을 통해 자신의 욕망을 지속적으로 만족시키기 위해서
는 타인과 협력할 필요가 있음을 알게 되었다. 사회는 자신의 이익을 위
해 타인과 협력하여 성립된 것이라고 순자는 말한다. 일종의 사회계약론
인 셈이다.

일단 사회가 구성되면 질서의 유지가 필요하다. 질서의 유지는 분分,
즉 신분 질서에 의해서 가능하다고 한다. 순자는 세습제나 종족적 특권
은 부정하지만 능력에 따른 계급의 발생은 인정했다. 그는 "계급의 최정
상에 인군人君이 있고, 인군은 절대 권력으로 분分을 관장해야 한다."라
고 말한다.

4. 정치사상

순자는 무엇보다도 경험을 중시한다. 그의 정치사상은 과거를 향한 복고적 이상주의가 아니라 미래를 향한 현실주의이다. 정통 유가들은 선왕先王들을 높이고 왕도와 패도를 대립적으로 파악했다. 이에 반해 순자는 후왕後王을 더 높인다. 예를 들면 「비상」편에서 "후왕을 버리고 상고上古를 말하는 것은 자기 임금을 버리고 남의 임금을 섬기는 것과 같다."고 말했다. 순자에 있어 후왕의 법은 곧 선왕의 법의 구체화이다. 「왕제」편이나 「왕패」편에 의하면 현실적으로 실현 가능한 이상 정치는 왕도보다 패도라고 말한다. 순자는 인간의 욕망을 긍정적으로 파악한다. 군君과 민民을 연결시키는 것은 '인의도덕仁義道德'이 아니라 이해 관계에 따른 '이익'이다.

"후천적 노력으로 누구나 성인이 될 수 있다."

순자는 공자의 사상을 잘 요약했을 뿐만 아니라 도가, 법가, 묵가와 같은 다른 학파의 사상을 비판하면서도 좋은 점은 적극적으로 수용하여 고대 학문 세계를 집성했다.

오늘날 우리가 보는 『순자』는 20권 32편으로 되어 있는데 대부분 순자가 저술한 것이고 일부는 제자들이 기록한 것이다.

「권학勸學」편에서 인간의 본성은 학문을 한 후에야 선하다는 것으로 교육의 효과를 명시하고 「수신修身」편에서는 본성을 교정하는 방법으로 예와 사법師法을 제시했다.

「불구不苟」편에서는 사리의 근본을 깊이 고찰하여 경우에 따라 적절하게 대처할 것을 주장하고, 「영욕榮辱」편에서는 영광과 치욕은 사람에 달려 있음을 논했다. 「비상非相」편에서는 미신을 배척하고 선왕의 제도와 문물을 모두 상고할 수 없으니 명백하게 상고할 수 있는 후왕後王의 것을 본받아야 함을 논하고 「비12자非十二子」편에서는 맹자, 자사 등 12자를 논하고 있어 그의 박식함을 알 수 있으며 사료로서도 중요한 가치가 있다.

「유효儒效」편에서는 주공周公과 공자의 도를 찬양하여 유가 학설을 옹호하고 있고, 「왕제王制」편은 인간 사회의 원리를 예의로 삼았다. 「부국」편은 나라를 부유하게 하는 방법에 대해 말하고 있고, 「왕패王覇」는 정치 기술을, 「군도君道」편에서는 정치의 근본을 위정자의 인격에 두는 인격 본위의 정치를 강조하여 인치人治와 법치法治의 득실을 논하고 있다. 「천론天論」편은 천도와 인도를 구분하여 인간이 자연을 극복하는 정신에 대해 논한 것으로 그의 철학에 중요한 의미를 갖는다.

「정론正論」편에서는 묵자의 공리주의를 배격했고, 「예론禮論」편에서는 예의 기원과 예의 3가지 근본, 즉 정치적 법제와 사회적 전례典禮, 그리고 윤리적 예의禮儀를 논했다. 「악론樂論」편에서는 음악은 사람의 성정性情을 이해하는 데 중요한 역할을 한다고 보고 음악의 원리, 음악과 인생의 관계를 논했다. 「해폐解蔽」편은 사람들이 그릇된 주장을 하는 것은 마음 한 구석이 욕망이나 이익에 가려 있기 때문이라고 생각하여 이성이 가려지고 막힌 것을 벗겨줌으로써 올바른 사고를 할 수 있다는 일종의 심리학 이론이며 「정명正名」편은 바른 논리는 바른 인식에서 나온다는 논리학 이론이다.

순자는 후천적인 노력을 매우 중요하게 생각했다. 그는 끊임없는 노력을 중시하여 그의 중심 사상을 '노력주의'라고도 말하는데, 이런 사고는 인간의 본성이 악하다는 성악설과 분리해서 생각할 수 없다. 그는 사람의 본성은 악하지만 후천적으로 열심히 노력하면 성인聖人이 될 수 있다고 보았다.

고대중국에서는 재해를 하늘의 뜻으로 생각했는데 인간의 후천적인 노력을 중시하는 순자는 이를 부정했다. 이런 관점에서 고대의 선왕先王을 군주의 이상형으로 삼는 전통적인 경향에 반대하고 현재의 정치는 현재와 가장 가까운 곳에 있고 현실에 노력한 왕, 즉 후왕後王이 정한 정책이나 제도에 당연히 복종해야 한다는 후왕後王 사상을 주장한 것도 그의 이런 후천적인 노력주의 사상과 관련이 있다.

유가와 법가의 경계에 서다.

순자의 논리는 전편에 인간의 성악性惡에 대한 관념이 담겨 있다. 그는 후천적 인위人爲인 예禮를 존중했다. 여기에 맹자와 근본적인 차이가 있다. 맹자는 예禮를 인의仁義 정신에서 생겨난 것으로 보았으나, 순자는 예禮를 인성의 타고난 악함을 없애 주는 가장 효과적인 수단으로 생각했던 것 같다.

공자사상의 핵심은 인仁이고 맹자는 인을 더욱 확대시켜 인의仁義를 강조했으며, 순자는 인仁을 들고 의義를 실천하는 덕으로서 예禮를 강조했다. 그래서 인의예仁義禮는 유교의 3덕이 된다. 이 3덕은 중국인들이 수천 년 동안 지켜온 행동 규범이기도 하다.

순자는 맹자의 '성선설性善說'에 대해 매우 비판적이었다. 특히 전국시대의 침략과 정복, 사회적 분열과 혼란을 진정시키는 것을 자신의 실천적 과제로 삼았던 순자에게 맹자의 성선설은 관념적인 주장에 불과했다. 맹자의 성선설을 비판하면서 순자는 '성악설性惡說'을 주창하는데, 그 주장의 핵심은 '인간의 본성은 악惡하며, 선善이란 인위적인 것이다.'라고 할 수 있다. 악한 본성을 그대로 따르면 사회적 혼란이 생기므로 후천적인 교육과 예禮를 통해 악한 성性을 교정해야 한다는 것이 순자의 일관된 생각이었다.

순자의 이와 같은 사상은 유가로부터 이단시되었다. 또 순자의 성악설은 법가의 인간 본성론과 상통한다. 예禮로 인간과 사회를 다스리려 한 것은 법法으로 인간과 사회를 다스리려 한 법가와 유사하다. 순자의 문하에서 법가의 대표적 사상가인 한비자와 이사가 배출되었음은 우연이 아니다. 따라서 순자는 유가와 법가의 경계선상에 있던 사상가였다.

인仁을 강조한 공자는 마음씨 좋은 할아버지의 느낌을 주고, 호연지기와 대장부론으로 강렬한 인상을 주는 맹자가 열혈청년처럼 느껴진다면, 순자는 명확한 논리와 절묘한 비유, 그리고 천연덕스러운 대구를 많이 사용하고 있어 그의 책을 재미있게 읽었다는 사람들이 많다.

❖ 추천도서
『순자』, 김학주 옮김, 을유문화사, 2008
『순자』(전 2권), 이운구 옮김, 한길사, 2006

— 韓非子 —

한비자

동 양 의 마 키 아 벨 리 가 쓴 법 가 사 상 의 경 전

한비자 지음

전국시대의 법가사상을 종합한 인물이 한비자이다. 법가사상은 3파로 나눠지는데 백성을 통치하기 위해서는 '법'이 필요하고, 관리를 다스리기 위해서는 '술'이 필요하며, 군주에게는 절대적인 '세'가 필수적이라고 보는 사상인데, 이는 한비자에 의해 '법술' 이론으로 집대성되었다. '관료주의에 의한 국가 권력의 농단'의 가능성에 주목하여 군주에 의한 관료의 통제술과 엄격한 법치를 통한 군주의 절대공권력의 확보를 말하고 있다.

한비자(韓非子, BC 280~BC 233)는 전국시대 한왕韓王 안安의 서자로 출생했다. 그의 어머니는 비천한 신분이었기 때문에 왕족이었지만 왕실에서 대우받지 못했다.

그가 태어난 한나라는 전국 7웅(진秦, 초楚, 연燕, 제薺, 한韓, 위魏, 조趙) 중에 가장 작고 문화 수준이 낮은 나라였다. 한비자는 인접국과의 계속되는 전쟁에서 약소국의 비애와 굴욕을 몸소 체험했다.

한비자는 당대의 석학인 순자에게 배우기 위해 제나라의 수도 임치로 그를 찾아갔다. 순자는 조나라 출신으로 이곳에서 학자의 우두머리인 제주祭主로 있었다.

한비자는 이때 훗날 진나라 재상이 된 이사와 함께 순자의 문하에서 동문수학하며 유가, 도가, 명가, 법가, 묵가 등 여러 학파의 학문을 두루

흡수했다. 자신의 학설을 현실 정치에 실현하려면 국왕의 인정을 받아야 하는데 그는 태어날 때부터 언어 장애가 있어 뛰어난 문장에 의존할 수밖에 없었다.

사마천의 『사기』에 의하면 한비자가 쓴 「고분孤憤」과 「오두五蠹」 등을 읽은 진시황이 "이 사람과 교유할 수 있다면 죽어도 한이 없겠다."라며 감탄했다고 한다. 이때 이사가 진시황에게 "한비(한비자의 이름)를 얻고 싶으면 한나라를 공격하라, 그러면 반드시 한비를 사신으로 보내올 것이다."고 건의하자 이사가 예상했던 대로 한나라는 한비를 사신으로 보냈다. 이때 한비자는 진시황의 마음을 움직여서 위험에 빠진 한나라를 구하고자 했다.

한편 한비자에게 열등감을 갖고 있던 이사는 진시황이 한비자를 중용할 것을 두려워하여 왕에게 한비자를 모함했으나 진시황은 그의 인물됨을 아껴 투옥시키는 데 그쳤다. 그러나 옥에 갇힌 한비자에게 이사는 독약을 보내 자살할 것을 강요했고, 한비자는 그의 결백을 입증하기 위해 진시황을 면담할 기회를 간청했으나 받아들여지지 않았다. 진시황이 나중에 자신의 잘못을 깨닫고 한비자를 석방하라는 명령을 내렸을 때는 이미 한비자가 스스로 목숨을 끊은 후였다.

법치주의, 술치주의, 세치주의

법가사상은 전국 시대의 전환기적 사회 변혁에 가장 잘 부합되었고 실시할 경우 즉각적인 효과를 기대할 수 있기 때문에 여러 군주로부터 환영을 받았다. 전국시대에 법가사상이 현실에서 가장 널리 수용되거나 환영 받은 곳은 제나라와 한韓, 위, 조, 즉 삼진三晉(진晉나라에서 분리된 세 나라) 지역이었다.

제나라에서 발전한 법가사상은 주로 경제적 발전을 위한 부국정책에 그 목표를 두고 있었고, 한, 위, 조에서는 법가사상이 중앙집권적 왕권 강화와 강병 정책에 초점을 맞추었다. 제나라 법가학파의 정치사상은 그 중심이 경제에 있었다. 제나라의 관중이 지은 『관자管子』에 보면 군주는 백성을 위해 경제적인 부강을 추구해야 하며, 이를 위해서는 중농정책을 실시해야 하고 검약한 생활과 물품의 원활한 수송으로 궁핍을 극복해야 한다고 주장하고 있다.

전국시대에 들어와 위나라에서 먼저 변법을 시행하여 부강한 나라가 되었다. 법치주의자들이 삼진三晉에 많은 것은 진晉의 분가와 분가된 3국의 왕권 강화와 밀접한 관계가 있다. 삼진의 법가사상은 3파, 즉 '법치주의法治主義', '술치주의術治主義', '세치주의勢治主義'로 나뉘는데 이는 한비자의 '법술' 이론으로 집대성되었다.

'법치주의'를 내세운 자는 이사와 상앙으로 이들은 법률을 제정하여 이를 근본으로 삼고 엄한 형벌과 큰 상을 수단으로 하여 엄격히 백성을 통제하고 군권을 강화해 부국강병책을 추진했다. 이사는 위나라의 문후文侯를 섬겨 변법을 추진했고 상앙은 진나라 효공孝公을 도와 2차에 걸친 개혁을 단행해 진의 통일기반을 마련했다.

'술치주의'는 한韓나라 신불해申不害가 주장한 것으로 권모술수를 이용한 통치 기술이다. 이를 통해 신하를 통솔하고 충신과 간신을 구분하여 상벌을 주고 임금을 두렵게 여겨 잘못을 저지르지 못하게 했다. 한비자는 나중에 한나라의 재상으로 발탁되어 한나라 발전에 크게 기여한 것으로 알려졌다.

'세치주의'를 내세운 사람은 조趙나라 출신 신도慎到이다. 신도는 군주의 절대적 세력이 곧 군주 세력의 원천임을 강조하고 신하가 군주에 복종하는 것은 군주의 세력이지 결코 군주의 덕행이나 재능 때문이 아님을 주장했다.

이상과 같은 전국시대의 법가주의 사상을 종합하고 이를 사상적으로 체계화한 인물이 바로 한비자다. 한비자가 죽은 지 15년 후에 전한의 사가 사마천은 『사기열전』에서 "한비는 '형형刑, 명名, 법法, 술述의 학學'을 좋아했는데 이는 황로사상黃老思想에 기초한다. 이사와 함께 순자를 섬기었다."고 기록되었다.

한비자는 진시황 때 재상이 된 이사와 함께 순자의 제자로서 성악설을 사상적 기반으로 하고 있었다. 한비자는 유가의 '덕치주의德治主義'나 '예치주의禮敎主義'를 배격하고 법치주의를 내세웠다. 한비자가 말하는 법치주의의 기본은 '엄형주의嚴刑主義'와 철저한 '신상필벌信賞必罰'을 원칙으로 한다.

군왕에게 가장 중요한 것은 부강한 나라이고 이를 위해서는 강한 군대(强兵)가 필요하고 부국富國을 위한 농업 생산의 발전을 내세워 상업과 공업을 말업末業으로 억압했다. 한비자는 법치의 운영 방법으로 술치와 세치를 함께 사용해야 한다고 주장했다. 즉, 백성을 통치하기 위해서는 '법'이 필요하고 관리를 부리기 위해서는 '술'이 필수적이기 때문에 한비자는 법술세法述勢야말로 한 국가의 제왕이나 군주가 나라를 다스리는 기본이라고 했다.

피도 눈물도 없는 철의 법칙

『한비자』는 처음에 『한자韓子』라 불렀는데 당唐의 한유韓愈에 대해서도 한자韓子라고 불렀기 때문에 이 두 사람의 혼동을 피하기 위해 송대 이후 한비자韓非子라 부르기 시작했다. 『한비자』는 총 55편으로 총 10만 자로 쓰여 있으며 논문체, 문답체, 설화, 우화 등으로 다양하게 구성되어 있다. 이 책의 대부분은 한비자의 글이지만 일부는 그의 후학들이 쓴 것도 있다.

한비자의 '법술론'에서 법은 국가 통치의 기본이 된다. 법은 백성이 따라야 할 절대적인 기준이며 아무리 평범한 군주라도 법만 잘 운용하면 훌륭한 정치를 할 수 있다고 보았다.

'술'이란 법을 운용하는 기술을 말한다. 술은 군주가 자기 가슴에 품고 이것저것을 비교하여 남몰래 신하를 제어하는 것으로서 남에게 절대로 보여서는 안 된다고 한다. 또한 신하의 말이 진실인가를 꿰뚫어보는 재주가 있어야 한다. 신하를 시험하기 위해 의심스러운 말을 보기도 하고 알면서도 모르는 체 해 봄으로써 신하의 본심을 알아 낼 수 있다고 한다.

「이병二柄」편에서는 밝은 임금은 형刑과 덕德의 두 가지로 신하를 다스려야 한다고 말한다. 신하는 벌을 두려워하고 상을 좋아한다. 여기서 벌이란 형刑이고 상이란 덕德이다. 이 형과 덕의 두 손잡이만 있으면 신하를 자유자재로 다스릴 수 있다. 만약 군주가 상벌의 권한을 스스로 행사하지 않고 신하에게 맡기면 백성은 그 신하를 두려워하고 군주를 두려워하지 않게 된다. 이렇게 되면 백성의 인심은 군주에게서 신하에게 향하게 된다는 것이다.

「비내備內」편에서는 군주가 남을 믿어서는 안 된다고 말한다. 남을 믿으면 자기가 남에게 눌린다. 신하는 위엄 있는 기세에 눌려 어쩔 수 없이 명령에 따를 뿐이고 신하는 언제나 군주에게 도전할 기회를 노리고 있다. 이 같은 신하 앞에서 군주의 지위는 위태로워지고 죽임을 당하기도 한다. 군주가 아들과 아내를 무조건 믿으면 신하가 아들이나 아내를 이용하여 사사로운 욕심을 채우려고 한다. 그러므로 군주는 아들과 아내까지도 믿어서는 안 된다.

「고분孤憤」편에서는 중신重臣은 군주의 명령 없이 법을 무시하고 사리사욕을 채운다고 말한다. 그러므로 임금은 중신의 비밀을 꿰뚫을 수 있는 눈을 가져야 한다. 이것이 곧 '술'이다. 한비자는 계속해서 "군주여 눈을 뜨라."고 강조한다. 군주의 눈을 가리는 중신을 제거해야 한다고 강조한다.

「설난說難」편에서는 자기 의견을 말하기가 힘든 것은 상대의 마음을 꿰뚫어 자신의 의견에 맞추기가 어렵기 때문이라고 한다. 진언하는 자는 계획을 비밀히 진행시켜야 성공할 수 있으며 비밀이 누설되면 실패한다. 그러므로 군주의 비밀스런 계획과 맞지 않는 말을 하면 몸이 위태롭기 때문에 진언할 때는 상대의 의견에 맞지 않는 말은 하지 않는 것이 좋다는 것이다.

법가사상으로 전국시대의 혼란을 종식시키다

한비자는 법가를 대표하는 인물이지만, 그 이전에 이미 세 갈래의 큰 학파가 있었다. 法을 강조한 상앙商鞅, 術을 강조한 신불해申不害, 세勢를 강조한 신도愼到가 그들이다. 상앙이 주장한 '법'은 백성들의 사익 추구를 막고 나라의 이익을 우선시하는 원칙을 의미한다. 신불해의 '술'은 신하들을 잘 조종해 군주의 자리를 더욱 굳게 다지는 인사 정책을 말한다. 신도의 '세'는 군주만이 가지는 배타적이고 유일한 권세를 말한다. 이렇게 3가지 요소가 갖춰진 뒤에야 비로소 법을 시행할 수 있다는 것이다. 군주는 반드시 '법', '술', '세'의 3가지 통치 수단을 모두 갖추어야 한다는 것이다.

이처럼 한비자는 가슴에 노자의 '무위자연'을, 머리에 순자의 '성악설'을, 몸에 상앙의 '법法'과 신불해의 '술術'을 신도의 '세勢'와 조화시켜 법치사상을 집대성했다. 강제와 구속, 공과功過에 따른 상벌이 필요하다고 본 그의 법률만능주의는 유가사상까지 압도하면서 중국 역대 군주의 통치 지침이 되었다.

『한비자』는 진보적, 현실적, 실천적 정치 이론을 정치精緻하게 담고 있어 고금을 초월한 공감을 얻지만, 분서갱유의 단초를 제공하는 등 진시황이 폭정에 이용한 통치서로서 금서가 된 적도 있다. 극도의 인간 불신과 왜곡된 사회 인식, 통치자만을 위한 편협한 사상 등 근본적인 한계가 있는 것도 사실이다.

아무튼 전국시대에 수많은 제자백가들이 나와 제각기 천하평정을 외

쳤지만, 결국은 한비자의 형명법술刑名法述이 채택되어 전국시대의 혼란
이 종식된다.

◈ 추천도서
『한비자』, 김원중 옮김, 글항아리, 2010
『한비자』(전 2권), 이운구 옮김, 한길사, 2002

— Bhagavad gītā —

바가바드 기타

존귀한 자의 노래

지은이 모름

『베다』, 『우파니샤드』와 함께 힌두교의 3대 경전인 『바가바드 기타』는 원래 인도의 유명한 대서사시 『마하바라타』의 제6권의 일부이지만, 내용상 독립된 문헌으로 읽혀져 왔다. 왕권 찬탈을 노리는 피비린내 나는 전쟁터에서 싸워야 하는 무사의 육체적 고통을 통해 마련되는 성스러운 죽음의 의미, 즉 영혼의 해탈에 대한 깊은 성찰을 우리는 『바가바드 기타』에서 만나게 된다.

인도의 '위대한 영혼' 마하트마 간디는 영국 유학 시절에 『바가바드 기타』를 만나고 큰 감명을 받아 이 고전을 평생 자기 삶의 지침서로 삼았다며, 자서전에서 다음과 같이 술회하고 있다.

> 『바가바드 기타』는 나의 행동의 확실한 안내자가 되었으며, 모르는 영어 단어를 영어 사전에서 찾아보듯이 나는 나의 모든 어려움과 시련을 해결하기 위해 이 행동의 사전을 찾아보았다.

『바가바드 기타』 덕분인지, 인도는 간디의 영도 아래 200년 동안의 영국 식민지 지배에서 벗어나 '해탈(독립)'할 수 있었다.

우리가 보통 『논어』의 한 구절 정도는 외우고 있듯이, 인도의 힌두교 신자들은 『바가바드 기타』(BC 2세기 무렵)의 명언들을 마음속에 간직하고 있다고 한다. 사실 『바가바드 기타』는 이제 인도의 경전이 아닌 전 세계의 고전으로 사랑받고 있고, 힌두교 신자들만의 경전이 아니라 진리를 사랑하는 모든 사람의 경전이 되었다.

『바가바드 기타』는 『우파니샤드』와 함께 인도의 종교적, 철학적 전통의 원천을 이루고 있는 중요한 고전이다. '바가바드 기타'란 '지존至尊의 노래'라는 뜻인데, 여기서 '지존' 또는 '존엄한 자'는 힌두교에서 가장 대중적 신앙의 대상인 비슈누Visnu의 화신으로 간주되는 크리슈나를 가리키며 '노래'는 그의 가르침을 비유한다.

『바가바드 기타』는 본래 인도 고전문화의 총화인 대서사시 『마하바라타』의 제6권 「비스마파르반」의 일부이지만 내용상 하나의 독립된 문헌으로 읽혀 왔다. 작품의 배경은 고대 인도에서 18일 동안 치열하게 펼쳐진 전쟁이며, 내용은 전투가 벌어지기 직전에 전사 아르주나와 그의 전차를 모는 전사이자 친구인 크리슈나 사이에 오간 대화가 바탕이 되고 있다. 동족 살상을 망설이며 회의에 빠진 전사 아르주나와 싸움을 독려하고 그의 의문들을 풀어주는 크리슈나의 설법이 18장에 걸쳐 펼쳐진다.

서사시 『마하바라타』는 바라타 족 가운데서 사촌간인 판두 형제들과 쿠루 형제 사이에 벌어지는 왕위 계승을 위한 싸움의 이야기를 줄거리로 하고 있으며, 『바가바드 기타』는 이 이야기 중의 클라이맥스에서 시작된다. 즉 판두 5형제 중 셋째인 아르주나 왕자는 그의 사촌들인 쿠루 형제들과 전장에서 만나 살육전을 벌이려고 하는 순간, 그만 용기를 잃고 만다. 차라리 내가 죽으면 죽었지, 형제를 죽이지는 못하겠다고 하자 아르주나의 마부(실제로는 최고 신)인 크리슈나는 그에게 영혼의 불멸과 사심 없는 의무의 수행을 역설하면서 정의의 싸움을 향해 나아가라고 왕자를 고무시킨다.

실제로 크리슈나의 설교에는 이 줄거리와 관계없는 많은 종교적, 철학적 사상들이 혼입되어 있다. 『바가바드 기타』는 하나의 체계적인 철학서라기보다는 여러 가지 해탈의 길을 제시하고 있는 실천적 성격이 강한 종교적 작품이다. 해탈은 인도인들이 전통적으로 추구해온 삶의 최고 목표로서, 윤회의 세계로부터 해방되는 것이다. 『바가바드 기타』는 이런 해탈을 위한 훈련으로서 여러 가지 요가yoga의 수련을 가르치고 있는 요가의 고전이다.

전투를 앞둔 아르주나와 크리슈나의 대화

『바가바드 기타』의 핵심 사상은 '요가'이다. 요가란 고대 인도에서부터 전하여 오는 심신 단련법의 하나로 자세와 호흡을 가다듬는 훈련과 명상을 통하여 초자연적인 능력을 개발하고 물질의 속박으로부터 자유로워지는 것을 목표로 한다. 『바가바드 기타』는 각 장마다 '행위의 요가(karma-yoga, 카르마 요가)', '명상의 요가(dhyana-yoga, 댜나 요가)', '신애의 요가(bhakti-yoga, 박티 요가)' 라는 식으로 이름이 붙여져 있는 것에서 볼 수 있듯이 전체가 '요가에 관한 책'이다.

아득한 옛날 쿠루크셰트라라는 들판에서 왕위계승 문제로 골육상잔骨肉相殘의 비극이 벌어지려는 순간에 갈등하고 있는 아르주나 왕자에게 신의 대변인 크리슈나는 용감히 나가 싸우라고 격려한다. 하지만 어찌 형제들과 싸워 이기라는 게 신의 가르침일까? 크리슈나는 그것이 단순히 세속적인 왕위를 얻기 위한 싸움이 아니라 인간 내면의 싸움이며 근원적인 갈등임을 말한 것이다.

> 그대가 할 일은 오직 행위 자체일 뿐 그 결과가 아니다. 행위의 결과를 동기로 삼지 말며 행위하지 않음에도 집착하지 말라.

이것이 인간을 대표하는 아르주나에게 크리슈나가 주는 신의 가르침이다. 무엇에도 집착하지 않는 삶이란 근원적인 갈등이 해소된 상태, 곧 해탈을 가리킨다. 윤회 관념을 바탕으로 하고 있는 힌두교에서 지고의 목표로 제시하는 것은 역설적이게도 바로 윤회에서 벗어나는 해탈인 것이다.

『바가바드 기타』의 제6장에 나오는 일부 내용을 인용해 본다.

> 요가 행자는 항시 한적한 곳에 처해
> 홀로 자신을 수련할지어다.
> 몸과 마음을 제어하며
> 바라는 것도 없고
> 소유도 없이
>
> 자신을 위해 깨끗한 곳에
> 헝겊이나 가죽이나 풀로 덮인
> 너무 높지도 않고 너무 낮지도 않은
> 고정된 좌석을 마련하고
>
> 거기서 마음을 한 곳에 모으고
> 생각과 감각기관의 활동을 제어하고
> 자리에 앉아 자신의 정화를 위해
> 요가를 수련할지어다.
>
> 이렇게 자신을 항상 수련하면서
> 수행자는 마음이 제어되어
> 열반을 구경究竟으로 하는
> 내 안에 있는 평안에 이를 것이다.

요가를 통해 정신이 제어된 사람은 『바가바드 기타』가 추구하는 가장 이상적인 인격이라고 말할 수 있다. 끊임없는 욕구의 악순환과 갈등, 대립과 혼란을 넘어서서 평안과 안식을 얻은 사람이다. 힌두교와 불교의 용어로 말하면 마음이 해방되어 해탈의 경지를 얻은 사람이다.

그러면 우리는 어떻게 하면 이런 정신적 평안에 이를 수 있는가? 『바가바드 기타』는 크게 3가지 길을 제시해주고 있다. 이 3가지 길은 『바가바드 기타』뿐만 아니라 힌두교 전체의 핵심으로 파악되기도 한다.

해탈에 이르는 3가지 중 첫째는 '지식의 길', 즉 깨달음을 통해 참된 지식을 얻고 인간 본성으로 복귀하는 길이다. 둘째는 '행위의 길', 즉 자신에게 주어진 일을 아무런 집착이 없이 수행함으로써 속세의 한가운데에서 해탈에 이르는 길이다. 셋째는 가장 높은 단계인 '믿음의 길', 즉 신에 대한 사랑과 헌신의 길이다. 이 셋을 종합하면 진정한 해탈은 깨달음으로 행동하고 신을 믿음으로써 얻어지는 것이다.

힌두교, 불교를 인도에서 밀어내다.

불교는 기독교, 이슬람교와 함께 세계적인 종교의 하나로 인도에서 탄생했다. 하지만 오늘날 인도는 불교 국가가 아니라 힌두교 국가다. 기원전 5세기 무렵 불교는 인도의 동북부에서 발생하여 한동안 성행하다가 인도의 전통종교인 힌두교에 밀려 동쪽으로 전파되기 시작하였다. 중국, 한반도, 일본의 고대사회에 불교가 전래된 것은 이 때문이다.

불교가 고향 인도에서 힌두교에 밀린 이유는 무얼까? 불교의 평등사상은 카스트 제도마저 부인할 정도로 진보적인 것이었는데도 인도 민중이 불교를 버린 까닭은 무엇일까? 그것은 인도의 독특한 윤회사상 때문이다. 윤회를 믿는 인도인들은 지금은 비록 노예의 신분이더라도 꾹 참고 성실하게 살아가면 다음 세상에서는 더 좋은 신분으로 태어날 수 있다고 믿었다. 이렇게 다음 세상을 기약하면 되는데, 굳이 현재의 삶에서 평등을 추구할 필요가 없었다. 현세의 행복은 오히려 자신의 업을 키워서 복된 내세를 저해할 수도 있기 때문이다. 그래서 불교는 윤회의 관념이 없는 동아시아에서 더 찬란하게 꽃을 피우게 된다.

하지만 인도에서 힌두교가 불교를 압도한 이유는 또 있다. 그중 하나가 바로 『바가바드 기타』이다. 『바가바드 기타』는 『베다』, 『우파니샤드』와 함께 힌두교의 3대 경전 가운데 하나지만, 『베다』, 『우파니샤드』나 불교 경전은 누구나 읽을 수 있는 것이 아니다. 이와 달리 『바가바드 기타』는 승려가 아닌 일반 대중들도 읽을 수 있는 경전으로 자신에게 귀의하면 평민이나 노예라 할지라도 지고의 목표로 갈 수 있다고 기록하고 있다. 불교와 달리 힌두교에는 이렇게 대중적이고 서민들의 구체적인 삶과 연관된 경전이 있었던 것이다.

◈ 추천도서
『바가바드 기타』, 함석헌 주석, 길희성 옮김, 한길사, 2003
『바가바드 기타』, 간디 해설, 이현주 옮김, 당대, 2001

중론

소승불교를 비판하는 대승불교의 기본서

용수 지음

제2의 부처이자 대승불교의 아버지인 용수龍樹의 초기 작품으로 인도의 깊은 철학적 사색이 낳은 가장 난해한 작품이다. 대승불교의 『반야경』에 나타난 '공空' 사상을 계승해 이론적 기초를 명확히 한 용수는 이 책에서 '모든 것은 어떤 다른 것과의 연관 속에서 유有로든 무無로든 파악될 수 있다는 '중관론'을 제시하고 있다. 즉 '공'과 '연기'의 문제를 '유' 또는 '무'로 단정하지 않는 부정否定의 부정否定이라는 중론中論의 방법을 통해 설명한다.

일본 유수의 출판사인 고단샤(講談社)에서 펴낸 '인류의 지적 유산' 시리즈(전 80권)에는 불교에 관한 저서가 5권 포함되어 있는데 석가, 용수, 세친世親, 달마, 선도先導의 저서가 그것들이다. 이 중 3세기의 용수는 중관학파 연구에, 4세기의 세친은 유식학파唯識學派 연구에, 6세기의 달마는 선禪의 연구에, 7세기의 선도는 정토교淨土敎의 연구에 필수적이라는 이유에서라고 한다.

선종禪宗의 14대 조사이자 대승불교 8종의 조사祖師, 그리고 중관학파의 개조인 용수(龍樹, 150?~250?)의 원래 이름은 나가르주나Nagarjuna이며, 용수龍樹는 산스크리트어로 용龍을 뜻하는 나가naga와 나무樹를 뜻하는 아가르주나agarjuna를 한자로 옮겨 표기한 것이다. 한국, 중국, 일본 등 동아시아 지역에서는 모두 용수라는 이름으로 나타내며, 용수보살龍樹菩

薩이나 용수대사龍樹大士라고 부르기도 한다.

용수의 생애에 대해서는 대략 3가지 전기가 전해오고 있으나, 사실과 허구가 뒤섞여 있어 진위를 가리기 어렵다. 여기서는 유명한 번역가인 구마라습鳩摩羅什이 쓴 『용수보살전龍樹菩薩傳』에 기록된 내용을 중심으로 그의 생애를 살펴본다.

남인도의 브라만 출신인 용수는 천성이 총명하고 탐구욕이 강한 '파우스트적 인간'이었다. 약관의 나이에 이미 천문, 지리, 예언 및 온갖 도술을 체득해 "마음을 닦고 깨달아야 할 천하의 깊은 도리를 모두 통달했다."고 자신했다.

하루는 3명의 친구와 함께 앞으로 무엇을 하며 즐길 것인가 고민하다가 '은신술'을 배워 육체적 쾌락에 몸을 맡기기로 한다. 그래서 은신술의 대가로부터 비법을 배워 왕궁에 들어가 궁녀들에게 욕정을 풀었다. 얼마 후 임신한 궁녀들이 속출하자 임금은 신하들과 상의하여 왕궁의 출입문에다 잔모래를 뿌려 놓았다. 이를 모르고 왕궁에 다시 들어왔던 네 사람은 발자국을 남기게 되어 병사들이 휘두른 칼에 3명은 죽고, 용수는 왕 옆에 숨어서 가까스로 살아남았다. 이 절체절명의 순간에야 그는 비로소 깨달았다.

그는 "욕망은 괴로움의 근원이며, 모든 재앙의 뿌리이다. 덕이 상처입고 몸이 위태로워지는 것은 모두 여기서 생기는 것이다. 만일 내가 여기서 벗어날 수 있다면, 수행자에게 가서 출가의 법을 받겠다."라고 출가를 결심했다.

육체적 욕망에서 벗어나기 위해 집을 나온 용수는 산으로 들어가 선종 13대 조사인 가비마라迦毘摩羅에게 출가했다. 출가한 지 90일 만에 경장經藏(교리), 율장律藏(계율), 논장論藏(논술)의 소승삼장小乘三藏(부파불교, 소승불교의 경전)을 모두 독송하고도 만족하지 못해 다른 경전을 찾아 히말라야로 들어간다. 거기서 늙은 비구를 만나 대승 경전을 공부하고 깨달음을 얻었다. 후에 그는 깨달은 진리를 인도 전역에 전파하고 저서들을 남겨 후대의 불교 연구에 큰 도움을 주었다.

그는 불교의 대중화를 위해 왕을 감복시켜 왕이 그에게 경의를 표하기도 했으며, 1만 명의 승려들이 지켜보는 가운데 궁전에서 머리를 깎고 불교의 계율을 받았다. 그러고 난 후 조용히 방에 들어가 며칠이 지나도 나오지 않았다. 이를 궁금히 여긴 제자가 조용히 방에 들어가 보니 이미 입적해 있었다고 한다.

원시불교, 부파불교, 대중불교

인도불교는 크게 세 시기, 즉 석가 생존 당시의 '원시불교', 석가 입적 후 부처 사상에 대한 제자들의 다양한 집단이 형성된 '소승불교(부파불교)' 시대, 그리고 소승불교에 대한 비판으로 생긴 '대승불교' 시대로 나눌 수 있다.

석가는 태자 시절의 관능적인 궁중 생활에 회의를 느끼고 출가하여 고행을 했으나 고행이 결코 인간에게 만족을 줄 수 없다는 것을 깨닫는다. 그 후 '쾌락주의'와 '고행주의'의 양극단을 버리고 '중도中道'의 길을 걷는다. 이 중도를 통해 깨달음을 얻었다.

중도란 구체적으로 8정도(八正道, 바른 견해, 판단, 말, 행위, 생활, 노력, 생각, 명상)를 말하고, 그 이론적 근거로 '4성제四聖諦'를 설한다. 4성제란 인간의 삶은 고통이고(苦諦), 모든 고통의 원인은 욕심이며(集諦), 모든 고통을 없애서(滅諦), 열반에 든다(道諦)는 것이다.

이처럼 불교에서는 인생의 참모습을 '고통'으로 보면서, 고통의 종류로 4고(四苦, 생로병사生老病死)와 8고(八苦, 사랑하는 사람과 헤어져야 하는 '애별이고愛別離苦', 미워하면서도 함께 살아야 하는 '원증회고怨憎會苦', 구해도 얻지 못하는 '구부득고求不得苦', 인간의 육신 자체가 원인이 되어 생기는 '오음성고五陰盛苦')에 대해 말했다.

위에서 말한 4고 혹은 8고와 같은 고통의 원인을 소멸시켜 고뇌가 없는 열반에 이르기 위해서는 계정혜戒定慧를 닦아야 한다고 설했다. 이것을 '3학三學'이라고 한다. 불교의 경전은 석가의 이런 가르침을 기록한 것이다.

석가가 입적한 뒤에 제자들은 석가의 가르침을 하나로 집결하는 작업을 하고, 그 가르침을 널리 전파하기 위해 교단을 세우기 시작했다. 석가의 대제자 마하가섭摩訶迦葉이 그 일을 주도적으로 시작하여 석가가 45년간 설법했던 가르침(法)과 계율(律)들을 정리한다. 이것을 '제1차 결집'이라고 하는데, 500명 정도가 참여했다. 이렇게 결집된 법과 율은 화합된 교단에 의해 잘 전승되었다.

그러나 석가가 입적한 후 100년 후부터 이런 법과 율을 해석하고 수용하는 과정에서 견해 차이가 나타났다. 석가모니로부터 직접 가르침을 받았던 10대 제자들이 모두 죽고 난 뒤부터는 법과 율에 대한 통일성이 사라졌다.

이런 차이는 점차 '보수적인 흐름'과 '진보적인 흐름'으로 분기하게 되는데 그 차이는 아주 작은 것이었다. 예를 들어 석가모니의 가르침을 문자 그대로 받아들이고 지킬 것인가? 아니면 사람들이 이해하기 쉽게 때와 장소에 따라 달리 표현할 것인가의 차이였다. 또 자신의 깨달음을 최고의 목표로 할 것인가, 아니면 자신의 깨달음을 통해 중생 구제를 최고의 목표로 할 것인가의 차이였다. 전자가 보수적인 흐름이라면 후자는 진보적인 흐름이다. 그래서 제2차로 경전과 계율을 결집하게 되면서 이 두 견해는 상좌부(上座部, 보수파)와 대중부(大衆部, 진보파)가 되었다. 이것을 불교의 '근본 분열'이라고 한다.

그 뒤 상좌부에서 11파가 나오고 대중부에서 9파가 나왔다. 이때의 불교를 '부파불교部派佛教'라 하는데, 각 부파는 독자적인 방식으로 석가의 가르침을 해석하고 체계화하여 각각의 '논論'을 형성하게 된다. 그래서 부처님의 가르침인 '경經', 부처님의 계율인 '율律', 경에 대한 논술인 '논論'의 '3장三藏'이 형성된다. 그런데 각각의 부파가 석가의 가르침을 훈고학訓古學적으로 해석하면서 자기식으로 '논'을 형성하다보니 불교의 교리는 점점 복잡하고 난해해질 수밖에 없었다.

부파불교가 이렇게 민중들로부터 유리되자 민중 속에서 대중적 불교 운동이 자연스럽게 일어났다. 이런 민중적 불교 운동과 대중부 계통의 혁신적인 승려들이 결합하면서 '대승불교' 운동이 일어난다. 한 마디로 대승불교 운동은 깨달음과 중생 구제를 함께 추진하려는 불교 운동이다. 그래서 '위로는 진리의 깨달음을 추구하고(上求菩提), 아래로는 중생을 교화한다(下化衆生)'라는 말이 언제부터인가 대승불교의 슬로건이 되었다.

'대승大乘'이란 '큰 수레'라는 뜻으로, 모든 중생을 피안의 세계로 실어다주는 큰 수레와 같다는 의미이다. 반면 이들은 종래의 불교를 '소승小乘' 즉 '작은 수레'라고 불러, 특히 보수적인 상좌부가 '자기만의 깨달음'에 빠져 있다고 비판했다. 당연히 보수적인 상좌부 승려들은 이런 대승불교의 폄칭을 받아들이지 않고 스스로를 '정통 불교'라고 불렀다. 이 상좌부의 대표적인 불파가 '설일체유부說一切有部'이다.

그 후 대승불교는 북인도, 중국, 한국, 일본 등 북쪽으로 전파되고, 상좌부의 소승불교는 주로 스리랑카, 태국 등 남쪽으로 전파된다. 소승불교와 대승불교가 이처럼 서로 다른 방향으로 발전해가면서, 서로 간에 깊이 있는 논쟁들이 생겨났다. 그 과정은 소승불교와 대승불교의 교리와 핵심 사상이 체계적으로 정리되는 과정이기도 했다. 대승불교의 승려들과 소승불교의 승려들은 서로 상대의 약점을 공격하다보니 약점을 보완하게 되고, 그럼으로써 점차 체계적인 교리를 갖추게 된다. 그 대표적인 것이 바로 용수가 『중론中論』을 통해 보수적인 상좌부의 '설일체유부'와 벌이는 논쟁이다.

소승불교와 대승불교가 벌이는 한판 승부

대승불교는 처음에는 소승불교의 번잡한 교리 연구를 부질없는 것으로 여기고 이에 반발하여 대중적인 종교 운동으로 일어났으나, 시간이 지남에 따라 대승불교도 자신을 철학적으로 무장할 필요를 느꼈다. 그래서 소승불교와 같은 논論을 쓰게 되는데 '공空', '무자성無自性', '연기緣起', '중도中道' 등과 같은 대승불교의 이론적 기초를 정립한 사람이 용수이고, 그 대표적인 저작이 『중론』이다.

총 27장으로 구성되어 있는 『중론』은 소승불교의 여러 부파들, 그중에서도 특히 소승불교의 대표적 학파인 '설일체유부'의 사상에 초점을 맞추어 상대를 집중적으로 공격하고 있는 논쟁서이다. 『중론』의 내용은 매우 난해하다. 『중론』의 핵심 사상인 '공'사상을 설일체유부의 사상과 함께 살펴본다.

설일체유부의 핵심 사상은 '삼세실유三世實有 법체항유法體恒有'인데 이를 '일체유一體有'라는 말과 합쳐 말하면 '일체의 실유인 법체가 삼세(과거, 현재, 미래)에 있어서 항유이다'라고 할 수 있다. 즉 세계를 구성하는 독립적인 존재로서의 법이 있는데, 그것만이 객관적으로 실재하고, 법에 인연해 비로소 존재하는 것은 주관적 관념일 뿐 실재가 아니라는 것이다. 이때 객관적 실재인 법은 사물을 사물되게 하는 '이법理法'을 말하는 것으로 자성自性을 가져야만 한다. 즉 자기 독립적 실재이다.

예를 들어 인간은 색(色, 육신), 수(受, 감각), 상(想, 사유), 행(行, 행위), 식(識, 인식)의 5가지와 인연을 맺고 존재하며, 그 5가지 구성 요소는 다른 요소에 의존하지 않는 객관적인 실재이다. 다시 말하면, 사물은 생멸변화하기 때문에 무상無常하며 자아自我 역시 끊임없이 생멸변화하기 때문에 무아無我이지만, 이런 생멸변화로 인한 무상과 무아는 법이 실재함으로써 가능하다고 주장한다. 이런 5가지는 '자성自性'을 가지고 있고 독립적으로 존재한다고 한다. 이 5가지가 결합해야 사물이 생기며, 흩어지면 사물이 없어진다. 그러므로 주관적 관념에 기초한 집착을 버리고, 법의 실상을 관조해야 한다고 한다. 그러나 이런 사상은 현실적, 경험적으로 드러나는 생활의 모습보다는 그 이면에 가치를 부여하여 대중적인 호응을 얻지 못했다.

대승불교의 대표적인 경전은 『반야경』인데 여기에서는 유부의 실재였던 법조차도 실재가 아니라고 부정한다.

이런 상황에서 용수가 대승불교에 대한 철학적 원리를 제시한다. 『중론』에서 용수는 자신의 주장을 논리적으로 주장하는 것이 아니고, 상대방의 이론이 가지고 있는 논리적 모순을 지적함으로써 그 반대의 논증인 자신의 의견이 자연스럽게 인정되도록 하는 '프라상기카(Prasangika, 귀류논증파歸謬論證派)' 방법을 사용한다.

이런 용수의 사상은 『중론』의 첫머리에 잘 나타나 있다.

> (새롭게) 생겨나지도 않고 (완전히) 소멸하지도 않으며, 항상되지도 않고 단절된 것도 아니다. 동일하지도 않고 다르지도 않으며, (어디선가) 오는 것도 아니고 (어디론가) 나가는 것도 아니다. 능히 이런 인연법을 말씀하시어 온갖 희론戲論을 잘 진멸鎭滅시키시도다. 내가 (이제) 머리 조아려 부처님께 예배하오니 모든 설법 가운데 제일이로다.

이 부분은 '8불중도八不中道'라고 하여 『중론』의 중심 사상으로 간주되고 있다. 유와 무의 양극을 피하는 석가의 기본 입장을 용수가 그대로 계승한 것이다.

또한 그는 생生이 있기에 멸滅이 있는 것이 아니라, 생과 멸은 동전의 양면과 같은 것이라고 한다. 즉 생이면서 동시에 멸인 것이기 때문에 그는 논리적으로 변화를 부정한다. 생과 멸은 서로 '의존'하고 있을 뿐, 변화의 과정이 아니다. 이것은 연기緣起를 시간적 인과因果의 문제로 본 유부의 입장과는 달리 '상호의존' 문제로 보고 있다.

이처럼 용수는 연기緣起를 '상호의존성'으로 파악하고, 인간은 색, 수, 상, 행, 식의 5가지로 구성되어 있으며, 이 5가지 역시 사람에 의해 구성된다고 하였다. 다시 말해 이 5가지가 없으면 사람이 아니며, 또 이 5가지의 요소도 사람이 없으면 존재하지 않으므로, 이들 요소는 자성自性을 갖는 실재가 아니다.

마찬가지로 사람도 자성을 갖고 있지 않는 무자성無自性이라고 그는 말한다. 사람은 태어나서 성장하고 죽는다. 그러나 그러한 성장과 변화는 사람을 구성하는 제요소들과 자연의 제요소들과의 상호의존과 상호제약 이외에 다른 것이 아니다. 따라서 무상한 것이다. 즉 여러 가지가 복합적으로 상호의존하고 있는 것을 그대로 인정하는 것, 그리고 그것이 무상함을 인정하는 것, 그것이 공空이다.

> 위대한 성인께서는 갖가지 견해에서 벗어나게 하시려고 공空의 진리를 말씀하셨다. 그러나 만일 공이 있다는 견해를 다시 갖는다면 어떤 부처님도 (그런 자는) 교화하지 못하신다.

세계의 사물은 스스로 존재하는 자성이 없기 때문에 공이지만 공은 결코 무가 아니며, 다만 자성이 없이 조건적으로 생기生起하는 현상 세계의 실상을 그대로 표현하는 개념일 뿐이다. 따라서 공이란 비유非有, 비무非無이며 중도中道인 것이다.

또한 공은 연기라는 제법의 실상을 가리키는 말이다. 그러나 일단 제법의 실상이 공임을 알면, 그 법들이 아무것도 아닌 무가 아니라 공한 그대로 여러 이름을 가지고 존재하는 것이다. 『반야심경』은 이것을 '색즉시공 공즉시색色卽是空 空卽時色'이라고 표현했다.

중관학파와 유식학파의 공유의 대립

위에서 본 것처럼 대승불교, 특히 용수를 시조로 하는 중관파에서는 '어떤 것도 참으로 실재하고 있는 것이 아니며, 모든 사물은 겉모양뿐인 현상에 지나지 않는다'고 주장하고 여러 가지 사상이 상호의존해서 성립하고 있다는 공사상을 정립했다. 하지만 공이란 영원불변하는 무엇이 없다는 것이지, 결코 아무것도 없다는 무를 가리키는 것은 아니라는 점에 유의해야 한다.

그런데도 불교에 대한 대표적인 오해 중의 하나는 '불교는 허무주의'라는 것이다. 이런 오해는 불교 내부에서도 있었는데, 이는 '공'과 '무상無常'의 개념에 대한 오해에서 비롯된다. 공은 허무주의가 아니다. 그것은 모든 존재의 바탕이며 실상이다. 공으로부터 모든 존재가 비롯된다. 따라서 어떤 조건(이것을 불교에서는 '인연'이라 한다)에 의해 생겨날 수도 있는 것이 바로 공이고, 이 공이 바로 우리가 찾고자 하는 세계의 참모습이라는 것이다.

그런데 대승불교는 이 공을 어떻게 보느냐에 따라서 '중관학파中觀學派'와 '유식학파唯識學派'로 나누어진다. 『중론』을 기본서로 하는 중관학파는 모든 존재란 그 자체의 실체가 있는 것이 아니라, 모두 인연이란 관계에서만 성립된다고 보아 공을 특히 강조했다. 반면 미륵彌勒이 지은 『해심밀경解心密經』을 근본 사상으로 하는 유식학파唯識學派는 모든 존재가 공이라고는 하지만, 그것을 인식할 수 없는 것은 아니라고 주장했다. 그러면서 유식학파는 모든 사물 현상은 오직 인식(識)의 산물이라는 입장을 견지하고, 우리의 인식 활동을 떠난 사물의 객관적 실재성을 부인한다. 인식 대상은 존재하지 않고 인식 활동만 존재한다는 유식무경唯識無境의 철학이다.

즉, 중관학파는 '세계의 모든 것은 공'으로 보고, 유식학파는 '세계의 모든 현상은 다 식識'으로 보았는데, 이를 흔히 '공유空有의 대립'이라 한다. 이러한 이들의 입장 차이가 시간의 흐름에 따라 더욱 심화되어 인도에서조차 두 학파의 대립을 극복하지 못하자, 그 해결 과제는 중국과 한국으로 넘어오게 되었고, 이 과제의 해결을 위해 노력한 사람이 신라의 원효이다.

◈ 추천도서
『중론』. 정화 옮김. 법공양. 2007
『중론』. 김성철 옮김. 경서원. 2001

— 法句經 —

법구경

부처의 육성으로 듣는 진리의 말

지은이 모름

'진리의 말씀'이란 뜻의 『법구경』은 『수타니파타』와 함께 가장 오래된 경전의 하나이다. 423편의 시편 하나하나가 윤리적, 종교적으로 높은 철학적 가치를 담고 있어, 모든 사람들이 애송하는 경전이다. "경전을 아무리 적게 알아도 법을 따라 도를 행하고 욕심과 화와 어리석음을 버려 지혜가 바르고, 마음이 해탈해서 이승에도 저승에도 집착이 없으면, 그야말로 부처님의 제자"라는 구절처럼 평이하면서도 깊은 사상을 담고 있다.

불교의 경전은 석가가 45년간 깨달은 진리를 중생들에게 설법한 내용을 기록한 성전이다. 예수나 소크라테스처럼 석가모니 부처는 자신의 가르침을 기록으로 남기지 않았기 때문에, 부처의 사후 제자들이 기억에 의존해서 기록을 해야 했는데 그들의 기억이 서로 달라서 이를 통일할 필요가 생겼다.

그래서 부처님 사후에 최고제자인 마하가섭摩訶迦葉을 중심으로 부처의 설법을 가장 많이 들은 아난존자阿難尊者가 교리를 암송하고, 부처의 계율을 잘 지켰던 우파리優婆離가 계율을 정리했다. 이를 함께 모였던 500제자들의 승인을 받아 공식적으로 확정지었는데, 이것을 '제1결집'이라 한다.

원래는 인도의 고대 언어인 산스크리트어(범어梵語), 지방 언어인 팔리어 등으로 기록되었다가 여러 나라 언어로 번역되었다. 처음에는 기억하기에 편하도록 짧은 단문이나 시구로 만들어지다가 후에는 장문의 경經이 편집되었는데, 이는 석가모니 부처가 열반에 든 후 100년 사이에 이루어졌다.

그러나 일반적으로 불교 경전이라 하면, 보통 3장三藏을 말한다. 3장이란 아난존자가 암기해낸 '경장經藏', 우파리가 승려와 승단의 규율에 대해 구술한 '율장律藏', 그리고 경장經藏에 대한 주석서인 '논장論藏'을 말한다. 이와 같은 경, 율, 론의 3장을 한꺼번에 모아 정리한 것을 '대장경大藏經'이라고 하는데 대장경에는 3가지 부류가 있다.

첫째 '팔리어 3장'은 팔리어로 기록된 경전으로, 스리랑카 및 동남아시아 각국에서 근본 성전으로 받들어지고 있다. 그중에서도 특히 『법구경法句經』이나 『수타니파타Suttanipata』 등은 우리에게도 잘 알려져 있다. 둘째 '티베트 대장경'은 티베트어로 번역된 불경을 말하는데, 인도 범어로 된 원전을 충실히 따르고 있다. 셋째는 '한역대장경漢譯大藏經'인데, 한문으로 번역된 불교 경전을 총칭한다. 오늘날 우리가 만나게 되는 경전은 한역 경전을 우리말로 번역한 것이다.

『수타니파타』의 '수타'는 '경經', '니파타'는 '모음'이라는 뜻으로 '경의 모음'이란 의미이다. 가장 오래된 경전으로 오직 팔리어 대장경에만 실려 있다. 이 경전은 인간적인 모습의 부처와 초기의 불교를 아는 데 중요한 자료가 된다. 불교의 전문 용어를 사용하지 않고 내용도 소박하고 평이해 마치 부처 옆에서 그의 음성을 듣는 것처럼 편안하다. 전5장 중 제4장이 『의족경義足經』으로 한역되었고, 제1장에는 '무소의 뿔처럼 혼자서 가라'라는 유명한 구절이 나온다. 불교사상의 원천을 이해하는 데 가장 적합한 책이다.

『반야심경般若心經』의 경우 정식 명칭은 『마하반야바라밀다심경摩訶般若波羅蜜多心經』이다. 제목이 너무 길어 『심경』이라고도 한다. 우리나라의 불교 의식 때 필수적으로 암송되고 있어 우리에게는 가장 친근한 경전이다. 그러나 사실은 600권이나 되는 여러 반야경전의 정수를 뽑아 262자로 요약한 것이기 때문에 그에 대한 해석서가 많다. 대승불교 사상의 핵심인 '공' 사상을 깨닫는다는 의미인 '반야'란 '지혜'를 뜻하고 '바라밀다'는 '피안에 도달함'을 뜻한다. 『반야심경』은 피안의 세계로 이르는 지혜로운 가르침을 밝혀놓은 경전으로, 여기에 나오는 '색즉시공色卽是空 공즉시색空卽時色'은 매우 익숙한 구절이다. 이 경전은 '아제아제 바라아제 바라승아제 보리사바하(도달한 때, 도달한 때, 피안에 도달한때, 피안에 완전히 도달한 때, 깨달음이 있나니 축복하소서)'의 산스크리트어로 마무리된다.

『금강경金剛經』의 경우 그 원래 이름은 『금강반야바라밀다경金剛般若波羅蜜多經』으로, 우리나라에서는 『반야심경』 다음으로 널리 읽힌다. 중국의 육조六祖 혜능대사의 출가 동기가 되었던 경전으로, 부처와 제자들의 대화 형식으로 엮어져 있다. 금강석같이 견실한 지혜의 배를 타고 생사미혹의 세계에서 깨달음의 세계로 도달할 것을 가르친 『금강경』은 견실한 지혜를 얻기 위해서는 사람이나 사물에게 집착하는 마음을 없애고, 보상을 바라지 않는 보시를 베풀도록 설하고 있다. '응무소주이생기심應無所住而生基心, 마땅히 머무는 바 없이 그 마음을 내라'라는 구절로 집착이 없는 마음을 강조하고 있다.

『법화경法華經』의 경우 원래 이름은 『묘법연화경妙法蓮華經』이다. 대승불교의 대표적 경전의 하나이자 천태종의 근본 경전이다. 특히 중국의 천태대사天台大師는 이 경전을 근간으로 천태사상을 선양하여 후에 이는 『화엄경』과 함께 중국불교의 쌍벽을 이루게 된다.

이 경전의 핵심 사상은 '회삼귀일會三歸一' 사상이다. 소승불교의 성문(聲聞, 부처의 음성을 듣고 깨닫는 자)과 연각(緣覺, 부처의 가르침에 의하지 않고 스스로 깨닫는 자), 그리고 대승불교의 이상적인 인간상인 보살('깨달음을 본질로 하는 자'의 뜻으로 자신의 구원에 앞서 남부터 구원하고자 함)의 삼승三乘이 결국 부처의 일승一乘으로 귀착한다는 것이다.

대승불교 초기에는 소승의 이상인 아라한阿羅漢을 자신의 이익만 위하는 이기적인 존재로 보고 성문과 연각을 멸시했었으나 『법화경』에서는 이들도 포용하고 있다. 그런 이유로 이 경전의 서두에는 자기의 입장만을 고수하는 독선적 태도를 배척한다. 법화경은 가히 모든 불교 경전 가운데 가장 넓은 지역과 많은 민족이 독송해온 대승경전의 꽃이라 할 수 있다.

『열반경涅槃經』의 경우 원래 명칭은 『대반열반경大般涅槃經』이다. 부처의 열반을 중심으로 그 전후의 경과를 서술한 『소승열반경小乘涅槃經』과 부처의 열반의 의미를 밝힌 『대승열반경』의 2가지가 있으나 보통 후자를 지칭한다.

이 경전에는 대승불교의 중요한 3가지 사상이 담겨 있다. 첫째는 불신佛身은 상주한다는 사상이다. 즉 부처의 본래 모습은 죽거나 소멸하지 않고 그 자체로 영원하다는 것이다. 둘째는 열반은 '상락아정常樂我淨'이라고 하여 인생의 고통과 무상을 거치고 나면 변함없고, 즐겁고, 진정한 나와 깨끗한 세계를 발견한다는 사상으로, 인생에 대한 소극적 견해를 뛰어 넘어 긍정적이고 적극적인 인생관을 고취시키고 있다. 셋째는 일체 중생은 모두 불성佛性을 가지고 있다는 사상이다.

『화엄경』의 경우 원래 이름은 『대방광불화엄경大方廣佛華嚴經』으로, 여러 가지 아름다운 꽃으로 만든 화환으로 부처를 장엄하게 한다는 뜻이다. 『화엄경』은 부처가 깨달은 내용을 가장 훌륭하게 드러낸 경전으로 방대한 대승불교 경전이다.

내용은 부처가 성불하는 장면에서 주위의 수많은 보살들이 일어나 그 공덕을 찬양하는 것으로 시작된다. 부처의 침묵의 설법으로 그 절대의 경지를 드러내는 가운데 주위의 보살들이 부처를 대신해서 가르침을 베푼다. 비슷한 모임들이 지상과 천상에서 여러 번 있게 되고 그 모임에서 보살들은 모든 존재가 불성을 가지고 있고, 모든 현상은 다른 현상의 원인이 되어 상호의존하고 있다고 가르친다.

『화엄경』의 마지막 품을 이루고 있는 '입법계품'에서는 선재동자善財童子가 등장하여 53명의 선지식을 두루 만나면서 도를 추구하는 이야기로 『화엄경』의 가르침을 재미있게 펼치고 있다.

인생에 대한 불교 잠언집

『법구경』은 산스크리트어로는 '담마파다Dhammapada'라고 하는데, '담마Dhamma'는 '진리', '파다Pada'는 '말씀'이라는 의미로 결국 '진리의 말씀'이란 뜻이다. 불교의 원시경전과 인도의 여러 문학작품 가운데서 가장 교훈적이고 훌륭한 구절만을 뽑아 모은 교훈집이다.

편집 시기는 기원전 4~3세기 무렵으로 추정되고, 그보다 더 오래된 것도 있다. 이 경전은 불교의 윤리적인 시의 형태로 표현되어 불가의 입문 지침서가 되고 있다. 방대한 불교 성전들 중에서도 매우 오래된 것으로, 부처가 우리에게 전하고자 하는 뜻을 주옥같은 문자로 나타내고 있어, 오래 전부터 불교도들이 많이 애송해오고 있다.

현재 우리나라에 소개되고 있는 『법구경』은 전 26장 423편의 시를 수록한 팔리어본의 국역國譯과 전 39장으로 구성된 한역『법구경』의 국역國譯 2가지가 있다

『법구경』에 담긴 내용은 깨끗한 상태 그 자체로 우리에게 다가온다. 이 말들은 우리를 평온하게 하고 우리의 갈증을 풀어준다. 그리고 우리의 영혼을 살찌우며 자유롭게 한다. 즉 이것은 진리를 갈망하는 영혼 그 자체이다. 우리의 몸과 마음이 맑아지지 않으면 진리는 멀어지고 깨끗한 본성은 더러워지며 운명은 이리저리 방향을 잃게 되며 결국 진리에 다가갈 수 없게 되어 어둠 속을 헤매게 된다.

제2 「교학품」: 깊이 생각해서 방탕하거나 안일한 생활을 하지 않고, 인仁을 행하며 인의 자취를 배우면 이로 인해 근심이 없으리니 항상 마음에 새겨 자신의 욕심을 없애라.

제23 「안녕품」: 이기면 원망이 생기고 지면 스스로 비굴해진다. 승부의 마음을 버려 다툼이 없으면 스스로 편안하다.

제25 「분노품」: 성냄을 버리고 거만을 버려라. 모든 애욕과 탐심을 버려라. 정신에도 물질에도 집착하지 않으면 고요하고 편안해 괴로움이 없다.

제28 「도행품」: 생과 사는 덧없이 괴로운 것, 능히 이것을 보는 것이 지혜이다. 일체의 괴로움을 떠나려거든 도를 행해 모든 것을 없애버려라. 생과 사는 덧없이 헛된 것이니 능히 잘 보는 것이 지혜가 된다.

제29 「광연품」: 불제자가 되었으면 항상 깨어 있어 스스로 깨닫고 낮이나 밤이나 선정禪定에 들어 그 마음 살피어 보기를 즐거워해야 한다.

제32 「애욕품」: 대저 근심하고 슬퍼하며 세상의 괴로움이 하나만은 아니나 이것은 다만 애욕이 있음에 연유하나니 애욕을 떠나면 근심이 없다. 근심을 버리면 마음이 편하다. 애욕이 없으면 어찌 세상이 있으랴. 근심하지 않으며 집착해 구하지 않고, 사랑하지 않으면 편안함을 얻는다.

제33 「이양품」: 대저 천명天命에 편안하고자 하거든 마음을 쉬어 스스로 살피고, 의복이나 음식의 수량을 계산할 줄 몰라야 한다.

제36 「이원품」: 부처님은 진리의 법을 밝히셨나니 지혜와 용기로 능히 받들어 가져 행동이 깨끗하고 더러움이 없으면 스스로 피안에 도달해 안락을 얻게 된다.

시대를 초월한 마음공부의 서書

『법구경』에서 우리는 인간의 미망과 깨달음, 죄악과 미덕, 깨달음의 열반을 이해할 수 있으며, 신앙이 있는 사람이나 없는 사람이나 부처의 광대무변한 지혜와 대자대비를 알 수 있다.

이 게송偈頌들은 부처의 가르침을 보다 간결한 노래의 형식으로 입에서 입으로 전하고자 했던 원시교단 구성원들의 노작勞作이다. 초기 불교의 대표적 경전인『법구경』은 다른 경전들처럼 일정한 시기와 장소에서 행해진 말이 아니라 여러 시기와 장소에서 게송偈頌의 형태로 행해진 가르침을 교리나 계율의 문제가 아닌 삶의 가장 근본적인 문제, 즉 '인생이란 무엇인가?', '인생을 어떻게 살아야 하는가?'에 대해 주제별로 엮은 일종의 잠언 시집이다. 따라서 불교에 대해 깊은 이해가 없는 사람들도 이 책을 통해 삶의 지혜를 얻을 수 있다. 이 경전은 난해한 교리나 엄격한 계율에 대한 내용이 아니라 부처의 가르침을 일반인들도 쉽게 접근할 수 있는 보편성인 애용을 담고 있다.

『법구경』은 '어떻게 믿어야 하는가?', '어떻게 살아야 하는가?'에 대한 사색의 공간을 마련해준다. 출가 수행자나 재가 신도를 막론하고 부처의 가르침을 받드는 것은 바로 자신의 마음을 닦는 일이고 모든 욕망과 집착으로부터 벗어나는 것이다. 이를 위해 스스로 밝은 지혜를 얻어야 한다는『법구경』의 말은 시대를 초월해 현대인들의 마음에도 절실하게 다가온다.

마지막으로『법구경』의 「호희품好喜品」에 나오는 유명한 구절을 인용해 본다.

> 사랑하는 사람을 가지지 말라. 不當趣所愛
> 미워하는 사람도 가지지 말라. 亦莫有不愛
> 사랑하는 사람은 못 만나 괴롭고 愛之不讀憂

미워하는 사람은 만나서 괴롭다. 不愛見亦憂

그러니 사랑을 일부러 만들지 말라. 是以莫造愛

사랑은 미움의 원인이 된다. 愛憎惡所由

이미 구속에서 벗어난 사람은 已除縛結者

사랑도 미움도 없다. 無愛無所憎

❖ 추천도서
『법구경―담마파다』 전재성 옮김, 한국빠알리성전협회, 2008
『법구경』, 김달진 옮김, 현암사, 1997

육조단경

"내가 곧 부처다"

혜능 지음

『육조단경』은 중국 선종의 6대 조사이자 남종선의 창시자인 혜능의 제자들이 그의 말과 행적을 엮은 것으로, 중국인의 저술로는 유일하게 불경의 반열에 드는 책이다. 이 책에는 "모든 존재에는 다 부처가 될 바탕이 있다"는 '일체중생 개유불성'의 도리와 '명심견성', '견성성불' 등의 이치, 일상 생활 속에서도 '깨달을 수 있다'는 선불교의 생활화를 주장하는 내용이 잘 나타나 있다.

중국 선종의 6대 조사祖師이자 동아시아 선불교인 남종선南宗禪의 창시자인 혜능(慧能, 638-713)은 당나라 때 중국의 광둥성에서 태어났다. 혜능은 법명이고 성은 노盧씨였다. 그가 태어난 다음날 새벽에 두 스님이 아버지를 찾아와 "어제 저녁에 낳은 아이의 이름을 혜능이라 하시오."라고 말했다고 한다. 이에 아버지가 "'혜' 자와 '능' 자는 무슨 뜻입니까?"라고 묻자 그들은 "'혜'는 중생에게 베푼다는 뜻이고, '능' 자는 부처님의 일을 감당할 힘이 있다는 뜻입니다."라고 말한 뒤 사라졌다고 한다.

『육조단경六祖檀經』에 의하면 혜능은 젊었을 때 가난하고 무식해서 장작을 팔아서 생계를 꾸려나갔다고 한다. 그가 24살 때 어느 날 장작을 지고 시장에 나갔다가 한 객승이 『금강경』을 독송하는 것을 듣고 불교에 귀의하기로 결심했다.

그는 당시 중국 불교의 중심지였던 중국 북부로 가서 선종의 5대 조사로 명망이 높은 홍인弘忍의 문하에 들어갔다. 처음에 홍인이 "너는 어디서 왔느냐."하고 묻자 혜능이 "영남嶺南에서 왔다."고 대답했다. 이에 홍인이 "영남 사람은 불성이 없다."고 하자 혜능은 "사람은 남북의 구분이 있지만, 불성에 무슨 구분이 있느냐"고 대답하여 홍인의 행자가 되었다.

홍인의 문하에 들어온 지 8개월쯤 지났을 때 홍인은 자신을 이을 제자를 내정하기 위해 제자들에게 게송偈頌을 짓게 했다. 그간 가장 촉망을 받았고, 후에 북종선의 창시자가 된 신수神秀는 다음과 같이 읊었다.

> 몸은 보리수요 身是菩提樹
> 마음은 명경대로다. 心如明鏡臺
> 부지런히 털어내어 時時動拂拭
> 먼지가 앉지 않도록 할지니. 勿使惹塵埃

그러나 이를 들은 홍인은 이 게송에 만족하지 못해 다시 짓도록 했다. 그러나 신수는 며칠이 지나도록 게송을 다시 짓지 못했다.

이때 한 동자가 방앗간 옆을 지나면서 이 게송을 외우는 것을 들은 혜능은 이 게송이 견성하지 못한 것을 알았다. 여덟 달 동안 방아만 찧던 혜능은 동자의 안내를 받아 조사당 앞으로 가서 홍인이 볼 수 있도록 글을 쓸 줄 아는 이의 도움을 받아 벽에 자신의 게송을 붙였다.

> 보리는 원래 나무가 아니고 菩提本無樹
> 명경도 또한 대臺가 아니네. 明鏡亦非臺
> 원래 한 물건도 없는데 本來無一物
> 어디서 먼지가 일어나겠는가? 何處惹塵埃

이를 본 홍인은 고개를 끄덕였다. 그러나 혜능에 대한 주변의 시샘을 의식하여 밖으로 내색하지 않고 한밤중에 혜능을 불러 『금강경』을 해설해 주었다. 혜능이 한 번 듣고 문득 깨쳐서 그날 밤으로 법을 전수받았다. 홍인은 단번에 깨치는 법과 의발(衣鉢, 스승으로부터 전해 받는 옷과 나무 그릇)을 전달하며 말했다.

"네가 육조대사가 되었으니 가사袈裟로 신표로 삼고, 대대로 이어받아 서로 전하되, 법은 마음에서 마음으로 전해 마땅히 스스로 깨치도록 하라. 혜능아, 예부터 법을 전함에 있어서 목숨은 실오라기에 매달린 것과 같다. 이곳에 머물면 사람들이 너를 해칠 것이니 너는 모름지기 속히 떠나라. 너는 가서 노력하라. 법을 가지고 남쪽으로 가되 3년 동안은 이 법을 펴려고 하지 마라. 만약 이를 어긴다면 환란이 일어나리라. 뒤에 널리 펴서 사람들을 잘 지도해 만약 마음이 열리면 너의 깨침과 다름이 없으리라."

이에 혜능은 가사와 법을 받아 남쪽으로 떠났다. 광둥성으로 돌아온 이후 16년 동안 사냥꾼들과 함께 숨어 생활하였는데 어느 날, 이제는 마땅히 설법을 할 때라는 생각이 들어 산에서 나와 법성사로 왔다.

법성사에는 인종법사가 『열반경涅槃經』을 강의하고 있었는데, 그때 바람이 불어 깃발이 펄럭이는 것을 보고 한 승려가 "바람이 움직인다."라고 말했다. 다른 스님이 이에 "깃발이 움직인다."라며 논쟁하기 시작하자 혜능이 나서서 다음과 같이 말했다.

바람이 움직이는 것도 아니고 不是風動
깃발이 움직이는 것도 아니며 不是幡動
사람의 마음이 움직인 것이다. 仁者心動

이렇게 말해 주위를 놀라게 한 혜능은 자신이 홍인의 뒤를 이은 6대

조사임을 비로소 밝히고 공식적인 활동에 나서서 37년간 널리 가르침을 폈다.

선종의 계보와 혜능

석가가 불교를 창시한 이래 제자들 사이에는 성불成佛하는 방법을 놓고 의견의 차이가 생겼다. 석가의 말이 담긴 '경전'을 공부하여 득도得道해야 한다는 교종과, '참선'을 통해 깨달아야 한다는 선종이 그것이다.

선종은 자신의 내적 성찰에 의해 인간의 마음이 곧 부처라는 사실을 깨닫고자 하여 '선불교仙佛教'라고도 한다. 이런 선종의 근본 사상은 진리는 경전의 문자보다 마음에서 마음으로 전해진다는 '교외별전敎外別傳, 이심전심以心傳心'과 마음에 벼락처럼 와 닿는 체험을 통해 자기 마음의 본성을 깨달아 성불한다는 '직지인심直指人心, 견성성불見性成佛'이다. 이런 선종의 사상에는 언어와 문자를 초월한 직관적 지혜, 무위자연을 강조하는 인도의 공空 사상, 그리고 노장사상이 깔려 있다.

선종에서는 언어나 문자를 거치지 않고 곧바로 부처의 마음을 중생의 마음에 전하고 수행하는 방법으로 '좌선'을 택한다. 그런데 선종은 좌선을 중시하기는 하나 일상 생활에서도 선을 실천할 수 있다고 보기 때문에, 집단 노동과 속어를 구사하는 일상적인 문답도 중시한다. 이처럼 인도의 전통적인 좌선이나 수행보다는 일상적인 삶 속에서 깨달음을 중시하는 현상은 중국 선불교의 특징이다. 이로 인해 그들은 수많은 선사들의 깨달음인 설법과 선문답을 담은 어록을 발간하여 석가의 가르침인 경전보다 더 중시했다.

이런 선종은 인도의 승려인 보리달마菩提達磨대사가 중국으로 전했다. 선종의 제1조는 부처님의 후계자인 마하가섭이고 제2조는 아난존자, 제3조는 상나화수商那和修존자, 제12조는 『대승기신론』의 저자인 마명대사, 제14조는 『중론』의 저자인 용수, 제28조가 우리에게 잘 알려져 있는 달마대사로 중국선종의 제1조가 된다.

이후 제2조 혜가慧可, 제3조는 승찬僧璨, 제4조는 도신道信, 제5조는 홍인弘忍인데, 홍인 이후에 신수神秀의 북종선北宗禪과 제6조 혜능慧能의 남종선南宗禪으로 나누어졌다. 이것을 '남능북수南能北秀'라고 한다.

이후 북종선은 쇠퇴하고 혜능의 제자들이 번성해서 청원靑原과 남악南嶽의 두 계통이 나타났다. 청원의 후계로 조동종, 운문종, 법안종, 남악의 후계로 임제종과 위앙종이 생겨 5가五家가 되었고, 임제종으로부터 황룡, 양기의 2파가 분기되어 선종은 5가7종五家七宗의 전성기를 구가하면서 중국불교의 주류가 된다.

혜능은 기존의 선종 수행 방식에 변화를 가져왔다. 보리달마대사가 중국의 소림사 동굴에서 9년 동안 면벽수도했던 데에서 알 수 있듯이, 이전의 수행은 한곳에 자리 잡고 조용히 마음을 보는 좌선 중심이었다.

이에 반해 혜능은 견성見性을 종지로 삼아 생활선生活禪, 동태선動態禪, 창조선創造禪을 주창했다. 이로써 선종은 민간 속으로 전파되고 선불교가 대중화되게 된다. 그가 중국 선불교에서 차지하는 위상은 그의 설법을 담은 『육조단경』의 제목을 보면 알 수 있다. 원래 '경經'이란 부처님의 가르침을 기록한 것이고, 훌륭한 스님의 말은 '어록語錄'이라 하는데, 혜능의 말은 예외로 '경'으로 취급하고 있다.

"네 마음을 보거라"

『육조단경』은 육조대사가 16년 동안 은둔생활을 한 후에 대범사大梵寺 강당으로 나와 자신의 탄생부터 시작해서 성장과정, 자신이 육조에 오르기까지의 도정, 열반에 드는 최후 설법까지를 담은 자전적 일대기이다. 모두 10개 부분으로 구성되어 있는데, 다른 불교 경전에 비해 어렵지 않게 읽을 수 있다. 각 부분에서 중요한 부분을 들어보자.

대범사 강당의 높은 법좌에 앉은 혜능은 1,000여 명의 승려들이 절을 하며 법문 듣기를 청하자 다음과 같이 입을 연다.

선지식아, 모두들 마음을 깨끗이 하고 마하반야바라밀을 생각하라.

이어 자신의 출생과 출가, 홍인 스님과의 대면 및 스님의 후계자가 되어 법과 의발을 전수받고 은밀하게 빠져나오는 과정들이 담겨 있다. 그리고 의발을 탐낸 무리들의 추격과 16년간의 사냥꾼들과의 생활, 인종 법사와의 만남을 이야기한 후 다시 대중들에게 말한다.

선지식아, 보리반야의 지혜는 세간 사람이 다 본래부터 스스로 가지고 있는 것인데, 다만 마음이 미혹해 스스로 깨닫지 못할 따름이니 모름지기 큰 선지식의 가르침과 인도를 빌어서 견성해야 하느니라. 마땅히 알라. 어리석은 자와 지혜 있는 사람이 불성에는 본래 차별이 없는 것이요, 다만 미혹함과 깨친 것이 다를 뿐이다.

정(定, 고요한 마음)과 혜(慧, 지혜)의 우선순위 문제에 대해 대사는 이것이 둘이 아니고 한 가지임을 밝힌다. 그리고 '돈오점수頓悟漸修'에 대한 자신의 생각을 말한다. 당시에 신수의 북종선에서는 점점 닦아 점점 깨달아 가는 '점수점오漸修漸悟'를 주장하고, 혜능의 남종선에서는 수행의 단계를 거치지 않고 단번에 깨달아 단번에 닦아 마친다는 '돈오돈수頓悟頓修'를 주장했는데, 이를 '남돈북점南頓北漸'이라고 한다.

선지식아, 정교正教에는 본래 돈점頓漸이 없건만, 사람마다 성품이 영리함과 우둔함이 있어 더딤과 빠름이 있다. 그러나 본성을 봄에는 차별이 없으니, 여기서 돈점이라는 거짓 이름이 있느니라.

혜능은 법은 본래 하나이건만 사람들이 남과 북을 가르고, 법에는 본래 돈점이 없건만 사람에게 영특함과 우둔함이 있으므로 돈점의 이름이 있게 된다고 질타한다.

혜능은 열반에 들기 전 마지막으로 제자들의 질문에 다음과 같이 답한다.

> 너희 모두 잘 있거라. 나는 이제 간다. 내가 간 뒤에 세속적인 눈물을 흘리지 말고, 사람들의 조문을 받지도 말며 돈도 비단도 받지 말고 상복도 입지 말라. 그렇게 하는 것은 성스러운 법도 아니고, 나의 제자가 아니다. 내가 살아 있던 때와 같이 모두 앉아서 좌선을 하라. 너희가 오직 평화롭고 고요하고 조용히 하여 움직임도 없고 고요함도 없으며, 태어남도 없고 죽음도 없고, 옴도 없고 감도 없고, 옳고 나쁨을 판단하지도 않고, 머무름도 없고 감도 없으면 이것이 대도大道. 내가 떠난 뒤에도 법을 따라 수행하면 내가 너희와 같이 있던 때와 같거니와 너희가 가르침을 어기면 내가 여기 있어도 소용이 없다. …… 나는 간다.

자신을 돌아보는 성찰서

『육조단경』에 담긴 혜능의 사상은 모든 사람의 내면에는 불성佛性이 있으니 경전을 읽거나 부처의 이름을 암송하는 일보다 자기 자신의 본성을 발견하는 것이 중요하다는 것이다. 자기 자신의 본성을 발견하려면 마음이 고요하고 지혜로워야 하며, 사물에 대한 집착으로부터 벗어나야 한다는 것이다. 『육조단경』에서는 성불成佛의 길에 있어서 외부의 장애물들을 버리고, 오직 '수심修心'만을 추구할 것을 요구한다. 청정심이 곧 불심이며 오직 마음을 청정하게 하면 그것이 곧 서방정토라는 인식을 토대로 부처와 정토는 모두 한마음의 경지이다. 이런 관점에서 보면 보통 사람과 부처는 모두 자성自性 안에 불성을 갖고 있으며, 이러한 점에서 보통 사람과 부처는 평등하게 표현되고 있다. 성불은 자심自心을 관조하는 것이며, 심성 안에 있는 불성을 발현하는 것이다.

　문제는 '마음'을 보는 것이다. '내가 곧 부처다'라는 메시지는 곧 내 안의 불성을 보라는 것이다. 즉, 자신의 마음을 어떻게 되돌아볼 것인가를 생각해야 한다. 혜능은 이 책에서 모든 수행은 외부의 형식에 있는 것이 아니라 수심修心으로 귀결되기 때문에, 좌선이나 염불 등보다 오직 내심內心의 청정을 유지하도록 강조하고 있다.

◈ 추천도서
『혜능육조단경』, 김진무 옮김, 일빛, 2010
『육조단경』, 광덕 옮김, 불광, 2008
『돈황본 육조단경』, 성철 옮김, 장경각, 1987

사기열전

하늘의 도는 과연 옳은가?

사마천 지음

『사기』는 사마천이 '이릉사건'과 관련하여 죽음보다 수치스러운 형벌인 궁형을 당하면서 완성한 불멸의 고전이다. 『사기』는 자신의 운명을 극복하고 역사 정신에 투철했던 한 인간이 빚어낸 인간 승리의 결정체이다. 『사기열전』은 중국의 전통적인 역사서술 방법인 기전체 사서의 효시로, 역사적인 인물들에 대한 기록인데 여기에는 사마천의 역사관, 세계관, 인간관이 잘 반영되어 있다.

서양 역사학의 아버지인 헤로도토스에 대응하는 동양 역사학의 아버지가 사마천(司馬遷, BC 145?~BC 86?)이다. 전한前漢 시대의 역사가인 그는 후한後漢 시대의 역사가인 반고班固와 함께 중국 역사학 발전에 크게 기여했다.

중국 산시성陝西省 한성현韓城縣 출신인 사마천은 사관史官의 가문에서 태어났다. 그의 아버지 사마담司馬談은 천체를 관측하여 달력을 만들고 문헌을 관리하는 태사령太史令이라는 직책에 있었다. 사마담은 사관의 지위가 점차 약화되고 옛 기록이 소실되는 것을 염려하여 사서를 편찬하기로 결심했다.

사마담은 아들을 역사가로 키우기 위해 일찍부터 아들의 역사적 소양을 길러주었다. 사마천은 이미 10대에『춘추좌전春秋左傳』,『국어國語』등

고문서에 통달했으며, 20살부터 아버지의 도움으로 몇 년 동안 중국 전역을 답사하며 견문을 넓혔다. 27살에 한무제漢武帝 비서실 소속의 낭중(郎中, 황제의 시종)이 되어 강남江南, 산둥山東, 허난河南 등의 지방을 여행했다.

기원전 110년 무렵에 아버지 사마담은 흙을 쌓아 담을 만들어 하늘과 산천에 제사지내는 태산泰山의 봉선封禪 의식에 태사령인 자신이 참석하지 못한 것을 괴로워하다 죽었다. 그는 죽기 전에 자신의 일생의 대업이었던 고대부터 당시까지의 역사 기록을 완성해달라며 "내가 죽고 네가 태사령이 되거든 내가 기록하려고 했던 것들을 잊지 말아라."는 유언을 사마천에게 남겼다.

기원전 108년, 38살에 부친의 뒤를 이어 태사령이 된 사마천은 부친의 유언에 따라 사서의 집필을 결심하고 자료를 모으기 시작했다. 그는 당시까지 남아 있던 『시경』, 『상서』, 『춘추』, 『전국책』 등과 궁중에 비장되어 있는 각종 서적, 상소문 등을 섭렵하여 『사기』 집필에 전념했다.

그러던 중 예기치 않은 사건이 발생했다. 기원전 99년, 나이 47살에 그는 흉노족과 싸우다가 적에게 투항한 한나라 장군인 친구 이릉(절친한 관계는 아니었음)을 변호하다가 한무제의 분노를 사서 사형선고를 받고 투옥되었다.

당시에 사형을 면하려면 50만 전을 내든지 생식기를 절단하는 '궁형宮刑'을 받아야 했다. 형편이 넉넉지 못했던 사마천은 죽음보다 치욕적인 궁형을 택할 수밖에 없었다.

사마천은 『사기』를 완성하라는 부친의 유언과 역사가로서의 소명의식 때문에 옥중에서도 저술을 계속했다. 얼마 후, 그는 황제의 신임을 회복하여 환관의 최고직인 중서령中書令이 되었다. 중서령은 황제의 곁에서 문서를 다루는 직책이었다. 하지만 그는 환관이라는 신분 때문에 사대부들의 멸시를 받았다.

사마천은 예부터 지금까지 굴욕을 당하고도 살아남아서 위대한 업적을 낸 역사적 사례를 생각해보았다. 『주역』을 풀이한 주문왕, 『춘추』를 쓴 공자, 「이소」를 지은 굴원, 『국어』를 지은 좌구명, 『병법』을 쓴 손자, 『여씨춘추』를 쓴 여불위, 「세난」과 「고분」을 쓴 한비자, 『시경』 300편을 쓴 성현들 등 모두는 극한의 고통을 저술로 승화시켰던 사례이다. 사마천의 마음이 환하게 밝아졌다.

이후 사마천은 더욱 분발하여 인간의 운명에 대한 의문을 역사에 대한 깊은 성찰 속에서 찾으며, 마침내 20년간의 산고 끝에 기원전 91년에 『사기史記』 130권을 완성했다.

이즈음 사마천이 치욕을 당하면서도 구차한 목숨을 유지했던 것이 이 책을 저술하기 위해서였다는 사실이, 감옥에서 사행을 기다리던 친구 임안에게 쓴 편지(「보임안서報任安書」)에서 밝혀진다. 사마천이 남긴 이 편지는 천하의 명문으로 반고가 쓴 『한서漢書』의 「사마천전司馬遷傳」 등에 실려 있다.

저는 세상에 흩어져 있는 옛 이야기들을 수집하여 사실을 조사하고 그 처음과 끝을 종합하여 일의 성패흥망成敗興亡의 이치를 규명하여 모두 130편을 저술했습니다. 저는 하늘과 사람의 관계를 탐구하고 고금의 변화를 통달하여 일가一家를 이룬 말로 삼고자 했습니다. 그런데 막 시작하여 채 완성되기도 전에 궁형이라는 화를 당했습니다. 완성시키지 못하는 것이 너무 안타까워 극형을 당하면서도 분노의 기색을 보이지 않았던 것입니다. 만약에 이 글이 세상에 나와서 명산名山에 소장되고 알 만한 자에게 전해지며 큰 마을과 도시로 퍼져 나간다면 전에 당했던 굴욕이 조금이나마 보상되리라 믿습니다. 이제 더 이상 참혹한 처형을 당한다 할지라도 어찌 후회가 있겠습니까?

최초의 기전체 역사서

『사기』 이전의 모든 역사책은 '연대' 중심의 역사 서술 방법인 '편년체編年體'를 사용했다. 이와 달리 사마천은 '인물' 중심의 역사서를 썼다. 사마천은 『사기』를 「본기本紀」(제왕 중심 기록), 「표表」(연도표), 「서書」(제도), 「세가世家」(제후와 제후국 중심), 「열전列傳」(제왕을 제외한 다양한 인물 기록)의 5부분의 틀로 이루어진 '기전체紀傳體'로 썼다. '기전'이란 '본기'의 '기'와 '열전'의 '전'을 합친 말이다. 사마천이 개발한 새로운 역사 서술 방법인 기전체는 이후 중국 정사체에 계승되면서 송나라 사마광의 『자치통감』 이후에 보다 정교해진 편년체와 함께 이후 동양 역사 서술 방법의 좋은 모델이 되어 왔다.

사마천은 『사기』를 저술하면서 객관적 사실과 이에 대한 자신의 개인적 견해를 구분해서 서술했다. 주관적 판단과 견해는 언제나 본문 끝에다 "태사공 왈太史公曰"이라고 써서 역사가로서의 엄정함을 갖추었다.

사마천은 역사를 이해하기 위해서는 하늘과 인간의 관계를 연구할 필요가 있다고 생각했다. 인간사의 성패나 국가의 흥망은 인간 자신에 의한 것인가, 아니면 하늘과 신의 뜻에 의한 것인가에 대해 고민했다. 아마도 사마천은 인간은 역사의 주체이지 객체가 아니라고 생각했던 것 같다. 그는 역사에 있어 인간의 역할을 강조하면서 천명사상天命思想에 의문을 제기했다. 그 예로 사마천은 항우가 패배해 자살하기 직전에 자신의 잘못을 깨닫지 못하고 "하늘이 나를 망친 것이지 나의 탓이 아니다."라고 하며 하늘의 뜻으로 돌리는 부분에 대해 항우가 상대에게 패배하여 죽은 것이지 결코 하늘의 뜻이 아니며 오직 스스로 일을 그르쳤다고 평가했다.

『사기』는 처음에 『태사공서太史公書』로 불리다가 후한 시대에 와서 『사기』라 약칭되었다. 이 책은 중국 상고시대의 오제五帝~한나라 무제 시대까지 중국과 그 주변 민족의 3,000년 역사를 인물 중심으로 다룬 책이다.

그리고 마지막에는 '태사공자서'가 있는데 이것은 사마천 자신의 가계와 사적을 서술하고 이 책의 편찬 과정과 의미, 그리고 저자의 사학적인 견해를 설명하고 있다.

『사기』의 규모는 「본기」 12권, 「표」 10권, 「서」 8권, 「세가」 30권, 「열전」 70권, 모두 130권 52만 6,500자에 이른다.

이 책은 진시황이 분서갱유를 일으켜 대부분의 역사서들이 소실된 상황에서 중국 고대사를 복원하는 데 결정적으로 공헌했다. 또한 춘추전국 시대의 제자백가들에 대한 구체적인 정보를 풍성하게 전해주고 있다.

「본기」는 역대 왕조의 역사를 제왕을 중심으로 쓴 연대기다. 황제의 첫머리에 '오제본기五帝本紀'에서부터 하夏, 은殷, 주周, 진秦, 한漢의 5대에 걸친 기록들이 12권으로 구성되어 있다. 고대에 관한 기록은 비교적 서술이 간략하고 후대로 올수록 자세히 기록되어 있다. 이례적인 것은 비록 황제에 오르지는 못했지만 천하에 그 영향력을 행사했던 항우項羽를 '항우본기'로 설정한 것과 한나라의 2, 3대 군주인 효제, 소제는 「본기」로 다루지 않았다는 점이다.

「세가」는 선진先秦 이후 한나라에 이르기까지 흥망성쇠를 거듭한 봉건 제후국의 역사다. 춘추시대 12개 제후국과 전국시대 6개 제후국, 그리고 한나라에 들어오면서 각지에 임명된 제후왕들을 기록했다. 주나라의 봉건제후는 춘추전국시대에 들어와 활발한 움직임을 보였기 때문에 '주본기周本紀'만으로는 이 시대 제후국의 활동을 충분히 파악하기가 어려워 「세가」란 차례를 세우고 각 나라별로 제후국의 역사를 서술했다. 예외적으로 제후가 아닌 공자와 진승(陳勝, 진나라를 치기 위해 제일 먼저 봉기한 민중의 지도자)이 「세가」에 들어가 있는데, 이는 중국문화사에서 공자가 차지하는 비중과 진승이 정치사에서 차지하는 비중을 고려했기 때문인 것 같다.

「열전」은 사마천이 가장 공을 들인 부분이자 사마천의 천재성이 가장 잘 발휘된 부분이다. 각 분야에서 특출한 인물들을 선정하여 그들의 활약을 통찰력과 예리한 판단력, 그리고 풍부한 상상력으로 그려냈다. 그는 「열전」을 서술한 목적을 "의義를 돕고 결연히 나서 기회를 놓치지 않고 천하에 공명을 세운 사람들을 위해 70여 편의 열전을 짓는다."고 밝히고 있다.

『사기』는 비록 「본기」, 「서」, 「표」, 「세가」, 「열전」이 유기적으로 연결되어 있지만, 아무래도 『사기』의 하이라이트는 「열전」이다. 「열전」에 등장하는 인물은 기본적으로 시대 순에 따라 배열되어 있고 시대상을 반영하거나 역사적 의미를 지닌 인물을 기준으로 선정되었다. 또한 「열전」에는 네 종류가 있는데, 오직 한 명만을 다룬 편, 여러 명을 한 편으로 처리한 편, 비슷한 직업 혹은 유형의 인물을 합쳐서 한 편으로 처리한 편, 그리고 중요 인물을 기록하고 그와 관련된 인물을 간략하게 덧붙인 편이 있다. 「열전」은 '백이열전'에서 시작하여 '태사공자서'로 마무리되는데 전자는 「열전」의 기준을 제시한 글이고 후자는 『사기』 전체의 서문에 해당되기 때문에 이 부분을 먼저 읽는 것이 좋다.

「열전」의 첫 주인공은 잘 알려진 백이伯夷와 숙제叔齊 형제이다. 주나라 무왕이 은나라 주왕을 멸하자 신하가 천자를 토벌한다고 반대하며 주나라 곡식을 먹기를 거부하고 수양산에서 굶어 죽은 전설적인 형제 성인聖人이다. '백이열전'에서 사마천은 2가지 의문을 제기한다.

공자는 백이 형제가 다른 사람들을 원망하는 일이 거의 없었다고 말했지만 과연 이들이 원망을 하지 않았을까 하는 것이 첫 번째 의문이고, 바로 이어 두 번째 의문을 던진다.

> 어떤 사람은 "하늘의 도리(天道)는 공평무사해서 항상 착한 사람을 돕는다."고 말한다. 백이와 숙제 같은 사람은 착한 사람이라고 할 수 있지 않은가? 그러나 그처럼 인덕仁德을 쌓고 행실을 깨끗하게 했음에도 그

들은 굶어서 죽었다. 어디 그 뿐인가? 70명의 제자 중 공자는 오직 안연만이 학문을 좋아한다고 했다. 그러나 안연도 항상 가난해서 술지게미와 쌀겨 같은 거친 음식도 배불리 먹지 못하고 요절하고 말았다. 하늘이 착한 사람에게 보상해준다고 한다면 어째서 이럴 수가 있는가? 도척盜跖은 날마다 죄 없는 사람을 죽이고 사람의 살을 회쳐서 먹으며 포악무도한 짓을 함부로 하며 수천 명의 도당을 모아 천하를 횡행했지만 끝내 천수를 다 누리고 죽었다. …… 만약에 이런 것이 천도라고 한다면 그 천도는 과연 옳은가 그른가(是邪非邪)?

사마천은 여기서 불가항력적인 상황에서 적군에 투항한 이릉을 변호하다가 궁형이라는 치욕을 당한 자신의 심경을 숨기지 않고 있다. 이것은 도덕과 행복의 관계에 대한 철학적, 윤리적 문제이다. 착하게 사는 사람이 행복하고 악하게 사는 사람이 불행하다면 도덕과 행복은 일치한다. 그러나 현실적으로는 그렇지 않은 경우가 많다. 그렇다면 인간이 도덕적으로 올바르게 살아야 할 이유가 도대체 무엇일까? 하늘의 도, 하늘의 이치는 이러한 질문에 대해 침묵한다. 인과응보의 내세관을 지닌 불교는 현세에서 도덕적으로 살면 내세에서 복락을 누린다고 답할 수 있겠지만, 인격신을 상정하지 않는 유교적 세계관에서는 도덕과 행복의 일치 문제에 대한 답변이 궁하다. 천도에 대한 사마천의 의문은 유교적 사상 자체에 대한 의문을 함축하고 있는지도 모른다.

결국 사마천은 "군자는 죽은 뒤에 자기 이름이 일컬어지지 않는 것을 가장 가슴아파한다."는 공자의 말로 '백이열전'을 마무리한다.

중화주의적 세계관의 그림자

사마천은 「보임안서報任安書」에서 『사기』를 저술하는 목적을 "하늘과 사람의 관계를 탐구하고 고금의 변화를 통달하여 일가一家를 이룬 말로 삼고자 했습니다."고 밝혔다. 이 말에는 대략 3가지 의미가 담겨 있다.

첫째, "하늘과 사람의 관계를 탐구한다.(究天人之際)"는 목적은 결국 인간의 운명이란 무엇인가라는 문제이다. 그는 인간으로서 최선을 다하되 어쩔 수 없는 경우는 하늘의 뜻으로 돌렸다. 하늘의 뜻과 인간의 의지 사이의 경계를 따지지 않고서는 인간의 역사를 논할 수 없다고 본 그는 '하늘과 사람의 관계'를 탐구했다고 밝혔다. 그러나 위에서 살펴본 것처럼 사마천은 천도의 기본은 권선징악인데 현실은 정반대인 경우가 많다고 한탄했다. 사마천은 자신이 선하게 살아왔는데 치욕을 받은 것을 도저히 인정할 수 없었을 것이다. 하지만 아마도 사마천은 '그래도 하늘은 착한 자의 편'이라고 생각하지 않았을까 싶다.

둘째, "고금의 변화를 통달하여(通古今之變)"의 의미는 고금의 변화를 관통하여 국가의 흥망성쇠 및 개인의 성패 원인을 분석했으며, 그 결론에 근거하여 인간 만사의 근본과 핵심을 파악하고자 했다는 뜻이다.

셋째, "일가一家를 이룬 말로 삼고자 한다.(成一家之言)"는 말은 자신만의 독자적인 역사관이나 역사의식을 갖고 역사를 서술하겠다는 의미로 보인다.

사마천은 역사의 혼을 가진 투철한 역사가일 뿐 아니라 탁월한 문장가이기도 하다. 사마천은 시대의 언어로 인물의 성격과 특징을 간결하고 생동적으로 묘사했다. 중국문학사상 문학가로서의 사마천은 전국시대의 비극적인 시인인 굴원과 비교된다. 루쉰은 "역사가들이 부른 만고에 빛날 노래이자 운韻이 없는 굴원의 「이소離騷」이다."라고 『사기』를 극찬한 바 있다.

지금까지 살펴본 것처럼 인간의 운명 탐구에 대한 사마천의 불굴의 역사 정신은 높게 평가받아 마땅하다. 그러나 사마천의 『사기』는 중국의 통일 관념에 절대적인 영향을 미쳐 훗날 중국을 우주의 중심으로 보고 주변 국가를 오랑캐로 보는 중화주의 역사관을 낳았다. 마치 서양 역사학의 아버지인 헤로도토스가 『역사』를 통해 그리스 주변 민족들을 자신들과 질적으로 다른 야만인들로 인식한 것처럼 말이다. 최근에 아시아 고대사 연구가이자 『오랑캐의 탄생』 저자인 니콜라 디 코스모가 "중국을 탄생시킨 것은 진시황이 아니라 역사가 사마천"이라고 말한 것은 사마천이 중국을 세계의 중심으로 설정하고 중국을 둘러싸고 있는 수많은 주변 국가들을 오랑캐로 규정하는 역사 인식을 처음으로 선보인 사실과 무관하지 않다.

◈ 추천도서
『사기』(전 6권), 김원중 옮김, 민음사, 2007
『사기』(전 7권), 정범진 옮김, 까치글방, 1995

— 近思錄 —

근사록

새로운 유학인 성리학의 입문서

주희 지음

중국의 성리학 집대성자인 주희가 그의 친구 여조겸과 함께 북송 시대의 대표적인 4명의 유학자인 주돈이, 장재, 정호, 정이의 저서 중에서 학문의 요점과 일상 생활에서 반드시 실천해야 하는 622개조의 내용을 발췌하여 초학자들을 위해 편찬한 책이다. 이 작품은 자연과 인간의 본질과 유학적 삶의 태도에 관한 문제를 주로 다루고 있으며, 예로부터 성리학 입문서로 뛰어나다는 평을 받았고, 조선성리학의 형성에 미친 영향도 크다.

공맹孔孟 이래 유학에서 가장 큰 영향을 미쳐온 주희(朱熹, 1130~1200)는 중원의 문화에서 멀리 떨어진 외딴 시골에서 성장했다. 14살 때 중급관리였던 아버지가 죽자 그의 유명遺命에 따라 호적계胡籍溪, 유백수劉白水, 유병산劉屛山을 사사하면서 불교와 노자에 흥미를 가졌다. 19살에 과거에 합격하고, 24살 때 이연평李延平을 만나 사숙하면서 유학을 본격적으로 공부했다.

그의 강우講友로는 장식(장남헌), 여조겸(여동래)이 있으며, 또 논적論敵으로는 육상산(陸象山, 육구연)이 있어 이들과 서로 절차탁마하면서 그의 학문은 비약적으로 발전해 갔다. 40살 무렵에 그의 사상적 대계가 확립되었다.

그는 19살에 진사시에 급제하여 71살에 생애를 마칠 때까지 여러 관직을 거쳤으나 약 9년 정도만 현직에 근무하였을 뿐, 그 밖의 관직은 학자에 대한 일종의 예우로 반드시 현지에 부임하지 않아도 되는 명목상의 관직이었기 때문에 학문에 전념할 수 있었다.

46살 때 여조겸과 함께 북송의 대표적 유학자인 주돈이(주염계), 장재(장횡거), 정호(정명도), 정이(정이천)의 말 중에서 622개조를 발췌하여『근사록』을 편찬했다.

주희의 학문은 이 4명의 학문을 집대성한 것인데 정주학程朱學이라는 명칭이 말하듯이, 이정二程, 특히 정이의 학설을 계승하고 있다.

그해 여조겸의 제안으로 당시 사상계 한편의 우두머리였던 육구연 형제와 '아호지회鵝湖之會'를 가졌다. 이 뒤에도 육구연은 그의 좋은 적수가 되어 그의 사상을 더욱 원숙하게 만들어 주었다.

주희의 학문 세계를 저서를 통해 살펴보면 46살까지를 전기, 이후 60살까지를 중기, 61살 이후를 후기로 하는 3기로 대별할 수 있다.

'주자연보朱子年譜'에 의해 전기에 나온 저서를 순차적으로 열거하면『논어요의論語要義』,『논어훈몽구의論語訓蒙口義』,『곤학공문편困學恐聞編』,『정씨유서程氏遺書』,『논맹정의論孟精義』,『자치통감강목資治通鑑綱目』,『팔조명신언행록八朝名臣言行錄』,『서명해의西銘解義』,『태극도설해太極圖說解』,『통서해通書解』,『정씨외서程氏外書』,『이락연원록伊洛淵源錄』,『고금가제례古今家祭禮』로 이어져『근사록』의 편차編次로 끝맺는다. 전기에는 북송의 4대 선유先儒의 저서 교정과 주례에 전념하고,『논어』,『맹자』 등은 차기次期의 예비사업이었던 것으로 생각된다. 즉, 이 시기는 주자의 학문적 기초가 확립된 시기로서 그것이『근사록』에 집약된 것으로 보인다. 그 후에 주희는 논적이었던 육상산 형제와의 아호사鵝湖寺 강론에서 존덕성尊德性에 대해 도학道學의 입장을 분명히 하였다.

중기에는『논맹집주혹문論孟集註或問』,『시집전詩集傳』,『주역본의周易本義』,『역학계몽易學啓蒙』,『효경간오孝經刊誤』,『소학서小學書』,『대학장구大

學章句』,『중용장구中庸章句』 등이 있으나 가장 중요한 것은 '사서四書'의 신주新註가 완성된 점이다.

60살 때는 『중용장구』에 서문을 붙여 상고上古에서 후대까지 도학을 전한 성현의 계통을 밝혀 도학의 기초를 확립하였다. 5경五經에 손을 댄 후기에는 『석존예의釋尊禮儀』,『맹자요로孟子要路』,『예서禮書』,『한문고이韓文考異』,『서전書傳』,『초사집주후어변증楚辭集註後語辨證』 등이 있다. 그가 71살로 생애를 마치던 해 3월, 『대학』의 「성의장誠意章」을 개정한 점으로 미루어 그의 『사서집주四書集注』에 대한 지정至情이 어느 정도였는지 엿볼 수 있다.

그는 관리로서 현직에 있었던 기간은 짧았으나 맡은 직무에 충실했고 말씨나 안색 등 정중한 행동거지와 검소하고 청빈한 생활로 주위의 존경을 받았다. 그의 철학 체계는 당시에는 큰 빛을 보지 못했으나 1313년 원元에서 4서를 과거시험 과목으로 채택하고 4서의 공식적인 주석은 주희의 『사서집주』를 따르도록 한 후부터는 학계를 지배하고 관학으로서의 위치가 확고해졌다. 우리나라는 고려 말에 주자학이 전래됐고 조선시대에는 성리학이 정치와 사상계를 지배했다.

유학, 주희에 의해 새롭게 태어나다

성리학의 입문서인 『근사록』의 가치를 알기 위해서는 우선 성리학이란 무엇인지, 그리고 어떤 시대적 배경 속에서 성리학이 탄생하게 되었는지를 알아야 한다.

성리학이 태동하던 북송 시대의 송나라는 외부로는 금金과 요遼 등 북방 민족의 침략으로 항상 외침의 위기에 놓여 있었으며, 내부로는 이전 시대와는 완전히 다른 정치 체제로 전환되었다. 당나라 때까지 중국은 귀족 중심의 정치 체제였으나 송대에 이르러 절도사 출신인 조광윤(송 태조)이 왕이 되어 새로운 권력 구조를 갖추고자 했다. 따라서 송 태조는 새로운 체제에 맞는 새로운 사상과 사람들을 필요로 하게 되었고, 이에 등장한 이들이 바로 '사대부'라고 불리는 지식인층이었다. 이들은 이전까지 유행하던 불교사상만으로는 시대의 혼란을 잠재울 수 없다고 주장하고 현실 문제에 적극적으로 대처하라고 가르치는 유학을 이 시대의 새로운 사상으로 내세워야 한다고 주장했다. 그 사상이 바로 신유학新儒學, 송학宋學, 주자학朱子學이라 불리는 성리학性理學이다.

이 과정에서 주희는 당대 사대부들의 사상을 하나로 집대성해 유학의 방향을 새롭게 전환시켜 성리학이라는 학문을 확립했다. 주희 이전인 한당漢唐 시대 유학이 5경五經 중심의 실용적인 유학이라고 한다면, 송대 이후의 유학은 4서四書 중심으로 보다 철학적인 면을 띠었다. 노장사상과 불교의 선종사상을 유교적 입장에서 수용하여 재구성했기 때문이다. 당시의 유학은 깊은 철학적 고찰을 통해 우주의 본체와 인성의 본질을 밝히고자 했다. 그 전환기에 『근사록』에 등장하는 4명의 유학자가 있었다. 즉 태극설을 주장한 주돈이, 천리天理와 기일원론을 주장한 정호, 성즉리性即理와 이기이원론을 주장한 정이, 태허론을 주장한 장재의 학설을 주희가 종합하여 성리학을 완성했다. 특히 주희는 정이의 학통을 발전시켰기 때문에 주희의 성리학을 정주학程朱學이라고도 한다.

주희는 사서를 집주하는 과정에서 "자연적인 올바른 이치(理)와 그것이 인간 본성으로 내면화된 성性"을 중심으로 재해석함으로써 "인간의 본성이 곧 우주의 원리(性即理)"라는 성리학의 체계를 완성했다. 이는 주희 이전에 공자나 맹자의 사상에서는 볼 수 없는 형이상학적이며 이론적인 형식을 강화한 것이어서 유학에 새로운 방향을 제시하게 되었고, 중세 이후 동아시아 사회의 중심 사상으로 자리 잡았다. 예를 들어 우리나라의 경우만 보더라도 조선은 성리학을 국가 이념으로 삼아서 성립했다.

『근사록』은 주희와 그의 친구인 여조겸이 송대 성리학의 대가들인 주돈이, 장재, 이정 형제 등 4명의 저서 중에서 중요한 것만 골라서 서로 토론한 후 1178년에 완성된 책이다. 이들 네 학자의 저서에는 도를 배우려는 초보자들이 접하기에는 어려운 부분이 있어 이 중 초학자의 입문에 필요한 622조 항목을 뽑아 주제별로 분류하여 14권으로 편찬한 선집選集이다.

'근사'近思라는 말은 『논어』의 「자장편」에 "절실하게 묻고 가까이 생각하면(切問而近思) 인仁이 그 가운데 있다."는 말에서 따온 것이다. 주희와 여조겸의 말에 따르면 『근사록』은 주돈이 등 4명의 사상을 이해하는 사다리이고, 이 4명의 사상은 육경六經을 이해하는 사다리이다.

이 중 제1장인 「도체」편이 가장 중요하고 난해하다. 제2편부터는 학문과 일상 생활에 관한 것이어서 1장만큼 어렵지는 않다. 이 때문에 여조겸은 「도체」를 맨 뒤로 두자고 주장했으나, 주희는 「도체」를 읽어 도의 근본 이치를 알고 제2장으로 들어가야 한다고 주장하여, 결국 주희의 주장대로 첫머리에 두었다. 물론 주희도 이를 알고 있었기 때문에 제1장을 읽고 이해하지 못하면 제2장부터 읽고, 후에 제1장을 읽도록 하고 있다.

이것은 주자가 4서四書 가운데 『대학』을 먼저 읽도록 한 것과 유사하다. 「도체道體」편의 본문 첫머리에 "이 편은 성의 본원과 도의 체통을 논한 것으로 학문의 강령이다."라고 했으며, 또 첫머리에 주돈이의 '태극도설'을 실은 것은 주희가 이를 얼마나 중요시했던가를 알 수 있다.

> 무극無極이면서 태극太極이다. 그 태극이 움직여 최초의 움직임을 낳았다.

이황도 『성학십도』 첫머리에 이 '태극도설'을 실었을 정도로 성리학에서 태극설은 중요하다. 제2장 「위학爲學」편은 학문의 목표가 '내부'에 있지 '외부'에 있는 것이 아니라는 것을 분명히 한다. 사회적 성공이나 출세를 위해 공부하는 것이 아니라 자신의 내적 성장을 위해 공부해야 한다는 것이다. 제3장 「격물궁리格物窮理」편은 사물에 대한 탐구와 이해를 위한 조언이고, 제4장 「존양存養」편은 불교 수련법에서 빌려온 내면의 각성법에 대한 내용이다. 제5장 「개과천선改過遷善 극기복례克己復禮」는 잘못된 행동과 판단을 바로잡아 예로 돌아가는 것에 대한 내용인데, 여기까지가 수신修身에 해당되는 내용이다.

제6장 「제가지도齊家之道」편은 집안을 평안하게 다스리는 방법에 대한 내용이고, 제7장 「출처진퇴사수지의出處進退辭守之義」는 나가고 물러서고 사퇴하고 지키는 도리를 말한다. 제8장 「치국평천하지도治國平天下之道」는 나라를 다스리고 천하를 태평하게 하는 방법을 담고 있다. 여기까지는 『대학』 편제를 그대로 따르고 있다.

다음부터는 실제 업무에 필요한 조언들이다. 제9장 「제도制度」편은 제도를 만들고 운용하는 방법에 대해, 제10장 「군자처사지방君子處事之方」편은 군자의 일 처리에 대해, 제11장 「교학지도教學之道」편은 실제 교육 현장에 필요한 지침들에 대해, 제12장 「개과급인심자병改過及人心疵病」은 잘못을 고치는 것에 대해, 제13장 「이단지학異端之學」편은 이단의 학문에 대해, 제14장 「성현기상聖賢氣象」은 유교의 계통에 대해 다루었다.

이 책에 수록된 주돈이의 『태극도설』은 유불도 3교를 유교사상으로 종합한 것으로, 그는 우주 만유의 궁극적인 본체를 '태극'으로 설명하면서, 태극의 동적 측면을 '양'이라 하고, 정적 측면을 '음'이라 했다. 우주 내의 모든 사물은 음양의 조화에 의한 것이고, 음양이 발전해 목화토금수의 오행을 낳는다고 했다. 이처럼 자연과 우주의 근본을 태극, 음양, 오행의 묘합으로 설명한 성리학의 입장이 태극론이다.

장재는 우주 본체로서 '태허'를 말하고 "태허가 바로 기다."라는 설을 내세워, 기가 우주를 가득 채우고 있는 실체이며 기의 흩어지고 모이는 변화에서 각종 사물이나 현상이 형성된다고 보았다. 이 점에서 불교나 도교의 공空이나 무無의 개념을 비판했다. 즉 장재에 의하면 우주의 본체는 지극히 허한 것(太虛)이나 그것은 공이나 무가 아니라 '기'라는 존재 자라는 것이다.

정호는 여전히 기일원론의 색채가 짙고, 심성론에서도 기즉성 성즉기 氣卽性 性卽氣라고 말하고 있어, 본체론보다 현상론에 치중하고 있다. 동생인 정이는 이기이원론에 입각해 물질적 세계는 음양의 기에 의해 성립하며, 기의 배후에는 음양을 음양답게 하는 이가 존재한다고 보았다. 심성론에서는 성즉리性卽理라고 하여, 주자의 이기론에 직접적인 영향을 주었다.

조선의 사상적 이념이 된 성리학

주희에 의해 완성된 성리학은 공맹사상을 잘 보존하고 체계화시켜 학문적으로 비약적인 발전을 보게 된다. 그의 사상은 청대에 왕부지王夫之, 대진戴震 등에 의해 비판받기도 했지만 중국사상사에 지대한 영향력을 행사해 왔고, 송, 원, 명대에 관학으로서의 정통성을 유지해왔다. 그의 사상은 봉건 시대의 통치 이념으로서 매우 적절했고 그렇게 작용했다는 평가를 받는다.

우리나라에서도 그의 사상은 조선의 건국과 함께 국가의 이념으로 받아들여진 후 실학사상과 개화사상이 등장할 때까지 거의 절대적인 권위를 유지해왔다. 조선 초의 사육신, 생육신의 드높은 의리관이 16세기에 오면서 이론적 차원의 탐구가 본격화됐는데 그 주역은 이황과 이이였다.

이들에 의해 전개된 한국 유학은 성리학이 절대 우위를 차지하여 기타 학문들은 발전이 위축되었고, 학문의 성향에 있어서도 주지주의적主知主義的 성향으로 흘렀으며 예禮를 절대시했다. 또한 체면 위주의 명분론적 사고가 팽배해지고 주리론적 보수성을 띠기 시작했다.

일본 역시 주희의 사상을 수용해 봉건적 사유의 틀을 형성했으며, 내적으로 주자학에 대한 반발이 진행되면서도 근대사상이 수입되기 전까지 여전히 그의 사상의 영향 하에 놓여 있었다. 이처럼 주희의 사상은 그의 생존 시 한때 이단으로 몰리기도 했으나, 중국과 동아시아에 미친 지속적인 영향력은 매우 크고 광범위했다.

◈◈ 추천도서
『근사록』, 안은수 옮김, 풀빛, 2010
『근사록』, 성원경 옮김, 명문당, 2004
『근사록』, 이기동 옮김, 홍익출판사, 1998

─ 傳習錄 ─

전습록

"마음이 곧 이치이다"

왕수인 지음

송대 철학의 주지주의와 명분 지상주의를 비판하고, 윤리의 주관적 내재성과 실천성을 강조한 명대 양명학의 단초가 되는 책이다. 이 책에서 강조되는 치양지致良知, 지행합일 사상은 중국의 봉건적 체제가 붕괴되기 시작하는 명대의 사회경제적 상황을 반영하는 것으로, 개인주의, 자유주의라는 근대사상의 맹아를 품고 있는 것으로 평가된다.

중국 명나라의 사상가 왕수인(王守仁, 1472~1528)의 호는 양명陽明으로 저장성浙江省 소흥부紹興府 여요餘姚 출신이다. 동진東晋 시대의 명필 왕희지의 후손으로 아버지는 과거시험에서 장원급제했다. 8개월 조산아로 태어나 5살 때까지 말문이 트이지 않았고 약골이어서 청년기에 폐병으로 각혈을 하곤 했다.

왕양명(이하 왕양명으로 칭함)이 11살 때 개인교사에게 수업을 듣다가 "공부의 목적은 과거 급제에 있다."는 스승의 말에 "공부는 성인이 되기 위해 하는 것입니다."라고 말해 스승을 당황케 했다. 그렇다고 해서 왕양명이 청소년 시절에 공부만 한 것은 아니었다. 시인이었던 할아버지의 영향도 있어서 멋진 시를 지어 주위를 놀라게 했으며, 친구들과 시 짓는 모임을 만들기도 했다. 또 15살 때는 북방을 유람하고는 장차 위대한 장군이 되어 오랑캐를 무찌르겠다는 꿈을 꾸었다. 몽골계 소년들과 함께 말을 달리며 활쏘기 시합도 하고 했다. 17살의 결혼식 전날, 어느 도사에게서 불로장생의 비법 이야기를 듣는 데 혹하여 그만 밤을 새고 혼례 당일에도 나타나지 않았다는 일화도 있다.

왕양명이 학문에 전념하기로 결심한 것은 18살 때인데, 누량婁凉이라는 학자를 만난 것이 계기가 되었다. 누량은 과거 공부로서의 학문을 거부하고 평생 학문을 닦기로 한 주자학자였는데, 왕양명에게 격물의 학설을 이야기했다. 그에게 자극받은 왕양명은 본격적으로 주자학을 공부한다. 그러나 그런 다짐은 3년 만에 위기를 맞았다. 그가 '격물치지'를 위해 뜰에 있는 대나무의 이치를 탐구하려고 7일 동안 꼬박 바라보았지만 결국 얻은 것은 병뿐이었다. 그는 주자학 공부에 회의를 품고 문학, 병법, 노장과 불교 공부 등에 다시 관심을 갖기 시작했다. 한때는 도사가 되려고 입산하여 수련하기도 했다.

그는 21살과 25살에 두 번 과거에 응시했으나 낙방했다. 그 후 문장가가 될 결심을 하고 절에 들어가 시모임을 가지며 매일 글 짓는 연습을 했다. 또한 변경의 위급한 상황을 보고 무예를 단련하여 병가의 비전秘典을 섭렵했으나 뜻대로 되지 않았다. 28살에 진사에 합격하여 한동안 관직 생활을 했으나 정치에 실망을 느끼고 고향으로 돌아와 정사精舍를 짓고 도술을 익혔다. 그러나 이것도 부질없음을 깨닫고 불교에 귀의했다. 그러나 곧 이것도 버리고 유교로 돌아온다. 이런 그의 젊은 시절의 방황, 즉 임협任俠(의협심), 기마騎馬, 문사文辭, 도교, 불교 등에 빠졌던 것을 '왕양명의 5익五溺'이라 한다.

그의 나이 35살에는 무종이 즉위하여 환관인 유근이 전권을 행사했다. 이에 왕양명은 유근을 탄핵하고 투옥된 대선 등을 구하려다 곤장 40대를 맞고 용장으로 좌천당했다. 용장에서의 외적인 시련은 내적인 깨달음을 얻는 계기가 되었다. 용장에서 그는 초막과 암굴에서 생활하면서

원주민을 잘 다스려 사부로 존경을 받았다. 다른 한편으로는 진리를 얻기 위해 밤낮으로 몰두하던 중 홀연히 '격물치지'의 뜻을 깨달았다고 한다. 이때부터 '심즉리心卽理'라는 근본 입장을 확립하고 외물에서 이理를 구하는 주자학적 격물론에서 탈피하여 마음속의 부정不正을 없애고 양심을 발휘해야 한다는 새로운 격물치지의 해석을 제시하여 독자적인 관점을 제시했다.

그의 나이 38살에 유근이 주살되자 그는 순조롭게 영전을 거듭했고 농민 반란을 진압했다. 또한 이 시기에 '지행합일설'知行合一說을 제창했다. 그는 주자에 맞서는 육구연의 공적을 드러내고 『대학고본』을 간행해 주자학자들의 비난을 샀다. 그는 『전습록傳習錄』을 간행하고 『주자만년정론』을 편집해 주자의 만년 학설이 자기와 다르지 않다고 밝히기도 했다. 48살 때 왕족인 신호의 반란을 진압하여 공을 세웠으나 모함을 꾀한다는 오해를 받아 위기에 몰리기도 했다. 49살 때 그는 이런 위기 속에서 '치양지설致良知說'을 제창하여 주자학을 완전히 벗어나 새로운 학설을 전개했다.

그의 나이 50살에 세종이 즉위하여 그의 공로를 인정하고 높은 직책에 임명했으나 그는 간신배들에게 환멸을 느끼고 부임하지 않았다. 그는 관직에서 떠난 후 모든 것을 잊고 학문 연구와 교육에 전력했다. 이에 제자들이 각지에서 구름처럼 모여들어 '양명학파陽明學派'를 이루었다. 57살 때에는 야만족이 반란을 일으키자 조정의 강력한 권유로 이를 토벌하고 돌아오다 그만 과로로 쓰러졌다. 그가 죽기 직전에 제자들이 유언을 물으니 "이 마음이 광명하니 무슨 할 말이 있겠느냐?"라고 말하고 눈을 감았다고 한다.

양명학의 탄생과 발전

명나라 초기에 관官과 학學은 서로 유착되어 있어 학문의 발달과 자유로운 토론이 제약되는 등 주자학은 점차 침체의 길을 가고 있었다. 이런 사상계에 새로운 바람을 일으킨 것 중의 하나가 명의 중기에 나타난 양명학이다.

송대에 발달한 주자학은 주자의 이기이원론으로 '성즉리性卽理'를 표방하면서 사상적으로 완성되었다. 그러나 양명학은 이에 반대하여 이기일원론을 바탕으로 '심즉리心卽理'를 내세워 '심'이 인간의 주체요, 인간이 우주의 주인이라는 사상으로 일관했다. 주자학으로부터 '지행합일설'과 '치양지설'을 도출한 양명학은 명대의 침체된 사상계에 새로운 변화를 가져오게 했다.

왕양명은 젊은 시절에 한 동안 주자학을 열렬히 신봉하여 성인의 경지는 누구나 열심히 배우면 도달할 수 있다는 이상주의에 몰두했다. 그러나 이를 위한 방법으로 주자가 말하는 격물치지에 대해 깊은 의문을 갖게 되면서 육구연의 '심학心學'으로 기울게 되고 이를 바탕으로 '심즉리설'을 깨우치게 된다.

주자학과 양명학은 진리를 깨닫는 방법에 있어서 차이를 보이고 있다. 즉, 주자학이 오랜 기간의 연구와 수양에 의해 깨달음을 얻는 것(격물치지)이라면, 양명학은 정신의 집중에 의해 한순간에 깨달음을 얻는 것이다. 주자학은 태극 이론을 근본으로 하여, 독서에 의해 성인의 길을 탐구하지만, 양명학은 태극 이론으로부터는 인간의 윤리학은 나오지 않는다고 보았다. 따라서 인간의 주체를 이루는 것은 '마음心'이며, 이는 절대선絶對善이다. 심의 작용으로 가장 중요한 양지良知를 충분히 활동시켜야 '치양지致良知'된다고 했다. 또 지知도 단순히 아는 것만이 아니라 반드시 행동하는 지여야 하는데, 여기서 그 유명한 왕양명의 '지행합일설'이 나오게 된다.

그가 도달한 새로운 사상은 종래의 유교사상의 권위주의를 배격하고 책을 읽는 것만이 학문은 아니며, 올바른 학문은 자기 안에 있는 이理를 실현하는 데에 있음을 강조하여 지금까지의 문헌주의에 반대하고 기존의 권위에 비판적인 입장을 취했다. 특히 성인이 되기 위해서는 욕망을 없애는 것이 절대적 조건이며, 욕망을 버리면 누구나 성인이 될 수 있다고 했다. 따라서 그는 양지적良知的인 인간 평등을 주장하고 적극적인 행동주의를 제창했다.

양명학파는 왕양명의 사후 좌, 우파로 갈라졌다. 좌파에서는 왕간(王艮, 왕심제心齊, 후에 태주학파의 대표자)과 같은 서민 사상가가 출현해 인욕人慾도 천리天理라고 주장하고, 형식화한 주자학적 도덕의 허위성을 격렬히 공격했다. 양명학 좌파는 이지(李贄, 이탁오李卓吾)에 의해 후천적인 지식이나 도덕 이전의 자아(良知)를 동심童心이라 하여 강조했다. 이지는 양지만 있으면 주색에 빠져도 성인군자가 되는 데 지장이 없다고 하여 혹독한 비판을 받고 자살했다. 이지의 주장은 권위주의적인 사대부 입장에서 본다면 도저히 용납될 수 없는 사상이므로 이는 심학心學의 횡포라고 지탄받았다.

이에 대해 나홍선羅洪先 등의 양명학 우파는 좌파의 지나친 행동주의를 반성하여 왕양명의 양지설을 주로 하되 수양의 필요성을 역설하여 주자학 쪽으로 접근했다.

이와 같이 양명학은 4서 3경 혹은 4서 5경과 같은 방대한 유가경전을 통해 얻은 박학다식을 존중하는 전통적인 유학과는 달리, 많은 지식보다 간단함, 명료함, 정직함을 중시하고 성인이 되는 길은 박학에 있는 것이 아니라 인간의 마음을 바로 내세우는 데 있음을 강조한다. 양명학은 유교적 권위에 대해 서슴없이 비판을 가하고 평등주의, 자유주의를 주장하며 이단과 욕망을 긍정하고 있다. 이에 따라 그의 제자와 그 계승자는 위험한 사상으로 탄압받기에 이르렀고, 이지의 비극은 바로 여기에 있다. 이런 양명학은 민간의 사학인 지방의 서원을 중심으로 발달했다.

심즉리心即理와 치양지致良知

『전습록』은 왕양명의 제자들이 그의 어록과 그의 제자 및 당시 사람들에게 보낸 편지글, 학문을 논하는 편지글을 모은 것이다. '전습'은 『논어』의 「학이」편의 '전한(傳) 바를 익혔(習)는가'에서 온 것이다.

그 구성은 상, 중, 하권으로 나누어져 있다. 상권에는 심즉리설, 지행합일설 등이 담겨 있고, 중, 하권에는 만년에 확립된 치양지, 만물일체론 등을 제시했는데 전통적인 유학에 구속되지 않고 자유롭게 자신의 이론을 전개했다.

먼저 심즉리心即理에 대해 알아본다. 왕양명은 육구연의 "마음心이 곧 이理다."라는 심학을 받아들여 "마음이 곧 이다. 천하에 마음 밖의 일이나 마음 밖의 이가 있겠느냐?", "마음 밖에 물이 없고 마음 밖에 일이 없다.(心外無物 心外無事)"라고 했다.

그는 이를 우주의 근본 원리로 보고 이는 곧 마음에 지나지 않는다고 보았다. 즉 모든 현상이란 마음의 인식에 의해서 비로소 존재한다는 것이다. 봄이 오면 꽃이 피고 새가 울지만 마음이 없으면 아름다운 빛깔도, 고운 목소리도 존재하지 않는다. 우리의 마음이 천지 만물을 인식할 수 있는 것은 우리의 마음과 천지 만물이 서로 통하기 때문이며 만일 서로 통하는 바가 없다면 천지 만물이란 없는 것이라고 했다.

그래서 왕양명은 주자가 강조한 추상적인 이를 배격한다. 주자는 효孝의 이가 있기 때문에 어버이를 사랑하는 마음이 생기며, 충忠의 이가 있기 때문에 임금에게 충성하는 마음이 있다고 했다. 효도하는 마음이나 충성하는 마음이 없다면 그러한 이도 없다고 했다.

주자의 사상 체계에 의하면 마음의 존재 여부에 관계없이 이는 영원히 존재한다. 그러나 양명의 체계에 의하면 마음이 없으면 이도 없게 된다. 그러므로 마음은 입법자요, 우주의 근원이라는 절대적 유심론의 성격을 띤다.

다음은 지행합일설知行合一說이다. 지행합일의 근거는 심즉리에 있다. 마음 안으로 돌이켜 탐구하는 방법을 이용하여 '만물과 한몸이 되는 경지(물아일체)'에 도달할 것을 요구했다. 그의 지행합일과 지행병진知行竝進의 이론의 요지는 지식과 실천을 분리시키는 송의 정이의 학설을 반대하는 데 있었다.

왕양명은 모든 이가 마음에 있다는 전제로부터 출발하여 지식도 역시 마음에 본래부터 양지로서 갖추어져 있다고 생각했다. 사람이 충과 효를 행하게 되는 것은 충효의 이가 마음속으로부터 나오기 때문이며, 그것은 결국 행위가 양지의 표출이라는 뜻과 같은 것이라고 했다. 이런 의미에서 지와 행은 합일의 관계에 있다. 앎과 행함은 둘로 나눌 수 없으며 지와 행은 병진한다.

만일 지와 행이 합일되지 못한다면 그것은 다만 '사욕의 가림' 때문이라 한다. 그래서 그는 "앎은 행동의 시작이요, 행동은 앎의 완성이다.", "행동을 밝히고 살피는 것이 곧 앎이요, 앎을 진실하고 독실하게 하는 것이 곧 행동이다."라고 했다.

다음은 치양지설致良知이다. 치양지란 양명학에서 말하는 마음의 본체인 '양지'가 구체적이고, 적극적으로 발휘되는 것을 말하는 것으로 심즉리와 지행합일을 하나로 묶어 극대화시킨 것이다. 사물의 도리는 책이나 외적인 사물 안에서 구할 것이 아니라, 오로지 내적인 자기 마음 속에서 구해야 한다는 것이다.

치양지의 방법으로는 격물, 치지, 성의, 정심 등을 들고 있다. 주자는 격물치지에 대한 설명에서 '격물'을 사물의 이치를 궁리하는 것, '치지'를 지식을 추구해 얻는 것이라고 본다. 즉 주자는 격물치지를 '사물의 이치를 연구해 지식을 넓힌다'라고 해석한다. 반면에 왕양명은 '격물'은 행위를 바로잡는다는 뜻이고 '치지'란 본래 마음의 본체인 양지를 실현하는 것으로 보고 '격물치지'를 '마음을 바로잡고 양지를 닦는 것'으로 해석했던 것이다. 왕양명은 양지가 실현되지 못하는 것을 물욕物慾과 사욕私慾으로 돌린다. 우리의 뜻하는 바가 항상 양지의 방향을 좇을 수 있는 것은 아니고, 물욕 또는 사욕에 가려질 수가 있어 양지가 잘 발휘되지 않을 수도 있다는 것이다. 여기서 선악 문제와 공부 문제가 제기된다. 마음을 올바르게 한다는 것은 인욕을 물리치고 천리를 보존하는 것을 말하며, 이런 마음의 공부를 '심학心學'으로 표현했다. 그래서 양명학은 다른 말로 심학이 된다.

또한 왕양명은 성의誠意나 정심正心, 수신修身도 모두가 격물과 같은 것이라고 보았다. 즉 성의는 격물과 치지가 가장 성실하게 수행되는 것이요, 성실하면 마음을 바로잡을 수 있게 된다(정심). 그러므로 정심이란 성의에 지나지 않는 것이다. 수신은 '마음을 바로잡아 참된 앎에 이르는 것'이라 하고, 수신하게 되면 제가하고, 치국하고, 평천하할 수 있다고 했다. 그래서 8조목은 결국 '참된 앎에 이르는 것' 즉 치양지에 그 근본이 있는 것이다.

양명학, 근대의 여명을 밝히다

왕양명은 명나라의 지배 사상이던 주자학에 대항해 '인간 평등관'에 바탕을 둔 '주체성' 존중의 철학을 확립하고, 만물일체와 이상 사회 실현을 지향하는 심즉리, 치양지, 지행합일이라는 사상을 중심으로 활동했다. 그는 "양지에 있어서는 우부愚夫라 할지라도 성인과 다름없으며 이런 의미에서 거리를 메운 모든 사람들이 다 성인이다."고 하면서 평등사상을 외쳤다.

그리고 이런 도덕적 본연체를 구현하기 위해서는 양지를 발현시켜야 하며(致良知), 인간은 본연체를 떠난 어떠한 행위도 거부해야 하고(知行合一) 그 일거일동一擧一動은 사실경험을 통해서만 이루어져야한다는 실용 정신을 강조했다. 이와 같은 그의 사상은 『전습록』에 일관되게 나타나는 사상인데, 결국은 지와 행을 둘로 갈라 주지주의적 경향으로 변한 주자학의 공허함을 비판한 것이다.

이 같은 주장을 담은 『전습록』은 수백 년 동안 중국을 비롯한 동아시아에 지대한 영향을 주었다. 『전습록』은 중국의 명대는 물론 청대 학술에도 비판은 있었지만, 일본의 메이지유신은 양명학의 절대적인 영향을 받았다 해도 과언이 아니다. 일본은 1972년 양명학 탄생 500주년 기념으로 『양명학 대계』를 출판하기도 했다.

우리나라에 『전습록』이 들어온 것은 왕양명이 살아 있는 동안이지만, 당시 조선의 분위기는 정주학이 압도하는 상황이어서 이황 이래 양명학은 이단으로 배척되어 왔다. 양명학이 한국 사상사에 끼친 영향이 적지 않음에도 불구하고 한국 사상사에 등장하는 수많은 인물들 가운데 양명학자로 명확하게 분류될 수 있는 사람들이 그리 많지 않은 것은 이 때문이다. 양명학의 수용자는 대체로 정권에서 소외되었던 사람들, 특히 남인과 소론 계통의 학자들이었다. 이들은 대개 양명학을 성리학과 대립되는 것으로 파악하기보다는 이를 보완하는 것으로 생각해 양자 사이의 조화를 꾀하려는 경향이 있었다.

그러나 조선양명학을 대표하는 정제두는 주자와 단절하고 강화도에서 양명학에 몰두했다. 정제두의 대표적 저서인 『존언』은 그의 양명학 세계를 나타내주는 것인데, 그도 주자의 해석이 아닌 경전의 본뜻을 존중하는 복고적 경향을 나타내고 있다. 비록 주자의 성리학 일변도의 조선 사회에서 이단시되기를 꺼려하여 겉으로는 주자를 표방하였으나 속으로는 왕양명을 따르는 양주음왕陽朱陰王의 경향이 있었다. 이러한 정제두의 강화학파는 200년 동안 이어졌다.

우리나라에서의 양명학은 실학파 중 북학파의 사상과 일맥상통하는 면이 있었다. 이들의 저서에 쓰인 '천지 만물이 한몸이다'라는 말이나 사민평등관에 입각한 교육이념 등은 양명학 사상과 유사한 점이 많다. 양명학의 주체사상은 한국독립운동과도 직간접적으로 연결되어 있는데 이종휘 등 강화학파의 사관이 신채호에 미친 사상적 주체성과 박은식, 정인보, 송진우 등 독립운동가에게 미친 영향이 곳곳에 나타나고 있다.

추천도서
『전습록』, 김동휘 옮김, 신원문화사, 2010
『전습록』(전2권), 정인재 외 역주, 청계, 2007
『전습록』, 김학주 옮김, 명문당, 2005

명이대방록

전제군주제 폐지를 주장한 중국의 인권선언

황종희 지음

현군이 나타나서 현자에게 치도에 관해 묻는다면 치도를 설명하겠다는 뜻을 가진 『명이 대방록』은 맹자의 민본주의와 명나라의 지식인 결사인 동림파東林派와 복사復社의 현실 비판정신에 입각하여 명말의 현실 정치에 대한 비판과 시폐時弊에 대한 시정책을 제시했 다. 전제군주제 하에서 군주권을 억제하고 민권을 중시하는 한편 '학교'의 의정기관화, 지 식인의 정치운동 용인 등을 주장했다는 점에서 매우 탁월하다.

명말 청초의 대학자 황종희(黃宗羲, 1610~1695)는 저장성浙江省 여요현餘姚 縣 출신으로 자는 태충太沖, 호는 이주梨洲, 남뢰南雷인데 학자들은 그를 이주 선생으로 불렀다.

황종희가 살았던 17세기 중국 대륙은 명청교체기明淸交替期의 '천붕지 괴天崩地壞'가 일어난 대혼란기였다. 당시 명나라는 군주의 무능함이 극 에 달한 상태여서 밖으로는 한층 강력해진 만주족이 명나라를 위협하 고 있었고, 지방에서는 이자성李自成과 장헌충張獻忠의 농민 봉기로 혼란 해졌으며, 중앙에서는 환관 위충현魏忠賢을 비롯한 '탁류濁流'들과 그들의 월권과 부패를 비판하던 청류淸流 관리들 사이의 당쟁이 격심해졌다. 이 윽고 청류파 관리들 중에 젊고 패기 있는 선비들은 동림당東林黨을 만들 어 개혁을 추진하고자 했다.

그러나 동림파와 비동림파非東林波의 당쟁은 위충현을 중심으로 한 환관들이 동림에 대한 탄압을 가속화하는 결과를 낳았다. 중국 역사의 전환기마다 등장하는 환관들의 횡포는 이때도 극성을 부렸던 것이다.

동림당원이자 청백리였던 황종희의 아버지 황존소黃尊素는 당시 권력의 실세이자 환관파의 우두머리인 위충현과 정면대결을 펼치다 43살로 황종희의 나이 17살에 옥사했다.

2년 후 명의 마지막 황제인 숭정崇禎이 즉위하자 상황이 반전되어 환관들은 숙청되었고 동림당원들은 복권되었다. 복수의 일념에 불타던 황종희는 이 소식을 듣고 저장성에서 베이징으로 달려가 환관들을 심문하는 자리에서 환관들을 송곳으로 찌르고 그들의 수염을 뽑아 부친의 위패 앞에 바쳤다고 한다. 이 일로 인해 그는 동림당원들에게 강한 인상을 남겼다.

황종희는 부친의 유언에 따라 양명학 우파 학자이자 왕양명의 제자인 유종주劉宗周를 스승으로 모시고 실천을 중시하는 학문에 힘썼다.

그는 21살 때 난징南京에서 동림당의 후신인 복사復社의 지도적 인물이 되어, 다시 득세하기 시작한 환관 집단들의 횡포에 저항하고 반청운동을 전개했다. 이로 인해 황종희 등 복사의 회원들은 모두 체포되었으나 농민 지도자 이자성의 반란으로 베이징이 함락되고 명의 마지막 황제인 숭정제가 자살하자, 중원의 점령을 노린 청나라 군대가 빠르게 남하한 덕분에 겨우 도망할 수가 있었다. 위기에서 벗어난 황종희는 즉시 고향으로 되돌아가 명나라를 부흥시키고자 '세충영世忠營'이라는 군대를 조직하여 청나라에 대한 무장투쟁을 전개했지만 실패했다.

명말 청초의 혼란한 사회 분위기로 가계가 날로 곤궁해지자 생업을 위해 처음으로 과거시험을 보았으나 낙방했고, 이후에도 3차례 응시하였는데 모두 낙방했다. 이처럼 불안한 상황 속에서도 그의 학문적 열정은 식지 않았다.

양명학 계통을 이어받은 황종희는 명이 멸망한 이후 이제 생사의 위협을 무릅쓴 반청 무장투쟁을 접고 학문과 교육학에 전념하면서 '신시대 대망론'인 『명이대방록』을 집필했고 중국사상사에 없어서는 안 될 중요한 업적인 송宋, 원元, 명明의 유학사상가를 정리한 『송원학안宋元學案』과 『명유학안明儒學案』을 남겼다.

양명학에서 고증학으로

황종희가 살았던 시대는 정치경제적 격변기였다. 중국의 명나라가 쇠퇴하고 중국인들이 야만족이라고 생각했던 만주족이 중국 본토를 정복하고 청나라가 세워진 시기였다. 청은 초기에 중국인들의 저항을 무력으로 진압하고 그들의 문화 학술 활동을 통제했다. 이로 인해 중국인들의 자존심은 크게 훼손되었다. 이런 청나라의 중국 지배와 문화 통제 정책, 그리고 청나라의 두발과 복식인 변발호복의 강요를 한인 사대부들은 역사상 유례 없는 대재난으로 받아들였다. 끝까지 청에 협력을 거부하며 재야에서 학문 연구에만 몰두한 개혁사상가인 황종희는 명말 청초의 왕조 교체를 하늘이 무너지고 땅이 갈라지는 천붕지해天崩地解의 비극적 상황으로 인식했다.

그러나 황종희와 함께, 청대 고증학의 창시자인 고염무는 명말 청초의 대재난을 역사적 비극으로 인식하면서도 이를 한 차원 높은 방향으로 승화시켜 발전적으로 받아들여야 한다고 생각했다. 즉 그는 망국亡國보다 망천하亡天下를 더 큰 문제로 보고 나라를 보존하는 일은 군신君臣의 책임이지만 천하를 보존하는 일은 민중에게도 책임이 있다고 했다. 이 말은 이후 청대의 한인 선비들의 경세의식經世意識을 대표하는 사상이 된다. 이런 고염무의 주장은 명나라보다 민족이 더 중요하다는 의미이다.

명말 청초의 이런 분위기는 자연히 지식인으로 하여금 시주풍류詩酒風流를 일삼는 퇴폐주의나 노장사상으로 흐르게 했다. 그러나 다행히도 반청 사상에 참가한 명말 3대 지식인인 황종희, 고염무, 왕부지는 자신들의 책임을 통감하고 경세사상經世思想으로 관심을 돌려 새로운 학풍을 대표하는 고증학考證學을 탄생시켰다. 만주족의 중국 지배는 점차 현실이 되어 갔다. 청의 강희제康熙帝, 옹정제雍正帝, 건륭제乾隆帝가 취한 한인학자에 대한 문화적 회유 정책도 그들을 적극적으로 현실에 참여하게 했다.

청대의 고증학은 명나라가 붕괴한 직접적인 원인이 된, 현실과 유리된 양명학이나 주자학과는 달리, 문헌에 바탕을 두는 실사구시實事求是의 새로운 학풍이었다. 이런 고증학의 선구자들이 고염무, 황종희, 왕부지이다.

고염무는 경학經學을 중심으로 고증학을 개척하여 추상적 사고나 관념성을 배척하고 문헌을 근거로 실사구시를 추구했다. 그는 학문의 목적을 경세치용에 두었기 때문에 현실 사회의 개혁과 구제에 관심을 집중했다. 그의 대표적 저서로 꼽히는 『일지록日知錄』은 정치와 사회 전반에 걸친 강한 비판을 담고 있는 고증학의 금자탑이다.

"백성이 주인이고 군주는 손님이다"

이 책의 제목 중 '명이明夷'는 『주역』의 64괘의 하나로 '밝은 태양이 땅속에 빠져 들어간 상태'라는 의미이고 '대방待訪'은 '현명한 군주가 어진 이를 찾아주기를 기다린다'는 뜻으로, 종합하면 '현군이 나타나서 정치 원리治道를 물을 때 이에 대해 설명해 줄 통치 원리'라는 뜻이다.

이 책은 자서自序에 이어서 군주론에 해당하는 「원군原君」, 신하론에 해당하는 「원신原臣」, 법제론에 해당하는 「원법原法」, 재상론에 해당하는 「치상置相」 외에도 학교, 관리 선발, 수도건설, 국경수비, 토지제도, 병사제도, 회계제도, 서리, 환관 문제 등에 관한 13항목을 21장으로 나누어 약 2만 자로 논했다. 이 중에서 처음의 4개 항목이 가장 중요하며 특히 처음 두 항목은 이 책의 핵심적인 내용이다. 간단히 말하면 군권君權을 줄이고 민권民權을 신장시키자는 것으로 황종희를 '동양의 루소'라고 부르는 이유가 여기에 있다.

군주론에 해당하는 「원군原君」은 다음과 같이 군주와 백성의 관계를 말한다.

> 인간은 태어나면서부터 누구나 자신의 뜻대로 살며, 자신의 이익을 구했다. 천하에 공공의 이익이 있어도 누구도 그것을 구하려고 하지 않았고, 공공을 해치는 일이 있어도 누구도 그것을 없애려는 사람이 없었다. (이때) 어떤 사람이 나타나 자신의 이익을 이익으로 여기지 않고, 천하의 이익을 추구했다. 또한 자신의 손해를 손해로 여기지 않고, 천하의 해로움을 없애려 했다. …… 훗날의 군주들은 그렇지 않다. 천하의 이해利害가 모두 군주 자신에게서 나온다고 생각하여 모든 이익을 자신의 이익으로 돌리고, 천하의 해로움은 남에게 돌리면서 잘못이라는 생각을 하지 않는다.
>
> 천하의 백성이 자기 뜻대로 살지도 못하게 막으면서 자신의 사사로운 이익을 모두의 공적인 이익이라 속여 그것을 추구하게 한다. …… 옛날에는 천하의 백성이 주인이었고 군주는 객이어서(古者以天下爲主 君爲客), 군주는 평생 천하를 위해 수고했다. 지금은 군주가 주인이고 백성이 객이 되니, 백성은 평생 군주 때문에 편안할 수가 없다.

그는 군주와 백성의 관계에 있어서 민중에 대한 군주의 잔혹한 통치를 폭로하며 '군주가 주인이고 천하의 백성들은 손님'이라는 봉건사상에 정면으로 반대하며 '천하의 백성이 주인이고 군주는 손님'이라는 당시로서는 혁명적인 주장을 했다.

군주는 본래부터 있었던 것도 아니고, 하늘에서 명령을 받은 존재도 아니라는 것이다. 원래 군주는 민중을 위해 봉사하는 공복公僕에 불과했으나 지금은 오히려 민중의 주인이 되었고, 원래 군주는 천하의 행복을 도모하기 위한 수단이었으나 현재는 오히려 천하에 큰 해를 끼치고 있다고 비판했다. 그래서 천하가 어디든지 편안치 못한 것은 무릇 군주 때문이며 이로써 군주는 잔혹한 통치자이자 백성의 공공의 적이 되었다는 것이다.

황종희는 신하론에 해당하는 「원신原臣」에서 군주와 신하 관계를 밝힌다. 그는 군주가 넓은 천하를 혼자 다스릴 수 없기 때문에 신하가 필요하다고 보면서 군신 관계를 일종의 정치적 분업 관계로 이해했다. 따라서 그는 신하는 원래 백성을 위해 존재하는 것이지 군주 개인을 위한 것이 아닌데도 군주가 신하를 자신의 노예로 삼고 있다고 비판한다.

> 내가 벼슬하는 것은 천하 인민을 위해서이지 군주를 위해서 하는 것이 아니다.

법제론에 해당하는 「원법原法」에서는 "치법治法이 있은 뒤에야 치인治人이 있다."고 하면서 인치 이전에 법치가 엄정하게 적용되어야 한다고 말한다.

그는 「학교」 편에서 정책결정에 있어서 여론과 공론을 중시해야 한다고 말한다.

> 천자가 옳다고 하는 것이 반드시 옳은 것이 아니고 천자가 그르다고 하는 것이 반드시 그른 것이 아니다.

학교는 도덕적으로 가장 올바른 사람들이 모여 있는 곳이므로 사회적으로 주요 현안에 대한 시비 판단은 학교의 공론에 의존해야 한다고 주장한다.

한편 황종희는 경제 문제를 다룰 때에도 백성을 가치 판단의 중심에 놓았다. 토지제도에 있어서는 정전제井田制의 회복을 통한 부의 균등 분배를 주장했다. 그리고 당시 상업 활동의 중요한 수단인 화폐에도 깊은 관심을 기울여 역대 화폐인 은화를 폐지하고 전국적으로 통일된 화폐, 즉 동전과 지폐를 사용하자고 주장했다. 이는 증대된 생산력을 바탕으로 상품 생산과 상업적 교환이 성행하여 자본주의적 상품 경제가 발달하고 있던 당시의 시대적 상황을 반영하는 것이다.

또한 그는 사농공상士農工商의 사민四民 의식에 대한 차별적 이해를 넘어 '공상개본工商皆本'이라는 새로운 발상을 내놓았다. 공업과 상업을 농업과 함께 본업으로 인식한 것인데 이는 중국 사회의 발전적 전환을 예고하는 것이다.

중국의 근대 민주주의 사상의 교과서

황종희는 "천하의 백성이 주인이고 군주는 손님"이라는 사상에 기초하여 일련의 정치, 경제, 사회의 개혁 구상을 제시했다.

황종희가 이 책에서 보여준 전제주의에 대한 비판과 이상 국가의 구상은 세상에 나오자마자 청 왕조에 의해 바로 금서로 지정되었으나, 새로운 시대와 사회를 갈망하는 청말 지식인들에게는 유용한 교과서가 되었다.

황종희와 함께 당시를 대표했던 고염무는 황종희에게 보낸 편지에서 "당신의 훌륭한 저서『명이대방록』을 두세 번 읽고서, 비로소 천하에 사람이 없지 않다는 것을 알았다."고 말했다.

그리고 19세기 사상가인 중국의 량치차오(梁啓超, 양계초)는 이 책과 루소의『사회계약론』을 서로 비교하며 "루소의『사회계약론』이 세상에 나오기 수십 년 전에 이미 이런 논의를 담은 이 책이야말로 인류 문화의 고귀한 산물이다."라고 말하며 '중국의 루소'라고 칭했다.

20세기 쑨원(孫文, 손문)도 일본 망명 중에 이 책을 휴대하고 다녔고 장제스(蔣介石, 장개석)도 그의 『중국의 운명』에서 황종희의 『명이대방록』을 루소의 『사회계약론』에 비유하며 황종희가 더 위대하다고 평가했다.

비록 그의 민본주의 사상이 미래지향적이라기보다 맹자사상을 근간으로 하는 복고 지향적이고 지나치게 이상적이라는 비판도 있지만, 19세기 말 중국 근대화 과정에서 새 시대를 준비하는 젊은 학생들과 지식인들에게는 사상적 영감을 제공한 '동양의 인권 선언'이었다.

◈ 추천도서
『명이대방록』, 김덕균 옮김, 한길사, 2000

대동서

중국의 이상사회를 제시한 정치사상서

캉유웨이 지음

영국의 토마스 모어가 그린 『유토피아』가 서양의 이상세계라면 『대동서』는 중국고전에 나타난 유가儒家의 이상세계를 그렸다. 무술개혁으로 정치적, 사회적 개혁을 추진하고자 했던 캉유웨이는 공자의 『춘추』 등 6경六經에 나타난 공자의 근본정신을 서양 근대사상으로 재해석하여 모든 차별에서 해방된 동양적 이상세계를 그렸다.

청나라 말기의 정치가이자 사상가인 캉유웨이(康有爲, 1858~1927)는 중국 전통사상의 마지막 인물이자 새로운 사상의 상징적 인물이다.

그는 1858년 광둥성 난하이현에서 출생했다. 대대로 고위관리를 배출한 명문 가문이었지만, 캉유웨이의 아버지는 현령을 지냈다. 캉유웨이는 어려서부터 고급 교육을 받았다.

캉유웨이에게도 '신동 전설'이 있다. 그는 5살에 한시 수백 수를 외우고 6살에는 『대학』, 『중용』, 『논어』, 『효경』 등을 공부할 만큼 신동이었다고 한다.

11살에는 『삼국지』, 『명사明史』 등을 읽고 시문이 상당한 수준에 이르렀다. 18살에는 송학宋學을 위주로 한 경세치용학파의 학문을 닦고 중국 역사도 공부했다. 그는 25살에 과거를 보기 위해 수도에 왔으나 낙방하고 상하이로 돌아갔다. 그는 서양인들의 식민정치를 보고 중국의 장래를 염려하면서 서양의 서적을 번역했다. 26살에는 서초산에 은거하면서 중국의 고전들을 공부하고 불교 경전에 심취했다.

캉유웨이가 자라던 때는 이미 서양 열강의 중국 침략이 본격화되어 나라가 어수선하던 때였다. 그는 27살(1884)에 고통받는 백성들을 보고 개혁을 결심한다. 『대동서』는 이 때 탄생했다. 개혁의 필요성을 절감한 캉유웨이는 1889년에 한낱 서생의 신분으로 조정에 복궐상서伏闕上書하여 변법자강變法自疆을 건의했으나 조롱만 당했다. 그는 거처를 옮겨 만목초당萬木草堂에서 량치차오 등의 제자를 상대로 강학講學을 시작했다. 전통적인 유학 외에도 불교와 송명학宋明學과 서양학문을 가르쳤고 외국어 교육도 중시했다.

1894년의 청일전쟁에서 중국이 패배한 직후인 1895년부터 그는 4년 동안 몇 차례의 상서上書를 올렸으나 채택되지 않다가 1898년에 드디어 광서제의 부름을 받아 2시간 독대를 하고 변법책變法策의 대계大計를 도모하는 데 합의했다.

> 이제부터는 변법을 국시로 한다. …… 제도국을 설치하여 불필요한 관제를 정리할 것이며 …… 유신을 수행할 인재를 등용할 것이다.

이것은 캉유웨이를 비롯한 '변법파'가 오랫동안 주장해온 "법을 바꾸어 부국강병을 모색한다."는 이념을 국시로 삼고 청나라를 전면적으로 개혁해 나가겠다는 선언이었다. 그러나 보수파인 위안스카이(袁世凱, 원세개)의 비밀 누설로 당시의 막후 실세였던 서태후에게 이것이 보고되었고 서태후는 마침내 광서제를 자금성에 유폐시키고 변법파를 검거하는 정변을 일으켰다. 이렇게 해서 변법자강 계획은 이른바 '백일개혁'으로 끝났다. 당시 캉유웨이는 홍콩으로, 량치차오 등은 일본으로 피신했고, 담사동譚嗣同 등을 비롯한 젊은 지식인들은 처형당했다. 이 사건을 '무술정변'이라고 한다. 캉유웨이는 죽음은 면했지만 이후 15년 동안 중국으로 돌아가지 못하고 이리저리 떠돌아야 했다. 그가 마침내 귀국할 수 있었던 것은 1911년의 신해혁명으로 청 왕조가 멸망하고 중화민국이 건국되었을 때이다. 귀국 후 그의 행동은 그동안 보여주었던 개혁적 모습과는 너무도 동떨어졌다. 새로 수립된 공화국을 무너뜨리고 청 황실을 복원한다는 복벽운동復辟運動에 1917년부터 가담하는 등 1927년에 70살로 병으로 세상을 뜰 때까지 노골적으로 보수의 길을 걸어 그를 따르고 그리워하던 사람들을 크게 실망시켰다.

그는 자신의 3대 저작인 『대동서』, 『신학위경고新學僞經考』, 『공자개제고孔子改制考』 외에도 많은 저서를 남겼다.

중국의 근대화 운동과 캉유웨이

20세기 직전에 청나라는 풍전등화의 위기를 맞았다. 수천 년 동안 자신들이 세계의 중심이라고 믿어온 중국인들은 아편전쟁, 애로우호 사건, 청불전쟁을 거치며 서양 오랑캐라고 멸시하던 자들에게 연거푸 치욕을 당했다. 급기야 청일전쟁에서는 일본에게까지 무릎을 꿇고 말았다. 여기에 국내적으로도 태평천국太平天國의 난이 천하를 휩쓸고, 결국 서양의 힘을 빌려서야 그들을 가까스로 진압할 수 있었다. 청나라가 얼마나 허약한지가 온 천하에 드러나자 더 이상 만주족의 지배를 받지 않겠다는 한족들의 움직임이 거세졌다.

이런 위기에 직면한 청은 부국과 강병을 내세우며 서양을 모델로 하는 근대화운동을 추진했는데 제1단계가 '양무운동洋務運動'이다.

양무운동의 '중체서용中體西用'은 중국의 정신 위에 서양의 과학기술, 특히 군수시설을 도입해 자강을 도모하려는 부국강병운동이었으나 청일전쟁의 패배로 실패로 끝났다. 그러나 동시에 추진했던 일본의 메이지유신(1868)은 성공을 거두었다.

서태후와 리훙장이 추진했던 양무운동이 실패하자 그 반대편에 있던 황제파의 발언권이 커지고 법을 바꿔서라도 더 근본적인 개혁이 필요하다는 목소리가 힘을 얻었다. 제2단계 근대화 운동의 중심에 캉유웨이, 량치차오 등이 있었다.

무술개혁을 주도한 캉유웨이는 『신학위경고』에서 전통적인 유교와 공자의 사상을 재해석하여 자기 개혁사상의 이론적 기초를 확립했다. 그가 특히 주목한 것은 일본의 메이지유신이었으며 청일전쟁 결과 일본이 승리한 것은 이 때문이라고 단정했다.

캉유웨이는 서양의 기술 도입만이 아니라 정치제도를 개혁(變法)해야만 부국강병을 달성할 수 있다고 주장했다. 급진적인 개혁론자들은 학회, 신문, 잡지를 통해 입헌정치 체제, 자본주의 체제, 유럽의 학술과 사상의 도입 등을 적극적으로 고취시켰고 특히 캉유웨이의 '대동사상'과 『공자개제고』가 중심이 되었다. 그는 『대동서』에서 모든 인류가 평등하게 살 수 있는 이상사회인 대동大同에 도달하기 위한 전제로 민권론과 평등론을 내세웠다.

『공자개제고』는 공자의 위상을 성인에서 춘추시대의 난세를 개혁하고자 한 한 사람의 개혁자로 해석하여 변법개혁의 정당성을 찾고자 했다. 그러나 변법파의 활동은 서태후를 중심으로 하는 수구파들의 반격을 받아 번번이 좌절되었다.

그러다가 그는 변법개혁을 하지 않으면 황제는 물론이고 관리들도 온전할 수 없다는 위기의식을 고취시켜 광서제의 마음을 움직였다. 이에 광서제가 1898년 제도의 개혁을 지향하는 특별조칙을 내리면서 이른바 '무술백일' 개혁의 막이 올랐다. 이를 '변법자강운동變法自疆運動' 또는 무술년에 있었다고 해 '무술개혁'이라고 한다. 그해 캉유웨이, 양치차오, 담사동, 황쭌셴(黃遵憲, 황준헌) 등이 광서제의 부름을 받았다.

광서제는 변법파의 활동에 제약이 되는 리훙장 등 고위관리들을 해임시켰다. 이런 광서제의 과감한 조치는 서태후를 정점으로 한 수구파의 결속을 가져오고, 강력한 군사력을 가진 위안스카이가 개혁파를 배신하고 모든 사실을 서태후에게 밀고함으로서 변법운동은 역전되었다.

수구파의 정변으로 광서제가 연금되고 담사동 등 무술 6군자(戊戌 六君子)들은 처형당했으며 캉유웨이, 량치차오 등 몇 명은 외국으로 망명을 떠났으니 무술개혁은 백일천하로 끝났다.

캉유웨이가 주도한 무술개혁은 근대적 시민의식이나 부르주아 세력이 발달하지 못한 중국 전통사회에서 혁신적인 지식계층에 의해 추진된 민족주의적 구국운동으로 대중 기반이 취약했기 때문에 완강한 보수 세력의 반대를 극복하지 못하고 결국 실패하고 말았다.

모든 차별을 넘어 대동의 유토피아로

캉유웨이가 살았던 시대는 중국역사에서 커다란 변화의 시기였다. 중국과 서양, 전통과 근대, 보수와 진보 등 여러 가치 개념들이 충돌하고 있었다. 이런 상황에서 당시 사상가들은 중국의 미래를 위한 사상적 활로를 모색하고 있었고, 캉유웨이의 사상도 그중 하나였는데『대동서』는 그의 사상적 특징을 말해 주는 저작임과 동시에 당시의 시대상을 말해 주는 대표작이기도 하다.

캉유웨이는 1884년에 이 책의 기본 골격을 갖추고 20여년에 걸쳐 매우 신중하게 수정하고 보완했다. 따라서 이 책은 그의 사상의 출발점이자 도착점인 셈이다.

그러면 캉유웨이가『대동서』에서 말하고자 하는 중심 사상은 무엇인가? 저자가 서문에서 밝히고 있듯이 이 세상의 모든 생물은 괴로움에서 벗어나려 한다(苦去求樂)는 것이다. 고거구락은 인간 본성의 기본 욕구이다. 그리고 사람은 하늘이 낳은 것이기 때문에 인간에게는 천부인권사상이 있다. 여기서 우리는 그가 지닌 근대사상의 면모를 엿볼 수 있다.

그러면 궁극적으로 고거구락을 위해서 괴로움의 근원이 어디에 있는 가를 알아야 할 것인데 『대동서』에서는 세상의 고뇌의 원인을 국가, 계급, 인종, 남녀, 가족, 사유재산 등 9가지 구속적 존재에 있다고 하고, 이 것들을 점차 제거해서 제도와 문화를 동일하고 평등하게 하는 세계정부를 실현시켜야 한다고 서술했다. 그러나 완전한 자유는 신선학, 불학, 천유학(神仙學, 佛學, 天遊學)이 성해져서 모든 정신적 고뇌에서 해방된 뒤에 얻어진다고 했다.

이 책은 10부로 구성되어 있는데 「갑부」는 '인간이 세상에서 느끼는 모든 괴로움'이란 제목 하에, 탄생으로 인한 고통, 천재지변의 고통, 사람의 고통, 다스림을 받는 고통, 인정상의 고통, 선망 받는 사람들의 고통이 제시된다. 그는 이 모든 괴로움이 '9계九界'에 의해 생긴다고 본다. 따라서 이상 세계를 실현하기 위해서는 이 9계를 제거하지 않으면 안 된다. 그래서 「갑부」 이하 9부에서는 9계를 제거하기 위한 방법이 논술되어 있다. 10부의 제목만 봐도 이 책의 전체적인 내용을 짐작할 수 있다.

「갑부」: 인간이 세상에서 느끼는 모든 괴로움
「을부」: 국경 없이 세계를 하나로
「병부」: 계급차별 없는 평등한 민족으로
「정부」: 인종차별 없는 하나의 인류로
「무부」: 남녀차별 없는 평등의 보장
「기부」: 가족관계가 없는 천민으로
「경부」: 산업 간의 경계를 없애 생업을 공평하게
「신부」: 난세를 태평세로
「임부」: 인간과 짐승의 모든 구별을 없애 생명체를 사랑한다.
「계부」: 괴로움이 없는 극락의 세계로

캉유웨이는 당시 인민들이 처한 실존적인 고통에서부터 문제를 제기하고 있는데, 그 원인을 가정, 국가, 민족이라는 사적이고 혈연에 의해 유지되는 집단의 존재에 있다고 보았다. 따라서 이러한 실존적인 고통을 해결하기 위해 집단의 구분을 폐지하고 정치, 경제, 사회, 문화를 평등하게 통합하는 만민공동체의 형태로 세계정부 체제를 제시했다.

또한 남녀 평등이 인류 평등의 관건임을 강조하여 계약결혼을 주장하고 인본원人本院, 휼빈원恤貧院 등과 같은 사회복지 기관의 설치와 운영을 구상했다. 그는 이를 인류의 자유나 평등 뿐만 아니라 모든 생명체에게까지 확대 적용하여 다함께 극락세계의 즐거움을 누려야 한다고 역설하고 있다.

중국의 전통과 서양 근대의 만남

중국사상사의 관점에서 볼 때 흔히 '춘추전국시대는 호랑이의 얼굴, 송명宋明 시대는 곰의 허리, 근현대近現大는 뱀의 꼬리'로 비유되곤 한다. 그만큼 갈수록 중국 사상이 빈곤해졌다는 의미이다. 이런 흐름에서 본다면 캉유웨이의 『대동서』는 이례적으로 봉건시대의 통치 철학이던 유학이 근대서양의 사상을 만나 타오른 마지막 불꽃이다. 이는 공자가 고전 속에 갇힌 존재가 아니라 현실 속에서 얼마든지 부활할 수 있는 성인임을 보여준 작품이다.

전체적으로 보아 『대동서』를 구성하는 사상적 요소는 『예기』의 「예운禮運」의 대동설과 『춘추공양전春秋公羊傳』의 삼세설三世說을 결합시킨 것이다. 여기서 대동설이란 유교의 이상사회이고 삼세설이란 역사가 혼탁한 '거란세', 안정이 되는 '승평세', 안정이 성숙되는 '태평세'의 형태로 발전해 간다는 일종의 진보 사관이다. 이 중 승평세는 『예기』의 「예운편」에 나오는 '소강'과, 태평세는 '대동'과 같다고 보았다.

이같이 『대동서』는 형식과 내용 면에서 중국의 대동사상과 공양 삼세의 토대 위에 서양의 공상적 사회주의와 진화론의 도움을 받아 전개했다. 그래서 『대동서』에는 제국주의의 침략을 봉건세계에서 대일통大日統으로 나아가는 모습으로 인식하는 등 공감하기 어려운 내용들도 담겨 있다. 그리고 그가 제시한 대동사회로 갈 수 있는 현실적인 방법의 제시도 역시 미흡하다.

중국이 곧 천하이고 세계의 중심이라는, 수천 년 동안 유지되어 온 천하관은 무력과 과학을 앞세운 서양 세계와 만나면서 무참히 무너졌다. 『대동서』는 이런 세계관의 위기에 직면하여 촉발된 유학에 대한 총제적인 반성에서 출발한다. 오래된 공양삼세설을 토대로 하여 유학을 재해석하여 당시 그가 습득한 세계의 정치, 경제, 역사, 문화 등에 관한 모든 지식을 총동원하여 유학이 지닌 보편주의의 위상을 다시 보여주려 했다.

◈ 추천도서
『대동서』, 이성애 옮김, 을유문화사, 2006

— 三民主義 —

삼민주의

중국혁명의 사상적 이념

쑨원 지음

'민족주의', '민권주의', '민생주의'로 구성된 이 책은 중화 인민공화국과 대만에서 국부로 추앙받고 있는 쑨원의 삼민주의 사상이 집대성된 저술이다. 쑨원이 제창한 삼민주의는 중국 혁명 과정에서 혁명사상으로 기능했을 뿐 아니라, 중국 국민당의 사상적 지주로서 현재까지도 큰 영향력을 미치고 있다.

대만이나 중국 대륙의 모든 중국인들에게 '중국 혁명의 아버지'로 존경받는 쑨원(孫文, 1866~1925)은 1866년 광둥성 샹산香山에서 가난한 농부의 아들로 태어났다. '태평천국의 난'(1850~1864)의 여진 속에서 태어난 그는 이 운동의 지도자인 홍수전洪秀全을 흠모하며 자랐다.

그가 태어난 곳은 포르투갈의 지배 하에 있던 마카오에서 불과 30리 떨어진 곳에 있었으며 동서 문명의 접경 지역이었다. 이처럼 그는 태어날 때부터 동양과 서양의 접경에 태어났다. 그가 받은 교육도 비슷했다. 그는 고향에서 전통적 교육을 받은 후, 14살에 형 쑨메이孫眉에게 가서 호놀룰루에 있는 대학에 다녔고 거기서 기독교 교리와 서구 학문을 배웠다. 18살 때 귀국하여 고향으로 돌아가 결혼했으나 전통과 신문화의 갈등으로 고향에서 쫓겨났다.

쑨원은 1884년에 기독교 세례를 받았고, 그 후 서양인이 운영하는 의과대학에서 공부하여 1892년에 의사 면허를 취득하고 잠시 의사 생활을 했다. 그러나 그는 사람의 병보다 나라의 병을 고치는 것이 중요하다고 생각하고 중국사회 개혁에 투신한다.

청 황실의 무능과 부패 그리고 외국의 침략에 분노를 느낀 28살의 쑨원은 하와이에 가서 흥중회를 조직했다. 청일전쟁이 발발하자 그는 청 황실을 무너뜨릴 수 있는 기회로 생각하고 홍콩으로 돌아와 흥중회를 비밀 결사조직으로 다시 결성했다. 그러나 광둥에서의 봉기 계획은 발각되었고 동지들이 처형되었다. 수배자가 된 그는 일본으로 갔다.

당시 중국의 현실 개혁 방법을 놓고 지도층간에 의견이 나뉘었다. 사대부 출신인 캉유웨이나 량치차오 등의 변법개혁론자들은 청의 지배를 인정한 채, 입헌군주제로 전환할 것을 주장한 반면, 쑨원 등의 혁명파는 혁명 단체인 흥중회를 조직하여 청조 타도와 공화국 건설을 목표했다.

그는 혁명에 필요한 자금을 확보하기 위해 외국의 여러 나라를 순방한 후, 1897년에 일본으로 돌아와 다시 세력을 결집했다. 1905년에 화교들의 지원을 얻기 위한 여행을 마치고 돌아온 그는 혁명에 뜻을 품은 망명가들과 연합해 중국혁명동맹회를 조직했다.

이 무렵 쑨원의 사상은 '민족주의', '민권주의', '민생주의'라는 '삼민주의'로 구체화되었고, 후에 그것은 동맹회의의 사상적 바탕이 됐다. 그러나 도쿄의 쑨원 추종 세력이 크게 불어나자 청은 일본 당국에 압력을 가해 쑨원을 추방시켰다. 한편 중국으로 돌아간 유학생들은 반청 단체들을 조직했고, 1907년에서 1911년 사이에 중국 남부에서 수 차례 봉기했으나 실패했다.

그러나 드디어 우창武昌에서 혁명의 불길이 치솟았다. 1911년 10월 10일 우창의 군인들이 들고 일어서자 삽시간에 양쯔 강 유역 전체로 반청 운동이 번져갔다. 한 달 만에 거의 모든 성이 호응하여 독립을 선언했다.

이러한 성과는 혁명운동의 지도자들도 예상하지 못한 일이었다. 혁명이 일어났을 때 쑨원은 외교적, 재정적 지원을 얻기 위해 서양 세계를 돌아다니고 있었다.

1911년 12월 25일에 쑨원이 상하이로 돌아오자 중국인들은 그를 열렬히 환영했다. 1912년 1월 1일에 쑨원은 임시 대총통에 취임했고 중화민국의 성립을 공포했다. 그러자 청은 위안스카이를 총리대신으로 임명하고 혁명군을 진압하도록 했다. 쑨원은 즉시 위안스카이를 만나 그가 청의 황제를 퇴위시키고 공화국 정부를 수용하면 자신의 대총통 자리를 주겠다고 선언했다. 그는 자신의 명성이나 권력보다는 중국 인민들의 안위를 걱정했다. 이에 군사적 실권을 장악하고 있던 위안스카이는 청조를 배신하고 혁명군에 가담함으로써 마침내 청조는 멸망하고 말았다. 이렇게 해서 진시황 이래 2000년 동안 계속된 전제정치專制政治가 끝나고 공화 정치의 기초가 이루어졌다.

군벌 출신인 위안스카이는 중국 역사의 고비마다 국면을 굴절시키는 정치적 역할로 일관했다. 신해혁명의 성과물을 독점한 위안스카이는 1916년 1월 1일에 다시 공화제를 폐지하고 중화제국의 '황제'로 등극한다. 그러나 시대착오적인 이런 책동은 쑨원을 비롯한 국내외의 격렬한 저항에 직면하여 결국 그는 황제 취소를 선언하고 절망 속에서 병사했다. 이후 중국은 무정부 상태에서 10년간 군벌들의 할거시대가 된다.

혁명과 근대화의 장애물이었던 군벌 중 돤치루이(段祺瑞, 단기서)가 독주하자 다른 군벌들은 일본에 망명중인 쑨원을 초청해 제1차 광둥정부를 수립하고 그를 대원수로 추대했다. 그러나 쑨원은 군벌들과의 견해 차이로 이들과 결별과 화해를 거듭했다. 1921년 제2차 광둥정부를 수립한 쑨원은 베이징의 군벌정부에 대항했다.

그는 1919년의 5·4운동을 통해 민중의 거대한 힘을 깨닫고 민중을 기반으로 하는 대중적 정당으로 발전시키기 위해 동경에서 결성한 중화혁명당을 1919년에 중국국민당으로 개칭했다. 1920년 이후 쑨원은 군벌들로부터 중국을 구하기 위해 북벌 계획을 세우고 공산당과 손을 잡고(국공합작) 그들과 공동 보조를 취한다. 그러나 쑨원은 1924년에 모든 계층과 단체로 구성된 국민회의를 제창하고, 돤치루이의 요청으로 국민회의 소집문제를 논의하기 위해 북경에 갔다가 "혁명은 아직 성공하지 못했다."는 유언을 남기고 60살에 간암으로 세상을 떠났다.

쑨원이 사망한 후 3년 동안은 중국 민중의 반제, 반군벌 투쟁이 거대한 물결을 이루면서 진행되었고 이 과정에서 광둥정부는 하나의 지방정권으로부터 전국적 혁명 운동의 중심 세력으로 발전하면서 북벌을 통한 통일의 대업에 나선다. 쑨원의 뒤를 이은 장제스는 난징에 국민당 정부를 수립해 중국 통일을 완수했고, 장제스와 함께 중국 현대사의 산 증인인 마오쩌둥(毛澤東, 모택동)은 중국 공산당을 이끌고 중화인민공화국을 수립하여 장제스를 대만으로 내몰고 중국 대륙에 사회주의 공화국을 수립했다.

민족주의, 민권주의, 민생주의

쑨원의 정치 이념은 중국혁명의 이념적 토대가 된 '삼민주의'이다. '삼민주의'는 '민족주의', '민권주의', '민생주의'의 3원칙으로, 이 3원칙은 하나로 연결되어 통일된 사상 체계를 형성한다. 쑨원은 이 책의 첫머리를 다음과 같이 시작한다.

> 여러분, 오늘 나는 삼민주의에 대해 말하겠다. 삼민주의란 무엇인가? 간단히 말하면 구국주의救國主義를 의미한다. ⋯⋯ 그 이유는 삼민주의가 중국의 국제적 지위의 평등, 정치적 지위의 평등, 경제적 지위의 평등을 촉진시켜 중국을 영원한 세계의 독립 국가로 생존할 수 있도록 해주기 때문이다.

이 말 속에 삼민주의의 전체를 관통하는 사상적 이념이 담겨 있다.

삼민주의의 첫째 원칙인 '민족주의'란 만주족이 세운 청을 붕괴시키고 한漢민족의 국가를 세우는 것이다. 그러나 신해혁명에 의해 청조가 타도되고 사실상 한인에 의해 새로운 공화제가 수립되자 이 내용은 한민족을 비롯한 중국내의 여러 소수 민족들도 정치적, 경제적으로 평등하게 결합해 독립된 하나의 통합 국가로서 세계 열강과 겨룰 수 있는 기초를 마련하고, 대외적으로는 모든 제국주의를 타도하고 불합리한 불평등조약을 철폐해야 한다는 것으로 변하였다. 그리고 그 방법으로 가족주의와 종족주의를 버리고 민족주의를 강화시켜야 한다고 주장했다. 중국에는 가족과 종족만 있을 뿐 하나의 통합된 민족국가가 없었기에 서양의 식민지로 전락했다는 것이다.

이런 중국을 망국의 위기에서 구하기 위해 그는 한족, 만주족, 몽고족 등 다섯 민족이 일치해 제국주의를 타도하고 중국 민족 정신을 고양시켜야 한다고 주장했다. 그러나 민족주의가 배타적 성격을 띠는 것은 아니며 세계주의의 기초로써 주장된 것이다.

'민권주의'란 인민들의 권리가 보장되는 민주주의를 의미한다. 쑨원은 인민 주권에 입각해 선거권, 파면권, 법률제정권, 법률 개정권 등을 두고 이 4권의 통제 아래 입법, 사법, 행정, 고시, 감찰 등 5권의 정치기구를 설치했다.

그는 중국에는 이미 2,000년 전에 위대한 민본사상이 있었다고 주장하고, 공자의 대동사상, 맹자의 민본사상, 천명관天命觀에서 유래한 인내천 사상을 민주주의 입헌정치 체제로 되살리자고 주장했다.

'민생주의'는 경제적인 불평등을 개선하기 위해 토지를 균등하게 배분하고 소수 자본가가 국가 경제와 민중의 생업을 장악하는 것을 방지한다는 것으로 사회주의적 성격을 띠고 있다. 쑨원은 경제력에 의한 사회적 불평등의 심화를 방지하기 위해 땅값의 앙등에 의한 지주의 불로소득의 증가를 우려했고, 소수에 의한 토지의 집중 소유가 사회적 불평등의 기초가 된다는 생각에서 지권평등地權平等과 자본절제資本節制를 주장했다.

이런 정책은 그 후 국민혁명의 수행과 더불어 토지개혁을 통한 토지 소유의 균등 실현, 대토지 소유와 독점자본주의 반대 등과 같은 더 폭넓은 정책으로 변용되어 나아갔다.

중국적 사회주의 사상

이런 쑨원의 삼민주의 사상은 당시 중국이 시도하고 있었던 민주 혁명의 사상적 기초가 되었다. 그러나 삼민주의 사상은 각 시기마다 내용을 조금씩 달리하며 1924년에서야 일단 종합적으로 강연 형식을 통해 발표되었다.

최종적으로 종합되어 발표된 삼민주의는 '국가주의', '민주주의', '사회주의'적 사상의 통일체로 볼 수 있다. 그러나 쑨원의 사회주의가 결코 마르크스주의를 뜻하는 것은 아니다. 오히려 중국적 유토피아를 그린 캉유웨이의 대동사상과 흡사한 중국적 사회주의 사상이 담겨 있다고 볼 수 있다.

쑨원의 삼민주의 사상의 저변에 흐르는 기류는 중국인의 전통적 정치사상임을 알 수 있다. 그는 민족주의를 주장하면서도 민족주의의 근원을 고대에서 찾고 상실된 민족주의의 회복을 외쳤으며, 민권주의를 말하면서도 서구의 민권사상의 입장이 아니라 이미 공자나 맹자가 부르짖은 민권 사상으로의 복귀를 주장했던 것이다.

그러나 삼민주의는 그 이론적 미비성으로 인해 훗날 후학들의 다양한 해석이 나오게 했고 그 과정에서 각자 자기에게 유리한 방향으로 해석하는 경향이 없지 않았다. 그리고 개혁세력들 사이에서도 이에 정면으로 반대하는 그룹도 적지 않았다.

량치차오로 대표되는 입헌파는 '민족주의' 문제에 대해서도 청조의 유지를 희망했고, '민권주의'에 대해서도 중국 인민은 무지해 공화제를 실현할 능력이 없다고 보았다. 또한 토지 국유 및 토지개혁에도 반대했다. 토지 소유권은 신성불가침이기 때문에 이것을 침해하는 것은 인민들로 하여금 부자의 꿈을 단념케 한다며 '민생주의'에도 반대했다.

물론 쑨원의 삼민주의는 논리정연한 이론적 체계에 기초하지도 않았고 결함이 없는 완벽한 사상도 아니다. 그러나 그의 정치 이론으로서의 삼민주의는 민족적 위기에 직면하여 구국을 부르짖는 중국의 애국자들에게 공감을 주었다. 그런 의미에서 삼민주의는 큰 호소력을 지녔고 혁명 과정에서 지도 이념으로의 역할을 할 수 있었다.

◈ 추천도서
『삼민주의』, 김승일 외 옮김, 범우사, 2000

실천론

공산주의 혁명운동의 지침서

마오쩌둥 지음

마르크스 사상과 중국혁명 경험의 총결산인 『실천론』은 『모순론』과 함께 마오쩌둥 사상
의 인식론적 기초가 되는 주요한 저작으로 변증법적 유물론의 입장에서 인식의 발전단계
와 실천의 의미를 규명했다. 『실천론』은 혁명의 '실천적' 경험을 무시하고 마르크스의 이
론에만 집착하는 '교조주의자들'과 혁명의 실천에서 '이론'의 중요성을 모르고 단편적인 경
험에만 의존하는 '경험주의자들'을 동시에 비판한다.

  중국 공산주의 혁명가 마오쩌둥(毛澤東, 1893~1976). 그는 일본 제국주의
와 봉건적 군벌로부터 중국 민중을 해방시킨 위대한 혁명가인가, 아니면
대약진운동과 문화대혁명 과정에서 중국인들에게 깊은 상처를 남긴 폭
군인가? 그러나 역사적 평가와는 관계없이 그는 중국 인민들의 가슴 속
에 '태양보다 위대하고 바다보다 심원한 붉은 태양'으로 자리 잡고 있다.

  마오쩌둥은 1893년 중국 후난성湖南省 샹탄현湘潭縣의 한 농가에서 태
어났다. 8살에 초등학교에 입학했고 13살까지 『논어』와 『사서四書』 등을
읽었다. 농사일을 하다가 1907년에 이웃 마을 아가씨와 결혼했으나 아내
는 21살에 세상을 떠났다.

  그는 서양의 신지식을 배우기 위해 1910년에 샹탄 근처의 샹샹湘鄉중
학교에 입학하여 본격적으로 세계의 정세를 공부했고 중국의 유명한 개

혁가들의 책도 읽기 시작했다. 세계에 대한 관심이 불붙기 시작한 그는 몇 달 후에 후난성 창사長沙의 한 학교에 입학했다. 그곳에서 그는 청 황실에 반대하는 쑨원에 대해 알게 되고, 그에 관한 글이라면 무엇이든 닥치는 대로 읽었다.

1911년 10월 신해혁명이 일어나고 1912년 2월에 마침내 청나라가 무너졌다. 그는 우창으로 가서 혁명군에 입대했으나 신해혁명의 성과가 위안스카이에게 돌아가자 실망한다. 그는 1913년 가을 창사사범학교에 입학할 때까지 창사의 공공도서관에서 정치, 경제, 지리, 세계사 등에 관해 방대한 독서를 했다. 그때 애덤 스미스, 다윈, 존 스튜어트 밀, 루소, 몽테스키외, 스펜서 등의 저작도 읽었다.

그는 창사의 제1사범학교에 입학했다. 대학 공부나 외국 유학을 하지 못한 그는 이 학교에서 중국의 봉건사상에 비판적인 영국 유학파 교사 양창지楊昌濟를 만났다. 그의 인생에 가장 큰 영향을 준 스승을 만난 것이다. 그는 양창지에게 사회과학 전반에 대한 폭넓은 지식을 배웠다. 1918년에 이 학교를 졸업한 그는 양창지가 베이징대학 교수가 되자 그의 도움을 받아 베이징대학 도서관 사서 보조로 일했다. 그동안 그는 이 대학 문과대학 교수이자 도서관 주임인 리다자오(李大釗, 이대교)로부터 많은 영향을 받았다. 리다자오는 베이징대학 교수들과 〈신청년〉이라는 잡지와 〈마르크스주의 연구회〉를 만들어 중국에 마르크스주의를 소개하고 훗날 천두슈陳獨秀와 함께 중국 공산당을 창립한 인물이다. 이처럼 그는 중국 공산당 창설의 두 주역인 리다자오와 천두슈를 통해 공산주의를 접하게 되었다.

그는 1919년에서 1920년의 불과 몇 달 사이에 어머니, 스승 양창지, 아버지를 한꺼번에 잃어 실의에 빠지기도 했다.

그는 이즈음 리다자오가 번역한 『공산당 선언』과 마르크스 관련 서적들을 읽고 자신의 세계관에 변화를 가져왔다. 1920년에 양창지의 딸인

양룬후이楊開慧를 두 번째 아내로 맞이한 그는 1921년에 중국 공산당 창립에 참여했다.

1926년 8월에 그는 농민 세력을 규합하고 국민당과 합작하여(국공합작) 후난성의 군벌을 물리치고 창사에 들어가는 등 정치적 영향력을 확대했다. 그러나 국민당과의 합작이 깨지고(국공분열) 그의 홍군紅軍이 1930년 10월 창사를 공격했으나 실패했다. 이때 양룬후이는 국민당의 소탕 작전으로 총살당했다.

공산당의 기세에 위기를 느낀 국민당은 1927년부터 대대적인 공세를 시작했다. 1934년에 장제스 국민당 정부가 공산당 토벌을 강행하자 마오쩌둥과 그가 이끄는 공산당은 이를 피해 1934년 10월부터 1935년 6월까지 2만 5천 리 대장정에 나선다. 그 결과 주로 노동자와 농민으로 구성된 8만의 홍군 중 죽음과 고통으로 가득 찬 악몽 같은 행군을 성공리에 마치고 목적지에 도달한 병사는 8,000명에 불과했다. 힘겹게 산시성陝西省 옌안延安에 도착한 공산당은 연안을 근거지로 삼고 세력을 만회하기 위해 국민당에 휴전과 항일공동 투쟁을 제안하여 극적인 타협에 성공했다. 그 후 장제스와 마오쩌둥은 화전和戰을 거듭하다가 서안西安사건(1936)을 계기로 대일 항전에 함께 나선다. 이 과정에서 마오쩌둥이 이끄는 공산당 세력이 대약진하게 되고 장제스와 쌍벽을 이루는 항일지도자로 부상한다.

드디어 1945년에 일본이 무조건 항복을 선언하자, 쑨원을 이은 장제스가 이끄는 국민당과 마오쩌둥의 공산당은 중국 본토의 지배권을 두고 운명의 한판을 벌인다. 국공내전國公內戰은 초반에는 봉건지주 세력에 의존한 국민당이 우세했으나 이후에는 도시는 포기하고 농촌 게릴라 전술을 취한 공산당 쪽으로 승세가 기울었다. 공산당은 친일파와 악질 지주를 처형하고 그 재산을 몰수하는 등 토지개혁을 단행해 농민들의 호응을 얻었다.

소련의 지원을 받아 대세를 장악한 마오쩌둥은 장제스의 화의 제의를 거부했고 장제스는 패잔병 50만 명과 200만 명의 피난민을 이끌고 대만으로 향했다. 마오쩌둥은 4년간 계속된 국공내전을 승리로 끝내고 마침내 1949년 10월 1일에 중국 본토 베이징에서 중화인민공화국을 수립했다. 이로써 중국혁명은 완수되었다.

이어 한국전쟁이 휴전에 들어가자 그는 국가재건 사업인 '대약진운동大躍進運動'에 착수했다. 1958년까지 이어진 이 운동은 전국적인 토지개혁 운동, 협동농장 사업, 직업, 성, 연령, 교육 정도의 차이를 없애는 유토피아에 가까운 것이었다. 그러나 1960년부터 2년여 동안 중국에 대기근이 발생하여 대약진운동은 참담한 실패로 끝났다.

대약진운동이 실패로 끝나자 류사오치(劉少奇, 유소기)와 덩샤오핑(鄧小平, 등소평)을 중심으로 한 실용수정주의 노선이 당의 주도권을 쥐게 됐다. 그러나 정치적 위기를 느낀 마오쩌둥은 1967년 1월 8일에 절정에 달한 친위 쿠데타인 문화대혁명을 일으켜 당시 당권을 쥐고 있던 류사오치와 펑더화이(彭德懷, 팽덕회), 덩샤오핑을 축출한다. 대약진 운동이 경제적인 면에서 이상적인 평등 사회를 꿈꾼 것이라면, 문화 혁명은 문화적 면에서의 쇄신 운동이라고 할 수 있다.

수정주의 노선을 지향하다 실권한 류사오치와 펑더화이는 얼마 후 사망했고, 덩샤오핑은 트랙터 공장에서 노동을 하며 치욕의 세월을 견뎌야 했다. 약 200만 명의 공산당 간부가 가혹한 자아비판 심문을 받았다. 그러나 그가 사망하기 직전인 1976년 4월 천안문사건이 일어나 독재자 마오쩌둥은 완전히 고립된 채 1976년 9월 9일 83살에 죽음을 맞이했다.

마오쩌둥은 중국의 독립과 주권을 회복하고, 중국을 통일하여 외세에 의해 손상된 중국인들의 자존감을 회복시킨 점에 대해서는 긍정적인 평가를 받고 있으나, 개혁 정책인 대약진운동과 문화대혁명에 대해서는 부정적인 평가를 받고 있다. 특히 1981년에 덩샤오핑이 정권을 잡은 중국

정부에서는 홍위병을 앞세운 마오쩌둥의 문화대혁명은 '내란'이었다고 공식 입장을 밝혔다.

마오쩌둥과 20세기 중국 현대사

1936~1940년 사이에 마오쩌둥은 모처럼 사색과 저술에 몰두할 수 있는 시간적 여유를 가질 수 있었다. 이때 그는 중국혁명의 실천 경험을 정리하고 변증법적 유물론을 종합하여『실천론』과『모순론』등을 저술한다. 이 책들은 마오쩌둥 사상의 체계적인 형성 과정이 담긴 명저들이다.

1940년 1월에 마침내 그는 중국 혁명 운동을 분석하고 20세기 중국민족 발전의 청사진을 담은『신민주주의론新民主主義論』을 발표했다. 혁명 투쟁을 통해 형성된 그의 사상은 후에 '마오이즘Maoism'으로 종합되어 중국의 지도 이념으로 자리 잡는다.

마오쩌둥은 사회주의 개혁운동으로 1950년에 토지개혁을 실시하여 농민들의 열렬한 호응을 얻었고, 남녀평등과 3반운동三反運動과 5반운동五反運動 등을 내용으로 한 사회개조운동을 펼쳐나갔다. 그러나 '인민의 능력'에 대한 믿음으로 1955년부터 시작된 '집단농장'과 1958년에 추진된 '인민공사'와 '대약진운동'은 실패로 끝났고 이를 비판한 인사들을 그는 과감하게 숙청했다.

자신이 평생 동안 추진해 온 혁명운동이 실패로 끝날지도 모른다는 강박관념에서 그는 강도 높은 처방전을 내놓았는데 그것이 1966년에 중국의 전통문화를 철저히 파괴하고 새로운 공산주의 사회를 건설한다는 '문화대혁명' 운동이다.

그는 중국의 현실은 사회주의의 진정한 모습에서 벗어나 있고, 그 원인이 류사오치를 정점으로 하는 공산당 내의 자본주의 노선을 추구하는 주자파走資派에 있다고 판단했다. 그는 이들을 숙청하지 않고는 혁명과업의 달성이 어렵다고 보고 류사오치, 덩샤오핑, 펑더화이 등의 실권파들을 숙청했다. 이런 점에서 문화대혁명은 반대파 제거를 위한 일종의 정치 운동이었다. 이 운동은 그의 처인 장칭江靑에 의해 주도되었고, 그 선봉에 섰던 홍위병들은 세상 물정을 모르는 순수한 학생들로서, 그들은 상아탑을 뛰쳐나가 전통 문화를 파괴하고 사회 질서를 개혁하자고 외쳐댔다.

1969년 중국 공산당은 린뱌오(林彪, 임표)를 마오쩌둥의 후계자로 공식 발표했다. 그러나 다음 해 린뱌오가 마오쩌둥에게 국가주석 자리를 요구하고 마오쩌둥이 이를 거부하자 두 사람 사이에 거리가 생기게 되었다. 린뱌오는 1971년에 쿠데타를 시도했으나 실패하고 그가 탄 비행기가 몽골 지방에서 추락하여 죽게 된다. 1973년에 덩샤오핑이 복귀하면서 문화혁명 세력인 왕홍원王洪文, 장춘차오張春橋 야오원위안(姚文元, 요문원), 장칭이 사인방을 결성하여 외국 기술을 도입하자는 개방파와 대립했다.

1976년 1월에 저우언라이(周恩來, 주은래) 수상이 죽고 전국이 불안과 슬픔에 잠겨 있는 동안 톈안먼(天安門, 천안문) 광장에는 공공연히 4인방을 비판하고 마오쩌둥을 진시황에 비유하는 군중이 모여들었다. 이에 마오쩌둥의 부인인 장칭은 주동자 처벌을 요구했고 4월 5일 톈안먼 광장은 봉쇄되고 많은 군중은 체포되었다. 이것이 이른바 '천안문 사건'이다.

이 사건 이후 4인방은 덩샤오핑 중심의 개방파에 대한 비판과 문화혁명 이념을 강조하는 데 열을 올렸다. 그러나 마오쩌둥에 의해 국무원 총리 겸 당 제1부주석이 된 화궈펑(華國鋒, 화국봉)은 문화혁명을 긍정하면서도 4인방과 일정한 거리를 두었다. 1976년 7월 발해만 연안에서 대지진이 일어나 65만 명의 사망자가 발생한 가운데 마오쩌둥은 사망했다. 마오쩌둥의 비호 하에 큰소리치던 4인방은 화궈펑의 지시로 체포되어 비극적인 최후를 맞았다.

화궈펑은 1977년에 문화대혁명의 종결을 선언했다. 이렇게 해서 중화인민공화국 수립 이후 계속적으로 추진되어온 각종 개혁운동과 대약진

운동, 그리고 문화대혁명은 마오쩌둥의 사망과 함께 물거품이 되었다. 마오쩌둥 시대에서 덩샤오핑 시대로 전환되면서 공산주의 계급투쟁 표어는 4대 노선의 현대화(농업, 공업, 과학기술, 군사)로, 그리고 사회주의 혁명 노선은 경제적 현실주의에게 자리를 내주고 말았다.

마오쩌둥의 전 생애를 놓고 볼 때, 그의 공과功過를 수치로 평가하기란 쉽지 않다. 토지를 얻게 된 농민의 기쁨과 혁명의 와중에서 희생된 지식인들의 슬픔을 비교할 수는 없을 것이다. 그는 이런 점을 예견했는지 생전에 "내가 죽은 뒤 공로와 과오가 7대 3으로 평가된다면 대만족"이라고 말했다고 한다.

농민주체적 혁명사상 '마오이즘'

'마오이즘'으로 불리는 마오쩌둥의 사상을 정리해보면 다음과 같다.

첫째, '마오이즘'은 농민에 근거한 농민주체적 혁명사상이다. 그가 『실천론』을 쓸 당시 중국의 사회주의자들 간에는 농민의 혁명세력화 문제에 대해 이견이 있었다. 마르크스-레닌주의적 관점에서 보면 농민은 사회주의 혁명의 주체 세력이 아니라, 도시의 프롤레타리아를 지원하는 주변 세력이다. 왜냐하면 농민은 자본주의 사회에서 지배받는 계급이라는 점에서는 반자본주의적 성격을 갖고 있지만, 그 계급의 본질상 보수적이고 봉건적이기 때문에 농민을 사회주의 혁명의 주체 세력으로 보는 데에는 무리가 있다는 것이다.

이 문제에 대해 마오쩌둥은 중국혁명이 기층 농민의 토지 혁명에 근거해야 한다고 역설했다. 그는 농민들이야말로 중국을 소생시킬 수 있는 자원이라고 보고, 잠자고 있는 중국 농민들의 힘으로 혁명을 완수하려고 했다. 농민의 잠재력에 대한 이런 믿음은 중국이 전통적으로 농업사회였다는 점과 이미 '태평천국의 난'에서도 중국 농민들의 현실적 개혁 의지가 표출되었다는 점에 근거한다.

둘째, 마오이즘은 '권력'은 총구로부터 나온다는 철저한 현실주의와 독창적인 유격 전술이다. 당시의 최대 과제는 일제를 몰아내고 중국을 통일하는 문제였다. 이 문제의 해결에 있어 민족주의자인 그는 '상무尙武정신'을 중시하게 되었고, 그 결과 국민당과의 투쟁의 선봉에 섰던 홍군紅軍, 문화대혁명의 전위대인 홍위병紅偉兵이 그 역할을 수행했다.

셋째, '마오이즘'은 확대된 중화사상이라 할 수 있는 강렬한 내셔널리즘이다. 중국인들은 지금도 마오쩌둥에 대해 '우리와 같이 고생하면서 항일 무장 투쟁, 사회주의 국가 건설에 진력한 지도자'라는 끈끈한 유대감을 가지고 있다.

진리의 판단기준은 이론 아닌 '실천'

1937년에 마오쩌둥이 지은 『실천론』은 『모순론』과 함께 그의 사상을 엿볼 수 있는 30쪽 내외의 작은 책자이다. 이 책의 부제인 '인식과 실천의 관계 - 앎과 함의 관계에 대하여'에서 느낄 수 있는 것처럼 이 책은 사회주의자들 내부에 있었던 갈등에 대해 자신의 입장을 밝힌 것이다. 즉 중국 혁명의 '실천적' 경험을 무시하고 마르크스의 이론에만 집착하는 '교조주의자들'을 공격 목표로 삼으면서도, 혁명의 실천에 있어 '이론'의 중요성을 모른 채 자신의 경험에만 의존하는 '경험주의자들'까지도 비판하는 책이다.

그는 이 책의 앞부분에서 인식과 실천의 관계에 대해 다음과 같이 말한다.

> 마르크스주의자는 인간의 사회적 '실천'만이 외계에 대한 인간 인식의 진리성 여부를 판단하는 기준이라고 생각한다. 실제로 사회적 실천 과정을 통해 사람들이 사상 속에서 예상했던 결과에 도달했을 때에만 그 인간의 인식은 비로소 검증되는 것이다.

마르크스의 변증법적 유물론의 인식론은 '실천'을 제1의 지위에 두고 인간의 인식은 실천과 조금도 분리될 수 없다고 본다. 이런 견해는 레닌의 다음과 같은 말에서도 확인된다. "실천은 이론적 인식보다 우월하다. 왜냐하면 실천은 보편성이라는 가치뿐만 아니라 직접적인 현실성도 가지고 있기 때문이다." 즉 이론의 기초는 실천이며 그 이론은 실천에 봉사한다는 것을 강조하고 있다.

인식이나 이론의 진리 여부는 사람의 주관적 느낌에 의해 결정되는 것이 아니라, 객관적으로 사회적 실천의 결과가 어떠한가에 따라 판정된다. 오직 사회적 실천만이 진리의 기준이 될 수 있다는 것이다. 그러면 인간의 인식은 어떻게 실천에서 발생하고 다시 실천에 봉사하는가?

인식의 발달 과정을 살펴보면 제1단계는 '감성적 인식 단계'로 인간이 실천 과정에서 외계 사물로부터 얻는 감각적인 인상을 말한다. 제2단계는 '이성적 인식 단계'로 계속된 실천 과정에서 감각된 자료를 정리하고 재구성해 종합하는 개념, 판단, 추리의 단계이다. 인식의 진정한 과제는 감각을 거쳐 사유에 도달하고, 더 나아가서 객관적 사물의 내적 모순과 법칙, 그리고 과정과 과정 사이의 내적 관계를 이해하여 논리적 인식에 이르는 것이라 할 수 있다. 실천에 기초해 피상적인 단계에서 심오한 단계로 이르는 인식의 발전 과정은 마르크스 이전에는 누구도 해결하지 못했던 문제였다.

이 이론에 의하면 감성과 이성은 서로 다르나, 서로 분리되지 않고 실천의 기초 위에 통일되어 있다. 누구든 어떤 사물을 인식하려면 그 사물과 접촉(실천)하지 않고서는 해결 방법이 없다. 봉건사회에서 자본주의 법칙을 미리 인식할 수 없었던 것은 자본주의가 아직 출현하지 않았기 때문이고 마르크스주의는 자본주의의 산물일 수밖에 없다는 것이다. 반면 산업자본주의 시대를 살았던 마르크스는 독점자본주의라는 제국주의의 법칙들을 인식할 수 없었다. 이 문제는 제국주의 시대를 살았던 레닌과 스탈린만이 담당할 수 있다. 그 이유는 그들이 당시의 계급 투쟁과 과학 실험이라는 실천에 몸소 참여했기 때문이다.

마오쩌둥은 모든 참된 지식도 직접적인 경험에 그 근원을 두고 있다고 말한다. 이는 실천을 떠난 인식은 있을 수 없다는 뜻으로, 현실을 변혁하는 실천의 기초 위에 일어나는 변증법적 유물론의 인식 과정에 근거하고 있다.

이런 인식 과정에서 본 중국 인민의 제국주의에 대한 인식도 마찬가지이다. 즉 제1단계는 '태평천국운동'과 '의화단 운동' 등에서 볼 수 있는 표면적, 감성적 인식 단계이다. 제2단계에서야 비로소 중국 인민은 이성적 단계에 도달하여 제국주의의 내적, 외적 모순을 간파함과 동시에 제국주의가 국내의 매판 자본가들과 결탁하여 인민 대중을 착취하고 있다는 본질을 파악하게 된다는 것이다. 이런 인식은 1919년 5·4운동 전후에 시작되었다.

여기서 마오쩌둥은 이성적 인식은 감성적 인식에 의존하고, 감성적 인식은 이성적 인식으로 발전해야 한다는 변증법적 유물론의 인식론을 다시 한 번 강조한다. 그러나 여기서 인식 운동이 끝나는 것은 아니다. 변증법적 유물론의 인식 운동이 이성적 인식에서 그친다면 아직 문제의 절반밖에 파악하지 못한 것이다. 마르크스 철학이 가장 중요하게 여기는 것은 객관 세계의 법칙성을 이해하여 세계를 해석할 수 있는 것이 아니라, 세계의 객관적 법칙성에 관한 인식을 적용함으로써 세계를 능동적으로 '변혁'시키는 데 있다.

인식은 실천에서 시작되고 실천을 통해 이론적 인식에 도달하고, 다시 실천으로 되돌아가야 한다. 인식의 능동적 작용은 감성적 인식에서 이성적 인식에 이르는 능동적 비약에서 나타날 뿐만 아니라, 더욱 중요한 것은 그것이 이성적 인식에서 혁명적 실천에 이르는 비약으로 나타나야 한다는 사실이다.

세계의 법칙성을 파악한 인식을 다시 세계를 변혁시키는 실천으로 되돌리고, 그러한 인식을 다시 혁명적인 계급 투쟁의 실천에 적용해야만 한다. 이것이 바로 이론을 검증하고 발전시키는 과정이며 인식 과정의 연속이다. 이를 스탈린은 다음과 같이 표현했다. "이론은 혁명의 실천과 결합되지 않으면 대상 없는 이론이 된다. 마찬가지로 실천은 혁명 이론을 지침으로 하지 않으면 맹목적인 실천이 된다."

이렇게 하면 인식 운동은 완결되었다고 볼 수 있는가? 여기에 대해 마오쩌둥은 완결되었으면서도 아직 완결되지 않았다고 대답한다. 사회를 변혁하는 실천에서 처음부터 예상했던 대로 사상, 이론, 계획이 조금의 오차도 없이 실현된다면 객관적인 과정에 대한 인간의 인식은 완성된 셈이다. 그러나 현실적으로 실천 과정에서 조금의 수정 없이 실현되는 경우는 드물다. 더욱이 과정의 추이라는 관점에서 보면 인간의 의식 운동은 완성된 것이 아니다. 사회의 모든 과정은 모두 내부의 모순과 투쟁에 의해 앞으로 진전하고 발전하는 것이며, 인간의 인식 운동도 이에 따라 발전해야 한다.

사회가 현 단계까지 발전함에 따라 세계를 정확하게 인식하고 세계를 변혁할 책임은 이미 역사적으로 무산계급의 어깨 위에 지워져 있다. 세계를 변혁하기 위한 무산계급의 혁명적 투쟁은 객관적 세계를 변혁하고 자기의 주관적 세계를 변혁하는 임무를 수행해야 할 과제를 안고 있는데, 지구상의 일부 지역, 특히 소련에서는 이런 변혁이 일어나고 있다는 것이다. 마오쩌둥은 인류 전체가 의식적으로 자기 자신을 변혁하고 세계를 변혁할 때 세계적인 공산주의의 시대가 도래할 것이라고 예견하며, 다음과 같은 말로 마무리하고 있다.

실천을 통해 진리를 발견하고, 실천을 통해 진리를 검증하며 진리를 발전시킨다. 감성적인 인식에서 출발해 능동적으로 이성적인 인식으로 발전시키고, 또 이성적 인식에서 출발해 능동적으로 혁명적 실천을 지도함으로써 주관적 세계와 객관적 세계를 변혁한다. 실천, 인식, 다시 실천, 다시 인식이라는 형식이 끝없이 순환, 반복되고 이렇게 순환할 때마다 실천과 인식의 내용은 한층 높은 수준으로 심화된다. 이것이 바로 유물론적 인식론 전체이며 변증법적 유물론의 앎과 함의 통일론이다.

중국식 마르크스−레닌주의

이상에서 살펴본 『실천론』은 마르크스, 레닌주의의 실천 이론이며 마오쩌둥 사상의 기초 이론이다. 또한 변증법적 유물론의 기본 원리와 중국혁명의 구체적 실천을 결합한 책이기도 하다. 이는 행동 이론이며 마오쩌둥의 사상과 공작 방식의 과학적 총결산인 셈이다. 이 책의 성격을 몇 가지로 정리해보면 다음과 같다.

첫째로 『실천론』은 무산 계급의 실천 철학이다. 이 책은 변증법적 유물론의 두 가지 특징인 '계급성'과 '실천성'을 그대로 제시하면서 이 변증법적 유물론이야말로 무산 계급의 혁명 철학임을 밝히고 있다. 이 글은 우선 실천이 변증법적 유물론의 인식 기초이고, 이 인식의 주체가 되는 인간은 특정한 역사 단계의 사회적 인간에, 그리고 특정한 사회의 특정한 계급에 속하고 있음을 설명해주고 있다. 아울러 인간의 실천 또한 사회적이며, 주요한 기본적인 실천은 생산과 계급 투쟁이라는 점을 강조하고 있다.

둘째로 이 책은 실천이 진리의 유일한 기준임을 논증하고 있다. 일찍이 마르크스가 "실천을 떠난 사유가 현실성을 갖는가 하는 문제는 순수한 스콜라 철학의 문제이다."라고 말한 것처럼, 인간의 실천은 인식의 객관적 검증이자 기준이고 실천만이 진리의 객관적 기준을 제공한다는 것이다.

셋째로 『실천론』은 마르크스−레닌주의의 인식론을 발전시켰다. 레닌

이 "생동적인 직관에서 추상적인 사유로, 추상적인 사유로부터 실천에 이르는 것, 이것이 진리와 객관적 실재를 인식하는 변증법적 도정이다."라고 말한 것을, 마오쩌둥은 감각에서 사유로, 사유에서 실천으로 이르는 두 과정에 대해 설명하고 있다.

넷째로 『실천론』은 혁명 운동의 지침이다. 혁명의 형세는 끊임없이 발전하는 법이다. 마오쩌둥은 변증법적 유물론이라는 무기를 잘 활용했고, 새로운 사물에 대해 예민한 감각을 가지고 부단히 새로운 형세를 분석해냄으로써 방침을 찾아내고 정책을 제정하며 방법을 찾아냈다. 중국 혁명의 승리는 바로 이 사실을 입증하고 있다.

이처럼 마오쩌둥의 사상은 '마르크스주의의 중국화'라고 말할 수 있으며, 원론에서는 마르크스-레닌주의이고, 각론에서는 중국 현실에 기초한 혁명사상이다.

이처럼 『실천론』은 중국 혁명의 역사적 경험을 마르크스-레닌의 사상과 결합시켜 그 역량을 발휘하게 함으로써, 인식이 발전해갈 수 있다는 이론을 창출했다. 즉 실천의 기초 위에서만 인식이 끊임없이 발전하고 심화되어간다는 과정을 포착해 낸 것으로, 이 책은 마르크스주의 인식론을 심화시켰을 뿐 아니라 실천이 행해지는 작용을 계통적으로 논술하고 있다.

◈ 추천도서
『실천론·모순론 외』, 김승일 외, 범우사, 2001

부록

서울대 선정 동서고전 200선 목록 및 분류

· 아래 표는 1994년에 서울대학교 인문과학연구소(현 인문학연구원)에서 발표한 〈동서고전 200선〉 목록이나 발표 당시의 책 제목이나 지은이 등의 표기는 현재의 추세에 맞게 수정했다.

· 발표 당시의 고전목록 순서에 일부 오류(『변신 이야기』)가 있으나 자료로서의 목록 자체를 존중하는 의미에서 그대로 싣는다.

Ⅰ. 문학서 100선

	고전명	저자	분류
1.	수이전	—	한국문학(설화집)
2.	계원필경	최치원	〃 (시문집)
3.	파한집	이인로	〃 (시화잡록집)
4.	역옹패설	이제현	〃 (시화잡록집)
5.	송강가사	정철	〃 (국문시가집)
6.	열하일기	박지원	〃 (중국견문기)
7.	다산시선	정약용	〃 (시집)
8.	구운몽	김만중	〃 (고대소설)
9.	홍길동전	허균	〃 (고대영웅소설)
10.	춘향전	—	〃 (판소리계 소설)
11.	혈의 누	이인직	〃 (신소설)
12.	무정	이광수	〃 (현대 장편소설)
13.	임꺽정전	홍명희	〃 (대하 역사소설)
14.	삼대	염상섭	〃 (가족사 소설)
15.	천변풍경	박태원	〃 (세태소설)

	고전명	저자	분류
16.	고향	이기영	한국문학 (농민소설)
17.	무영탑	현진건	〃 (장편 역사소설)
18.	상록수	심훈	〃 (농촌 계몽소설)
19.	탁류	채만식	〃 (세태소설)
20.	인간문제	강경애	〃 (사회소설)
21.	감자 외	김동인	〃 (자연주의 소설)
22.	카인의 후예	황순원	〃 (장편소설)
23.	님의 침묵	한용운	〃 (시집)
24.	김소월 전집	김소월	〃 (시집)
25.	정지용 전집	정지용	〃 (시집)
26.	윤동주 전집	윤동주	〃 (시집)
27.	시경	—	중국문학(시가집)
28.	산해경	—	〃 (신화집)
29.	도연명 시선	도연명	〃 (시집)
30.	이백 시선	이백	〃 (시집)
31.	두보 시선	두보	〃 (시집)
32.	삼국지연의	나관중	〃 (장편소설)
33.	수호전	시내암	〃 (장회소설)
34.	서유기	오승은	〃 (장회소설)
35.	홍루몽	조설근	〃 (장회소설)
36.	유림외사	오경재	〃 (장회소설)
37.	노잔유기	류어	〃 (장회소설)
38.	아Q정전	루쉰	〃 (현대 중편소설)
39.	자야	마오둔	〃 (현대 장편소설)
40.	낙타샹즈(각비)	라오서	〃 (현대 장편소설)

	고전명	저자	분류
41.	가	바진	중국문학 (현대 장편소설)
42.	겐지 모노가타리(源氏物語)	무라사키 시키부	일본문학 (장편소설)
43.	도련님	나쓰메 소세키	〃 (장편소설)
44.	기탄잘리	타고르	인도문학 (시집)
45.	천일야화	—	아랍계 문학 (구전모음)
46.	변신 이야기	오비디우스	서양문학 (설화시)
47.	일리아드, 오디세이아	호메로스	〃 (장편 서사시)
48.	오레스테스 3부작	아이스킬로스	〃 (희곡)
49.	오이디푸스 왕	소포클레스	〃 (희곡)
50.	메데이아 외	에우리피데스	〃 (희곡)
51.	리시스트라타 외	아리스토파네스	〃 (희곡)
52.	아이네이스	베르길리우스	〃 (서사시)
53.	신곡	단테	〃 (장편시집)
54.	데카메론	보카치오	〃 (소설)
55.	햄릿, 오셀로, 리어 왕, 맥베스	셰익스피어	〃 (영국희곡)
56.	걸리버 여행기	스위프트	〃 (영국산문)
57.	오만과 편견	오스틴	〃 (영국소설)
58.	위대한 유산	디킨스	〃 (영국소설)
59.	폭풍의 언덕	브론테	〃 (영국소설)
60.	테스	하디	〃 (영국소설)
61.	젊은 예술가의 초상	조이스	〃 (영국소설)
62.	사랑하는 여인들	로렌스	〃 (영국소설)
63.	주홍 글씨	호손	〃 (미국소설)
64.	여인의 초상	제임스	〃 (미국소설)
65.	허클베리 핀의 모험	트웨인	〃 (미국소설)

	고전명	저자	분류
66.	무기여 잘 있거라	헤밍웨이	서양문학 (미국소설)
67.	음향과 분노	포크너	〃 (미국소설)
68.	가르강튀아와 팡타그뤼엘	라블레	〃 (프랑스소설)
69.	수상록	몽테뉴	〃 (프랑스)
70.	타르튀프 외	몰리에르	〃 (프랑스희극)
71.	페드르 외	라신	〃 (프랑스비극)
72.	고백록	루소	〃 (프랑스)
73.	캉디드 외 철학적 콩트	볼테르	〃 (프랑스)
74.	잃어버린 환상	발자크	〃 (프랑스소설)
75.	적과 흑	스탕달	〃 (프랑스소설)
76.	보봐리 부인	플로베르	〃 (프랑스소설)
77.	악의 꽃	보들레르	〃 (프랑스시집)
78.	잃어버린 시간을 찾아서	프루스트	〃 (프랑스소설)
79.	구토	사르트르	〃 (프랑스소설)
80.	페스트	카뮈	〃 (프랑스소설)
81.	파우스트 (1부)	괴테	〃 (독일희곡)
82.	도적들	실러	〃 (독일희곡)
83.	하인리히 폰 오프터딩엔	노발리스	〃 (독일소설)
84.	노래의 책	하이네	〃 (독일시집)
85.	녹색 옷을 입은 하인리히	켈러	〃 (스위스소설)
86.	마의 산	만	〃 (독일소설)
87.	말테의 수기	릴케	〃 (독일소설)
88.	수레바퀴 아래서	헤세	〃 (독일소설)
89.	성	카프카	〃 (독일소설)
90.	서푼짜리 오페라	브레히트	〃 (독일희곡)

	고전명	저자	분류
91.	양철북	그라스	서양문학 (독일소설)
92.	돈 키호테	세르반테스	〃 (스페인소설)
93.	백 년 동안의 고독	마르케스	〃 (콜롬비아소설)
94.	인형의 집·유령	입센	〃 (노르웨이희곡)
95.	미스 줄리·아버지	스트린드베리	〃 (노르웨이희곡)
96.	카라마조프가의 형제들	도스토옙스키	〃 (러시아소설)
97.	안나 카레니나	톨스토이	〃 (러시아소설)
98.	아버지와 아들	투르게네프	〃 (러시아소설)
99.	어머니	고리키	〃 (러시아소설)
100.	개를 데리고 다니는 여인	체호프	〃 (러시아소설)

II. 사상서 100선

	고전명	저자	분류
1.	대승기신론소	원효	동양사상 (불교철학)
2.	삼국유사	일연	〃 (역사)
3.	원돈성불론	지눌	〃 (불교철학)
4.	매월당집	김시습	〃 (시문집)
5.	화담집	서경덕	〃 (유교철학)
6.	성학십도	이황	〃 (유교철학)
7.	성학집요	이이	〃 (유교철학)
8.	징비록	유성룡	〃 (역사)
9.	선가귀감	휴정	〃 (불교철학)
10.	성호사설	이익	〃 (실학)

	고전명	저자	분류
11.	택리지	이중환	동양사상 (인문지리)
12.	일득록	정조	〃 (정치,사회)
13.	목민심서	정약용	〃 (정치,사회)
14.	북학의	박제가	〃 (실학)
15.	의산문답	홍대용	〃 (과학,철학)
16.	기학	최한기	〃 (철학)
17.	동경대전	최제우	〃 (철학)
18.	매천야록	황현	〃 (역사)
19.	한국통사	박은식	〃 (역사)
20.	조선상고사	신채호	〃 (역사)
21.	주역	―	〃 (철학)
22.	논어	공자	〃 (유교철학)
23.	맹자	맹자	〃 (유교철학)
24.	대학	―	〃 (유교철학)
25.	중용	―	〃 (유교철학)
26.	도덕경	노자	〃 (도교철학)
27.	장자	장자	〃 (도교철학)
28.	순자	순자	〃 (유교철학)
29.	한비자	한비자	〃 (법가사상)
30.	바가바드 기타	―	〃 (힌두교철학)
31.	중론	용수	〃 (불교철학)
32.	법구경	―	〃 (불교철학)
33.	육조단경	혜능	〃 (불교철학)
34.	사기열전	사마천	〃 (중국역사)
35.	근사록	주희	〃 (유교철학)

	고전명	저자	분류
36.	전습록	왕수인	동양사상 (유교철학)
37.	명이대방록	황종희	〃 (정치사상)
38.	대동서	캉유웨이	〃 (정치사상)
39.	삼민주의	쑨원	〃 (정치사상)
40.	실천론	마오쩌둥	〃 (정치사상)
41.	역사	헤로도토스	서양사상 (그리스역사)
42.	국가	플라톤	〃 (그리스철학)
43.	정치학	아리스토텔레스	〃 (그리스정치)
44.	의무론	키케로	〃 (로마윤리)
45.	게르마니아	타키투스	〃 (게르만역사)
46.	고백록	아우구스티누스	〃 (기독교사상)
47.	군주론	마키아벨리	〃 (정치사상)
48.	유토피아	모어	〃 (정치, 사회)
49.	전쟁과 평화의 법	그로티우스	〃 (법학)
50.	두 우주 구조에 관한 대화	갈릴레오	〃 (천문학)
51.	신논리학	베이컨	〃 (철학)
52.	방법서설	데카르트	〃 (철학)
53.	리바이어던	홉스	〃 (정치)
54.	프린키피아	뉴턴	〃 (물리학)
55.	정부론	로크	〃 (정치학)
56.	신학문의 원리	비코	〃 (인문학)
57.	법의 정신	몽테스키외	〃 (정치, 법학)
58.	사회계약론	루소	〃 (정치학)
59.	범죄와 형벌	베카리아	〃 (법학)
60.	국부론	스미스	〃 (경제학)

	고전명	저자	분류
61.	형이상학서설	칸트	서양사상 (철학)
62.	역사철학 강의	헤겔	〃 (철학)
63.	미국의 민주주의	토크빌	〃 (정치학)
64.	실증철학 강의	콩트	〃 (사회학)
65.	권리를 위한 투쟁	예링	〃 (법학)
66.	종의 기원	다윈	〃 (생물학)
67.	자유론	밀	〃 (정치학)
68.	고대법	메인	〃 (법학)
69.	자본론	마르크스	〃 (경제학)
70.	차라투스트라는 이렇게 말했다	니체	〃 (철학)
71.	자살론	뒤르켐	〃 (사회학)
72.	꿈의 해석	프로이트	〃 (정신분석학)
73.	창조적 진화	베르그송	〃 (철학)
74.	슬픈 열대	레비-스트로스	〃 (인류학)
75.	생의 비극적 감정	우나무노	〃 (철학)
76.	일반언어학 강의	소쉬르	〃 (언어학)
77.	프로테스탄티즘의 윤리와 자본주의 정신	베버	〃 (사회과학)
78.	옥중수고	그람시	〃 (사회과학)
79.	존재와 시간	하이데거	〃 (철학)
80.	중세사회	블로크	〃 (역사)
81.	아동지능의 근원	피아제	〃 (심리학)
82.	자본주의, 사회주의, 민주주의	슘페터	〃 (사회과학)
83.	예종에의 길	하이에크	〃 (사회과학)
84.	심리학과 종교	융	〃 (심리학)
85.	지각의 현상학	메를로-퐁티	〃 (현상학)

	고전명	저자	분류
86.	생명이란 무엇인가	슈뢰딩거	서양사상 (물리학)
87.	철학적 성찰	비트겐슈타인	〃 (철학)
88.	시각예술에서의 의미	파노프스키	〃 (미술사학)
89.	인간현상	샤르댕	〃 (생물학)
90.	순수법학	켈젠	〃 (법학)
91.	진리와 방법	가다머	〃 (해석학)
92.	영국노동계급의 형성	톰슨	〃 (사회과학)
93.	인식과 관심	하버마스	〃 (철학)
94.	부분과 전체	하이젠베르크	〃 (양자역학)
95.	지식의 고고학	푸코	〃 (고고학)
96.	과학혁명의 구조	쿤	〃 (자연과학)
97.	정의론	롤즈	〃 (철학)
98.	성과 속	엘리아데	〃 (철학)
99.	물질문명과 자본주의	브로델	〃 (역사학)
100.	책임의 원리	요나스	〃 (생태윤리학)

참고문헌

논문 및 서평

이 책을 쓰면서 해당 분야의 많은 전문가의 글을 참조하고 인용했다. 그러나 이 책이 일반 교양서라

는 점을 감안, 독자들의 편의를 위해 자세한 출처는 생략했다. 대신 도움 말씀을 주시거나 참고한

논문의 저자들을 밝혀둔다. 소속기관은 논문 발표 당시를 기준으로 했다.(가나다순)

강신주(인천대)	고운기(연세대)	고익진(동국대)	고진하(철학자)
권석봉(중앙대)	권중달(중앙대)	권태억(서울대)	금장태(동덕여대)
김경탁(고려대)	김교빈(호서대)	김기봉(경기대)	김명호(성균관대)
김승일(국민대)	김용덕(중앙대)	김운학(동국대)	김정미(역사저술가)
김종원(부산대)	김종철(서울대)	김학주(서울대)	노도양(명지대)
류종목(서울대)	박성배(동국대)	박성봉(경희대)	박성순(동국대)
박인성(동국대)	박한제(서울대)	박현모(한국학중앙연구원)	배문성(평론가)
배병삼(영산대)	배종호(연세대)	변태섭(서울대)	서병국(관동대)
송석구(동국대)	송영배(서울대)	송하경(전북대)	송항룡(단국대)
신병주(건국대)	신승하(단국대)	신일철(고려대)	신채식(성신여대)
심경호(고려대)	심재룡(서울대)	안대회(명지대)	안병주(성균관대)
오금성(서울대)	유인희(연세대)	유정동(성균관대)	윤사순(고려대)
이강수(경희대)	이광호(외국어대)	이근호(국민대)	이기백(한림대)
이기영(한불영)	이남영(서울대)	이병주(육사)	이성규(서울대)
이승환(고려대)	이완제(영남대)	이용범(동국대)	이운구(성균관대)
이을호(광구관)	이인호(한양대)	이재호(부산대)	이정우(철학자)
이지관(동국대)	이진경(서울산업대)	이태진(서울대)	이평래(충남대)
장석봉(저술가)	장현근(용인대)	전해종(서강대)	정범진(성균관대)

정병조(동국대)　　　　정병학(숙명여대)　　　　정성희(실학박물관)　　　　정옥자(서울대)

정인재(중앙대)　　　　정재영(한국기술교육대)　　조병한(서강대)　　　　조선미(성균관대)

조성을(아주대)　　　　조영록(동국대)　　　　조재곤(역사연구자)　　　　채상식(부산대)

채순희(국보처)　　　　최병헌(서울대)　　　　최영진(성균관대)　　　　최영진(성균관대)

최영희(국사편)　　　　최진석(서강대)　　　　표정훈(저술가)　　　　한정길(연세대)

한형조(한중연)　　　　함규진(저술가)　　　　허경진(연세대)　　　　허남진(서울대)

홍이섭(연세대)　　　　홍인표(충남대)　　　　홍정식(동국대)　　　　황원구(연세대)

황희경(영산대)

단행본

각묵, 『금강경 역해』, 불광출판부, 2001

강명관, 『성호, 세상을 논하다』, 자음과 모음, 2011

고문기 외, 『한국의 고전을 읽는다 4, 5』, 휴머니스트, 2006

고영섭, 『원효』, 예문서원, 2002

고영섭, 『원효』, 한길사, 1997

공자, 『논어한글역주』(전3권), 도올 김용옥 옮김, 통나무, 2009

공자, 『논어』, 김석원 역해, 혜원출판사, 1990

관자, 『관자』, 김필수 외 옮김, 소나무, 2006

교수신문 엮음, 『최고의 번역을 찾아서』(전2권), 생각의 나무, 2006

권중달 외, 『동양의 고전을 읽는다 1, 2』, 휴머니스트, 2006

길희성 옮김, 『바가바드 기타』, 현음사, 1992

김부식, 『삼국사기』(전2권), 이강래 옮김, 한길사, 1998

김상현, 『역사로 읽는 원효』, 고려원, 1994

김시천, 『철학에서 이야기로—우리 시대의 노장 읽기』, 책세상, 2004

김학주 옮김, 『대학』, 서울대학교 출판문화원, 2012

김학주 옮김, 『중용』, 서울대학교 출판부, 2009

김홍경, 『삶의 기술, 늙은이의 노래』, 들녘, 2003

남동원 옮김, 『주역해의』(전3권), 나남출판, 2005

노자, 『도덕경』, 오강남 옮김, 현암사, 1995

노태준 역해, 『신역 주역』, 홍신문화사, 1994

류종목, 『논어의 문법적 이해』, 문학과지성사, 2000

마오쩌둥, 『실천론·모순론』, 이등연 옮김, 두레, 1989

맹자, 『맹자』, 박기봉 역주, 비봉출판사 , 1992

맹자, 『맹자』, 범선균 옮김, 혜원출판사, 1993

박완식, 『대학』, 여강, 2010

박완식, 『중용』, 여강, 2005

박제가, 『북학의』, 박정주 옮김, 서해문집, 2003

박제가, 『북학의』, 이익성 옮김, 을유문화사, 1991

박종홍 외, 『한국의 명저 2, 3』, 현암사, 1982

박제가, 『북학의』, 안대회 옮김, 돌베개, 2003

사마천, 『사기』(전7권), 정범진 옮김, 까치글방, 1995

석해운 옮김, 『불교성전』, 현암사, 2001

송영배, 『제자백가의 사상』, 현음사, 1994

순자, 『신역 순자』, 최대림 역해, 홍신문화사, 1993

신채호, 『조선상고사』, 박기봉 옮김, 비봉출판사, 2006

신채호, 박은식, 『조선상고사/한국통사』, 윤재영 옮김, 동서문화사, 2012

심경호, 『김시습 평전』, 돌베개, 2003

쑨원, 『삼민주의』(전3권), 이성근 옮김, 명지대학교 출판부, 1985

쑨원, 『삼민주의』, 김승일 외 옮김, 범우사, 2000

앤거스 그레이엄, 『도의 논쟁자들』, 나성 옮김, 새물결, 2001

양구오롱, 『맹자평전』, 이영섭 옮김, 미다스북스, 2002

양여광, 『중국을 움직인 30권의 책』, 한인희 외 옮김, 지영사, 1993

오인환, 『남명 조식』, 예문서원, 2002

홍대용, 『의산문답』, 김태준 옮김, 지만지, 2011

와타나베 쇼크, 『불타 석가모니』, 법정 옮김, 미다스북스, 2002

왕꾸어똥, 『장자평전』, 신주리 옮김, 미다스북스, 2002

왕필, 『왕필의 노자주』, 임채우 옮김, 한길사, 2005

왕필, 『주역 왕필주』, 임채우 옮김, 길, 2001

용수, 『중론』, 김성철 옮김, 경서원, 2001

원효, 『원효의 금강삼매경론』, 은정희 외 역주, 일지사, 2000

원효, 『원효의 대승기신론서·별기』, 은정희 역주, 일지사, 1991

유성룡, 『국역정본 징비록』, 이재호 옮김, 역사의 아침, 2007

유성룡, 『징비록』, 김흥식 옮김, 서해문집, 2003

윤사순, 『퇴계 이황』, 예문서원, 2002

이강수, 『노자와 장자』, 길, 1998

이기동 옮김, 『대학·중용 강설』, 성균관대학교 출판부, 2006

이기석 역해, 『신역 법구경』, 홍신문화사, 1993

이덕진, 『지눌』, 예문서원, 2002

이병욱, 『의천』, 예문서원, 2002

이석명, 『회남자』, 사계절, 2004

이은봉, 『중국고대사상의 원형을 찾아서』, 소나무, 2003

이이, 『성학집요』, 김태완 옮김, 청람미디어, 2007

이이, 『성학집요』, 장숙필 옮김, 을유문화사, 1985

이익, 『성호사설』, 최석기 옮김, 한길사, 1999

이익, 『성호사설』, 소나무, 2001

이중환, 『택리지』, 이익성 옮김, 을유문화사, 2002

이진경 외, 『고전의 향연』, 한겨레출판, 2007

이황, 『성학십도·사단칠정서』, 윤사순 옮김, 을유문화사, 1987

이황, 『성학십도』, 이광호 옮김, 홍익출판사, 2012

이황, 『역주와 해설 성학십도』, 고려대 민족문화연구원 옮김, 예문서원, 2009

이황, 『성학십도』, 조남국 옮김, 2000

일연, 『삼국유사』, 김원중 옮김, 민음사, 1997

일연, 『일연과 함께 떠나는 삼국여행』, 김혜경 옮김, 서해문집, 1994

정약용, 『목민심서』, 박일봉 옮김, 육문사, 2012

장자, 『장자 내편』, 이기동 역해, 동인서원, 2001

장자, 『장자』, 안동림 옮김, 현암사, 1998

장자, 『장자』, 오강남 옮김, 현암사, 1999

전재성 역주, 『금강경』, 한국빠일리성전협회, 2003

정옥자, 『정조의 수상록 일득록 연구』, 일지사, 2000

정조, 『일득록, 정조대왕 어록』, 남현희 옮김, 문자향, 2008

주희, 『근사록』, 한형조 외 지음, 한국학중앙연구원 출판부, 2012

왕양명, 『전습록』(전2권), 정인재 외 역주, 청계, 2007

지눌, 『보조국사전서』, 김달진 역주, 고려원, 1992

처퉁성, 『역사의 혼 사마천』, 김은희 외 옮김, 이끌리오, 2002

천웨이핑, 『공자평전』, 신창호 옮김, 미다스북스, 2002

최영진 외, 『최한기의 철학과 사상』, 철학과 현실사, 2000

최완식 역해, 『주역』, 혜원출판사, 1994

최제우, 『주해 동경대전』, 윤석산 옮김, 동학사, 2009

최한기, 『기학』, 손병욱 옮김, 통나무, 2004

캉유웨이, 『대동서』, 이성애 옮김, 을유문화사, 2006

풍우란, 『중국철학사』, 정인재 역, 형설출판사, 1989

한비자, 『한비자』, 이운구 옮김, 한길사, 2002

한우근, 『성호이익연구』, 서울대학교 출판부, 1990

혜능, 『돈황본 육조단경』, 성철 옮김, 장경각, 1987

혜능, 『육조단경』, 광덕 역주, 불광출판사, 1994

혜능, 『혜능육조단경』, 김진무 옮김, 일빛, 2010

황의동, 『율곡 이이』, 예문서원, 2002

황종희, 『명이대방록』, 김덕균 옮김, 한길사, 2000

황현, 『매천야록』, 김준 옮김, 교문사, 1994

황현, 『매천야록』, 허경진 옮김, 명문당, 2006

휴정, 『깨달음의 거울 선가귀감』, 법정 옮김, 불일출판사, 1992

휴정, 『선가귀감』, 박재양 외 옮김, 예문서원, 2003